科学版精品课程立体化教材·经济学系列

世界经济学

（第三版）

庄宗明　主编

科 学 出 版 社
北　京

内 容 简 介

本书以世界经济整体为研究对象，考察和分析世界经济的发展过程、发展规律和发展趋势。全书共三篇十一章：第一篇阐述世界经济的形成过程和运行规律，包括科技进步对世界产业结构的影响和国际分工的形成、国际贸易和世界市场的运行规则、生产要素的国际流动和生产的国际化，以及国际货币体系的演变和国际金融市场的运行；第二篇阐述世界经济发展中世界经济格局的演变、区域经济合作和经济全球化的发展趋势；第三篇阐述在经济全球化背景下世界经济发展中的全球性问题、国际经济协调机制、世界经济的可持续发展和和谐世界的构建等重大问题。

本书可作为高等院校财经类专业本科和研究生的教材或参考书，也可作为政府部门、企事业单位从事经济工作的人员的学习或培训用书。

图书在版编目(CIP)数据

世界经济学/庄宗明主编．—3版．—北京：科学出版社，2015.1

科学版精品课程立体化教材·经济学系列

ISBN 978-7-03-043080-9

Ⅰ.①世… Ⅱ.①庄… Ⅲ.①世界经济学-高等学校-教材 Ⅳ.①F11-0

中国版本图书馆CIP数据核字（2015）第015912号

责任编辑：陈　亮　张　宁/责任校对：郭瑞芝

责任印制：李　利/封面设计：蓝正设计

科学出版社出版

北京东黄城根北街16号

邮政编码：100717

http://www.sciencep.com

三河市骏杰印刷有限公司印刷

科学出版社发行　各地新华书店经销

*

2003年3月第 一 版　开本：787×1092　1/16

2007年8月第 二 版　印张：22

2015年1月第 三 版　字数：520 000

2016年1月第十六次印刷

定价：48.00元

（如有印装质量问题，我社负责调换）

第三版前言

本书第三版的修订，是在我给厦门大学世界经济专业 2012 级博士生讲授的“世界经济前沿专题研究”课程和课堂讨论的基础上完成的。自本书第二版出版以来，世界经济又发生了许多重大而深刻的变化，比如，这期间，由美国次贷危机引发的国际金融危机和世界经济危机对世界经济的发展产生了极其重大的影响，以“金砖国家”为代表的新兴工业化国家经济的较快发展使世界经济格局发生了深刻变化，当前世界经济秩序的调整和重构已成为影响世界经济发展的最重要的问题之一……因此，我们需要认真思考、重新认识世界经济领域的许多问题。

在本书的修订过程中，我们吸收了课堂讨论中形成的一些新的共识，也提出了一些需要进一步探讨的新问题，同时，更新了在 2013 年年底我们所能搜集到的书中所有相关资料。选修我的课程的 11 位博士生每人负责一章的资料搜集和初次修改工作，他们分别是曹毅（第一章）、黄声兰（第二章）、刘杜若（第三章）、黄磊（第四章）、潘竟成（第五章）、谢慧（第六章）、张翊（第七章）、卫瑞（第八章）、程风雨（第九章）、熊青龙（第十章）、朱丹丹（第十一章），全书最后由我定稿。

我们非常诚挚地期盼各位同行和读者多提宝贵意见，以便下一次修订工作能做得更好。

庄宗明

2014 年 7 月于厦门大学西村寓所

第二版前言

在《世界经济学》教材第一版出版的时候，我所定的计划是每两三年做一次修订。这一方面是考虑到20世纪末以来世界经济的发展太快了，世界经济的运行方式和运动规律都处在迅速发展变化之中，我们对其认识也在不断发展和深化，作为一门新兴学科的基础课教材，应该及时把这些认识体现于其中，以引起同行和学生们的关注和讨论，以便更深入、更准确地把握我们对世界经济的认识；另一方面是因为我希望在博士生的培养过程中，能给学生更多的和我一起进行课题研究和一起讨论编写教材的机会，这既能培养他们的专业知识和创新意识，也是我自己在教与学的互动中学习的好机会，同时又能把我们师生在教与学的过程中所得到的一些新的认识及时体现在教材中与大家一起分享、一起讨论，也许这正是一个新学科得到更快发展并逐步走向成熟的一条路子。

这几年，由于行政事务占去我太多时间，虽然自己还算努力，但许多教学科研工作还是耽搁了，包括现在献给大家的这本教材，也不得不拖到离第一版出版整整四年才出第二版，这对于“世界经济学”这样一门学科来说，真的是太久了。

在这次修订中，我们除了更新近几年世界经济实际运行的一些相关资料外，还增加了“努力建设持久和平、共同繁荣的和谐世界”等相关内容，对21世纪世界经济运行的一些新特点和新趋势，也进行了简要的分析与预测。

这次修订也是在教与学的过程中完成的，2003年1月本书第一版出版以后，我所带的2001级、2002级、2003级和2004级的博士生都先后参与了本书的讨论。2006年暑假，我和世界经济教研室主任、博士生导师黄梅波教授，带着2005级的全体博士生，在鼓浪屿疗养所进行了几天封闭式的集中讨论，这对本次修订工作的顺利完成起了非常重要的作用。

最后动笔参加这次修订工作的，有我的刚刚毕业的学生孔瑞博士、在校博士生黄静芳、蔡洁、倪晓喻和李晴同学，最后由我统稿定稿。非常感谢我的历届学生对本书所做的贡献，特别要感谢以上几位同学在这一年中放弃暑假和几乎所有的周末休息参与本书的最后修订，他们的努力、认真、求知欲和创新意识，都让我感到欣慰。当然，书中的一切错误，都应由我负责。

殷切期盼同行及本书读者多提宝贵意见，以便把下一次修订工作做得更好。

庄宗明

2007年1月于厦门大学海滨东区寓所

第一版前言

世界经济学是一门基础性学科。长期以来，我国从事世界经济教学与研究的理论工作者为这一学科的建立和发展做出了不懈的努力。目前，已有几十本有关世界经济的教材和专著问世，这些称为“世界经济”、“世界经济概论”、“世界经济学”和其他各种名称的著作虽然内容各异，但其作者都朝着一个共同的方向努力，那就是在“世界经济”作为一门独立学科的基础上，探索建立这一学科的基础理论框架及其逻辑体系。最近几年，在中国世界经济学会教学与研究协调委员会每年一次的工作会议上，要求作为该委员会成员单位的全国各高校和研究机构在这方面做出积极的努力，以期近几年内在集中各单位所编撰的教材和专著的基础上，组织编写具有比较成熟的理论体系的“世界经济学教材”。本书的编写，就是我们在这方面所做的努力。

本书的主要特点是把世界经济作为一个有机整体来考察，全书分为“世界经济的运行”、“世界经济的发展趋势”和“世界经济的可持续发展”三篇共十一章。第一篇首先探讨世界经济运行中科技与生产力的关系、国际分工、国际贸易、生产国际化、金融国际化等各个方面的发展过程和发展趋势。第二篇在此基础上探讨世界经济整体的发展特点和发展趋势。第三篇探讨世界经济作为一个整体在发展过程中出现的各种问题以及如何通过建立合理的国际经济协调机制和建立平等互利的国际经济新秩序，来解决世界经济发展过程中出现的这些问题和矛盾，以促进世界经济的可持续发展。

本书是作者在教学过程中组织厦门大学世界经济专业博士生进行课堂讨论的基础上编写的。全书的基本框架、逻辑体系和各篇、章、节的标题由庄宗明拟订，具体内容在博士生进行反复认真的课堂讨论的基础上，由庄宗明撰写第一章，杨旭东撰写第二至第四章，杨靳撰写第五、第六章，陈雯撰写第七、第八章，孙平撰写第九至第十一章，全书由庄宗明统改后定稿。厦门大学理论经济学博士后科研流动站的黄友爱博士对全书进行了一些文字整理和校订。

世界经济学还是一门成长中的新兴学科，其研究对象当前又正处于迅速发展变化之中，我们对世界经济问题的观察和对世界经济运动规律的认识还是非常肤浅的，因此，书中的缺点和错误在所难免，希望广大读者批评、指正。我们相信，随着世界经济专业理论队伍的不断扩大，随着我们大家对世界经济研究的不断深入，世界经济学作为理论经济学的一门独立的基础学科，其教学和研究水平将进一步提高，基本理论将进一步成熟，学科体系将进一步完善，从而为在经济全球化背景下我国的进一步改革开放和社会主义市场经济建设做出更大的贡献。

庄宗明

2003 年 1 月于厦门大学海滨东区

目录

第一篇　世界经济运行

第二篇 世界经济发展趋势

第三篇 世界经济的可持续发展

第一篇

世界经济运行

第一章

导　　论

世界经济学导论作为世界经济学研究的逻辑起点，首先对这一学科的基本概念、研究对象、研究方法、学科性质及学科的内容体系做出界定和阐述。我们重点分析了影响世界经济运行的基本要素，它们同时也是判断世界经济形成和发展状况的基本标准。以这些标准为依据，我们得以对世界经济形成和发展的历史进行总的描述并做出历史分期。通过这些论述，我们试图对世界经济及世界经济学从逻辑和历史的角度做总体的把握，以期为后面各章提供铺垫。

第一节　世界经济与世界经济学

简而言之，世界经济是各国国民经济相互联系而构成的有机整体。详尽而言，世界经济就是：在世界范围内，各国国民经济通过国际贸易与世界市场、生产国际化与生产要素的国际流动、金融自由化与国际货币体系等经济纽带相互联系而构成的有机整体，是超越民族、国界的一种经济体系。

在理解和把握世界经济这一概念的时候，应当注意如下几个方面。①世界经济首先是一个经济范畴，是经济概念体系中的一种，是人类生产、分配、交换、消费活动的一种方式。②世界经济还是一个历史的范畴，它是人类社会发展到一定历史阶段的产物，并随着人类社会的发展而发展，最终将随着国家的消亡而消亡。作为人类历史的一个特殊阶段，世界经济镶嵌于人类经济社会发展的历史背景之中，其自身也有形成、发展的历史规律性。有关这一方面的内容，本章将在稍后部分做出更详尽的论述。③世界经济还是一个地理范畴。人类的经济活动总是要在一定的地域范围内发生。从历史的角度看，随着人类认识自然和改造自然能力的提高，人类经济活动的地域范围是在不断扩大的，最终突破国家的界限，在整个世界范围内形成相互联系的有机整体，即世界经济。作为目前已知的活动领域最为广阔的一种经济形式，世界经济还没有能够囊括世界上发生的一切经济活动，当某一地区的经济活动没有与整体的世界经济发生联系的时候，这种经济活动便不是世界经济的有机组成部分。从地域范围上说，越来越多的国家和地区（小于国家的地理单位）被纳入世界经济体系仍将是判断世界经济深化发展的标准。

一、世界经济学的研究对象与研究方法

世界经济学，顾名思义，是以世界经济作为研究对象的一门经济学科，它在对世界经济总体认识的基础上，力图揭示世界经济领域中的特殊矛盾及世界经济发展运动的规律。

（一）研究对象

根据我们对世界经济内涵的界定，世界经济学的研究对象具体应包括构成世界经济的各个要素：①世界经济及其基本单位；②国际经济联系；③世界经济整体。下面，我们从这三方面出发对世界经济的研究对象做一概述。

1. 世界经济及其基本单位

世界经济是由各国国民经济构成的，没有对各国国民经济的透彻了解，就不可能形成对世界经济整体的科学认识。在世界经济学中研究各国国民经济，并非只是立足于各国国民经济本身，而是将研究的着眼点放在各国国民经济的相互联系、各国国民经济与世界经济的联系及各国国民经济对世界经济的影响方面。目前，世界上大约有 200 个独立的主权国家，并存在一些拥有独立经济主权的地区，这些国家和地区都有着自己特殊的经济制度和经济体制，形成各个具有特殊运动规律的经济系统。在世界经济的包容性日益增强的情况下，各国国民经济和各地区经济都会在不同程度上影响着世界经济的运行。严格地说，对这些国家和地区逐个进行研究、剖析，弄清它们与世界经济的关系，是有必要的。但考虑到经济系统的复杂性，过量的信息将会使研究无法有效地推进下去，因此我们必须来解决这一矛盾，方法有两种。

其一，采用社会科学研究中常用的抽象法（在西方经济学中，主要表现为“假设”的使用），相对忽略一些对世界经济运行影响较小的国民经济和地区经济的研究，而集中对在规模和影响上都较大的国民经济和地区经济进行研究，探讨它们与世界经济的关系及它们之间的关系。世界经济学在这一方面的进展，形成了世界经济学领域的一个分支学科——国别经济学，如美国经济学、日本经济学、欧洲经济学、东南亚经济学。

其二，可以根据经济制度或经济体制、在世界经济中的地位及对世界经济的影响等标准把各国国民经济和地区经济划分为不同的类型，然后着重研究不同类型经济体系与世界经济的关系、各类型经济体系之间的关系、各类型经济体系内部关系，以及各国国民经济和各地区经济之间的关系等相关方面的内容。

2. 国际经济联系

国际经济联系有时也被称作国际经济关系，这一领域是国际经济学力图解释和说明的主要内容。世界经济是由各国国民经济和各地区经济构成的，“构成”这一概念本身就否定了简单加总和机械组合的含义。一袋马铃薯不能称其为“构成”，而拼图游戏的

模块却可以“构成”一幅图画，本质的区别在于后者的基础单元之间存在某种联系。对这种联系方式的研究，必然成为研究一个系统的重要内容。相对独立的各国国民经济和各地区经济是如何相互联系、相互作用而形成世界经济整体的，对它们之间联系方式的研究，自然也就成为世界经济学所要研究的一项重要内容。

把各国国民经济和各地区经济相互联系在一起的方式和渠道多种多样，归纳起来，主要包括国际贸易与世界市场、生产国际化与生产要素的国际流动、金融自由化与国际货币体系。

1）国际贸易与世界市场

分工能够极大地提高社会生产力，推动人类经济社会的发展进步。一个人专门从事一种物品的生产，然后用其产品与他人的产品进行交换，对于每个人来说都是有利的。这是经济学奠基者之一的亚当·斯密（Adam Smith）在其《国民财富的性质和原因的研究》中详尽阐述的一个命题。当一国国内的社会分工发展到一定程度而突破国界时，便会形成国与国之间的社会分工，即国际分工。国际分工是社会分工的高级形式，它不仅是国际贸易和世界市场形成和发展的基础，而且也是世界经济整个发展过程的基础。随着国际分工的发展，各国在经济上的自我循环状态日益被打破，参与国际分工的每一个国家都必须依赖于与之分工的国家才能完成生产和再生产过程。国际分工使各国间的经济联系得以建立，从而有可能形成统一的经济体系。

分工引起交换，各种交换关系的总和就形成市场。它既是一个地理上的概念，即交换发生的场所，又是一个经济上的概念，是交换得以实现的机制。国际分工的形成与发展，使各国商品和劳务之间的交换成为必然，各国之间的这种交换关系，通常被称为国际贸易，它是以世界市场作为载体而实现的。最初的世界市场，主要是指商品市场。随着国际分工和国际贸易的发展，世界市场也随之发展成熟，逐渐形成包括国际商品市场、国际劳务市场、国际金融市场、国际技术市场等市场形式在内的具有一定结构的世界市场体系。世界市场的发展，进一步加深了各国之间的经济联系。有了世界市场，各国就能够依据世界市场的价值规律和价格机制的引导，采取不同的方式参与国际分工并进行国际贸易，以获取最大的经济利益。

另外，世界市场还是参与国际分工和交换的各国之间分配经济利益的主要载体。换句话说，世界市场是国际分配体系得以形成的主要机制，这主要是世界市场上价值规律或价格机制发挥作用的结果。值得注意的是，国际分配体系并不完全是经济系统内各种力量相互作用的结果，它还受到国家谈判实力等政治因素的干扰。这使得某种商品的世界市场价格可以长时间地偏离其国际价值的真实表现而存在，从而使国际分配体系长期偏向于大国、强国。这种现象被解释为由各种非市场因素的干扰造成的市场失灵，价格机制因此不能充分发挥作用。这就形成了世界市场上的不等价交换。在不等价交换中处于劣势的国家并不能因此而脱离世界市场，这也从一个侧面反映了世界市场对各国国民经济的结合力。

2）生产国际化与生产要素的国际流动

国际分工实现了各国之间的专业化生产，但它本身并不要求生产要素的跨国流动。在国际分工体系下，各国仍然可以利用本国已有的生产要素为世界市场生产产品。也就是说，在再生产循环中，狭义的生产过程仍然可以在一国国内完成。但是，随着国际分工和国际贸易的深化发展，各国经济联系越来越紧密，在资本主义生产逐利性的强力推动下，生产要素配置也会冲破国界，在世界范围内寻求最优配置，以实现最大的经济利益。生产要素的国际化，反过来又进一步深化了各国之间的经济联系。在土地、资本、劳动力和技术这四种生产要素中：土地一般来说不具有流动性；劳动力的国际流动也显得滞后，这主要是由于发达国家严格的、歧视性的移民政策；技术的国际流动主要是通过技术贸易的方式实现的；资本的流动性最大，目前已成为推动世界经济发展到一个新阶段——经济全球化——的最能动、最活跃的因素。

3）金融自由化与国际货币体系

国际交换过程，与国内交换过程一样，需要一定的交换工具作为媒介。由于各国货币单位不一致，国际交换便涉及各国货币之间的结算与支付、对各国货币之间的交换比价和支付方式所做的安排，于是形成了国际货币制度或称为国际货币体系。国际货币体系的建立和发展，进一步加强了各国间的经济联系。在国际货币体系下，参与分工的各国的经济状况不仅受到实物经济的影响，还受到国际资本和货币市场上的利率变化、汇率波动、资本流动、储备货币币值的稳定性、一国资产信用状况等金融经济的影响，东南亚金融危机便是一个典型的例证。各国货币的对外汇价直接影响到本国商品在世界市场上的价格和竞争力，这便使各国货币之间的汇率安排成为在世界市场上竞争的一个重要手段。一般来说，稳定的国际货币体系有利于国际分工和国际贸易的发展，有利于稳定并加强各国之间的经济联系，从而推动世界经济的发展，但由于各国之间经济利益的巨大差异，目前的状况与这一理想目标还相差甚远。这也反映出世界经济中各国国民经济和各地区经济既相互依存又相互矛盾的实际状况。

通过这些联系渠道和方式，各国国民经济得以紧密地联系在一起形成整体性的世界经济。它们的发展状况，正是判断世界经济形成和发展程度的根本标志，同时也是世界经济赖以运行的基本要素。

3. 世界经济整体

各国国民经济和各地区经济通过各种联系渠道构成世界经济之后，作为系统存在的世界经济就表现出一系列不同于其组成单位的运动规律，或者说，表现出其组成单位所不具备的一系列特征，如世界经济格局、世界经济一体化和全球化、世界经济的周期性、世界经济与政治的关系、世界经济的协调机制、世界经济的可持续发展等问题。对这些问题的探讨，是世界经济学所特有的，对这些问题的分析和解释也是世界经济学之所以能够成为一门学科的最终根据。

（二）研究方法

1. 运用马克思主义政治经济学的理论和研究方法

在马克思主义经济理论中，关于世界市场等有关世界经济问题的诸多论述对今天的世界经济学研究仍有现实的指导意义。马克思主义的全球视野及科学方法，如历史的方法、辩证发展的方法，以及普遍联系、历史和逻辑统一的方法对我们今天认识西方全球化理论思潮、全球化的种种现象及对经济全球化的理论研究都具有指导意义。马克思主义政治经济学从资本主义的生产力与生产关系的矛盾运动和世界市场的种种联系上去研究和把握世界经济的发展趋势。马克思认为“资产阶级社会的真实任务是建立世界市场和以这种市场为基础的生产”[①]，对外贸易、世界市场是资本主义生产的前提和结果，这说明马克思意识到资本主义生产方式同世界市场之间的密切联系，尽管当时的世界市场不能同今天的世界市场相比。

2. 借鉴现代西方经济学的理论和研究方法

在研究方法上，世界经济学应该借鉴现代西方经济学（包括宏观经济学、微观经济学及国际经济学）的理论，将现代西方经济学的理论与世界经济的现实及国别经济的发展加以结合。但是，世界经济学课程本身并不去理会各种公式的推导，也不频繁使用各种曲线（当然，也偶尔为之），这些主要是西方经济学课程的内容。世界经济学对西方经济学的借鉴到此一步也就够了，因为世界经济学还有非常多的内容可以探讨，更加关注经济现象的动态发展过程，仍然需要通过整理和分析大量的资料和数据来说明和解释各种经济现象，这其中当然可以也应该应用国际经济学的相关理论和计量经济学的某些分析方法。但是，世界经济学研究的目的并不在于此，其研究方法也不仅限于此，不在于理论和方法本身。要理解经济学必须了解其复杂性，不能仅从经济的角度来研究经济学。要注意非经济因素的影响，注意进行跨学科的研究，特别是研究国际经济关系，更不能简单地从经济利益的角度出发。经济全球化对国际经济关系的影响是广泛而深远的，经济关系政治化、政治关系经济化、国内问题国际化、国际问题国内化等错综复杂、盘根错节。世界经济学并不像某些经济学科一样只做纯粹的理论探讨，而是更加关注现实、关注世界上已经发生和正在发生的各种经济现象，并试图通过事物的现象看到事物的本质。研究世界经济必须进行更广泛的跨学科的综合研究，比如对国际经济关系的研究，可以从历史学、政治学、哲学、社会学等多方面、多视角进行研究。

二、世界经济学的学科性质

总的来说，世界经济学是经济学的一门基础性学科，它借用经济学的一般原理和分析工具，研究整体世界经济的内部结构及发展运动的过程和原因，并揭示其中的规律，帮助人们提高对世界经济的认识，为具体的经济学研究提供背景知识，为有关的政策决策提供理论依据。藤维藻先生在 20 世纪 60 年代初提出的“研究中国经济必须了解世界经济”正是从这个意义上说的。下面，我们把世界经济学与相关的经济学科做一对比，通过比较分析来把握世界经济学的学科属性。

（一）世界经济学与政治经济学

马克思主义政治经济学把世界市场的研究作为马克思经济学理论体系最后的、完整

① 中共中央马克思恩格斯列宁斯大林著作编译局. 1972. 马克思恩格斯全集. 第 29 卷. 北京：人民出版社：348.

的一部分，把世界市场作为自己理论的逻辑归宿，而关于世界市场的研究正是世界经济学研究的重要组成部分。政治经济学的研究对象是资本主义生产及生产关系，马克思把资本主义的产生、发展与世界市场联系起来加以考察。在研究资本主义发展趋势时他指出："我考察资产阶级经济制度是按照以下的顺序：资本、土地所有制、雇佣劳动；国家、对外贸易、世界市场。"① 前三个部分主要围绕一国国内的资本与剩余价值的生产、流通和分配展开论述，后三个部分把研究领域扩展到了国际范围。世界市场是马克思经济学体系所有范畴中最大的总体范畴，也是最复杂、最具体的范畴。马克思的世界市场理论不是全球化理论，但经济全球化是在世界市场的基础上发展起来的，因而经济全球化的本质深深地体现在马克思所揭示的世界市场的本质中。马克思主义政治经济学的这些理论正是世界经济学赖以建立的理论基础之一。

（二）世界经济学与现代西方经济学

现代西方经济学是流传于西方国家各种经济学流派的一种总称，其主要线索是古典-新古典传承的主流经济学。世界经济学作为一门年轻的经济学科，理应从西方经济学中吸收一些有价值的东西，用以充实自己的理论体系。在理论创建的过程中，追求一种纯粹的理论基础和分析思路，是失之偏颇的。世界经济学应该能够兼收并蓄，多种角度、多种方法并用，以推进对这一学科研究的深化。

在现代西方经济学中，国际经济学是第二次世界大战以后，在国际贸易理论和国际金融理论（包括政策）的基础上发展起来的。目前来说，国际经济学与世界经济学还是两门不同的经济学科，这主要在于它们的研究对象和研究范围的侧重点有所不同。国际经济学名家查尔斯·金德尔伯格（Charles P. Kindleberger）认为，国际经济学主要考察各国之间的经济活动和经济关系。传统的国际经济学主要是以国际贸易理论与政策，以及国际金融理论与政策作为论述的主要内容，有时也会把论述扩展到国际资本流动及劳动力国际流动方面。相比之下，世界经济学的研究范围要广泛得多，国际经济关系只是其中的一个方面。但应该注意的是：这两门学科在内容体系上确实存在着交叉重复。在这两门学科发展的过程中，有两种相关的趋势值得关注：一方面，世界经济学加强了对国际经济关系的分析研究；另一方面，国际经济学也开始重视对世界经济整体性问题的研究，如经济一体化、国际经济协调等内容。随着这两种趋势的不断发展，世界经济学与国际经济学相互补充形成一门新学科的可能性是存在的。

（三）世界经济学与国际贸易、国际投资、国际金融等应用经济学

简单地说，世界经济学与这些学科之间是一般和具体、基础和应用的关系。作为一般性的基础学科，世界经济学试图全方位地探讨世界经济领域的有关问题，并揭示其发展运动的规律。一般来说，世界经济学并不为具体的经济操作提供方法与指导，而国际贸易、国际投资、国际金融等具体的应用经济学则必须承担这样的应用

① 中共中央马克思恩格斯列宁斯大林著作编译局. 1995. 马克思恩格斯选集. 第2卷. 北京：人民出版社：31，168.

性研究。正因为这些具体的学科是在各自相对狭小的领域里进行研究，从而在相关领域理论研究的深度上也会比注重整体性研究的世界经济学更深入一些。但这些应用学科把社会经济系统划分为一个个相对独立的领域，而这并非社会经济系统的常态。事实上，社会经济系统本身就是一个整体，其中的各个领域之间存在着密切的、相互影响的联系。对这种联系的把握，具体的经济学科难以做到，而忽视这种联系，又会使具体的研究出现偏差。为了解决这一矛盾，客观上需要世界经济学为其提供一个总的理论背景。

三、世界经济学学科建设的历程

世界经济学作为一门经济学科，主要是在我国形成、发展并逐步完善的。但是，世界经济学这一术语早在 20 世纪初就已经出现了。1912 年，德国经济学家哈姆斯（Berhard Harms）曾在《国民经济与世界经济》一书中提出建立世界经济学的建议，并把世界经济界定为：由于高度发展的交通体系，由国际条约所规定、所促进的地球上的个别经济间的关系及这种关系的相互作用的全体。苏联的尼·布哈林在他所著的《世界经济与帝国主义》一书中对世界经济也做过一些分析，为以后的马克思主义经济学家研究世界经济问题提供了重要的理论依据。1933 年，日本经济学家作田庄一编写的《世界经济学》一书出版，这是第一本直接以“世界经济学”命名的著作。第二次世界大战后，苏联的瓦尔加和民主德国的库钦斯基等也对世界经济学的研究做出一定的贡献，但他们的研究范围主要限于帝国主义战争和经济危机等问题。1947 年，美国经济学家派特逊编写的《世界经济概论》出版，这是西方学者论述世界经济的著作中比较有代表性的一本。20 世纪 70 年代以来，匈牙利的 Y. 热拉斯等学者在世界经济学的研究对象和世界经济的发展规律方面也进行了大量的研究工作。

我国对世界经济问题的研究开始于新中国成立后。20 世纪 50 年代，有关学者在马克思主义政治经济学的指导下，在世界经济学领域，对一些重要国家的经济和一些重要的世界经济问题进行了专题性研究，但并没有提出要建立世界经济学这一专门的经济学科。60 年代初，学术界提出关于世界经济学科建设的问题，并就这一学科的研究对象、研究方法等问题提出了很多有益的看法。令人遗憾的是，这一良好的发展势头却因“文化大革命”而中断。直到 70 年代末和 80 年代初，在钱俊瑞先生的倡导下，我国学术界才重新展开对这一问题的研究和组织工作。1979 年，全国世界经济学科规划会议召开。这次会议提出要积极“创建和发展世界经济学”这门学科；1980 年成立的全国性学术团体——世界经济学会汇集了全国研究世界经济问题的骨干力量，并编写了论文集性质的《世界经济概论》一书；同年，钱俊瑞发表了《为创建和发展马克思主义的中国世界经济学而奋斗》的文章，激起了对世界经济学学科创建的热烈讨论，把这一工作提上了日程。此后，全国相继出版了一批有关世界经济学的教材和专著，推动了学科建设的步伐，促进了世界经济学研究水平的提高，直到目前，这一过程仍在继续。与早些年相比，现在我们对世界经济学学科性质、研究对象和内容的设定、研究方法的运用等方面的认识都有了进一步的深化，但能为大家所普遍接受的稳定、完善的学科体系，至今尚未形成。

四、本书的结构与安排

正是秉着上述对世界经济及世界经济学的认识，我们对本书的结构和内容做了如下安排：在导论的第二节和第三节，我们对世界经济的发生、发展及现状做一个概略性的描述，为后面各章内容的展开提供一个总的历史背景。

第一篇世界经济运行，主要涉及国际经济关系方面的内容。在第二章，我们论述了科技革命与世界经济发展，把它作为本书内容展开的起点，是基于马克思主义政治经济学的一个基本观点：生产力决定生产关系，而“科技是第一生产力”。科技进步是推动世界经济演进发展的根本动力，它决定了世界产业结构的基本状况及各产业在世界范围的分布，即国际分工。在第三至第五章，我们分别从国际贸易与世界市场、生产国际化与生产要素的国际流动、金融自由化与国际货币体系这三个不同的方面探讨各国国民经济和地区经济之间相互联系的方式。

在第二篇第六章中我们首先探讨的是当代世界经济格局的状况，所谓世界经济格局，简单说，就是指构成世界经济的各国国民经济和各地区经济在世界经济中的地位与所发挥的作用。由此我们得以对世界经济基础单位的国民经济和地区经济进行研究。在这里，我们把构成世界经济的基础单位划分为发达国家、发展中国家、转型国家和新兴工业化国家（地区）四种类型。在第七章和第八章中，我们对当代世界经济的两种重要的发展趋势——区域经济合作和经济全球化做出详尽分析。

在第三篇世界经济的可持续发展中，我们论述的是世界经济的整体性问题。之所以把“世界经济的可持续发展”作为篇名，是为了强调世界经济可持续发展的重要意义。一定程度上说，对世界经济整体性问题的研究，都是为了能够实现世界经济的可持续发展。在具体的内容展开上，我们首先在第九章论述了世界经济发展所面临的全球性问题，包括全球性的资源、环境、人口与贫困化问题，世界经济发展失衡问题，以及世界经济增长与危机问题。在各民族、国家利益至上的世界经济中，各国和地区之间难免会产生利益上的矛盾和冲突，缺乏一种有效的国际经济协调机制，世界经济的可持续发展将难以实现，因此，我们在第十章着重论述了国际经济的协调机制。在本书的最后一章，我们将落笔点放在了世界经济的可持续发展上，并指出了实现可持续发展的两条根本途径：在世界范围内合理配置生产要素和建立一个平等互利的国际经济新秩序。

第二节　世界经济的形成与发展

要研究世界经济的性质、特点和发展规律，首先必须了解世界经济的发生、发展与演变的历史过程。马克思和恩格斯历来都重视研究历史，他们在《德意志意识形态》一书中曾经说过：“我们仅仅知道一门唯一的科学，即历史科学。”只有在研究世界经济发展史的基础上，我们才能从中发现影响世界经济发展进程的各种因素。这些因素不仅在历史上促进了世界市场、国际分工的形成，还将继续影响着未来世界经济的发展趋势。

一、世界经济的萌芽

世界经济最初的萌芽，产生于14～15世纪西欧的封建制度向资本主义制度过渡的历史时期。在这一时期，封建社会的工农业生产和商品货币关系有了较大的发展，从而导致资本主义生产关系的萌芽。生产的发展和交换的繁荣，加强了欧洲国家之间的经济联系，扩大了东西方的贸易往来，其后的地理大发现为资本主义生产方式在世界范围内的扩张提供了前提条件，从而开始了世界经济发展的正式历程。

（一）西欧封建社会生产力发展加快

在中世纪以前，西欧封建社会生产力的发展速度，从总体上看，仍然十分缓慢。但是到了14～15世纪，西欧国家开始普遍地将封建地租从劳役地租、实物地租转变为货币地租。地租形式的演变推动了西欧农业生产的进步，促进了农业与手工业、商业的进一步分化。社会分工的深化推动了西欧社会生产力的提高和商品经济的发展。在这一时期，作为手工业和商业中心的城市开始兴起，这些城市大都是在教会或封建主的领地上产生的，主要有两种类型：一种是在过去已有的基础上复兴起来的，如马赛、里昂、伦敦、科隆等；一种是完全新建的，其规模都比较小。城市的兴起和发展，促进了一个专门从事商品交换的新的社会阶层——商人的出现。他们在利益的驱动下，积极从事商品交换，不断扩大交换的商品种类和地域范围，最终使交换经常性地突破国家界限而成为国际贸易，同时也在西欧国家之间成了一个区域性市场。

（二）西欧封建社会末期各国间贸易联系加强

中世纪西欧各国商品货币关系的进一步发展，加强了各国之间的经济联系，欧洲各个地区之间的商品贸易和东西方的商品贸易往来日渐频繁，并形成了几个地区性的贸易中心：地中海贸易区、北海和波罗的海贸易区、汉萨同盟、罗斯贸易区和不列颠贸易区，初步形成一个遍及欧洲的贸易网络。事实上，各个欧洲贸易区的商业往来不仅仅局限于欧洲的范围内，而是通过地中海贸易直接或间接地与东方国家连接起来。因此，欧洲地区性贸易的发展，实际上也就是东西方贸易的延伸和扩展，这对以后世界经济的发展和世界市场的形成具有十分重要的意义。

在欧洲地区性贸易发展的同时，东方亚洲国家的对外贸易也迅速发展。14～15世纪，亚洲地区一些主要国家的工农业生产和商品经济的发展都已达到了较高的水平，各自拥有精美名贵的商品和特产。这些产品通过对外贸易在各国之间广泛地进行交换，从而促进了亚洲地区的贸易活动，并形成了东亚贸易区、东南亚贸易区和南亚贸易区等几个比较重要的贸易中心。随着这几个贸易区的形成，联系地区间贸易的商业通道也逐渐固定下来，这些地区性商业通道与东西方的商路相连接，将东西方贸易的范围扩展到更广阔的地带。

在欧洲地区性贸易和亚洲地区性贸易发展的背景下，东西方之间的贸易交往也随之更加频繁。除了古已有之的“丝绸之路”外，欧洲商人还开辟了东西方之间新的商路，与东方国家进行商品交换。在东西方贸易的历史进程中，交通运输业尤其是航海业的发展起了十分重要的作用。然而，就在14～15世纪东西方贸易获得进一步发展的时候，奥斯曼土耳其帝国兴起，势力不断扩张并占领了欧洲通往东方的重要商业据点——君士坦丁堡，使得东部地中海的贸易受到了严重的破坏。面对这一困境，欧洲国家只好另寻通往东方的新航路，开始了海外探险活动，并导致其后影响深远的地理大发现。

（三）地理大发现促进国际贸易范围扩大

所谓地理大发现，指的是西欧国家15世纪末和16世纪初在海外探险中发现美洲大陆及开辟通往东方新航路的过程。15世纪初，葡萄牙和西班牙走在海外探险活动的最前列。1498年，葡萄牙的达·迦马（1469～1524）率领远征队到达了南亚西海岸，打通了从欧洲通往印度的新航路。1492年，哥伦布则发现了美洲大陆。在发现美洲大陆之后，西班牙探险者又继续西行开辟航路，海上航程不断延伸。1519年，由麦哲伦率领的船队实现了环球航行，这一行动在科学意义上证实了地圆学说，在经济社会意义上开辟了东西方交通的新航路，扩大了各国之间的贸易往来。

地理大发现对欧洲经济社会产生了重大的影响，出现了“商业革命”和“价格革命”，同时还引起欧洲经济中心的转移。大西洋沿岸国家，如葡萄牙、西班牙、荷兰等的经济地位得到了极大的提升。地理大发现之后，在航海业和陆上交通事业发展的基础上，世界各地区之间的经济联系大为加强，从而使得因各国地理、民族传统和国民经济特点的差异而产生的地域分工有了新发展，出现了早期的世界市场。

综上所述，在14～15世纪的欧洲封建社会末期，生产力得到了较大的提高，商品经济在封建社会内部开始逐渐发展起来，推动了城市的兴起，以及手工业和商业的发展，在西欧国家内部出现了资本主义生产方式的萌芽。与此同时，商品经济的发展带动了各国之间的商品贸易往来，尤其是在地理大发现之后，世界各国之间的经济联系得到了进一步的加强，形成了环球的商业通道，出现了作为整体的世界经济萌芽。

二、资本主义生产方式的确立与世界经济的初步形成

16～18世纪的原始积累是资本主义生产方式产生和发展的前期。在这一时期，西欧各国的工场手工业得到了迅速的发展，农村中的庄园经济制度瓦解，资本主义生产关系逐渐确立。通过殖民扩张，西欧各国之间的经济联系更加密切，世界各国、各地区的市场逐渐联结成为一个有机体，形成一个世界性的市场。18世纪60年代发生的产业革命，促使社会生产力空前提高，资本主义经济迅速发展，推动了国际分工体系与世界市场的形成。通过国际分工与世界市场，各国国民经济的联系加强，标志着世界经济的初步形成。

（一）资本原始积累与对外殖民扩张

从16世纪开始，西欧各国先后经历了资本原始积累时期。对农民土地的掠夺是资本原始积累的基础，如英国的“圈地运动”，法国和德国也掀起了封建地主掠夺农民土地的狂潮。在资本原始积累的过程中，国债起了重要作用，资产阶级不仅依靠发行国债获得高额利息，还往往借此从国家取得各种特权，如包税权、铸币权等。此时，西欧还

产生了西方近代赋税制度，成为资产阶级货币资本的一项重要来源。当时，在重商主义政策的作用下，各国对资本主义的手工工场实行了保护制度（包括保护关税和出口补贴等）。所有这些途径都加强了西欧国家的经济实力，为其推行对外殖民扩张提供了可能。

除掠夺本国农民的土地之外，16～18世纪西欧各国还以暴力手段进行殖民掠夺和奴隶贸易。为了满足资本原始积累的需要，西欧国家开始以暴力为基础进行对外殖民扩张，纷纷派遣军队武装远征海外，大肆进行领土扩张，侵占了大批殖民地，通过各种手段掠夺其殖民地的财富。这一切都成为资本原始积累的重要源泉。在这一时期，进行殖民掠夺的主要国家是葡萄牙、西班牙、荷兰、英国和法国，在18世纪中叶，英国取得了世界殖民霸主的地位。通过殖民扩张，西欧一些国家积累了大量财富，奠定了建立资本主义制度的物质基础。

（二）殖民制度下的国际经济联系

西欧国家资本主义原始积累时期的对外殖民扩张，除了凭借暴力、通过战争直接掠夺之外，还广泛利用海外贸易公司进行殖民地贸易。许多国家都成立了专门的贸易公司，用以垄断殖民地国家的对外贸易，控制当地的农业、手工业生产，力图把殖民地当作本国工业原料的来源国，使其在经济上逐渐成为宗主国的附庸。

16～18世纪也是西欧对外贸易空前发展的一个时期。这一时期，重商主义思想和政策在西欧占据主导地位，许多国家都积极鼓励对外贸易，争取贸易顺差。这一时期的西欧对外贸易可分为区域贸易和跨洋贸易两大部分，随着时间的推移，后者的地位越来越突出。正是跨洋贸易将欧洲和美洲、亚洲连接了起来。这样，以西欧为中心的早期世界市场就出现了。在早期世界市场上，取得支配地位的还不是工业资本，而是随着海外扩张和对外贸易而壮大起来的商业资本，它成为工业资本原始积累的重要源泉。

（三）产业革命推动资本主义生产方式的确立

从18世纪60年代开始，欧美国家先后发生了范围广阔、影响深远的产业革命。产业革命不仅引起了生产技术的革新，推动了生产力的巨大发展，还引起了生产关系的重大变革，资本主义生产方式最终在欧美国家得以确立。

产业革命的发生具有其客观的社会经济条件。在17世纪末，欧洲国家农业生产力的提高、资本主义工场手工业的大发展、对外贸易的扩大及世界市场的形成，引起手工业制成品需求的增加。以手工工具为特征的生产方式已经不能满足生产的需要，急需以机器作为生产工具，这是产业革命发生的根本动力。西欧国家资本原始积累的完成、科学技术的发展和资产阶级革命的胜利则是产业革命爆发的重要条件。

产业革命不仅使得以手工技术为基础的手工工场被以机器为主体的工厂制度代替，使工业部门发生了彻底的变革，而且还使交通运输业、农业、商业都获得了迅速的发展。产业革命首先发生在英国，进而扩展到欧美各先进国家。产业革命极大地提高了社会生产力水平，并推动了生产关系的变革，资本主义工厂制度的出现和发展标志着资本主义生产方式最终确立。同时，产业革命也推动了农业的技术进步与革新，促使农业部门的生产关系也逐渐向资本主义演进。

（四）国际分工体系的建立与世界市场的形成

18 世纪中叶到 19 世纪 60 年代，产业革命在英国、法国、德国、美国等国家相继开展并得以完成，资本主义生产方式最终确立。在这一时期，自由竞争资本主义经济得到迅速发展。资本主义列强凭借其强大的经济实力，进一步实行对外殖民扩张，许多亚洲、非洲、拉丁美洲及大洋洲的国家与地区沦为殖民地、半殖民地。这些落后国家与地区成为资本主义工业国家的商品出口市场和原料产地。

产业革命带来了交通运输条件的改善，使得各国间的商品贸易变得更为便捷。殖民地国家与地区的自然经济瓦解之后，农业商品化进程加快，它们的经济也卷入了世界商品交换的领域。在这些因素的推动下，国际贸易在空间上扩展到世界大部分地区，贸易额快速增长，贸易商品的种类也大大地增加了，并形成了先进国家的工业制成品与落后国家的初级产品间贸易的格局。在这一时期，英国确立了其“世界工厂”与世界贸易中心的地位。

世界经济的真正形成离不开国际分工与世界市场的形成与发展。在 14～15 世纪的东西方贸易时期，国际分工主要表现为因各国地理、民族传统及国民经济特点差异而形成的地域分工。地理大发现之后，在殖民经济扩张时期，国际分工表现为殖民地与宗主国之间特殊的地域分工。只有到了工业革命以后，机器生产扩大了分工，才出现了许多新的工业部门。机器生产提高了社会生产力，当国内市场不能容纳本国产品，而工业生产所需的原料、燃料及粮食本国又无法满足时，就必然要求国内的社会分工向国外延伸。机器大工业越来越多地把世界各个国家的社会生产吸引到国际分工体系中来。19 世纪 60 年代，欧美主要资本主义国家在国际分工体系中成为世界城市，广大经济落后国家成为世界农村，世界城市与世界农村既相互对立又相互依存的国际分工体系基本形成。

国际分工体系的建立，标志着世界市场进入了一个新的历史阶段。在机器大工业的生产方式下，生产规模的不断扩大客观上需要不断扩大的工业品销售市场和原料供应市场。这样的经济动机加上产业革命带来的交通、通信方面的技术进步，推动了世界市场的深化发展。工业革命后形成的世界市场不同于早期的世界市场：在这一时期的世界市场上，交换商品的数量和种类有了大幅度增加。棉花、羊毛、煤、铁、机器等原料和资本品进入世界市场后，资本主义各国的生产过程便同世界市场不可分割地联系在一起。世界市场上供求关系的波动直接影响到资本主义的再生产过程，此时的世界市场已成为资本主义再生产必不可少的条件。

在国际金融货币领域，随着欧洲工业革命的发展和世界市场的扩大，近代资本主义的银行制度逐步确立，国际信贷规模随之迅速扩大。在国际贸易和国际信贷中，对各国货币的比价和支付方式进行协调成为一种需要。1816 年，英国首先由金银复本位制过渡到金本位制，此后欧洲各国也相继实行金本位制。19 世纪 70 年代，虽然统一的国际金本位货币体系还未形成，但是主要资本主义国家的货币都确定了含金量，它们之间存在着固定的比价。于是，黄金就成了单一的世界货币。世界货币的产生方便了国际支付与国际结算，使世界市场经常保持稳定的汇率，世界市场的机制更加完善。由于强大的经济和金融实力，伦敦占有了当时国际结算和支付的中心地位。

综上所述，产业革命不仅使资本主义生产方式在主要欧美国家得以确立，而且推动了生产力的发展和分工的扩大。在机器大工业的生产方式下，国内的社会分工向国外延伸，越来越多的国家都被纳入国际分工体系。在交通、通信技术进步的基础上，世界市场进一步深化发展，单一的世界货币形成之后，世界市场的作用机制也更加完善。通过国际分工和世界市场，各国国民经济之间的相互联系日趋紧密，标志着世界经济的初步形成。

三、资本主义世界经济的最终形成

从19世纪70年代开始，在第二次科技革命的作用下，世界资本主义从自由竞争阶段逐渐过渡到垄断阶段。第二次科技革命不仅推动了生产力的发展，还促使资本主义生产关系发生重大变化，从而影响了世界经济的发展。一方面，第二次科技革命推动了资本主义工业的迅速发展，企业规模急剧膨胀，使资本和生产越来越集中在少数几个大企业的手中。资本的集中与积聚促进了资本家之间的联合。工业垄断组织在各个部门陆续建立起来，并且与银行垄断资本相互融合成金融资本。这样，资本主义由自由竞争阶段过渡到垄断阶段。另一方面，由于生产的高度集中，资本主义的生产不但需要大量的、源源不断的、有保证的原料供应，而且需要可以销售大量商品的世界市场和投资过剩资本的场所。为此，垄断资本就要求独占原料产地、商品市场和投资场所，殖民地无疑成了各国垄断资本争夺的目标。19世纪末20世纪初，资本主义列强在全球范围内的殖民地瓜分已经基本结束，形成了帝国主义世界殖民体系，资本主义世界经济发展成为囊括全球的、统一的资本主义世界经济体系。

（一）19世纪末资本主义生产方式的发展

第二次科技革命发生在19世纪末20世纪初。它的发生是资本主义政治、经济发展及自然科学进步的必然结果，同时，它又反过来为资本主义社会生产力的发展和科技创新提供了坚实的物质技术基础。

科技革命直接促进了社会生产力的迅速发展。几个主要的资本主义国家经济总量急剧膨胀，产业结构发生了明显变化，并相继实现了工业化，成为以重工业为主导的工业国。资本主义工业在世界范围内通过国际贸易、国际资本流动和国际移民等途径得以扩展。亚洲、非洲和大洋洲地区的经济日益注入了资本主义成分，近代工业开始建立和发展，经济殖民地化。

科技革命还导致了生产组织形式与企业组织形式的重大变革。由于电力代替了蒸汽机，生产组织由原来以蒸汽机为基础的机器体系变为一个统一的机构。生产工艺也发生了相应的变化，按产品加工工艺形成了流水线，并以流水线为基础，产生了如“泰勒制”、“福特制”等新型的劳动组织和现代管理体系，极大地促进了劳动生产率的提高。由于采用先进技术需要巨额的资金，所以，只有资本雄厚的企业才有能力装备先进技术。这进一步增强了大企业的竞争能力，更多的中小企业被排挤，促进了资本和生产的集中和垄断。19世纪60年代首先在流通领域出现了垄断组织。1873年经济危机之后，垄断组织则由个别现象进一步发展，到20世纪初在各资本主义国家得到普遍发展，成为全部经济生活的基础。

伴随着生产的集中与银行资本的集中，金融资本在各个资本主义国家形成并逐渐占据统治地位。20 世纪初，随着生产集中进程的加速，以卡特尔、托拉斯等形式出现的垄断组织在各主要资本主义国家的工业中已成为占统治地位的经济力量。同时，在工业生产集中的推动下，各国银行资本迅速集中，并在此基础上形成了垄断。工业垄断资本与银行垄断资本互相渗透、混合生长，形成了一种新的、最高形态的垄断资本，即金融资本。金融资本形成后，通过参与制和其他方式控制了国民经济各重要部门，并通过其代理人，凭借强大的经济实力，直接或间接地控制了国家政权。金融资本的形成及其统治的建立，表明资本主义已经由自由竞争阶段过渡到垄断资本主义阶段。

（二）国际经济联系的新发展

随着资本主义由自由竞争阶段向垄断资本主义阶段过渡，各国之间的经济联系也出现了新的特点。

就国际贸易而言，从绝对规模看，国际贸易额有了较大的增长，但是其发展速度相对缓慢，原因主要有两个方面：一方面，国际市场的扩大在短期内暂时无法跟上工业生产迅速增长的步伐；另一方面，除英国以外的其他主要资本主义国家都采取了高关税的保护主义政策，这使得资本主义国家的出口贸易在国民生产总值中所占的比重有所下降。这一时期国际贸易的发展相对低于同期世界工业生产的发展。此外，这一时期的国际贸易地区分布与商品结构也发生了变化。虽然世界贸易的三分之二仍然集中在欧洲，但是随着欧洲主要资本主义国家对洲外国家粮食和原料初级产品的需求日益增多，以及欧洲国家的工业制成品日益需要向洲外市场推销，欧洲各国与洲外国家间贸易的增长要比欧洲内部国家间贸易的增长快。北美、拉丁美洲和非洲是这一时期国际贸易地位处于上升趋势的三个地区。其中，美国依靠发展国内经济，大力推进本国工业化，逐渐消除了过去与欧洲（尤其是英国）经济关系上的殖民地性质，在国际贸易中的地位迅速提升，其工业制成品贸易在 19 世纪最后 10 年中由逆差转为顺差，并且开始大量向其他美洲国家的市场渗透，从而成为西半球的贸易大国。而亚洲国家的经济诸如印度、中国和土耳其等在帝国主义的经济渗透与国内封建势力的阻碍下几乎处于停滞状态，在国际贸易中的地位呈下降趋势。在亚洲，只有日本的工业生产和对外贸易的发展势头较为迅猛。从国际贸易的商品结构看，欧洲和北美国家以进口初级产品和出口工业制成品为主，而其他国家和地区则以出口初级产品和进口工业制成品为主。这种国际贸易的进出口结构表明，这一时期的国际分工格局是欧洲、北美地区生产工业制成品，亚非拉地区生产初级产品。

从国际金融的角度看，19 世纪 70 年代至 20 世纪初形成了国际统一的货币制度——金本位制。由于以往的金银复本位制存在不稳定性，一旦金或银中任何一种供应发生了明显的变化，都会引起国内货币关系及商品价格发生剧烈波动，进而使国际市场上金银比价发生变动，引起币值较高的金或银流出本国，破坏本国的货币制度，也造成有关国家采取限制贸易的政策。因此，国际贸易的进一步发展要求货币制度向单一货币制度——金本位制——转化。金本位制在世界范围内的确立，使黄金成为唯一的世界货币。由于各国货币的含金量是法定的，相对稳定，所以各国货币汇率也有相对稳定的基础。国际金本位制度的确立促进了国际贸易、国际资本流动和国际信用的发展。

新型国际垄断同盟伴随着对外贸易与对外资本输出的发展而成长起来。在 19 世纪末 20 世纪初，各国垄断组织在内在经济规律的支配下，为了追逐高额利润，开始向外扩张，相互之间在世界市场上展开了激烈的竞争。这种竞争主要通过两种方式进行：一是对外贸易扩张，即加紧商品输出，向其他资本主义国家和殖民地、半殖民地国家和地区的市场渗透；二是对外资本输出，即跨国际的生产投资，从而扩大对销售市场和原料供给的垄断。各国在垄断资本的对外扩张中，一方面相互之间进行激烈的竞争；另一方面又相互勾结，在一定条件下进行暂时的妥协，结成垄断联盟。国际垄断同盟就是主要资本主义国家的垄断资本在互相竞争中结成的暂时的国际联合。国际卡特尔成为国际垄断的主要组织形式。

最后，随着大规模的资本输出，资本主义生产方式更深、更广地在世界范围内发展起来，把世界各国的经济联系起来，资本主义世界经济成为涵盖全球的统一体系。从 19 世纪中期开始，英国、法国等老牌资本主义国家的资本输出规模开始加速扩大，资本输出成为这些国家金融资本对外扩张的重要手段。除英国、法国之外，德国是第一次世界大战前的第三大资本输出国，而美国在 1897 年的美西战争后，其对外投资才有了显著的增长。从资本输出的地区分布看，国际资本主要流向那些资本主义已经发展和正在发展但落后于当时先进国家的地区。由于这些地区的经济已有一定程度的发展，其社会条件和投资环境能够为外来资本提供相对较高的利润率。资本输出的意义不仅在于越过东道国的贸易壁垒，带动本国商品的输出，霸占和控制更多的原料来源，还在于通过资本输出，垄断组织可以在世界范围内控制和垄断工农业生产和商品流通，并通过其资本所有权和有计划、有目的的经济活动将殖民地、附属国的国民经济纳入其经济运行体系之中，成为资本主义世界经济体系的一个组成部分和附庸。

综上所述，在第二次科技革命的作用下，资本主义国家的社会生产力得到了迅速发展，生产组织形式和企业组织形式也发生了重大的变化，工业垄断资本与银行垄断资本混合生长形成金融资本。金融资本通过资本输出的方式，将资本主义的生产方式渗透到一些发展中国家和地区，控制其生产领域与流通领域，最终将整个世界都纳入资本主义的生产方式体系中。资本主义世界经济成为涵盖全球的统一体系，标志着世界经济正式形成。

四、20 世纪上半期的世界经济

在 19 世纪后期形成的世界经济体系（以英国为中心的多边贸易与多边支付体系）随着第一次世界大战的爆发而结束。从世界经济史的角度来说，作为一个新时代的 20 世纪实际开始于 1913 年，这是以第一次世界大战的爆发作为标志性事件来划定的。两次世界大战极大地破坏了社会生产力，严重扰乱了各国国民经济之间的正常联系，使世界经济的发展呈现倒退。两次世界大战之间，各工业国由于战后重建的需要出现了短暂的繁荣，世界经济也因此获得了一定的发展。但随着经济危机的到来，世界经济再一次出现倒退。整个 20 世纪上半期，世界经济就在这样的动荡中艰难发展。

（一）世界经济的动荡与各国经济发展不平衡加剧

20世纪上半期，由于战争和20世纪30年代的世界性经济危机，世界经济增长速度明显放慢：1913～1929年，世界经济增长率比第一次世界大战前下降了近25%，但世界人口继续以与第一次世界大战前相同的速度增长，因此人均收入下降大约1/3。但这其中也有几个重要的例外，即日本、美国和苏联。日本和美国在第一次世界大战中收益颇多，经济实力增长迅速；苏联由于工业化政策的实施，国民经济也获得了长足进展。这之后的1929～1933年，资本主义国家又爆发了世界性的经济危机，危机期间，整个资本主义世界工业生产下降了37.2%，失业率剧增，市场矛盾加剧，战后经济复苏遭受了沉重打击。危机过后，各国经济并没有出现人们预期的复苏与高涨，而是转入到了“特种萧条”的状态，紧接着又爆发了1937～1938年经济危机。在这样的经济动荡中，各国之间争夺利益的矛盾进一步加剧，从而引发了第二次世界大战（1939～1945年）。在第二次世界大战期间，整个世界工业生产仅增长了4.76%。但由于交战国庞大的军费开支，加之战争所造成的巨大的物质损失，整个世界的物质财富存量实际上是在急剧减少。如果把上述各阶段综合起来考察，整个20世纪上半叶世界经济的增长实际上出现了倒退的局面。

（二）各国间的经济联系削弱

两次世界大战及两次世界大战之间的经济危机，不仅阻碍了各国国民经济的增长，而且严重扰乱了各国国民经济之间的正常联系。战争期间自然不用说，就是在战后的经济恢复和国际经济秩序重建的过程中，由于缺乏一个有效的国际经济协调机制，各国在争夺本国的经济利益时均采取了“以邻为壑”的对外经济政策，各国国民经济由开放转入封闭，各国间的经济联系被削弱，世界经济的发展出现了倒退。这主要表现在以下三个方面。

1. 国际分工与世界市场

国际分工是通过国际贸易而实现的，而世界市场又是国际贸易赖以进行的场所和机制，国际分工、国际贸易和世界市场是三个相互依存的经济过程。战争和经济危机对国际分工与世界市场的影响，可以通过国际贸易的有关数字反映出来。第一次世界大战期间，国际贸易实物量缩减了40%。20世纪20年代，伴随着世界生产的恢复性高涨，国际贸易有了大幅度增长，1929年国际贸易量比1913年增长了30%。1929～1933年的世界性经济危机，又使国际贸易大幅度减少，甚至低于第一次世界大战前的水平。整个20世纪30年代，国际贸易量一直没有达到1929年的水平。第二次世界大战期间，国际贸易量又缩减了17%。国际贸易的萎缩，主要是战争和危机使各国国内经济遭受困难，市场状况变得严峻，各国为了保护本国的经济利益，均实行了严格的贸易保护主义措施：工业国在普遍实行关税保护的同时，采取了许多更为直接的非关税壁垒措施，诸如实行进出口许可证制度、配额限制、外汇管制和禁运等。除工业国竞相保护国内市场以外，许多初级产品生产国在贸易条件不断恶化的威胁下，为了减少对外国制成品的依赖，维续在战争刺激下发展起来的制造工业，也纷纷采取了各种贸易保护措施。

2. 国际资本流动与劳动力的国际流动

与国际贸易一样，国际资本流动也因战争和经济危机的影响而陷于停滞。19世纪末20世纪初，由于垄断资本主义的发展，资本国际化进程加快，1913年主要资本主义国家对外资本输出总额已达到440亿～480亿美元。第一次世界大战结束之初，资本跨国流动的规模比战前缩减了1/3，直到20年代末才恢复到战前水平。到第二次世界大战前夕的1938年，这一数字增加到528亿美元，同1913年相比，资本跨国流动在数量上仅增加48亿～88亿美元，如果考虑到20世纪30年代美元贬值的因素，国际资本流动在这些年中实际上是停滞不前的。战争使各主要资本输出国的地位发生了很大变化：英国仍然维持了最大的资本输出国的地位，但其第一次世界大战前那种绝对领先的优势已有所削弱；美国在第一次世界大战后一跃成为重要的资本输出国，大危机之前其资本输出量曾接近于英国，但30年代的经济危机与萧条使美国对外投资锐减，到1938年只相当于英国的50%（115亿美元）；法国的资本输出始终未能达到第一次世界大战前规模的一半；德国由于战败，在第一次世界大战后成为净资本流入国。与第一次世界大战前资本输出以间接投资为主不同的是，战后直接投资显著增加。到30年代末，两种形式的资本输出大约各占一半。同时，在资本流动的方向上仍然是以工业国向其殖民地投资为主，但各工业国之间的相互投资比重增大。

劳动力的国际流动也发生了一些显著变化。虽然与第一次世界大战前一样，劳动力主要还是从欧洲流向美国、加拿大和澳大利亚，但流动的规模已大大减小。较之1909～1914年每年150万人的外流量来说，欧洲移民在20世纪20年代下降到每年大约70万人，30年代进一步下降到每年13万人。这其中，英国仍然是最重要的单一移民输出国。移民输入国方面，美国仍然吸收了两次世界大战期间的绝大部分移民，但1921年的《限额法》开始直接限制移民数量。与第一次世界大战前相比，20年代和30年代美国接收移民的数量大幅度下降，这期间年平均移民减少到不足25万人，而在1914年以前的9年内，年平均移民将近100万人。加拿大和澳大利亚继续吸收了很大数量的英国移民及少量其他欧洲国家的移民。同一时期，还有相当数量的欧洲移民流入南美洲的巴西和阿根廷。

3. 国际货币体系

19世纪后期形成的以英镑为中心的国际金本位制，在第一次世界大战期间结束了，因为金本位制存在的两个基本条件，即纸币与黄金的可兑换性和黄金的自由输出已名存实亡。交战国政府普遍利用增发纸币来弥补巨额军费支出，从而引发了严重的通货膨胀。第一次世界大战后初期，各国的重建，以及贸易和生产上的普遍混乱，进一步引发了通货膨胀。大多数国家在1920年达到了通货膨胀顶峰。持续严重的通货膨胀使货币购买力急剧下跌，也造成了国际金融关系和国际贸易支付体系的混乱，给各国经济恢复带来了非常不利的影响。为了取得货币稳定，重建国际金本位制，美国和英国提供了巨额的国际贷款援助，用以支持其他欧洲国家的货币改革。美国、英国两国的努力使国际金本位制的重建工作在20世纪20年代中期获得了表面上的成功：到1926年年初，大约有 39 个国家恢复了金本位制。但第一次世界大战后恢复的金本位制存在着严重的制度缺陷：其一，与第一次世界大战前以伦敦为中心的金本位制不同，战后纽约和巴黎崛起，与伦敦一道成为重要的国际金融中心，这种分散化的体制使得国际清算变得更加复杂、效率更低；其二，战后金本位制的运转也因黄金短缺及第一次世界大战引起的现有黄金存量分布不平衡而受到阻碍。作为应付这一矛盾的变通方案，20 年代大多数国家恢复的金本位制只是一种不稳定的金汇兑本位制。这种削弱了的金本位制，标志着国际货币体制进入了新的不稳定时期。1929～1933 年大危机期间，各国先后发生了深刻的货币信用危机。在各国货币信用危机的传递和相互影响下，国际信用规模大为缩小，国际结算中用以支付的黄金极度缺乏，国际收支严重恶化。在这种背景下，各国被迫纷纷放弃金本位制，导致金本位制的全线崩溃，同时也宣告了以金本位制为基础的国际货币体系的最终瓦解。金本位制的结束，使得国际货币体系重新陷入了混乱之中。在随后的几年里，部分工业强国逐渐分化并最终出现了许多区域性货币体系。在其顶峰时期，这种分散化的货币体系包括以英国为中心的遍及英联邦的英镑区、以美国为中心的主要由拉美国家组成的美元区、以德国为中心的主要由中欧、东南欧国家组成的马克区，以及受日本支配的一些亚洲国家组成的日元区。如此形成的一个个排他性很强的经济集团，使统一的世界经济体系遭受严重割裂，世界经济再也无法正常运转。

（三）世界经济格局的重构

1917 年，第一个社会主义国家——苏联——诞生，从根本上改变了 19 世纪后期形成的统一的资本主义世界经济体系，世界经济由此进入了两种制度并存的历史时期。建国后，苏联是在极其困难的国际经济环境下开始社会主义经济建设的。资本主义国家对苏联的经济封锁，使得苏联在建国后的最初几年断绝了与其他国家的经济联系。直到 20 世纪 20 年代，苏联才逐步恢复对外经济往来。1926 年，苏联开始实行国家工业化，急需进口大批机器设备和一些重要的原材料。在这样的背景下，苏联的对外贸易有了较大发展，进出口总额在 1930 年达到第二次世界大战前的最高水平（73 亿卢布），但也仅恢复到 1913 年的 72.4%。20 世纪 30 年代，苏联工业生产蓬勃发展。1937 年，苏联在世界工业生产中的比重达到 13.7%，仅次于美国，居世界第二位。与其工业成就相比，苏联对外经济关系，由于特定的历史因素，发展相当滞后，国内经济发展对整个世界经济影响微弱。但由于其在世界生产中所占的份额和新型经济制度的历史意义，苏联作为第一次世界大战后世界经济格局中一极的地位在 30 年代以后得以确立。

我们再看除苏联以外的资本主义国家在世界经济格局中的变化情况。战后初期，即从第一次世界大战结束到 20 世纪 20 年代中期，从大国经济实力对比方面来说，世界经济格局的特点是：与战前的以英、美、德、法为主要经济中心的并立格局不同，战后世界经济形成了以美国和英国为中心的两极格局。1913～1920 年，美、英两国在世界工业生产中所占的比重由 52%上升为 60.4%，同期两国在美、英、法、德四国资本输出总额中的比重由 54.8%上升为 81.5%。此外，美、英两国在国际贸易总额及海外殖民地面积总额中的比重都有所上升。由此，两极格局得以形成。在两极格局中，美国对英国保持了明显的优势。自 20 世纪 20 年代中期开始，在世界性经济危机和经济萧条的影响下，资本主义各国政治经济发展不平衡加剧。到临近第二次世界大战爆发的1937年，在世界工业生产中，美、英两国曾具有的优势地位相对削弱，它们所占有的比重已由1920年的60.4%下降到45.7%。与此同时，苏、德、法、日四国的总比重达到31.9%；在国际贸易方面，到第二次世界大战前夕，主要资本主义国家重新出现了相对均势，美、英两国所占的比重保持在29%的水平上，而法、德、日三国的总比重上升到18%，已相当于美、英两国的2/3；表现更为明显的是，在国际金融货币领域，随着国际金本位制的瓦解，出现了以英、美、法、德、日为中心的五个货币集团并立及相互竞争的局面。这些情况表明，世界经济从第一次世界大战后初期形成的美、英两极格局向多极格局过渡，并在30年代形成美、英、苏、德、日五大国并立和相互对抗的多极化世界经济格局。这次形成的世界经济格局建立在一个非常脆弱的基础之上，各大国之间未能实现相对均势和稳定，原先的矛盾只是在表面上被压制，随着各大国争夺利益的矛盾和斗争日趋激化，最终引发了第二次世界大战。第二次世界大战持续6年，席卷了60多个国家，给人类生产力造成了巨大破坏。战争期间，英、法经济实力被严重削弱；苏联也遭受重大损失；只有美国在战争中受益，实力迅速壮大，进一步上升为世界经济格局中的唯一霸主。战争最终以德、意、日战败而结束。

第三节　第二次世界大战后世界经济的发展

第二次世界大战以后，世界政治经济形势发生了深刻的变化。经过短暂的战后恢复，各国在科技革命的推动下，社会生产力得到了空前发展，产业结构得到提升，国际贸易、国际投资、国际金融发展迅速，各国都实现了较高的经济增长率。此外，相对和平的国际环境，极大地推动了第二次世界大战后世界经济的全面发展。

一、第二次世界大战至20世纪80年代世界经济的全面发展

（一）快速增长

第二次世界大战对世界经济的影响比第一次世界大战更为严重，但各国在1945年以后的经济恢复和重建比第一次世界大战后进行得更为迅速。到1950年，大多数国家的国民生产总值就已超过了1938年的水平。联邦德国和日本却是两个重要的例外，它们直到20世纪50年代中期以后才达到这一水平。从50年代初期开始，世界经济进入了持续增长的时期。第二次世界大战后，世界各国家基本上可以划分为三种类型：发达资本主义国家、社会主义国家和其他发展中国家。下面我们分别考察这些国家经济在战后的增长实绩。首先看发达资本主义国家，这些国家作为一个整体，年平均增长率在1950～1970年达到4.9%的高水平，而且在1973年时超过5%。作为对比，1870～1913年，这一数字为2.6%，1913～1950年则为1.9%。然而，从1973年以后，这一速度降了下来，1973～1988年，它们的年平均增长率为2.7%，从历史的角度看，这依然是一个不错的数字。再看社会主义国家，与发达资本主义国家类似，社会主义国家在

50年代和60年代也实现了国民经济的高速增长。1950～1973年，苏联国民生产总值年平均增长率达到5%，其他社会主义国家平均为4.7%。然而，1973年以后，欧洲社会主义国家经济增长速度迅速放慢。1974～1988年，苏联的国民生产总值年平均增长率约为2%，而在1982～1988年还不足此数；1974～1982年，其他欧洲社会主义国家年平均增长率为1.9%，1983～1988年为2.7%；社会主义国家中，只有中国经济增长持续保持高水平，尤其是在70年代末开始了经济体制改革之后。作为另一种国家类型，第二次世界大战后兴起的其他发展中国家的经济增长总体上保持了较高水平，增长速度高于同期的发达资本主义国家和社会主义国家，其国民生产总值的年平均增长率在50年代为4.7%，60年代为5.6%，70年代为4.7%，80年代为4.0%。但各发展中国家增长不平衡加剧，并逐步分化为几种不同的国家类型，如石油输出国、新兴工业化国家、中等收入国家和最不发达国家等。

世界经济在第二次世界大战后之所以能够取得良好的增长实绩，究其原因，主要有以下两点。第一，科技革命创造了巨大的生产力。战后发生了人类历史上的第三次科技革命，科技创新扩散的速度加快，大量的科学技术成果不断地被应用到生产领域之中，极大地提高了生产力，促进了各国国民经济的增长。据爱德华 · F. 丹尼森（Edward F. Denison）估计，战后发达国家科技的经济增长贡献率达到70%～80%。第二，国际经济协调机制加强。战后，各国加强了在国际经济领域的协商与合作。首先是各发达资本主义国家在美国的倡议下，在战后之初制定了一系列有关国际经济运行的规则，并成立了相关的国际经济组织，用以协调各国的经济关系。随着发达国家兴起的国际经济协调机制逐步扩散到整个世界范围，相对统一的国际经济规则的形成及相关国际经济组织的成立，结束了战前国际经济关系中严重割裂的局面，适应了生产和资本国际化的需要，从而为世界经济的深入发展创造了有利的客观条件。

（二）深化发展

1. 国际分工与世界市场

第二次世界大战后，在科技革命和各国国民经济迅速增长的影响下，国际分工在内容和形式上发生了一系列的变化。一方面，传统的以自然资源为基础的国际分工逐步发展为以现代技术为基础的国际分工。科学技术在国际分工中的作用日益加强，自然资源的作用则在不断减弱；另一方面，国际分工由过去的以部门间的专业化分工为主逐步发展到以部门内的不同生产工序和零部件制造的专业化分工为主。在国际分工体系中，发达国家之间的国际分工地位上升，而发达国家与发展中国家之间的国际分工的地位则相对下降。国际分工的深化发展，进一步强化了各国之间的经济联系。

在国际分工深化发展的推动下，世界市场的容量迅速增大，按进出口总值计算，国际商品贸易总额在1950～1979年从603亿美元增至约16 590（1979年的数据）亿美元，增长了25.5倍，年平均增长率远远高于世界生产增长率。在战后的国际商品贸易中，工业制成品占贸易商品的主导地位，并创造了很多新的贸易形式。除商品贸易以外，国际服务贸易及技术贸易也在战后获得了很大发展，在国际贸易中的比重逐步提高。战后国际贸易的迅速发展，提高了贸易在世界经济中的重要性及对外贸易在各国国民经济中的地位，加强了各国间的经济联系和相互依存。

2. 国际资本流动和劳动力的国际流动

早在第二次世界大战之前，资本国际流动就已有了相当程度的发展，但其增长速度比较缓慢。两次世界大战，严重阻碍了资本国际流动的正常发展。到第二次世界大战结束时的1945年，主要资本主义国家的资本输出总额从1938年的528亿美元减少为510亿美元。战后，资本国际流动迅速恢复和发展，形式也更加多样化，商品资本、货币资本和生产资本全面国际化，尤其重要的是生产资本的国际化（即国际直接投资）。国际直接投资以跨国公司为主要载体，在生产上把各国国民经济紧密地联系在一起，实现了真正意义上的生产国际化，有力地推动了世界经济的深入发展。在国际直接投资迅速发展的同时，国际间接融资则以更为惊人的速度扩张，明显区别于战后初期国际间接融资以银行贷款为主的融资结构。此外，各种金融衍生工具更是层出不穷，使货币资本运动的规模大大超过了实际经济所达到的水平。国际间接融资的发展，便利了国际贸易结算和生产资本的国际运动，加强了各国国民经济间的联系。同时也应看到，国际间接融资中资本的投机性流动，在一定程度上又对世界经济的稳定产生了破坏作用。

劳动力国际流动方面，1945～1960年，有500万以上的欧洲人移居美国、加拿大和澳大利亚，这些移民是劳动力国际流动的主体。在这一时期，美国和其他移民接受国对移民流入的限制逐渐严格。此后，随着西欧经济复兴和增长导致该地区许多国家自20世纪60年代以来成为人口净流入国，大陆间的劳动力流动转变成为以亚洲人口流入各发达国家及南美洲人口流入美国为主。60年代以来，大陆内部的人口流动增长迅速，尤其是欧洲经济共同体（简称欧共体）内部各国间对劳动力流动限制的逐渐放松，导致了各国间劳动力的普遍流动。移民政策方面，除欧共体这样的区域经济一体化内部外，其他国家由于普遍面临的失业问题，发达国家的移民政策大都趋于更加严格和苛刻。

3. 国际货币体系

相对于国际分工、世界市场和国际投资的快速发展，国际货币体系的建设则较为迟缓。其实早在第二次世界大战结束前的1942年，英、美两国政府就已开始协商，谋求在战后建立一个统一的国际货币体系。在美国的倡议下，1944年7月在美国召开了由44个国家参加的“联合与联盟国家国际货币金融会议”，并在会后建立起了以美元为中心的资本主义国际货币体系，即布雷顿森林体系。这一体系虽然是美国经济霸权的结果，但对战后国际经济活动中稳定各国货币之间的汇率、弥补国际清偿能力的不足，从而对国际贸易和国际投资的发展起到了积极的作用。但这一体系在建立之初，就有其内在的缺陷，即“特里芬两难”。战后初期，美国经济的霸权地位，暂时掩盖了它的缺陷。到20世纪70年代初，随着美国经济霸权地位的相对衰落，美国国际收支日趋恶化，美元危机频频发生，导致了布雷顿森林体系在1973年的瓦解。此后，各国货币的汇率剧烈波动，严重干扰了国际经济的正常秩序。为了寻求各国货币间的合作，在发达国家主导下，各国进行了多方面的努力，最终于1978年4月1日使修改后的《国际货币基金组织协定》正式生效，从而建立了牙买加体系。牙买加体系的要点在于浮动汇率合法化，以及加强国际货币基金组织和世界银行的国际货币协调功能。与布雷顿森林体系相比，牙买加体系并不是一种有秩序的国际货币制度，它仅仅是从布雷顿森林体系时代的美元-黄金本位制到准美元本位制的一种过渡形式，所以有人把持续至今的牙买加体系称作“无体系的体系”。在浮动汇率合法化的时代，国际经济交往中的正常秩序经常地被各国货币汇率之间的剧烈波动打乱，目前的国际货币制度因此必须进行根本性的改革，迄今为止，这样的改革并未获得实质性的进展。

（三）格局演变

在第二次世界大战后影响世界经济格局发展变化的诸多因素中，有三方面的因素起着最为关键的作用：第一，在发达资本主义国家中，美国的相对衰落和西欧、日本的兴起；第二，以苏联为核心的东欧社会主义国家的兴衰成败；第三，发展中国家和地区的兴起及其内部的逐渐分化。其中，对世界经济格局影响最大的是第一方面的因素，因为从总体上而言，战后至 80 年代的世界经济，占主导地位的还是发达资本主义国家，整体的世界经济还是属于资本主义性质的。

从战后初期到 20 世纪 80 年代，世界经济格局的发展变化大致可以划分为以下三个时期。

(1) 从战后初期到 60 年代初——以美国为中心的单极格局。第二次世界大战结束后，一批社会主义国家的建立，在世界经济中形成了“两个平行的世界市场”，一个是以美国为首的资本主义世界市场，一个是以苏联为首的社会主义世界市场。“两个平行的世界市场”的存在，把整体的世界经济人为地割裂开来。相比较而言，前者对后者保持了压倒性的优势。这一时期，在资本主义世界市场中，美国的经济霸权地位表现得十分明显，1948 年，美国工业生产、黄金储备、出口贸易分别占世界总额的 53.4%、74.5%和 32.4%，成为当时资本主义世界经济中唯一的经济中心，并把这种独一无二的优势地位维持到 60 年代初。

(2) 从 60 年代末到 70 年代初期——美苏争霸的两极格局。在这一时期，苏联经济实力迅速上升，美国的世界经济霸主地位相对衰落，日本、西欧的经济虽然以高于美国的速度快速发展，但还不足以与美国抗衡。这些国家经济的消长变化，导致了世界经济格局由美国单极主导转入了美苏争霸。与当时的国际政治格局相适应，世界经济格局的美苏争霸表现为以美国为核心的资本主义经济体系与以苏联为核心的社会主义经济体系之间的抗衡与斗争。

(3) 70 年代后半期到 80 年代后期——美、苏、欧、日四极格局。到了 70 年代后半期，日本和欧共体经济在很大程度上已经能与美国相抗衡了。70 年代中期，欧共体的国民生产总值已接近美国的 80%，日本的这一指标为 33%；到了 1986 年，在主要经济指标方面，如果以美国的经济指标为 100，欧共体和日本的国民生产总值就分别为 79.9 和 47.0，工业生产总值就分别为 116.7 和 49.3，出口贸易额分别为 336 和 96.6。美国虽然在总体上仍然保持了优势，但优势已不再明显。这一时期，苏联虽然在经济总体上仍居于一极的地位，但其经济增长的速度已放慢很多，国民经济中的结构性矛盾日益突出，在与发达资本主义国家的经济较量中，苏联已经被甩在了后面。在这一时期，发展中国家作为一个整体，在世界经济中发挥着越来越大的作用，但仍然未能打破发达国家占统治地位的世界经济格局。

二、20 世纪 90 年代世界经济发展的特点

（一）美国成为世界经济增长的火车头

20 世纪 90 年代，在发达资本主义经济三大板块中，日本经济长期停滞，西欧经济低速增长，而美国经济却连续 116 个月增长，整个 90 年代美国经济平均增长率达 2.7%，成为第二次世界大战后美国历史上持续增长最长的周期。美国作为世界经济中的最大经济体，经过长期的结构调整，摆脱了 80 年代的相对颓势，成为 90 年代以来世界经济增长的火车头。在美国经济扩张过程中，出现了不同于传统经济的“一高三低”现象，即高增长、低通货膨胀、低失业率、低财政赤字，成为令全世界关注的美国“新经济”现象。美国经济出现了许多传统经济学无法解释的新现象，其本质就是美国经济已进入新经济时代。

（二）经济全球化迅速发展

20 世纪 90 年代以来，世界经济发生了巨大而深刻的变化：经济全球化的进程加快，世界经济由此进入了一个全新的发展时期，各国经济相互交织、相互融合、相互依赖、相互渗透，全球经济越来越成为一个不可分割、分解、分离的整体；经济活动的中心由物质生产转向知识生产，知识本身成为生产中的首要因素，知识、能力等无形资产的投入对经济活动日益起着决定性作用。这一时期经济全球化的迅速发展主要表现为三个方面。

（1）贸易自由化的范围迅速扩大。1993 年，第八轮多边贸易谈判最终达成；1994 年关贸总协定乌拉圭回合协议实现了贸易自由化；1996 年基本实现了保护贸易自由化的措施，促进了资金、技术、人员在全球范围更加自由、更大规模的流动；1997 年，在世界贸易组织的主持下，有关国家和地区相继达成了基础电信协议、信息技术协议和金融服务贸易协议，前两部协议将对信息市场和信息经济的发展起到促进作用。

（2）金融自由化的进程明显加快。时间、地域、国界对于资本流动来说已经不是什么障碍。

（3）跨国公司发展迅猛，生产网络化的体系正逐步形成。作为经济全球化载体的跨国公司都是“以世界为工厂，以各国为车间”进行生产的。

（三）世界经济格局的多极化趋势

20 世纪 90 年代以来，世界经济格局呈现多极化趋势。20 世纪 80 年代末 90 年代初，随着苏联的解体，其作为世界经济格局中一极的地位已不复存在，世界经济中，美、日、欧三足鼎立的格局由此形成。随着区域经济一体化进程的加快，美、日、欧纷纷组建以本国（地区）为核心的区域经济一体化组织，这就形成了当前世界经济中以德、法为中心的欧洲联盟，以美国为中心的并试图扩散到南美洲地区的北美自由贸易区和美、日共同主导

的松散型的亚太经合组织，这三大区域经济集团的竞争与合作，是这一时期世界经济格局最重要的特征。20 世纪 90 年代，世界经济格局中有一些潜在的变化趋势值得关注。首先是东亚地区经济的兴起。这一地区包括中国、东盟国家及韩国，80 年代以来，这一地区便是世界经济中最为活跃的地区，虽然在 90 年代末东亚地区遭受了一次严重的金融危机，但这一地区迅速从危机中复苏。其次是俄罗斯。俄罗斯作为一个幅员辽阔、资源丰富、基础雄厚的国家，一旦其经济改革取得成功，其作为世界经济格局中一极的力量是不可阻挡的；其他国家如印度、巴西，或者以它们为核心组建的区域经济集团，也是有可能在将来的世界经济格局中占据重要地位的。这些趋势共同表明，世界经济正在走向以“一超多强”为特征的多极化格局，这是第二次世界大战后世界经济发展的突出特征。

三、21 世纪初世界经济发展的新趋势

（一）世界经济低速增长，重心逐步转移，但长期前景看好

20 世纪 90 年代末世界经济达到了周期性高点。21 世纪初世界经济基本面依然良好，但是存在种种不可忽视的制约因素和难以预料的风险。2007 年，由一场次级抵押贷款机构破产、投资基金被迫关闭、股市剧烈震荡引起的金融危机，导致 2008 年美国经济危机全面爆发，并造成了世界经济的巨大动荡。在危机之后的复苏过程中，世界经济增长重心进一步向新兴经济体转移，如金砖国家和新崛起的发展中国家。随着经济危机的影响逐渐消退，积极面仍居主导地位，总体发展走势趋强。

（二）国际贸易依然是经济增长的“发动机”，其增速继续高于世界经济总量的增速

发展中国家在世界进出口中的份额将会有所提升，但发达国家在国际贸易中的主导地位难以改变。贸易自由化继续推进，但贸易摩擦和斗争将持续不断。特别是在经济危机爆发后，贸易保护主义有抬头趋势。但危机后的贸易保护政策与以往的通过关税或配额的传统贸易保护政策有所不同。为避免他国报复，欧美等国家和地区通过行政干预或立法手段来实施贸易保护主义。2009 年 2 月 13 日，美国国会通过了 7870 亿美元的“振兴经济方案”，方案中就包含“购买美国货”条款。该条款规定，经济刺激计划支持的工程项目中必须使用美国国产钢铁和其他制成品，限制使用进口钢材。发达国家还通过限制政府经费用途等方式限制相关产品进口。对非关税壁垒的法律约束仍然极其困难，各国在非关税措施方面的较量将长期进行。国际贸易不大可能出现大动荡，但防范风险仍然是不可忽视的主题。

（三）金融自由化进程进一步加快

国际金融作为现代经济神经中枢，正在发生“一场悄悄的革命”。21 世纪全球金融自由化进程进一步加快，金融业将掀起新一轮兼并和联合浪潮。金融自由化既促进全能型金融集团的形成，又使国际金融的不稳定性日益突出，脆弱性日益增强，风险性日益加大。世界各国在遭受了猛烈的金融危机冲击后，对金融风险的传染、金融机构的道德风险和国

家金融安全给予高度关注。危机后，G20四次高峰论坛都将严格金融业监管置于核心议题，虽然目前尚未达成统一的多边监管条例或规章，但在全球范围内，约束金融机构权限并使其向服务于实体经济转型、提高本土金融业竞争实力和推动国际货币体系改革的金融发展导向异常清晰，这会对美国金融业的强势地位和金融机构的国际化扩张产生抑制。随着危机的影响逐渐消退，国际金融体制改革将受到更加广泛的重视，但难以取得根本性进展，也难以建立起真正公平、合理、符合发展中国家利益的国际金融新秩序。

（四）国际资本流动加快

国际垄断资本的形成，导致国际资本将以更快的速度和更大的规模在国际上流动，从而控制着世界范围内生产、交换、消费、分配所有生产和再生产环节，并使争夺国际资本市场支配权的斗争日趋激烈。以跨国公司为主导的生产片段化或生产过程的全球分割程度不断加深，"全球价值链"成为当前世界经济的重要特征。发展中国家可以通过从事资本和技术密集型产品的其中一个生产过程而参与到高科技产品的生产中来。21世纪，企业跨国并购活动将加速推动国际直接投资的全球化和全球价值链的深化。

➢本章小结

（1）学习和研究世界经济学，首先需要正确理解和把握世界经济这一概念的内涵。总的来说，它既是一个经济范畴，又是一个历史和地理范畴。世界经济学主要研究三个方面的问题：①世界经济及其基本单位；②国际经济联系；③世界经济整体。世界经济学的研究对象包括各国国民经济、各国国民经济之间的相互联系（主要通过国际贸易与世界市场、生产国际化与生产要素的国际流动、金融自由化与国际货币体系）和世界经济的整体性问题。世界经济学是经济学的一门基础性学科，在世界经济学的学科建设中，应同时吸收马克思主义政治经济学和现代西方经济学的理论成果。世界经济学不同于国际经济学，总的来说，前者比后者的研究领域更加宽泛，但二者在研究内容上存在着事实上的交叉，并且它们的发展有着进一步融合的趋势。世界经济学与国际贸易、国际金融、国际投资等应用经济学之间是一般和具体、基础和应用的关系，前者能够为后者的具体研究提供一种基于整体认识上的理论背景。世界经济学作为一门经济学科，主要是在我国形成、发展并逐步完善的，而一个能为大家所普遍接受的稳定完善的学科体系，至今尚未形成。

（2）作为一种历史现象，世界经济有其萌芽、初步形成和最终形成的历史过程。世界经济的萌芽最早产生于14～15世纪西欧的封建制度向资本主义制度过渡的历史时期。生产力的发展是其内在的决定因素，西欧封建社会末期各国之间的贸易联系的加强和地理大发现是其重要的促进因素。伴随着资本主义生产方式的形成和确立，世界经济得以快速发展，并初步形成，主要标志为资本主义国际分工体系和世界市场的形成。从19世纪70年代开始，在第二次科技革命的作用下，社会生产力取得了巨大发展，资本主义生产方式也发生了深刻变化，各国国民经济的相互联系日益加深，最终使整个世界都纳入资本主义的生产方式体系之中，资本主义世界经济成为涵盖全球的统一的体系，这标志着世界经济的正式形成。

（3）世界经济形成以后，在20世纪及21世纪初期获得了新的发展。20世纪前半期，两次世界大战的严重破坏，使得世界经济的发展整体上出现了剧烈的动荡和倒退。第二次世界大战后，发生了近代以来的第三次科技革命，社会生产力获得了快速发展，加之整个国际局势保持了长时期的相对平稳，所有这些因素都促使各国国民经济的相互联系在战后日益加深，世界经济获得了全面和深化发展。

➢关键词

世界经济 国民经济 国际分工 世界市场 国际货币体系 国际资本 国际经济学 地理大发现 资本主义生产方式 原始积累 产业革命 世界经济格局

➢思考题

1. 试述世界经济的定义和内涵。
2. 世界经济学的研究对象主要有哪些?
3. 试分析把各国国民经济和各地区经济联系在一起的主要方式和渠道。
4. 试述世界经济形成的总的历史过程。
5. 分析 20 世纪上半叶世界经济动荡和倒退的主要原因和表现。
6. 分析第二次世界大战以后世界经济发展的总趋势。
7. 试述 20 世纪 90 年代世界经济发展的状况。
8. 试分析 21 世纪初世界经济发展的新趋势。

参考文献

埃尔斯沃思 P T. 1992. 国际经济学. 北京：商务印书馆.
陈彪如. 1996. 国际经济学. 上海：华东师范大学出版社.
池元吉，赵凤彬. 1996. 新编世界经济概论. 长春：吉林大学出版社.
杜厚文，朱立南. 1994. 世界经济学：理论・机制・格局. 北京：中国人民大学出版社.
樊亢，宋则行，等. 世界经济史. 北京：经济科学出版社.
甘道尔夫 G. 1999. 国际经济学. 第一卷. 北京：中国经济出版社.
谷源洋. 2001. 21 世纪初世界经济发展大趋势的若干判断. 宏观经济研究.
郭吴新. 1989. 世界经济. 北京：高等教育出版社.
韩西林. 2003. 20 世纪 90 年代以来经济全球化对世界经济的影响. 中共四川省委党校学报.
李综. 1995. 世界经济百科词典. 北京：经济科学出版社.
李综. 2000. 世界经济学新编. 北京：经济科学出版社.
林季红. 2001. 世界经济学的研究对象和研究方法刍议. 云南财贸学报・经济管理版，15（4）：5-6.
栾文莲. 2005. 马克思主义经济学研究的全球视野. 山东社会科学，(1)：22-26.
麦格劳 T K . 1999. 现代资本主义：三次工业革命中的成功者. 南京：江苏人民出版社.
佟家栋. 2000. 国际经济学. 天津：南开大学出版社.
吴树青，卫兴华，洪文达. 1993. 政治经济学（资本主义部分）. 北京：中国经济出版社.
张伯里，朱邦宁. 1998. 世界经济学. 北京：中共中央党校出版社.
张幼文. 1999. 世界经济学. 北京：立信会计出版社.

第二章

科技革命与世界经济结构

科学技术是推动世界经济形成和发展的根本动力，同时也在宏观上决定着世界经济的产业结构、地区结构（国际分工）及增长。本章着重探讨科技革命的发展演进，以及它与世界产业结构、国际分工、世界经济增长之间的内在联系，为进一步分析世界经济打下理论基础。

第一节　科技革命及其对世界经济的影响

一、科技革命的历史回顾

科技革命是科学革命和技术革命的合称。科学主要是解决认识世界的问题，是创造知识的研究活动，回答“是什么”和“为什么”；技术则主要解决改造世界的问题，创造操作的办法和技巧，回答“做什么”和“怎样做”等问题。科学和技术的进步与革命，是科学技术发展的两种状态。从总的历史角度看，科学技术的进步是不断发生着的，属于一种量变，当科学技术的进步积累到一定程度时会发生质变，导致人类认识系统和操作系统的突破性进展，这便是科学技术革命。在历史发展的早期，科学和技术越来越趋向于一体化，人们逐渐改变了将科学和技术划分开来的传统做法，将“科学技术”连贯起来使用，或者简称为“科技”。科学和技术相互影响、互相促进，在认识和改造客观世界方面的突破性进展，才是真正意义上的“科技革命”。就近代而言，随着资本主义生产方式在欧洲的诞生和发展，以及后来资本主义自由竞争的日益加剧，社会生产力获得了长足的发展，这是近代发生两次科学技术革命总的社会经济背景。

（一）第一次科技革命

第一次科技革命是从1543年哥白尼发表《天体运行论》提出“太阳中心说”开始的。“太阳中心说”否定了传统的“地心说”，解决了中世纪宗教神学对人们思想的禁锢，对科学的大发展是一个极大的推动。与此同时，A. 维萨留斯及其同学 M. 塞尔维特提出了以心脏为中心的血液循环理论，否定了传统的“肝心说”，为近代解剖学和生理学奠定了基础。天文学革命之后，近代自然科学迅速发展起来，在伽利略、牛顿等一大批科学家的不懈努力下，经典力学终于确立。1687 年，牛顿发表了《自然哲学的数学原理》，标志着经典力学体系的建立。在这一时期，化学也从炼金术中解放出来发展为独立的学科，高等数学也建立起完整的理论体系。这次科学革命在天文学、物理学、数学、化学、解剖学、生理学等学科领域都实现了突破性进展，从而标志着以实验为基础的近代科学的真正诞生，而且还促使了近代机械自然观的产生。

在技术革命方面，近代第一次技术革命开始于 18 世纪中叶，它是与英国产业革命同步发生的，以牛顿建立的经典力学体系为背景，以纺织机械的革新为起点，以蒸汽机的发明和广泛使用为标志。从而实现了手工工具生产向机械化工业生产的转变。这场革命发端于英国，而后遍及整个欧洲，在世界范围内产生了深远影响。

第一次技术革命大体经历了三个阶段：第一阶段是以纺织机械发明为代表的工作机的革命；第二阶段是以蒸汽机的发明和革新为代表的动力革命，蒸汽机的发明与应用，使人类社会生产的技术基础发生了质的飞跃，完成了人类基本生产手段由工具向机器的转变；第三阶段是以机器制造为代表，奠定了近代机械化大生产的基础。与之相适应的钢铁冶炼技术和交通运输业的发展，确立了以蒸汽动力为核心的工业技术体系，实现了自然力代替人力的变革，开创了机械化时代。

近代科学技术不同于以往经验和技巧的一个显著特点是：科学和技术实现了初步的结合。近代科学在方法上由于使用了各种实验仪器并重视观测实验代替了单纯依靠观测、思辨和推理演化的方法，实现了科学的技术化；而近代技术更是对近代科学的自觉运用，如在第一批纺织机中，就已运用了伽利略、牛顿建立起来的力学原理。塞维利和纽可门发明蒸汽机是利用了托里拆利、盖利克关于真空和大气压力的理论。瓦特根据布莱克关于潜热、比热容和物体热容量的科学知识实现了对蒸汽机的重大改进。这些事实表明，近代技术在某种程度上也实现了技术的科学化。

（二）第二次科技革命

18 世纪下半叶到 19 世纪初，在第一次科学革命的基础上发生了第一次技术革命，改变了整个物质生产体系，推动了社会生产力的大发展，而生产技术的变革又推动了近代科学的全面发展，引发了 19 世纪中叶开始的第二次科学革命。这次科学革命以热力学、电磁学、化学、生物学为代表，规模远远超过了前一次。代表性事件如下。①物理学方面：发现了能量守恒和转换定律，1864 年麦克斯韦提出了统一电磁场理论。②化学方面：在道尔顿和阿伏伽德罗的原子分子论基础上，1824 年维勒成功人工合成有机物——尿素；1869 年，门捷列夫发现元素周期律，为以实验为主的化学奠定了坚实的理论基础，使化学发展成一门严密系统的科学。③生物学方面：完成了细胞学说和生物进化学说，前者是由施莱登在 1838 年提出的，并由施旺于 1839 年加以发展和完善。19 世纪科学革命的结果，使科学由落后于技术和生产的局面一跃而处于领先地位，并对技术和生产起着重要的指导作用。

在科学革命的直接推动下，第二次技术革命也于19世纪中期蓬勃兴起。这一时期最重要的技术成就是电力的运用。电磁理论的形成和发展为电力技术开辟了道路，电力技术的关键设备是电动机、发电机和变压器，它们分别在19世纪下半叶被发明并迅速推广应用，电力和电动机取代了工业革命时期的煤和蒸汽机，成为新的能源和动力，改变了传统的工业生产体系。电磁理论带来的另一项重大成果是无线电通信技术，极大地改善了人类的通信方式。与电力工业技术体系相适应，还有一系列新的技术取得突破：内燃机的发明，改善了人类的交通运输方式；采矿冶炼技术的改善，促使钢铁工业飞速跃进；在化学理论的指导下，石油化学工业也在迅速成长。这些技术领域的全面变革，从根本上改变了19世纪以来的生产、生活状况，推动着人类文明的进步，使人类昂首进入"电气化时代"。

在这一次科技革命中，科学与技术之间的联系较第一次科技革命有了显著的提高：一方面，技术本身越来越科学化，这时的新技术已不是单纯基于操作者的发明，而主要是基于科学的直接应用；另一方面，科学也越来越技术化，生产技术发展的要求推动了科学进一步发展，而且，科学的发展也越来越离不开更加精密的实验仪器。与前一次科技革命相比，这一次科技革命的范围大大扩展了。新兴的科学领域较以往大大增多，而技术革命则不仅有能源动力革新，而且扩展到材料、信息及运输技术的全面革新，形成了以电力为中心的技术体系。

二、第二次世界大战后科技革命及其特征

第二次世界大战后，以美国为先导发生了以原子能、微电子、高分子合成和航天技术为代表的科技革命。这次科技革命波及领域之广、规模之大、影响之深，都是前所未有的。它既在自然科学理论上有重大突破，又在生产技术上有全面的革新。战后科技革命的发生，不仅是在继承和综合战前科学技术成果的基础上发展起来的，而且有其深刻的社会经济背景。战后，发达资本主义国家生产和资本进一步集中，资本积聚和积累增加，拥有巨额资本的大企业迅速增加，为科技革命的发生奠定了经济基础。同时，国家垄断资本主义得到了很大发展，国家对科技教育事业的大力支持和扶植是战后科技革命发生的重要条件。第二次世界大战及战后的冷战局面，导致军备竞赛的逐步升级，这也在客观上促进了战后科技革命的发生。而战后科技革命之所以能够以较大规模迅速地展开，与战后科技信息及科技人才的国际交流也是分不开的。

（一）科技革命的基本内容

在战后科技革命中，科学革命先行一步，在物理学、化学、生物学为代表的自然科学领域，重大理论突破相继发生。物理学在自然科学发展中起着主导作用。普朗克的量子论和爱因斯坦的相对论奠定了现代物理学的基础。在其带动和指导下，战后，基本粒子物理学得到了很大发展；宏观方面，提出了多个宇宙起源和演进模型，著名的如"大爆炸理论"，增进了人们对宇宙的理解。以物理学革命为先导，化学也发生了突破性进展，在量子论和相对论的指导下，不仅使门捷列夫提出的元素周期律获得了本质的解释，而且产生了一系列化学分支和化学基础理论，如量子化学、结构化学、高分子化

学、化学键等理论，并且，这些理论还逐渐渗入到其他学科，形成了诸如生物化学、地球化学、海洋化学、天体化学等边缘学科。所有这些为分子设计和开发新材料打下了坚实的基础。在物理学和化学的推动下，生物学也发生了革命性的变化，分子生物学的诞生加深了人们对生命现象的理解，其核心论点是基因论，并在这一学科的基础上提出了遗传工程理论，这一领域的研究至今方兴未艾。在这三大领域之外的另一重大突破是系统科学的产生与发展，它是以系统及其机理为对象，研究系统的类型、一般性质和运动规律的科学，其奠基之作为“老三论”，包括《系统论》、《信息论》和《控制论》。50年代以后，在世界范围内形成了一股研究现代系统理论的热潮，相继出现了各种新的系统理论，如普利高津的耗散结论理论、哈肯的协同论、费根鲍姆的混沌理论、爱根的超循环理论、米勒的生命系统理论。

在上述科学理论的直接推动和指导下，战后技术科学也获得了全面突破，技术革命突飞猛进。战后技术革命的领域是十分广泛的，在北京召开的“21世纪中国与世界”研讨会上，与会的各国专家分析了世界一些主要发达国家的发展战略后认为，战后发展起来的新一次技术革命主要是围绕下述六大技术领域展开的。

1. 信息技术群

科技界一致认为，信息技术在世界新技术革命中处于核心和先导地位，广泛渗透于其他各个新技术领域，成为它们发展的依托。所谓信息技术是应用信息科学的原理和方法研究信息的产生、传递和处理的技术，它们共同构成信息技术群体的基本框架。在战后发展起来的信息技术群体中，具有关键性质的技术突破发生在微电子技术、计算机技术、通信技术、自动化技术、激光技术等领域。

2. 新能源技术群

所谓新能源，是相对于目前仍然被广泛使用的常规能源，如石油、天然气、煤等不可再生能源而言的，主要包括太阳能、海洋能、核能和其他可再生能源。新能源既包括各种新能源的开发和利用，也包括各种节能技术。第二次世界大战以来至今，世界各国利用和研究中的新能源主要有核能技术、煤炭的气化和液化、太阳能、风能、海洋能、地热能的开发和应用技术。除了开发和利用新能源之外，发展高效节能技术也是新能源技术的一个重要组成部分。

3. 新材料技术群

材料是指经过某种加工，具有一定组分、结构和性能，并适合于一定用途的物质。新材料大体可分为金属材料、非金属材料、复合材料。新材料技术是在现代物理学、力学、化学、工程学、电子技术等学科基础上发展起来的，专门研究材料的理化性质、结构、制造工艺，用以满足新需要的一项技术领域。

4. 生物工程技术群

简单地讲，生物工程技术就是利用人工手段变革生物品种和促进生物生长、转化的技术。它是20世纪70年代初在分子生物学、生物化学、生化工程、微生物学、细胞生物学和电子计算机技术基础上形成的综合性技术，包括基因工程、细胞工程、酶工程、发酵工程等四个方面。生物工程技术的四个领域，它们既各自独立，又相互渗透、相互结合，构成生物工程技术的庞大体系。生物工程技术一旦获得进一步突破，必将对人类的物质生产及生活产生深远影响。

5. 空间开发技术群

空间开发技术又称航天技术，是一项研究和实现如何进入太空和利用太空为人类生产和生活服务的技术体系。1957 年 10 月 4 日，苏联发射了世界上第一颗人造地球卫星，标志着人类进入了航天时代。完整的空间开发技术群包括运载技术、航天器技术和地面测控技术三大要素。经过半个多世纪的发展，航天技术已从当初单纯的科研、军事等非经营性目标转向商业性开发和经营，并逐渐发展出一门新的工业体系——航天工业。几十年来，世界各国已先后向太空发射了几千颗各类航天器，广泛应用于通信、侦察、气象、导航、资源考察和科学研究等各个领域，并已取得明显的经济效益。

6. 海洋开发技术群

海洋开发技术是人类利用海洋获取资源和能源，从事生产并提供服务的各种技术的总称。地球上海洋总面积有 3.6 亿多平方千米，约占地表面积的 71%，资源蕴藏极为丰富，为人类活动提供了一个巨大的空间。

人类利用海洋已有几千年的历史，发展出海洋渔业、海盐业和海运业，第二次世界大战后发展起来的新一轮海洋开发热潮中，海洋油气业、海水养殖业、海水综合利用业、海洋采矿业、滨海旅游业等迅速崛起。海洋开发的范围从近岸浅海向越来越远的深海扩展。海洋开发的模式也从单项性的平面开发发展成综合性的立体开发。海洋成为人类经济社会得以持续发展的重要保障。因此，世界上许多国家都把开发、利用海洋资源作为本国经济发展的战略和基本国策。

（二）科技革命的主要特点

第二次世界大战后的科学技术革命，是前两次科技革命发展的历史和逻辑的延续，但与前两次科技革命相比，战后科技革命具有一系列显著的特点。

1. 科学技术集群出现，各科学技术群之间的相互联系和渗透加强

近代发生的科技革命往往是在个别技术领域单线发展，主导技术对产业的作用显著，如蒸汽动力和蒸汽机，以及电力和电机。战后科技革命不只是在个别科学领域或生产技术上获得突破，而是在一系列重要领域中集群出现，如我们上面所分析的六大技术群，每一技术群体都包含着丰富的内容。而且各技术群之间的相互影响也在不断加深，如信息技术的突破与发展为其他各项技术的进步提供了先进的手段，而信息技术的进步又有赖于新材料制造工艺的完善；更明显的如空间开发和海洋开发，没有其他各项科技的参与，这样的开发活动是无法进行的。随着时间的推移，科技革命将更加表现为一种多学科综合性联动发展的特点。

2. 科学革命与技术革命紧密结合，并形成科学—技术—生产一体化

前面说过，近代科技不同于以往经验和技巧的一个显著特征是实现了科学和技术的初步结合。但这种结合仅仅是初步的，表现为科学革命与技术革命往往不是同步发展的，科学研究与生产实践也常常脱节。科学理论转换成技术成果或技术实践得到科学总结之间的时滞较长，如蒸汽机的发明应用到热力学第二定律的提出，电磁理论到电的实际使用之间都间隔了一个较长的时间。而战后科技革命，则明显地表现出了科学的技术化和技术的科学化，科学和技术融为一体，成为统一的变革过程，如以核物理理论指导发展出的核能技术和以分子生物学知识为基础创造的遗传工程技术。同时，许多技术实践又可以直接上升为科学，如材料科学。而且，科学理论研究越来越倚重于先进的实验仪器和技术装备，表现为高度的技术化。

科学和技术的紧密结合，还大大加速了科学发明的实际运用，使科学—技术—生产的周期大为缩短。科学技术发展的这一情况，表明了科学技术转变为现实生产力加速发展的趋势，这一规律在现代科技革命条件下表现得日益充分。

3. 全面革新了机器体系和劳动方式

近代以来发生的三次科技革命，每一次都对以往的生产体系做了重大改进。但前两次科技革命有一个共同的特点，发明和创新的机器系统都是对人体力的代替和扩大，机器系统也一直由三个部分组成，即工作机、发动机和传动机，机器系统的出现和改进使“用机器制造机器”成为可能。而在战后科技革命中，由于电子计算机的诞生和应用，在传统机器系统的基础上，又产生了一种崭新的机器，即自动控制机，从而革新了机器系统，使“用机器操纵机器”成为可能，机器不再只是人体力的延伸，而且还部分地代替了人的脑力劳动。机器成了人类智力的延伸和扩大，从而深刻地改变了人们的劳动方式。

4. 科技发展及其在生产中的应用得到了政府的大力支持

近代发生的第一次和第二次科技革命中，科学突破和技术创新大多是个人、科研机构或企业的行为，政府干预较少。战后的科技革命在难度和规模上较以前有了很大的提高，一项科技突破往往需要大量人力、物力和财力的投入，而且需要许多相关部门包括国外相关机构的密切配合，这是个别企业或机构无力承担的，客观上需要政府加以组织和协调。另外，由于凯恩斯理论的指导，政府干预社会经济的力量加强，从而也具备了干预科技发展及推广应用的能力。战后，各国政府纷纷制订了自己的科技发展计划，如美国的“阿波罗”登月计划、日本政府的“科技立国”政策、欧共体的“尤里卡”计划、中国的“863”计划等，这些计划的制订和实施，客观上加速了战后科技革命的发展。

战后科技革命所具有的以上特点，说明了这次科技革命是在空前广度和深度上发展的，在它的影响和带动下，人类经济社会正在发生着一场深刻的变革。

三、科技革命对世界经济的影响

概括地说，科技进步是推动人类社会经济发展的基础动力。近代以来的三次科技革命，推动了世界经济的形成与发展，并在总体上决定了世界经济内在结构及各国之间的经济关系。具体表现在以下两个方面。

（一）推动了世界经济的形成与发展

世界经济之所以成为世界经济，是生产力发展到一定阶段的产物。历史地看，它是在资本主义生产关系中出现的。在这一过程中，科技革命的影响是不容忽视的。第一次科技革命，使人类从手工工具时代跃进到了机器时代，从工场手工业生产跃进到了机器大工业生产。这次科技革命使资本主义的劳动生产率大大提高，资本主义生产关系在整个社会中确立了统治地位，越来越多的国家纳入了统一的生产体系中，形成了初步的国际分工格局，为世界经济的形成提供了现实条件。第二次科技革命使人类社会从蒸汽时代进入电气时代，资本主义生产力获得迅速发展，垄断进一步加强，资本主义由自由竞争资本主义进入垄断资本主义时期。这次科技革命加强了生产的社会化和国际化，细化了国际分工，扩大了世界市场，促进了世界经济体系的最终形成和发展。战后发生的第三次科技革命，促使整个世界的劳动生产率大大提高，国家垄断资本主义获得了广泛而又迅速的发展，同时也进一步加强了世界各国经济发展的相关性，使统一的世界经济体系更加发达，从而推动了经济全球化的进程，这是世界经济向深度发展的一个重要标志。

（二）加剧了世界经济发展的不平衡

近代以来，科学技术越来越成为一国经济发展的决定因素，谁能在新一轮科技革命中占据领先地位或取得主动，谁就会在其后的经济竞争中赢得优势。第一次科技革命首先在英国发生，随后逐渐向西欧其他国家和美国扩展，在这之后的世界经济格局中，英国成为世界经济的中心，西欧国家紧随其后，而没有经历工业革命的亚非拉地区，经济发展水平落后，处于世界经济格局的底层。19 世纪末 20 世纪初，世界经济中心开始从英国向美国和德国转移，这是美国、德国率先发起第二次科技革命的必然结果。战后科技革命中，美国和苏联处于相互竞争的第一行列，这种状况决定了战后初期两强对峙的世界经济格局。到了 20 世纪 80 年代，出于各种原因，苏联迅速衰落，日本和西欧国家相对崛起，世界科技经济竞争中的座次也发生了相应的改变，这种状况也相应导致了 20 世纪 90 年代以来世界经济格局中三足鼎立及区域经济一体化的发展趋势。除了发达国家经济发展的不平衡，发展中国家之间也出现了经济发展的差距。在战后的世界经济格局中，发展中国家不再是铁板一块，而相应区分为贫穷国家、中等收入国家、高收入石油出口国家，以及新兴工业化国家和地区，除自然条件的差距影响之外，最重要的因素还是其科技实力。

第二节　科技进步与世界产业结构的演进

一、世界产业结构的演进

产业结构（industry structure）是指国民经济中各产业的比重及这些产业间的相互关系。一般由两个指标来表示：一个是价值指标，即某一产业部门的产值占国内生产总值的比重；另一个是就业指标，即某一产业部门就业人数占就业总人数的比重。当我们从世界经济范畴谈论产业结构时，这一概念的外延就应该从国民经济扩展到世界经济。

在进行产业结构的研究中，经常使用以下一些基本概念。①基础产业，一般是指在产业结构系统中为其他产业的发展提供基本条件的产业，如电力、石油、煤炭等能源产业，钢铁等通用材料产业，以机械工业为主的装备产业等。②支柱产业，一般是指在产业结构系统中占有较大产出或就业份额，对现阶段国民经济发挥着举足轻重的支持作用的产业。一般来说，支柱产业应具备以下几方面的基本特征：一是在产业结构系统中占有较大份额，一般规定其产业增加值在GDP中的比重达到5%以上；二是在国民经济再生产链中处于支配地位，产业关联度大，扩散性强；三是具有成熟的市场需求和较高的技术水平，体现了本国的比较优势；四是综合就业系数较大，对就业的吸纳程度较高。③主导产业，一般是指在产业结构系统中处于带动地位的产业，它在很大程度上决定了该产业结构系统未来的发展方向和模式。它具有两个基本特点：一是代表着未来经济发展的方向，有着广阔的发展前景；二是产业关联性强，能够带动许多产业的发展。主导产业这一概念最早是由美国经济学家罗斯托（Walt Whitman Rostow）在《经济成长阶段论》中提出并加以系统分析的。主导产业与支柱产业之间存在着密切的联系，简单说，培育成功的主导产业就是“未来潜在的支柱产业”。④战略产业，一般是指在产业结构系统中具有很强的成长性，但目前投资大且经济效益不高的产业。⑤瓶颈产业，一般是指在产业结构系统中的短线产业，它们的存在，使产业结构系统的综合产出能力受到很大的限制。

（一）世界产业结构发展变化的趋势

1. 产业高度化

从世界经济形成发展的历史考察，世界产业结构发展变化的趋势，符合配第-克拉克法则所揭示的三次产业随经济发展梯次递进的规律。这一过程被称为产业结构的高度化。而且，一国产业结构的发展状况，还可以用来作为衡量该国经济发展水平和阶段的重要指标。我们可以通过第二次世界大战后不同类型国家产业结构变化的具体数据观察到这一趋势（表2-1）。

表 2-1 世界国内生产总值的产业分布 （单位：%）

	农业				工业				服务业			
	1965 年	1995 年	2000 年	2011 年	1965 年	1995 年	2000 年	2011 年	1965 年	1995 年	2000 年	2011 年
低收入国家	43	25	33.8	24.7	29	38	20.9	25.3	28	35	45.3	50.0
中等收入国家	21	11	11.4	9.7	31	35	35.5	34.7	47	52	53.1	55.6
高收入国家	5	2	1.8	1.3	39	32	27.5	24.4	56	56	70.8	74.3
全世界	—	5	3.5	2.8	—	33	28.7	26.3	—	63	67.7	70.9

资料来源：《1985 年世界发展报告》、《1997 年世界发展报告》、《2013 年国际统计年鉴》

产业结构发展演进趋势从根本上归因于生产力尤其是科学技术的发展。影响产业结构变动的因素很多，如经济发展水平、科技进步、供给和需求结构、产业政策、国际经济关系和资源禀赋等，其中科技进步是影响产业结构变动的关键因素，其他许多因素都与此密切相关。科技是第一生产力，科技革命不仅使经济发展水平发生革命性的飞跃，还能维持经济的持续增长；新能源、新材料的产生突破了资源禀赋的限制，改善了能源、材料的供给结构，进而改变了人力资源和资金的供给结构；生产环节的每一项科技突破，都会引起其他环节和关联产业的变革，从而引起需求结构的变革；科技进步还通过国际经济交往在世界范围内扩散，促进世界产业结构转换和升级。如果说以蒸汽机为核心的第一次科技革命使工业完全从农业中分离出来成为独立的部门，并以机器工业代替手工业，促进了轻工业的发展及其产品的出口贸易；以发电机为核心的第二次科技革命产生了钢铁、化工、能源等新兴产业，促进了重工业的发展并导致了资本输出；那么，第三次科技革命的广度、深度和影响力都是前所未有的。它是以电子信息技术为核心的科学技术“群”，它不但产生了新材料工业、信息工业、生物工程和航天工业等新兴领域，还改造了传统产业，并从中分离出高科技服务业，同时促使了传统手工服务业转变为现代高科技服务业，结果使现代服务业的比重大为增加，形成世界产业结构高度化趋势。

2. 三次产业的协调发展

正是由于一国产业结构状况反映了一国经济发展的水平，这就给人们造成了一种错觉，以为实现了产业结构高度化，便自然实现了经济富强、民族振兴。然而，正如西方谚语所说：富人吸昂贵的雪茄，但吸昂贵的雪茄并不能使你成为富人。脱离本国实际盲目追求产业高度化，不仅不会推进本国经济的健康发展，反而会极大地损害它。战后，一些发展中国家为了尽早缩小与发达国家在三次产业比例上的差距，在农业基础还不巩固的基础上，就提早启动并加快了工业化的步伐，却导致第一、第二产业比例的严重失调。的确，工业化是农业国走向经济现代化的必由之路，但工业的发展需要农业为之提供资本积累，提供大量的原材料和劳动力，同时也需要农业为之提供一个广阔的市场。

总之，工业的发展，需要农业为之提供一个坚实的基础。在工业化进展到一定阶段之后，工业在整个产业中的比重将逐步下降，而以服务业为主的第三产业的地位将上升，产业结构进一步高度化。然而，第三产业的发展，同样需要建立在强大的物质基础上，主要指工业基础之上，否则，第三产业就会失去“服务”的对象，而成为无源之水、无本之木。所以，一国经济的健康发展必须通过三次产业的协调发展才能实现。这是产业结构高度化过程中必须遵循的基本规律。

（二）世界产业结构发展变化的具体表现

第二次世界大战后，世界各国的产业结构都经历了一次剧烈的变动，发达国家的产业结构进一步高度化并逐步迈向后工业社会；广大发展中国家大多实现了或正在实现着工业化。战后世界各国产业结构发展变化的实况，浓缩了世界经济形成以来世界产业结构发展演变的方方面面。通过考察战后这一时期的历史，我们可以得出世界产业结构发展变化的一些具体表现。

1. “脱农化”与农业现代化

战后，在世界各国的产业结构中，农业在国民经济中的比重都在不断下降，这一趋势仍在发展之中。据统计，1965～2011年，世界低收入国家中，农业占国民生产总值的份额由43％下降为24.7％；中等收入国家由21％下降为9.7％；发达工业国由5％下降为1.3％。世界各类型国家农业比重下降速度虽有不同，但农业的比重趋于下降的现象是世界产业结构变化的一个必然趋势。农业的工厂化、离土化减少了对自然界和体力劳动的依赖，先进科技日益成为生产增长的决定性因素。需要特别注意的是，从整个世界考察，农业比重的下降是与农产品绝对数量的增加同时发展的，农业的基础地位非但没有被削弱，反而得到了加强，这是通过利用生物工程技术、遗传工程技术和海洋工程技术等最新的科技成果，大力提高农业生产效率而实现的。战后发达国家的农业现代化过程，包括了农业机械化、农业化学化、农业良种化、农业产业化等各方面的内容。发展中国家要想实现工业化，农业现代化是必须要经历的。由于国情和历史条件的不同，发展中国家需要探索一条不同于发达地区的农业现代化之路。

2. 工业内部结构日益高度化

在产业结构发展演变的过程中，工业内部结构一般经历了轻工业—重工业—高加工工业化—技术集约化这样一个不断高度化的过程。

从第一次产业革命到第二次产业革命，资本主义工业经历了从以轻工业为主到以重工业为主的转变。第二次世界大战后初期，发达资本主义国家进一步重工业化。重工业占有工业的主导地位和成为工业结构的重心，意味着资本主义工业化达到了一个新的高度。随着战后科技革命的技术成果在工业中得到普遍使用，工业生产的能耗降低，原材料利用率得以提高，在重工业化过程中，工业结构又表现为以原材料和能源工业为中心转向以加工、装配工业为中心的发展趋向，这就是工业的高加工工业化过程。由于加工深度的增加，工业品附加价值也随之增加。这就相应地提高了工业整体的经济效益。工业发展的高加工工业化，越来越依靠于不断提升的技术水平才能得以实现。从生产要素的角度而言，这一过程同时也是劳动、资本集约型向技术集约型的转变，这就是工业发展过程中的技术集约化。当前发达资本主义国家经济增长的技术贡献率的不断提高，正是工业的技术集约化过程进一步推进的必然反映。发展中国家工业化过程中，也同样需要经历类似的工业内部结构的不断升级。目前，大多数人发展中国家的工业化正在经历着重工业化过程，为了尽快提高自己工业体系的综合竞争能力，必须加快推进工业生产的高加工度及提高其技术含量。

3. 产业结构“软化”

产业结构“软化”，指三次产业之间和各产业内部在社会生产过程中，体力劳动与资源投入被脑力劳动和科学技术投入逐渐取代的过程。其既包括产业结构中非物质生产部门的产值和就业比重不断增加，第三产业相对于第一、第二产业加速发展，又包括各产业内部直接从事生产性劳动的减少，从事科技服务性劳动的增加。产业结构“软化”是战后世界各国普遍存在的经济现象。产业结构“软化”不仅表现在传统的第三产业上，如商业、服务业、交通、通信、咨询、教育、管理的加速发展，而且还表现在第三产业不断向第一、第二产业渗透上，并与第一、第二产业出现了融合化的趋向。例如，在农业产业化过程中，出现了集农、工、贸于一体的综合体，把农业生产的产前、产中和产后各个环节联结起来，形成生产、经营和服务的农业生产经营体系，传统农业生产产值和就业的一部分便要归于第三产业之中。可以预见，农业和第三产业的融合化趋势还将继续下去并且日益加强，尤其是在农业产值和就业仍占很大比重的发展中国家。在工业生产过程中也有类似情形发生，随着生产社会化程度的提高和市场体系的完善，工业生产越加细化为前期、中期和后期，其中有很多与生产有关的服务，如市场研究、生产管理、广告宣传、营销咨询、信息服务等，第三产业又得以从传统的工业体系中夺取一定的份额，从而加速了与工业的融合。在第三产业加速发展的过程中，第三产业内部也在进行着剧烈的调整变动，其中，以知识和信息代表的现代服务业取代以手工劳动为特征的传统服务业而逐渐占有主导地位。技术集约型的通信、咨询、管理、融资等行业发展迅速，而劳动集约型的传统服务部门，如餐饮、旅馆、社区服务等，则呈不断下降之势。

4. 产业空洞化与结构性失业

产业空洞化与结构性失业并非产业高度化过程中必然出现的经济现象。在产业高度化过程中，为了保持经济的健康发展，客观上需要各个产业间的协调发展。在资本追求利润的动机下，利润率较低的传统产业往往被忽略或被转移，从而引发了产业空洞化与结构性失业。

产业空洞化一词最早出现于 B. 布鲁斯和 B. 哈里逊所著的《美国的非工业化》一书中。该书将产业空洞化定义为：在一国的基础生产能力方面出现了广泛的资本撤退。这是因为随着各国产业的发展，一些国家的主要制造业中的一部分产业渐渐在竞争中处于劣势，于是这部分产业中的许多企业为了保持竞争力而将其生产据点转移到生产成本相对较低的国外，相应的产品也趋于从依靠国内供给转向依靠进口，这种情况发展下去，难免导致该国主要制造业走向衰退，即出现所谓的产业空洞化。20 世纪 70 年代，美国最早出现产业空洞化；80 年代中期在日元升值的背景下，钢铁、汽车、半导体、家用电器等日本的主要出口产品为了避开日元升值所造成的国内生产成本上升问题而纷纷向国外转移生产据点，导致国内制造业就业人数减少，雇佣形势恶化，从而也形成了产业空洞化。然而，所谓产业空洞化，是指现有产业的空洞化，它是否会导致整个产业的空洞化，则取决于是否有足够规模的新产业来填补现有产业的空洞，对新产业的开拓与发展抱有信心的经济学家大都认为产业空洞化恰恰是产业高度化的必由之路。

伴随着产业结构高度化常出现的一种经济现象是结构性失业。产业高度化发展，传统工业部门的衰落排挤出大量工人，而新兴产业的发展虽然可以提供一些新的工作岗位，但新兴工作岗位的容量有限且需要较高的专业素质，结果出现了一种矛盾现象，一方面是越来越多的传统工业工人失业，另一方面新兴工作有许多空闲岗位找不到适当的劳动者来填补。

二、科技进步对产业结构演进的影响

（一）科技进步促使产业分工

从本源上来说，产业的形成、分散或新兴产业的诞生都是科技进步的结果。科技革命直接推动了社会生产力的快速发展，在生产力极其低下的情况下，人们不得不把大量的劳动投入维持简单再生产的生产循环之中。这时候，整个社会的产业结构表现为第一产业占绝对优势。近代发生的科技革命解放了社会生产力，使社会产品除用于维持生产之外还能有较多的剩余，这样，通过积累促使扩大再生产的循环得以实现，人们的需求也从满足生存推进到追求富裕，第二产业的发展便有了现实的物质基础和动力。战后科技革命进一步提高了整个社会的劳动生产率，大量劳动力从从事物质生产的第一和第二产业中解放出来，从而推动了第三产业即服务业的快速发展。同时，物质生产部门的内部结构也在发生巨大变化，农业产业化进程加快；新兴工业部门，如电子工业、材料工业、宇航工业、生物工程等纷纷兴起，而传统工业部门，如钢铁工业、造船工业、橡胶工业等却相对衰落。这一发展趋势，随着世界经济的深化发展，正在世界上发展水平不同的国家之间梯次发生。

科学技术对社会经济的贡献表现为创立新的产业和产业部门。专业化和社会化的发展过程，就是社会内部分工扩大和新的生产部门形成的过程。在这个过程中，不仅把每一种产品的生产，而且把产品每一部分的生产及劳务的提供，都变成独立的产业和部门。在科学技术进步的作用下，新的产业和生产部门的创立过程，往往是循着两种途径进行的：一是原有产业和产业部门的分解，某些产品或原有生产过程的某一阶段，随着生产技术的变革和社会需求的扩大而分离出来，形成新的产业和产业部门；另一种是新的生产部门的形成，是新产品、新工艺、新材料、新能源、新技术的发明和利用，扩大了社会分工的范围，创造了生产活动的新领域，形成了原来没有的新的生产事业和生产部门。

（二）科技进步促进产业变迁

科技进步对产业结构变迁的作用主要体现为，新技术体系对不同产业促进的不同效果，以及新兴产业的出现和落后产业的淘汰，从而引起产业结构的变迁。原因在于三个方面。第一，科技进步通过刺激需求结构，促进产业结构变迁。需求结构变化是产业结构变化与科技进步之间的一个环节，科技进步通过需求结构而对产业结构产生影响：①提高产品性能价格比，从而提高对产品的市场需求；②提高资源利用率，降低生产中间产品产业与生产最终产品产业的比重；③增加可替代资源，改变中间需求及生产中间产品产业的内部结构；④创造新的需求，改变需求结构，促进产业结构变迁。第二，科技进步促使劳动力流动，使产业结构变迁。科技进步应用在生产领域中往往会带来劳动生产率的提高，而某产业或部门劳动生产率的提高就会导致该产业或部门劳动力的富裕。从这些产业或部门中游离出来的富裕的劳动力或者流向扩大了生产规模的本产业或部门，或者流向新兴产业，或者流向服务产业，最终导致产业结构的变迁。第三，科技进步改变国际竞争格局，使产业结构变迁。现代国际经济市场竞争靠资源优势取胜的可能性不断下降，而靠技术进步取胜的可能性越来越大，科技进步已经成为产业国际竞争力的关键和核心因素。科技进步可以通过提高劳动生产率、降低产品成本、提高产品性能价格比、促进产品创新等来提高产品的竞争力，通过创新企业组织和管理制度来提高行业和产业的国际竞争力，从而使产业结构发生相应的变迁。

（三）科技进步促进产业结构高级化

科技进步在产业部门间发生的不平衡导致各产业部门技术进步率的差异，资源向生产率上升快的产业流动，使产业结构向更高层次推进，具体表现为两个方面：促使新兴产业出现；改变老产业的结构，使产业结构不断向高级化发展。具体表现在：信息技术加速向生产领域渗透和发展，信息产业在整个产业结构中的比重不断增加，信息技术的成果向其他传统产业的转移速度也很快，推动了产业技术基础水平的不断提高，使产业结构向高级化进程发展。由于信息技术的全球化开放，在信息技术方面处于领先地位的发达国家为牟取更高利润，把传统的原材料工业和一般加工业转移到发展中国家，也带动了这些国家的传统产业与之衔接并进行技术改造，促进发展中国家传统产业结构成长。从而调整了国际产业的分布，对发展中国家的经济产生了积极影响。这样，在全球范围内形成更合理的产业结构，推动产业结构的高级化。

（四）科技进步促进产业结构合理化

科技进步会使产业发展中部门和企业间的竞争加剧，从而促进产业内及相关产业的创新，使产业的发展越来越倚重科技创新，提高产业的技术含量。传统产业的技术改造发生了根本性变革，高新科技产业获得快速发展，第三产业获得了长足发展。在产业不断创新和发展的过程中，就会逐渐形成以新的技术为核心的主导产业及产业群，使产业结构逐渐实现优化。产业结构的优化改造是整个国民经济结构合理化的基础，也是迎接新技术革命挑战的重要内容。产业结构的优化又会促进创新的开展，从而形成一种良性循环，由此产业结构日趋合理化。

三、产业结构演进对世界经济的影响

产业结构高度化是经济发展过程中产业结构变化的主要趋势，它是由经济发展推动的。另外，产业结构高度化又会对经济发展产生影响。在世界经济深入发展的今天，各国经济间的联系与交流日益频繁，越来越结合成一个统一的世界经济整体，产业结构高度化必然会对整体的世界经济产生一系列的影响。

（一）对世界经济增长的影响

世界经济的总产出及其增长，是由世界总供给和总需求相互平衡所决定的。总供给水平是由劳动力、资源、资本、技术等要素决定的，要素供给在总量和结构上的不同，将直接决定总产出的水平。劳动力、资源、资本等有形要素的供给，在某一特定时间内总是有限的，而技术的发展空间则几近于无限，产业结构高度化的过程加重了经济产出水平对技术的依赖，为经济产出水平的提高提供了广阔的发展空间；影响总需求水平的一个重要因素是产品结构，一般来说，人们对农产品、工业品、服务类产品的需求弹性依次递增，随着收入水平的提高，需求弹性更大的产品相应具有更大的潜在需求，而产业结构高度化有利于促使潜在需求转变为实际需求，因此有助于推动总需求水平的增加。产业结构高度化正是从总供给和总需求两个方面影响着世界的产出水平，即世界经济增长。

（二）对国际分工与贸易的影响

从产业结构发展的角度而言，国际分工实际上是产业结构在国际范围的分布，而国际贸易则是各国在产业间或产业内部产品的交换。产业结构高度化使得传统的以自然资源为基础的世界工业与农业之间的分工日趋弱化，新型的以现代工艺、技术为基础的世界工业与工业内部的分工日益加强。国际分工的发展变化又引起了国际贸易的变化。制成品在国际贸易中的比重明显增加，初级产品地位则趋于下降。如今，随着交通运输和信息技术的不断发展，生产过程的国际分割不再受到约束。在新的国际分工体系下国家不仅出口制成品，还将专业化于生产中特定阶段。价值链在多个公司和不同地点之间的切割使“全球价值链”得以形成。全球生产体系的逐渐形成，极大地影响到全球贸易体系。

（三）对国际资本流动的影响

国际资本的流动主要受资本的预期利润率的影响。战后，世界各国普遍进入了产业结构高度化的发展阶段。然而，产业结构高度化的程度及发展速度在不同类型国家有很大差别。发达国家大都已从工业化转向产业结构服务化阶段，科技进步推动了新兴产业不断涌现，这些新兴产业一般具有较高的预期利润率，因而吸引着资本的大量涌入。另外，发展中国家大都处于工业化发展阶段，由于资源和劳动力价格等方面的优势，工业发展尚有广阔的空间，这样一种相对优势的差异导致了世界产业结构在不同类型国家间的转移，从而带动了一部分工业资本流向发展中国家。总的来说，与产业结构高度化和产业结构梯度分布相适应，20 世纪 80 年代以来，国际资本流动主要是在发达国家之间，流向发展中国家的资本相对减少。而流向发展中国家的国际资本，则主要集中在制造业部门，初级产品部门所占份额相对减少。但是，随着全球价值链在世界经济中的主导地位日益明显，以及在全球经济脆弱性的影响下，2013 年《世界投资报告》显示，2012 年，发展中经济体吸收的直接外资首次超过发达国家，占全球直接外资量的 52%，发达国家现在仅占全球流量的 42%。此外，将近 1/3 的全球直接外资流出量来自发展中经济体，并且它们延续着一种持续的上升趋势。

第三节　科技进步与国际分工的发展

一、国际分工的形成与发展

国际分工是各国国民经济在世界范围内的劳动分工，是一国国内的社会分工向境外扩展的结果。各国国民经济之所以能够结合成为整体的世界经济，国际分工提供了一个基础性的条件。从整个世界的角度而言，国际分工体现为以各国国民经济为基础的世界经济的地区结构，实际上也是各产业在世界范围内的梯度分布，这里既包括产业间的分布，也包括产业内部各行业的分布以至于行业内部的分布。国际分工是一个特定的历史范畴，存在于人类历史的某一阶段，它是在社会分工的基础上，生产力进一步发展突破国家界限的必然产物，也将随着国家的消亡而结束。考虑国际分工从产生以来发展至今的历史过程，大致可以划分为以下几个阶段。

（一）国际分工的萌芽阶段

国际分工的萌芽阶段，开始于 15 世纪末 16 世纪初的地理大发现，终止于 18 世纪中期的产业革命之前。所谓地理大发现，是指西欧国家从 15 世纪末到 16 世纪上半叶在海外探险中对美洲大陆的发现及通往东方新航路的开辟。在此之前，西欧各国之间的贸易活动只局限于国内及地中海沿岸地区，一些国家之间所形成的分工只是一种范围有限的区域分工，真正意义上的国际分工及国际贸易尚未出现。地理大发现之后，以西欧为中心的贸易区域迅速从地中海沿岸扩展到大西洋沿岸，贸易的规模也有所扩大。市场的扩大刺激了西欧资本主义商品经济的发展，带动了西欧经济从手工业向工场手工业的过渡。西欧许多国家，如西班牙、葡萄牙、荷兰、英国、法国、丹麦等先后实行了殖民政策，凭借其强大的国力，利用暴力等超经济强制手段，把非洲、美洲、亚洲广大地区征服，成为其殖民地和附属国，并以各地的自然条件为基础，在西欧和殖民地之间建立了初步的国际分工。例如，当时盛行的“三角贸易”，即由西非提供奴隶劳动力输送到西印度群岛，由西印度群岛生产蔗糖和烟草，而由英国生产并出口工业品。这一时期的国际分工是建立在工场手工业基础之上的，体现为宗主国和殖民地之间不平等交换的殖民关系，并在客观上促进了西欧各国的资本原始积累。由此可见，国际分工在萌芽之初，便与资本主义生产关系紧密地结合在了一起。

（二）国际分工的形成阶段

国际分工的形成阶段，开始于18世纪60年代第一次产业革命，终止于19世纪70年代第二次产业革命前。产业革命是从英国开始的，到19世纪，法国、德国、美国等国也相继完成了产业革命。以蒸汽机的发明和应用为代表的产业革命推动了整个社会的生产基础由工场手工业过渡到机器大工业。同时也标志着资本主义生产方式的确立，这一切共同促进了资本主义国际分工的形成。

产业革命所形成的巨大社会生产力，促使物质生产规模迅速扩大，这使得本国的产品销售市场趋于饱和，需要寻找新的销售市场；另外，机器大工业所需要的原料、燃料只依靠国内的供应已不能得到满足，需要到国外去开辟新的原料供应地。机器大工业正是从供给和需求两方面推动了生产的向外扩张。而且，机器大工业所创造出来的先进的交通、通信方式也使得这种扩展能够得以实现。因此可以说，机器大工业的建立为国际分工的形成奠定了物质基础。

这一时期的国际分工基本上是以英国为中心形成的，英国几乎垄断了世界贸易和世界船运事业，英镑也成为当时的世界货币。英国连同欧美工业发达国家与广大亚非拉地区形成了工业与农业之间的国际分工体系。

（三）国际分工的发展阶段

国际分工的发展阶段，开始于19世纪70年代的第二次产业革命，终止于第二次世界大战。第二次产业革命标志着人类开始从蒸汽机时代过渡到电力和内燃机时代，社会生产力又一次获得了飞速发展。第一次产业革命中，资本主义机器大工业还是以生产轻工业品为主的，第二次产业革命推动了电力、汽车制造、钢铁、石化等重工业的发展，并逐步取代了轻工业而居于工业生产的主导地位。在生产力发展的同时，自由资本主义逐渐过渡到了垄断资本主义，资本输出成为资本主义对外扩张的重要手段。这些因素推动了国际分工的进一步发展。

这一时期的国际分工，由于建立在更为强大的物质基础之上，所以具有更强的扩张性。卷入国际分工体系的国家进一步增多，在人类历史上第一次真正把各国的国内市场联结成为统一的世界市场，生产的国际专业化倾向进一步加强，亚非拉国家和地区的经济发展变为畸形的单一经济，处于国际分工中心的欧美发达国家之间也形成了工业品专业化生产的国际分工。例如，挪威专门生产铝，比利时专门生产铁和钢，芬兰专门生产木材加工品等，从而使世界各国对国际分工的依赖性都普遍加深了。

（四）国际分工的深化阶段

国际分工的深化阶段开始于第二次世界大战后第三次科技革命，至今仍在发展延续之中。第二次世界大战以后，发生了以原子能、计算机、航天工业为主要标志的第三次科技革命，引起了一系列新兴工业部门的出现，科技在生产中的运用，再一次解放了社会生产力，促进国际分工在广度和深度上都有了新的发展。

与战前相比，这一时期国际分工的深化发展主要有以下五方面的表现。①由于世界产业结构的不断升级，以自然资源为基础的产业间分工不断削弱，而工业部门内部的行业分工得到加强，并进一步发展为行业内部产品专业化为基础的分工。②在国际分工格局中，以发达国家之间的分工占有主导地位，发达国家与发展中国家之间及发展中国家之间的分工合作相对来说发展缓慢。③国际分工从有形的商品生产和贸易领域向服务部门扩展。④跨国公司的大发展使跨国公司的内部分工成为一种新的国际分工组织形式。⑤由于社会主义国家和发展中国家更加广泛、深入地参与国际分工，改变了国际分工单一的资本主义性质，虽然从总体上来说，战后至今的国际分工仍然是资本主义性质的。

二、科技进步对国际分工的影响

（一）科技进步促进了国际分工的变化

自然条件的差异为国际分工的形成与发展提供了可能性和必要性，它本身却不足以使国际分工成为现实。世界各地区自然条件的差异是自古就有的，而国际分工却是在社会生产力发展到较高水平的近代才得以形成的。再比如日本，除了四面环海拥有优良的港口条件外，它几乎不具有其他任何资源优势，却因其强大的科技实力在当今国际分工体系中占据了有利的位置。这些事实表明，真正对国际分工的形成与发展起到决定性作用的，是生产力发展水平和科技进步的力量。科技革命创造的巨大生产力，发展到一定程度，必然要求冲破国界，在国际范围内寻求分工协作，所以，国际分工是生产力发展的必然结果。分工是提高经济效率的必要途径，它同时也是社会生产力发展到一定阶段的产物。在自给自足的自然经济条件下，分工和交换的范围都十分有限，只有在商品经济不断发展的过程中，分工和交换变得越来越发达，并最终突破国家界限形成为国际分工。在推动生产力发展的各种因素中，最重要的动力是科学技术的进步与革命，迄今为止出现的三次科技革命，都深刻地改变了许多生产领域，不断改善工艺技术、劳动过程和生产过程，使社会分工和国际分工随之发生变革。可以说，没有 18 世纪 60 年代到 19 世纪中期的科技革命，从而机器大工业生产体系的建立，就不会有国际分工这一种经济现象的最终出现。生产力发展水平不同的国家之间，形成了不同的国际分工类型，各国的生产力水平决定其在国际分工中的地位。科技实力最为强大的国家往往在国际分工格局中占有主导地位，如第一次科技革命中的英国，第二次科技革命中的德国和美国，以及当今世界上以美国为代表的西方发达国家。而只是占有某些资源优势却不具备技术优势的国家往往在国际分工体系中处于被支配的位置。

（二）科技进步促进了国际分工的深入发展

科技进步促进了国际范围内分工协作的深入发展。假如没有科技进步造就的交通运输及通信方式的变革，国际分工的迅速发展是不可想象的。因此，是科技进步带动的生产力发展进而深化了国际分工的内容和形式。随着生产力的发展，各种经济类型的国家都加入国际分工之中，国际分工已把各国国民经济紧紧结合成为世界经济。国际分工的类型从传统的部门间分工向部门内分工和产品生产过程分工深化。生产力发展所导致的产业结构升级，使国际分工的产品内容越来越转向工业制成品、高科技产品及服务类产品，传统国际分工中的农产品和资源类产品的地位明显下降。科技进步创造的巨大生产力，越来越紧密地把世界各国联系成为一个整体，在这日益缩小的“地球村”中，各国之间的国际分工在广度和深度上较以前都有了空前的发展。

三、当代国际分工的特点

如果我们把当代国际分工，即国际分工在第二次世界大战后的发展演变作为一个新的历史时期加以考察的话，在战后的第三次科技革命和新的国际政治经济关系的影响下，国际分工呈现出一些不同以往的新的特点。

（一）产业间分工逐步过渡到产品内分工

分工形式由产业间分工向产品内分工过渡，是全球化背景下企业将生产过程分解后安置在不同国家或不同地区的一种跨国界、分环节生产分工方式。产品内分工是国际分工形式的继续深化。国际分工的形式从产品间分工向产品内分工发展，是经济全球化的发展导致国际分工细化的一个必然结果。通信和信息处理技术的发展、全球资源使用成本的降低和远距离多时空经营交易的便捷可行，以及要素流动障碍的降低，使得迂回生产在相当大的程度上成为国际迂回生产。价值链上的各项生产活动，由于市场规模的扩大和交易成本的降低，得以在国际上实现更加专业化的细分，国际分工越来越表现为相同产业不同产品之间和相同产品内不同工序不同增值环节之间的多层次分工。这种分工的边界是产品生产的各个工序、流程及生产要素，是价值链上具有不同要素密集度和不同规模经济特征的各个环节之间的分工。产品内分工的出现使得以往盛行于国与国之间的整体产业的分工或转移关系，日益被产品价值链在国际上的分段设置和有效组合取代，使得控制高增值核心环节成为提升产业竞争力的重要手段。并且造就了由跨国公司主导的发达国家日益集中在知识密集的设计、研发、管理和营销等高增值服务环节，而将生产性环节和低附加值制造部分转移到发展中国家的当代国际化生产分工体系。

（二）发达国家日益成为世界农产品的主要出口国

在传统的国际分工格局下，先进国家与落后国家的国际分工主要表现为世界工业和农业的分工，或者说是世界城市与农村的分工，落后的国家是世界农产品的主要供给者。第二次世界大战后，这一状况发生了逆转。一方面，在第三次科技革命的推动下，发达国家率先走上了农业现代化之路，农业劳动生产率得到了大幅度提高。虽然农业就业人口在不断下降，但农业劳动生产率提高的幅度仍然大于农业就业人口下降的幅度，加上发达国家普遍采用了农业保护政策，结果国内农产品产量有了很大增长，除了满足国内需求以外，还有大量剩余。另一方面，发展中国家的农业生产还是以传统农业为主，技术含量较低，农业劳动生产率增长缓慢。政策选择上，发展中国家为了摆脱自己的贫困落后面貌，普遍走上工业化发展道路，忽视农业发展，甚至以牺牲农业为代价换取工业发展，其结果使得发展中国家的农业基础普遍受到削弱。发达国家的农业在技术进步的推动下得到较快发展，并日益成为世界农产品的主要出口国。

（三）产业结构国际重组成为国际分工演进的重要途径

第二次世界大战以后，科技革命推动了世界各国产业结构的高级化，发展中国家逐渐向工业化方面迈进，而发达国家的生产重心逐渐转移到高新技术产业和以服务业为主的第三产业，呈现出后工业化社会的某些特点。两类国家产业结构高级化的发展进程明显不同，表现出某种梯度，这就为产业结构的国际重组提供了机会，一些传统产业，如钢铁、化工、机械制造、家用电器等逐渐从发达国家向发展中国家转移，推动了国际分工的发展演进。在产业结构国际重组的过程中，发达国家与发展中国家的国际分工从产业间分工逐渐深化到产业内分工，并把国际分工推进到产品生产的过程中，在产品的研究开发、生产、销售的各个环节上实现国际分工。发达国家通过产业结构国际重组增强了自己的研究与开发（R&D）能力，并在技术上仍然控制着国际分工的走向。而发展中国家得以增强自己的工业化生产能力，并通过技术引进与开发逐步发展出自己的高新技术产业，如印度和中国台湾的计算机制造、中国内地的航天工业等。通过这些努力，有利于改善发展中国家在国际分工格局中的不利地位。

（四）跨国公司在国际分工中的作用日益强化

跨国公司的迅速崛起与发展，是第二次世界大战后世界经济发展最具代表性的事件之一。据联合国贸易和发展会议统计，2008 年全球跨国公司共有 8.2 万家，其海外子公司多达 81 万家，海外总资产高达 69.77 万亿美元，海外销售额高达 30.31 万亿美元，是国际商品与服务贸易出口的 1.5 倍，出口额达到 6.66 万亿美元，占国际商品与服务出口的 33.3%。跨国公司这种强大的发展态势，对战后国际分工的发展演进产生了越来越大的影响。跨国公司作为国际性企业的组织形式，正日益把国际分工纳入其企业内部的分工合作过程之中。跨国公司以利润最大化为目标，根据各国、各地区的要素禀赋，在整个世界范围内进行要素配置。例如，将研究与开发部门置于技术、知识密集地区，把不同生产工序按技术密集、资本密集、劳动密集等要求布置于相应的地区，以期获得最好的综合产出效率。跨国公司的发展壮大，是战后国际分工深化发展的一个最重要的推动力量。

（五）政府间协议分工成为推动国际分工发展的一个重要因素

在国际分工形成与发展的很长历史时期内，国际分工主要是靠私人企业追逐利润的动机来推动的，国家（或地区）很少有意识地干预本国企业参与国际分工，这也是与自由资本主义阶段相适应的。第二次世界大战以后，国家垄断资本主义在发达国家得到了很大发展，政府干预经济的能力增强，与此相关，地区经济一体化进程也在加速发展，并逐渐形成欧洲共同体、北美自由贸易区和亚太经合组织三大地区经济集团，其他次区域经济合作更是遍地开花，如东盟、西非共同市场、加勒比经济合作区等。在这样的背景下，为了增强本国（或地区）的经济竞争力，国家（或地区）对本国（或地区）参与国际分工进行了有意识的调节，各种协议性分工纷纷出现。例如，欧洲的“尤里卡”计划，这是欧洲各国为了保持自己在高科技领域的竞争实力，由各国政府主导，联合欧洲各国的科研机构和有关企业，在具有发展潜力的高科技领域实现分工协作，并共同分享合作成果而制订的。这是战后政府间协议分工最具代表性的例证。需要注意的是，西方市场经济国家对本国经济，包括本国参与国际分工的干预并非直接的指令性干预，它们主要是利用各种经济手段和制定经济政策通过市场引导企业来实现的。但政府间这种有意识的协作，对推动国际分工的发展仍然具有深远的影响。

四、国际分工的发展对世界经济的影响

国际分工是生产力发展的必然结果，它反过来又促进生产力的进一步发展。各国国民经济正是依靠国际分工日益紧密地联系在一起而成为统一的世界经济的。在这一过程中，建立在国际分工基础上的国际交换也得以蓬勃发展。但国际分工也带来了一种危险，即各国国民经济的相互依赖，对国际分工依赖程度较深的国家在经济上容易受到别国的剥削与控制。也就是说，虽然在总体上国际分工促进了世界经济效率的提高，但由于国际分工体系本身的不公平性，由国际分工产生的经济利益在参与分工国家之间的分配也是不对称的。下面，我们把国际分工的经济影响做一详细分析。

（一）国际分工推动了世界经济的形成与发展

国际分工作为社会分工的国际化形式，它的形成与发展是一种进步的历史趋势。国际分工使生产方式和交换方式日益国际化，打破了各个国家、各个民族闭关自守和自给自足的自然经济状态，把商品经济关系推向世界各地，从而把各个国家的国民经济和民族经济纳入世界经济的生产、交换、分配、消费的再生产循环之中。从世界经济形成和发展的历史可以看出，世界经济的发展和国际分工的发展是同步进行的。国际分工的每一次发展，都促进了各国国民经济更紧密地结合。当今国际分工已深入产品的生产过程和工艺的分工之中，世界经济也出现了经济全球化的发展趋势，显示了国际分工与世界经济发展高度的相关性。

（二）国际分工促进了世界经济产业效率的提高

分工产生效率，这是经济学所揭示的最基本的原理。国际分工对世界经济效率的提高，也具有同样的功效。国际分工之所以能够提高世界经济效率，是因为参与国际分工的国家，在资源、劳动力、资本、技术等各方面的相对优势各不相同，通过国际分工，可以相互取长补短，以最合理的方式配置生产要素，以达到最大的产出效率。每个国家都根据自己的相对优势从事专业化生产，可以使各国的生产要素都能够得以充分利用，然后再相互交换，可以使参与分工各方的经济效率和消费水平都得以提高。这是传统的国际分工与贸易理论已经证明了的道理。另外，国际分工所造成的各国专业化生产，由于使用了专门的设备和专门的技术工人，有利于提高生产过程的技术水平，易于改进技术和采用新技术，从而有利于提高劳动生产率。即使是发达国家，由于某一国不可能在所有的人力、物力和科技资源方面均占优势，所以若能将其有限的资源投入条件较好的部门进行专业化生产，充分发挥其技术优势，也能有利于本国劳动生产率的提高。如果每一个国家都这样做，那么世界的劳动生产率也必然随之提高。国际分工正是在资源配置合理化和生产专业化两方面，促进了世界经济整体的产出效率的提高。

（三）国际分工使不同国家能更好地发挥自己的相对优势

由跨国公司主导的经济全球化进程在20世纪80年代后迅猛发展，生产全球化不仅使国际分工出现了多层次性产业间分工、产业内分工并存的格局，而且跨国公司内部贸易大量出现与增长又形成了一种全新的、全球规模的产品内分工体制。这种新的国际分工体制是以跨国公司为主体的生产活动代替旧的以国家为主体的商品贸易体制，即把某个国家的某个独立制成品与其他国家产业的独立制成品进行交换，使原有的以不同国别公司之间“产品输出”为特征的贸易方式发生了很大的变化。跨国公司利用要素流动在全球范围内选择最佳区位配置资源，把国家间的分工与协作，在一定范围和程度上转变为企业内部的分工与协作，从而主导着国际分工格局，以其特有的“一揽子资源”或“合成资源”优势整合各国的比较优势。伴随着国际分工内涵与形式上的改变，国际分工的边界正从产业层次转换为价值链层次。分工既有传统意义上的劳动密集型产业、资本密集型产业和技术密集型产业之间的分工，也有同一产业、同一产品价值链上不同环节之间的分工。在这种分工体系中，每个生产阶段随着产品要素密集的变化而使用不同类型技术技能的劳动力。技术密集型产业有它的劳动密集型环节，如高科技产品的加工装配环节；劳动密集型产业有它的知识技术密集环节，如服装产业的款式设计环节。在价值链分解的基础上，生产过程可以分解为多个相互独立的阶段，这使各国能更好地在各个环节或工序上发挥自身的比较优势。

（四）国际分工促进了国际贸易的发展

国际分工是国际贸易的基础，没有各国之间的分工协作，国际贸易不可能形成和发展，国际分工在深度与广度上的不断发展，促进了国际贸易在速度与规模等方面的大发展。在国际分工发展的初期，国际贸易总额从1810年的25亿美元增加到1860年的123亿美元，50年间增长了近4倍。1865～1913年，国际贸易总额增长了4倍多。第二次世界大战以后，国际分工在第三次科技革命的推动下获得了长足的发展，国际贸易也在加速发展，世界贸易总额从1950年的607亿美元增加到1980年的20 127亿美元，30年间增长了32倍。2003年，全球商品贸易总额达到74 820亿美元，到2012年已达36.8万亿美元。国际分工的深入发展相应促进了国际贸易商品结构的变化。在国际分工发展的初期，国际贸易中农产品、原料等初级产品占有的比重还相当大。随着国际分工向部门内及产品生产过程的逐渐深入，国际贸易中制成品所占的比重越来越大，而且这种结构的变化也在加速发展着。1973年，初级产品和工业制成品在世界出口贸易中的比重分别为63.3%和36.7%，到了2012年，这一比重变为37.4%和62.6%。

（五）国际分工影响到世界经济中的利益分配

国际分工从产生之初就是由先进国家推动和主导的，亚非拉广大地区在廉价商品和各种超经济强制手段的压力下，被迫参与到国际分工体系之中接受由先进国家制定的各种规则，这是当前国际分工体系中发达国家与发展中国家利益不对称的历史根源。亚非拉广大地区在参与国际分工过程中，经济上逐渐产生畸形的单一化并发展出对先进国家的依附性。第二次世界大战后，尽管大多数原殖民地摆脱了殖民统治，取得了政治上的独立，但经济上的独立要滞后很多。一个重要的原因就是不平等的国际分工体系使这些国家在经济上仍然是发达国家的附属国，发展中国家要想真正获得经济上的独立和发展，就必然要摆脱对发达国家的依附，这是发展经济学中国际依附论的主要观点之一。经济上的依附性使发展中国家仍然受到发达国家的剥削和控制，衡量剥削和控制程度的一个重要指标是贸易条件。总的来说，发展中国家初级产品的贸易条件相对于发达国家工业制成品是在逐渐恶化之中。从19世纪70年代起到第二次世界大战之前，发达国家的劳动生产率大大高于发展中国家，其出口的工业制成品价格却比发展中国家出口的农矿产品的价格提高了30％～40％。第二次世界大战以后，发达国家出口的工业制成品价格指数从1950年的100上升到1973年的202；与此同时，发展中国家出口的初级产品价格指数从100仅上升到了157，大大低于前者。发达国家与发展中国家在世界经济中利益分配不平等，根源于不公平的国际分工体系，要改变这种状态，还需要发展中国家长时间的不懈努力。

第四节　科技进步与世界经济增长

一、科技进步与经济增长关系的理论

（一）亚当·斯密的技术进步及知识价值理论

亚当·斯密可以算是西方经济学界最早阐释技术进步对经济增长的作用的人，他也是第一个在理论上明确提出以知识为基础的发明技术等具有价值这一观点的经济学家。在著名的《国富论》中，他采用经济增长的要素分析法，指出劳动、资本、土地的数量决定一国的总产出，是经济增长的基本要素。任何社会的土地和劳动的年产物，都只能由两种方法来增加：其一，改进社会实际雇佣的有用劳动的生产力；其二，增加社会上实际雇佣的劳动量。有用劳动的生产力改进取决于劳动者能力改进及他工作所用的机械的改进。而这两者都与技术进步有关，所以亚当·斯密已经认识到在经济增长三要素之外，技术进步是更深层次的经济增长要素。亚当·斯密在他的《爱尔兰的政治解析》一书中，进一步提出了“思维是生产的，因为它节约了劳动”，从而它是有价值的观点。

（二）马克思的技术进步理论

马克思是第一个对技术在社会的物质生产过程及由此决定的经济关系中的重大作用进行系统、深入研究的人，他在《哲学的贫困》《政治经济学批判》及《机器、自然力和科学的应用》等著作中，都曾对技术与科学、技术与经济、技术与社会等问题进行过极其精辟的论述。马克思有关技术进步和创新的研究和论述，无论是在其《经济学手稿》《资本论》或《共产党宣言》中，都是基于对经济所进行的分析。他已经把技术看成“生产过程的因素即所谓职能”（马克思，1978），把技术创新看成经济发展的驱动力。在《资本论》中，马克思将技术与制度因素整合到生产方式这样一个分析框架中，把价值与剩余价值理论作为正体系，把技术变动和垄断竞争作为副体系，同时把劳动价值论作为基础分析动态的技术关系，并从辩证唯物主义和历史唯物主义出发，考察了技术变迁（生产力发展）与制度变迁（生产关系的更替）之间的关系，认为技术变迁最终决定制度变迁，制度变迁反作用于技术变迁。马克思在《资本论》中反复强调技术作为物质手段，是现代生产的必要前提。他通过对劳动、工艺等生产和经济过程的分析揭示了技术的本质。他认为，任何技术的创新和进步，总是要转化和体现在用于生产的物质技术手段上。

（三）熊彼特的技术创新推动理论

熊彼特在《经济发展理论》中创造性地明确指出了“不是资本，也不是劳动力，而是技术创新，是资本主义经济增长的主要源泉”的观点。熊彼特反对新古典经济学家所崇尚的静态均衡过程，认为资本主义经济发展过程是由技术创新起决定作用的动态均衡过程。他在强调企业的技术创新主体功能的同时，特别强调技术作为外生经济变量对经济增长的巨大推动作用。他把技术进步作为一个有自身运行规律的外生性的静态对象，通过具有创新精神的企业家的应用，从而作用于生产过程，促进经济增长。他认为，技术创新遵循如下的发展模式。① 有一个与科学新发展相关但已能确定的基本发明流，它们有大半处在现有的企业和市场结构之外，虽然可能受到潜在需求的影响，但基本上不受市场需求的影响。② 企业家们意识到这些发明的未来潜能，准备冒发明和创新的风险。③一旦成功地做出一项根本性的创新，它将使现有市场结构处于不均衡状态，成功的创新者将获得短期超额垄断利润，但这种垄断会随着大量模仿者的进入而被削弱。熊彼特在《资本主义、社会主义和民主主义》中进一步发展了上述思想，转而认为技术创新是内生变量，他指出，正是由于获得超额利润的动机，企业高度重视研究开发活动，技术进步与企业发展是一个正相关关系。没有创新，企业不可能得到发展。

（四）新古典经济增长理论

新古典经济增长理论中的技术决定论学者强调，技术进步是经济增长的重要根源，这与哈罗德-多马（Harrod-Domar）模型的经济增长理论强调的资本决定论是不同的。美国经济学家索洛（Robert M. Solow）率先认识到技术创新是经济增长的主要源泉。他区分出经济增长的两种不同的来源：一是由要素数量增加而产生的“增长效应”；二是因要素技术水平提高而产生的“水平效应”的经济增长。具体来说，后者是指在不增加要素投入的情况下，技术进步可以通过改变生产函数，从而使生产函数曲线向上移动，以达到经济增长的目的。为此，索洛建立了一个被称为“索洛模型”的分析框架，他认为，是技术，而不是储蓄行为或政府政策最终影响长期增长率。被称为“增长原因分析之父”的美国经济学家丹尼森开创性地提出了“经济增长来源分析法”或“增长核算法”（growth accounting）。他的实证分析不但证实了索洛模型的观点，还得到一个重要的发现，即在经济增长的计量中，总的经济增长率远远大于资本和劳动的要素投入的增长率，有一个很大的“增长剩余”，而这一剩余是“技术进步”的结果。他把影响经济增长的因素分为两大类：前者包括劳动、资本、土地等要素；后者包括知识进展、资源配置、规模节约、不规则因素等。根据丹尼森测算，1929～1969年美国经济增长率为3.14%，其中知识进展因素占27%。因此他认为，对于单位投入产出量的长期持续来说，知识进展是最大的和最基本的原因。

（五）新经济增长理论的技术内生变量说

美国经济学家罗默（Paul Romer）把增长建立在内生技术进步上，在理论上第一次给出了技术进步内生增长模型，首次将技术创新纳入主流经济学模型。该模型引入了知识和人力资本要素，揭示了当代资本主义发达国家和新兴工业化国家经济增长的原因。其主要内容是：①不同国家经济发展水平差别的根源在于知识和人力资本的差别，知识能提高投资回报率；②知识是一个生产要素，和资本一样是通过投资而得到的；③过去投入的资本可使知识得到积累而变得更加有利可图，其逻辑是投资能促进知识进展，知识又能刺激投资，对知识的投资的持续增长可以永久地提高一国的经济增长率。可见，该模型把知识和人力资本内生化，强调它们对经济增长的决定性影响。不过，将知识纳入生产函数分析，在方法上是有待商榷的。在新古典主义的生产函数框架下，由于对资本和劳动要素的划分本身已包含着知识，所以再将知识变量加入生产函数中会出现逻辑上的“重复进入”问题。因此只有在理论上将知识变量分离出来，在此基础上再将其纳入生产函数分析，才能克服“重复进入”问题，体现知识的动态特征。

（六）新制度经济学的技术-制度-经济增长理论

新古典经济增长理论始终把制度作为外生变量，作为既定前提，西方著名产权经济学家诺斯（Douglas C. North）在经济增长分析中引入了制度变量。与马克思不同的是，诺斯将技术与制度因素整合到“成本-收益”分析框架中，认为由于制度变迁为技术变迁提供了激励与保障的环境，所以技术变迁不过是对制度变迁的回应，甚至产业革命也是制度变迁的结果，而非技术变迁的结果。诺斯的主要观点有三个。①技术进步不是经济增长的原因，而是增长本身。经济增长的关键是设定一种能对个人提供有效刺激的制度，该制度确立一种所有权，即确立支配一定资源的机制，从而使每一活动的社会收益率和私人收益率，使之接近于社会收益水平。②产权的界定和变化是制度变化的诱因和动力。新技术的发展必须建立一个系统的产权制度，以便提高创新的私人收益率，使之接近于社会收益水平。③一个社会的所有权体系若能明确规定和有效保护每个人的专有权，并通过减少革新的不确定性，促使发明者的活动得到最大的个人收益，则会促进经济增长。当代美国著名经济学家库兹涅茨（Simon Smith Kuznets）也充分认识到制度调整对技术进步和经济增长的重要作用。他提出，先进技术是经济增长的一个允许来源，但是它只是一个潜在的必要条件，本身不是充分条件。如果技术要得到高效和广泛的利用，就必须做出制度和意识形态的调整，以实现正确利用人类知识中先进部分产生的创新。

二、科技进步对世界经济增长的影响

（一）科技进步对经济增长方式的影响

经济增长方式有两种：一是粗放型经济增长方式，或者称粗放的扩大再生产方式；二是集约型经济增长方式，或者称集约的扩大再生产方式。

1. 科技进步是经济增长方式转变的物质技术基础

任何经济活动都是为了获得尽可能多的经济利益，即以尽可能少的投入获得尽可能多的财富。这是经济科学研究的基本任务，也是探讨和寻求合理经济增长方式的根本目标。任何经济均为一个受多种因素支配和制约的有机统一体，经济增长方式当然也不能例外。除了自然条件的约束外，经济增长方式还主要受到自然科技进步和社会科学进步的影响。自然科技进步提高了劳动者的科技素质，包括提高他们的创新能力、工艺水平和熟练程度等，从而提高其劳动生产率。自然科技进步可以提供技术性能更高的劳动资料。劳动资料的技术性能越高，就越能节约劳动，包括活劳动和物化劳动，从而更能提高劳动生产率和经济效率。自然科技进步也是更有效、更合理地开发和利用劳动对象的重要条件：可以帮助认识和开发品种更多的劳动对象，以适应社会各方面的需要；提高劳动对象的质量从而提高其利用效率，或者用同量的劳动对象生产数量更多、质量更高的产品；加强劳动对象的综合利用，既提高其利用效率，又充分利用其副产品甚至变废为宝。同时，自然科技进步为生态环境保护提供了必要的技术，从而为经济增长方式从粗放型转变为集约型提供了必要的自然环境。作为生产方式的一种体现，经济增长方式既是生产力发展的一种类型，又是与一定的生产关系相适应的。另外，除了自然科技进步使经济增长方式转变具备了技术进步方面的物质技术条件外，相应的社会科学进步也为经济增长方式转变的实现提供了保障，社会科学的作用体现在这种生产关系（如经济体制和经济政策措施等）的进步和上层建筑的相应变革上。所以，科技进步是经济增长方式转变的物质基础。

2. 科技全面进步是转变经济增长方式的必由之路

从粗放型经济增长方式转向集约型经济增长方式已成为当代经济发展的主流，在支配和制约经济增长方式转变的诸因素中，最为关键的是科学技术的全面进步。科学技术包括自然科学技术和社会科学技术。自然科学技术进步固然为转向集约型经济增长方式奠定了物质技术基础，这使其局限于仅在物质技术基础方面提供了转向集约型经济增长方式的可能性。而要把这种可能性变为现实性，则必须要有相应的社会科学进步，否则，再先进的自然科技进步成果也发挥不了其应有的作用。所以，必须在充分认识科学技术整体性的基础上，促进自然科技和社会科学的全面进步，使两者互相配合，互相促进。第一，促进自然科技的全面进步。技术进步则一般直接体现为生产力发展，任何学科归根到底是为生产力服务的，但是各学科直接或间接服务于生产力的程度相去甚远。自然科学技术本身就是一个有机的统一体，各学科之间互相促进而又互相制约的关系日益紧密，因此，若想实现自然科技的全面进步，就需要对各学科加以全面的提高。在自然科技日新月异的今天，技术和产品更新换代不断加速，因而不论微观经济还是宏观经济，要从粗放型经济增长方式转为集约型经济增长方式，均须促进自然科技的全面进步。第二，促进社会科学的全面进步。如同自然科技一样，社会科学本身也构成一个体系，包括各学科的理论和方法，体现在经济、政治、社会等各个方面的指导思想、价值观念和相关的制度、体制、政策及措施等。社会科学进步需要符合人类社会发展的普遍规律体系，包括社会生活各领域发展变化的一般规律体系，又要适合不同国家、地区及其一定历史时期的实际情况与特性。从粗放型经济增长方式到集约型经济增长方式的转变及经济增长集约程度的不断提高，必须要有相应的社会科学的全面而又互相协调的进步。

（二）科技进步对经济增长质量的影响

经济增长质量是经济增长速度与经济效率提高的统一。经济增长速度又称经济“净增速度”，即计算期经济水平比基期水平的增长量与基期水平之比，表明计算期水平比基期水平增长了百分之多少。经济效率的概念在马克思主义政治经济学和西方经济学中的定义不同。马克思主义者以劳动价值论为基础，定义经济效率为劳动成果与劳动占用和劳动消耗量之比。而西方经济学一般把经济效率视为利润率，即企业在一定时期所获利润与所投入的全部资本之比。经济增长质量是指取得一定经济增长速度所获得的经济成果与付出的代价之比达到应有的水平。

1. 科技进步提高了劳动生产率

科技进步可以提高同样的劳动对象的产出率。主要表现是：①一物多用或综合利用，从而提高其产出率。例如，劳动对象的综合利用，它用来生产某种产品时总有些剩下的废料，这些废料又可成为生产另一种产品的劳动对象。这样，同一劳动对象多次利用，也就大大提高其产出率了。②劳动对象的循环利用。除了废铁、废纸之类可以回收重新处理制作为成品之外，还有废水经过一定处理后可以循环利用。这既能提高劳动对象的产出率，又能减少环境污染。③同样的劳动对象可以生产出更多的产量。农业单位面积产量提高即是一个明显的例子。工业中这类例子更是不胜枚举，如随着科技进步，有可能以少量的原材料生产出性能更高（至少相同）的产品。20 世纪 40 年代一台电脑要占用几间房子来安装有关设备，现在的电脑一张办公桌绰绰有余，而其性能有过之而无不及。可见，在其他条件相同的情况下，科技越进步，劳动生产率越高，这是社会生活带规律性的普遍趋势。

2. 科技进步节约了能源和资源的消耗

科技进步及其成果应用可以减少实现一定经济增长所需的投入，包括活劳动和物化劳动的投入。科技进步的成果固然数不胜数，但归根结底体现在劳动对象和劳动资料的丰富程度与质量提高上。科技越进步，劳动资料的技术性能就越高，生产同一产品所消耗的活劳动就越少，即生产同样产品所耗费的活劳动与劳动资料的技术功能先进程度成反比。如用机器开垦同样面积的耕地，开采同量的某种矿产品，冶炼同量的钢铁，所必须投入的活劳动仅为使用手工劳动工具时的几十分之一、几百分之一或更少。至于物化劳动的投入，如劳动资料的投入则有几种不同的情况。一是使用机器所花费的成本比手工劳动工具高出许多倍，且首次投资数额相当大，所以在使用机器的早期阶段，有的资本家曾一度宁肯雇佣更多廉价的劳动力，而不愿使用机器；二是随着科技进步，生产技术设备的成本下降，而又能具有更高的性能，即使首次投资颇巨，但节约的人工成本更多，两者比较，使用先进技术设备能节约更多的成本；三是尽管先进技术设备成本投入高，但因其技术性能高，因而单位产品的物化劳动消耗下降。科技进步同样有利于其物化劳动投入的节约。

三、科技进步对世界经济周期的影响

经济周期是指以实际国民生产总值衡量的经济活动的总水平。一个经济周期可划分为萧条、复苏、繁荣和衰退四个阶段。传统的经济周期有短周期、中周期和长周期这几种类型。西方经济学家们从下面几个角度来解释经济周期为什么会产生。①经济周期是在一定的时间内发生的不同的经济活动，如生产和消费通常会对不同时期的各种条件做出反应，即它们按不同的时滞做出反应。这种供给与需求的波动必定会带来经济周期的波动，外在因素也会造成经济的扩张与收缩。西方的一些经济学家认为，经济活动主要受三种类型的外在因素影响（太阳黑子周期、战争、内在长周期）。②在经济扩张阶段，当资本积累的增长大大快于消费水平的提高时，过剩的库存开始积压，而这又使价格、利润下降并使投资支出减少，产生经济衰退。但是产生经济周期的最本质原因在于生产与消费的脱节，尤其是进入工业经济时代以后，大工业具有巨大跳跃性扩张力，而市场的扩张远远赶不上生产的扩张，导致产品销售不出去从而产生连锁反应，发生经济衰退。

（一）科技进步使经济周期的波动性减小

科技进步合理调整了传统的产业结构，产业结构的优化使经济结构得到了合理的调整，也使产业经济周期的许多因素发生了改变，促进了经济周期波动的波动性减小直至趋于稳定。信息技术是科学技术中一个非常重要的方面，以信息技术为例分析科技进步的影响。第二次世界大战后美国第九次经济衰退后的复苏从 1991 年开始持续了 10 年，创造了美国和平时期经济增长持续时间的新纪录。而这次经济复苏的经济周期性特征淡化，既没有强劲的复苏趋势，也没有明显的高涨。美国之所以能出现如此长期的复苏趋势，最主要的原因是 20 世纪 90 年代以来美国信息技术及产业的迅猛发展，导致经济周期进一步变形，这些都是信息技术的发展对经济周期产生的积极影响在美国的具体表现。

科技进步能在很大程度上消除经济的周期性波动。原因有如下三个方面。①科学技术促进了供需的良性互动。科技进步以不断创新的新产品丰富了社会总供给，有力推动了社会总需求。社会总需求的旺盛，通过市场机制，又有力地推动了社会总供给的改善与提高，促进了社会总供需的良性互动，推动了经济的持续、稳定增长，从而延长了经济扩张期，减小了经济波动的幅度。②科技进步摆脱了生产与消费的脱节状态。在市场经济中，人们是通过市场信息来做判断和行动的。市场信息显示和传递的程度、方式和范围直接影响着市场机制的作用。随着计算机技术与全球互联网的发展，商品和服务的供给与需求在时间上、空间上缩短了距离，使企业与消费者能够便捷、经济地建立直接的联系。同时，信息技术的不断发展使得企业的生产更具灵活性，能够更迅速地对市场的变化、消费者的需求做出反应。这样，消费和生产就完全有可能摆脱以前脱节的状态，可以避免生产过剩或供给不足，从而逐步消除产生经济波动的最根本的原因，逐渐熨平经济的周期性波动。③信息系统等科学技术是全球一体化经济系统中的中枢系统。越是复杂和高级的系统，信息过程就越是在其中占主导地位。在全球一体化的经济系统中，信息系统包括信息技术和远程通信技术，这个系统具有惊人的信息反应速度和处理能力。在市场主体面前，市场的透明度不断增加，市场主体越来越有可能把自己的经常活动建立在对市场信息的科学分析基础之上，极大地减少了行动的盲目性和自发性，提高了自觉性和预见性。市场主体还必须通过最终合理配置资源，也就是生产要素应当能够在市场上自由流动，才能保证经济的稳定持续增长。要实现这种流动性，一方面要排除人为障碍，另一方面必须有技术手段上的保证。科技的发展不断从技术上开辟了实现这种流动性的可能，使这种流动性适应现代社会生产的发展需要，使市场主体能够更好地主动适应市场环境的变化，提高了抵御经济波动的能力。

（二）科技进步使经济长波周期缩短

经济长波理论是由苏联经济学家康德拉季耶夫于 1925 年提出的，在 20 世纪 70 年代又重新引起西方经济学界的注意。有的专家认为，科学、技术活动同经济活动一样也存在长期波动的周期现象，并依次发生波动转化。科学长波、技术长波、经济长波之间的波动转化，本质上是近代世界科学革命、技术革命、产业革命的递次推进过程，每一次科技革命，都是一次科技“范式”的变化，都会激发一系列新技术的兴起，通过科技创新与技术扩散，带动一系列新产业的崛起。以 1953 年分子生物学诞生为标志的科学前沿的突飞猛进，已呈现新的科学革命高潮；20 世纪 70 年代遗传工程、微电子、智能信息、新材料等高技术领域的进展，已形成新的技术革命浪潮；20 世纪 90 年代伊始，这场新技术革命正加速向新产业革命转变，将进入第五次经济长波的上升期。但科技革命的冲击波总有一定的时间作用范围，当新技术的作用达到高峰、饱和，新产品变成了老产品，人们期待的新产业、新产品还未出现时，整个经济活动也就从繁荣经过衰退而走向萧条。因此，一次科技革命将在世界范围内带来一个经济长波。至于一次科技革命对应多长的经济周期，将由科技革命作用的深度、广度之时间响应来决定，并没有固定的周期。除了科技革命与经济长波之间的关系，某些重大的科技创新往往也会引起经济活动中的某种周期。这是由于每种科技创新其经济后果都有一个从小到大、饱和，然后衰退的过程。经济学家门斯（G. Mensch）曾对过去 200 年的科技创新进行了调查，发现了技术创新群存在波峰与波谷的现象（表 2-2）。

表 2-2 科技创新与康德拉季耶夫周期

	门斯的基本创新	康德拉季耶夫周期
波谷年份	1795 1845 1905 1955	1790 1844 1895
波峰年份	1770 1825 1885 1935	 1814 1874 1916
年数/年		
波谷到波谷	50、60、50	54、51
波峰到波峰	55、60、50	60、42
波谷到波峰	30、40、30	24、30、21
波峰到波谷	25、20、20	30、21

资料来源：Mensch，1979

从表 2-2 可以看出，技术创新的波峰和波谷与康德拉季耶夫周期有较高的拟合度，从而说明科技进步与经济长波之间确有某种因果关系。每次经济长波都有其特定的技术体系作为物质技术载体，随着科技创新的加速，经济长波的周期也在不断缩短。

北美、欧洲和东亚三大区域增长极是第五次经济长波的主要驱动力量。但是，发展中国家将是新经济长波的重要驱动力量，特别是中国将在其中起重要作用。以 50 年为周期的经济长波，是以特定的物质生产为基础的经济时代。由反映生产力和技术发展水平的劳动工具体系构成的产业群，乃是经济长波的物质载体。科学技术是第一生产力，现代科学革命和技术革命正引发新的生产力革命，必然导致世界经济出现新的经济长波。一个由信息技术主导世界经济的"信息经济时代"已经到来。20 世纪 90 年代的世界经济发展表明，新经济长波的胚胎已经在高技术创新活动中孕育成熟了，高技术产业化的强大潮流推动的第五次经济长波已现端倪。新摩尔定律的出现，信息技术产品每 18 个月更新一次；信息技术和网络技术的出现，使得经济长波有望出现频率变快和周期缩短的趋势。

➢本章小结

（1）科学技术是推动世界经济形成和发展的根本动力，科技革命是科学革命和技术革命的合称。资本主义生产方式诞生以来，已发生了三次科技革命。这三次科技革命，推动了世界经济的形成与发展。

（2）科技进步促使产业分工、促进产业变迁，使产业结构高级化、合理化。世界经济产业结构的优化是由科技进步推动的，但产业结构的演进又会对整体的世界经济产生一系列的影响。

（3）世界经济的地区结构表现为国际分工，科技进步促进了国际分工的深入发展。国际分工总体上有利于资源在世界范围内的合理配置，但由国际分工所产生的经济利益在各国之间的分配是不对称的。

（4）科技进步会促进经济增长方式的转变，会影响经济增长质量，也会影响经济周期。

➢关键词

科技革命　信息技术　产业结构　国际分工　经济增长　经济周期

➢思考题

1. 分析第二次世界大战后科技革命对世界经济的影响。
2. 分析科技进步对产业结构演进的影响。
3. 分析国际分工对世界经济发展的影响。
4. 分析科技进步对世界经济增长的影响。

参考文献

埃尔斯沃思 PT. 1992. 国际经济学. 北京：商务印书馆.
保罗·克鲁格曼. 2000. 流行的国际主义. 北京：中国人民大学出版社.
陈华山. 2001. 科技、体制与经济增长. 北京：经济管理出版社.
陈淮. 1997. 日本产业政策研究. 北京：中国人民大学出版社.
陈筠泉，殷登祥. 2001. 科技革命与当代社会. 北京：人民出版社.
池元吉，赵凤彬. 1996. 新编世界经济概论. 长春：吉林大学出版社.
达尔·尼夫. 1998. 知识经济. 珠海：珠海出版社.
顾磊. 2013. 产品内贸易、市场结构与福利效应：跨国公司海外扩张模式的解读. 国际贸易问题，(3)：104-114.
黄亚钧. 1998. 知识经济论. 太原：山西经济出版社.
金芳. 2006. 产品内国际分工及其三维分析. 世界经济研究，(6)：4-9.
李琮. 2000. 世界经济学新编. 北京：经济科学出版社.
李京文. 1997. 人类文明的原动力：科技进步与经济发展. 西安：陕西人民教育出版社.
马克思. 1978. 机器、自然力和科学的应用. 北京：人民出版社.
钱时惕. 2000. 科技进步与世界经济发展. 保定：河北大学出版社.
孙伟. 2005. 国际分工的层次性与一国比较优势. 商业研究，(11)：117-118.
孙文远. 2006. 产品内分工刍议. 国际贸易问题，(6)：20-25.
谭黎阳. 2002. 论科技进步对产业结构变迁的作用. 产业经济研究，(1)：52-58.
托马斯·麦格劳. 1999. 现代资本主义：三次工业革命中的成功者. 南京：江苏人民出版社.
王诗宗. 1999. 知识经济与当代科技革命. 杭州：浙江大学出版社.
王雪苓. 2005. 当代技术创新的经济分析. 成都：西南财经大学出版社.
徐升华. 2001. 信息技术的发展对经济波动周期的影响. 当代财经，(1)：16-17.
尹秀艳. 2000. 战后日本经济增长：方式与速度关系辨析. 日本学刊，(2)：69-78.
张茉楠. 2012. 国际分工视角下的全球经济失衡与利益分配格局调整. 金融与经济，(5)：10-18.
张亚斌，曾铮. 2005. 有关经济增长理论中技术进步及研发投资理论的述评. 经济评论，(6)：63-66.
张幼文，金芳. 2012. 世界经济学. 上海：立信会计出版社.
张忠利，刘喜杰. 2002. 论科技创新与产业结构调整. 工业技术经济，(5)：16-17.
Mensch G. 1979. Stalemate in Technology. Cambridge：Ballinger.

第三章

国际贸易与世界市场

国际贸易（international trade）是指世界各国（或地区）商品和劳务的交换活动。从一国（或地区）的角度看，这种交换活动被称为该国（或地区）的对外贸易（foreign trade），各国（或地区）对外贸易的总和，就构成了国际贸易。世界各国（或地区）的国民经济之所以能够结合成为有机整体的世界经济，国际贸易发挥着最基本的作用，体现了世界经济的运行状况，同时也是世界经济发展的重要推动力量。本章将对国际贸易的产生与发展，国际贸易的运行机制——世界市场，以及有关国际贸易的理论与政策等内容做历史和逻辑的考察。

第一节　国际贸易的产生与发展

一、国际贸易的产生

国际贸易是一个历史范畴，它是在一定的历史和社会经济条件下产生和发展起来的。从国际贸易的定义中可以看出，国际贸易的产生，必须同时具备两个基本条件：一是有可供交换的劳动产品，即商品；二是作为社会政治经济实体的国家的产生。商品的出现，建立在社会生产力发展导致产品剩余的基础上；而国家的产生，又是以社会分工推动了阶级分化为前提的。因此，从根本上说，社会生产力的发展和社会分工的扩大，是国际贸易产生和发展的基础。

在原始社会早期，生产力水平极为低下，人类社会处于自然分工的状态，依靠共同劳动获取仅供维持生存需要的产品，并在部落成员中对产品实行平均分配。这时，没有剩余产品和交换，也不存在阶级分化和国家。这种状态，可以看作国际贸易的零起点。

从原始社会后期开始的三次社会大分工，逐步为国际贸易的产生创造了条件。第一次社会大分工，是畜牧业和农业之间的分工，它促进了社会生产力的发展，产品有了少量剩余，并在氏族部落之间开始了剩余产品的交换，但这只是偶然的物物交换。第二次大分工，导致了手工业从农业中分离出来成为独立的部门，由此产生了以交换为目的的生产，即商品生产。社会交换的范围不断扩大，并成为稳固的经济现象。同时，贵金属开始执行货币职能，成为商品交换的媒介。但这时候的商品交换活动还是由生产者自己承担的。第三次大分工，导致了商业和商人的出现。随着商品生产和交换的不断发展，产生了货币。货币的产生，促进了商品交换扩大为商品流通。在生产力不断进步的基础上，财产私有制度开始形成。当商品流通逐步扩大并超出了国界，便产生了最初的国际贸易。这时，人类社会已经迈入了奴隶社会。

二、前资本主义时期的国际贸易

国际贸易产生于奴隶社会，前资本主义社会时期的国际贸易跨越了奴隶社会和封建社会两个历史阶段。在这一时期，人类社会是以自给自足的自然经济为其经济基础的，商品经济虽有所发展，但在规模和范围上仍很有限。在这种情况下，国际贸易的发展注定是缓慢的，在整个社会经济活动中的作用还很小。但在其缓慢的发展中，国际贸易又进一步推动了商品经济的发展，二者相互促进，为瓦解这一时期社会的经济基础积蓄了力量。

（一）奴隶社会的国际贸易

奴隶社会是以奴隶主占有生产资料和奴隶劳动为基础的社会。与原始社会相比，在奴隶制度下，社会生产力有了较大的发展，商品流通的范围也在逐步扩大。由于水上交通的便利，早在公元前 2000 年左右，地中海沿岸的各奴隶制城邦国家之间就已经开展了各自的对外贸易。这一地区最早的贸易中心出现在腓尼基、迦太基，以后逐渐转移到希腊、罗马。当时各城邦国家之间贸易的主要对象是奴隶，据说每年在雅典交易的奴隶有 20 万人左右。那些供奴隶主炫耀和享用的奢侈品，如宝石、贵金属、各种织物和香料等，在贸易中也占有较大比重。供城邦自由民日常生活所需的谷物、酒类、木材等，也出现在对外贸易的行列之中（丹纳，1994）。地中海沿岸兴盛的贸易活动，主要应归因于其便利的交通状况，再加之城邦式的国家组织形式，无法避免与其他国家的经济往来。这一地区频繁的贸易往来，为资本主义诞生埋下了历史的伏笔。相比之下，国际贸易在世界其他地区的发展，如夏商时期黄河流域的诸侯国之间，则要缓慢得多。总之，奴隶社会的国际贸易，带有很强的地域性，对整个社会经济的影响不大，但对工业的发展具有较大的促进作用，并在一定程度上推动了社会生产的进步。

（二）封建社会的国际贸易

与奴隶社会相比，国际贸易在封建社会并无质的变化，但在规模和范围上，都有了明显的扩张。尤其是从封建社会的中期开始，实物地租转变为货币地租，商品经济有了进一步发展，城市手工业的兴起，加快了国际贸易的发展，并在这一过程中孕育出了资本主义生产关系的因素。

封建时期的贸易范围不断地扩大。在这个时期，国际贸易的主要商品仍然是奢侈品，如金银、丝绸、香料、宝石、象牙、瓷器和少量毛麻纺织品。11 世纪以后，欧洲城市的兴起，使地中海、北海、波罗的海和黑海沿岸成为当时西方贸易的中心。而对外贸易的发展，又促进了手工业的进步，从而使得资本主义在欧洲各国内部得以迅速发展。

我国对外贸易发展较早。早在西汉时期，我国与中亚的陆上通道“丝绸之路”就已开辟。到了唐朝，国际贸易发展出现了一个高潮，陆路贸易取得了很大发展。当时的首都长安发展成为一座有100多万人口的国际大都市，宽阔的大道纵横交错，大道上时常挤满了波斯人、印度人、犹太人、亚美尼亚人和中亚人。他们是作为商人、使节和雇佣军来到中国的。通过陆上“丝绸之路”，中国的茶叶、丝绸、瓷器等商品得以输往西方各国。宋朝时，由于市舶司、市舶条法等一整套海外贸易机构和制度的建立，海上“丝绸之路”有了进一步发展，出现了扬州、杭州、泉州、广州等沿海贸易港口城市。以泉州为例，泉州港实现与宋朝贸易关系的国家和地区共有58个，被马可·波罗称为“世界上大港之一，甚至是最大的港口”（李金明，2006）。到了明朝，从明成祖永乐三年（1405年）到明宣宗宣德八年（1433年），郑和七次率领船队下西洋，最远曾达非洲东海岸、波斯湾和红海海口，将明代官方贸易“朝贡贸易”推向顶峰（程大中，2009）。

在东西方的贸易往来中，阿拉伯人借助其连接欧洲、亚洲、非洲三大洲的地理优势，活跃于国际贸易舞台。中东地区是所有横贯欧亚大陆的商路的枢纽：这里既有通往黑海和叙利亚各港口的陆路，又有穿过红海和波斯湾的水路。大批阿拉伯人在东南亚国家的港口定居，利用季风制定航线，将东西方商品进行转卖，从中获取了巨额利润。受丰厚利益驱动，西方人开始寻找能够避开中间商人，从而与东方国家直接进行贸易往来的新道路，这一动机促成了地理大发现的产生（斯塔夫里阿诺斯，2005）：1497年，葡萄牙人达·伽马绕过非洲好望角，经印度洋到达南亚西海岸，直接打通了欧洲至印度的航线。

封建时期的对外贸易，仍然是在自然经济占统治地位的生产方式下进行的。总的来说，它只是当时社会经济生活的一个补充，对整个社会的生产方式并无实质影响。当它逐渐产生实质影响的时候，人类社会即将迈入资本主义阶段了。

三、资本主义时期的国际贸易

国际贸易历经奴隶社会和封建社会，发展到资本主义社会，才开始有了质的飞跃，这表现在迅速扩张的贸易规模和范围上，使其真正具有了世界的性质。国际贸易与资本主义生产方式之间存在着必然的联系，并成为维持这一生产方式的必要条件。究其原因，主要有两点：第一，资本主义社会是建立在商品经济基础之上的，商品流通是这一社会赖以存在的基础和内在要求；第二，国际分工体系的建立，使每一个加入了国际分工体系的国家都不能脱离世界市场和国际贸易而存在。相比之下，在奴隶社会和封建社会，国际贸易仍然可以被看做剩余产品的交换，社会生产并非是为了世界市场和国际贸易，社会生产的基础也不需要依靠国际贸易来维持；而在资本主义国际分工体系下，整个世界范围内形成了统一的再生产循环，每个国家的国内生产都是这一循环中的一部分，是直接面向世界市场和国际贸易而进行的。只有在国际分工形成以后，国际贸易才发展成为一种稳固的经济现象，并随着国际分工的发展而发展。正是在这个意义上，我们可以认为，国际分工是国际贸易的基础。对于国际贸易与资本主义生产方式之间的必然联系，马克思曾经有过一段评述：“对外贸易的扩大，虽然在资本主义生产方式的幼年时期是这种生产方式的基础，但在资本主义生产方式的发展中，由于这种生产方式的内在必然性，由于这种生产方式要求不断扩大市场，它成为这种生产方式本身的产物。”（马克思，1975）这段话，对我们理解国际贸易在资本主义时期的发展，是一个很好的线索。

（一）资本主义萌芽时期的国际贸易

16～18 世纪中叶，是西欧封建生产方式向资本主义生产方式过渡的时期，即资本主义生产方式准备时期。在这一时期，城市手工业的发展推动了商品生产和交换的进一步发展，这为国际贸易的扩大提供了物质基础。地理大发现和国际分工萌芽的产生，使国际贸易在其物质基础上迅速扩张，并推动了资本主义生产方式的诞生。

地理大发现在资本主义发展史上是一个关键性的事件。新大陆和新航线的发现，使西欧各国的商业地图遽然扩大，各大洲连接在一起初步形成了世界市场。国际贸易的规模也随之急剧扩大。与新大陆原住民相比，西欧各国有着更为强盛的国力，他们纷纷在海外建立殖民地，并与殖民地之间开展了近乎掠夺的贸易往来。为了争夺有利的贸易条件，西欧各国之间展开了激烈的竞争，海上霸主地位几易其手，最初是西班牙和葡萄牙；16 世纪末到 17 世纪中叶，荷兰取而代之；最后落入英国手中。随着各国经济、政治实力的变化，国际贸易的中心逐渐转移到大西洋沿岸诸城市，如安特卫普、阿姆斯特丹、伦敦等。这一时期国际贸易的商品除传统的奢侈品外，工业原料和食品的比重开始增加。同时，贩卖黑奴也是西欧各国对外贸易的重要内容，据统计，1768 年各国船只所运输的黑奴达 9.7 万人，仅英国就有 200 多艘商船从事黑奴贸易（罗绍彦，1995a）。在贸易组织方式上，在这一时期出现了由政府授权并承担部分行政职能的垄断贸易公司，最著名的有 1600 年成立的英属东印度公司和 1602 年成立的荷属东印度公司。此外，随着商品流通的扩大，银行的货币和信用业务得到了相应的发展，为国际贸易提供了方便，从而促进了各国经济贸易的进一步扩大。这一时期国际贸易的迅速发展，加快了资本原始积累的过程，对资本主义生产方式的产生起到了重要的推动作用，正如马克思所指出的：“在 16 世纪和 17 世纪，由于地理上的发现和商业上的发展，迅速促进了商人资本发展的大革命，是促使封建生产方式向资本主义生产方式过渡的一个主要因素。”（马克思，1975）可以认为，国际贸易的大发展是资本主义生产方式的历史前提。

（二）资本主义自由竞争时期的国际贸易

18 世纪后期到 19 世纪中叶是资本主义自由竞争时期，这也是资本主义制度上升、发展并确立统治地位的时期。在这一时期，英、法、德、美等国相继发生并完成了产业革命，机器大工业取代工场手工业成为西方先进国家的生产基础。机器大工业迅速提高了社会生产力水平，商品生产大幅增加，一方面需要更为广阔的销售市场，另一方面也需要更加稳固和大量的原料来源，这只有依靠国际贸易和世界市场才得以实现。在机器大工业迅速发展的情况下，交通运输和通信工具发生了变革，火车、轮船、电报、电话的应用，加强了世界各地的联系。这一切推动了国际分工体系的最终形成，建立在国际分工基础上，国际贸易获得了空前的发展。首先表现在贸易量的增加上，如果以 1913 年的国际贸易量为基数 100 计算，1800～1870 年，国际贸易量从 2.3 增加到 23.8，增长了近10倍，其增长速度超过了世界生产的增长速度（汪尧田和褚建中，1989）。但如此迅速增长的国际贸易，却被少数几个资本主义国家垄断，1880年，英、法、德、美、俄这五个国家的对外贸易量就占到了国际贸易量的54.9%，特别是英国占了全部贸易量的20.8%，成为整个世界的工业中心和贸易中心。其次，在这一时期，国际贸易的商品结构发生了很大的变化，传统贸易的奢侈品所占份额已经下降，而以纺织品、钢铁、机器为代表的工业品和以煤炭、棉花、粮食为代表的原料等大宗商品在国际贸易中占据主流。随着贸易规模的扩大，国际贸易的组织形式也有了新的发展，以商品交易所为代表的世界市场开始形成，私人经营的贸易公司取代了政府特许的对外贸易垄断企业。政府在本国对外贸易中的作用转变为签订贸易条约和协定，协调与他国的贸易关系，维持本国贸易利益。为配合国际贸易的发展，运输业、保险业、银行业等服务性行业也得到了广泛的发展。

（三）垄断资本主义时期的国际贸易

19世纪70年代以后，资本主义由自由竞争逐渐向垄断过渡，垄断成为资本主义经济活动的基础。与此相适应，欧美资本主义国家大都实行了超保护贸易政策，对国际贸易的进一步发展产生了一些不利影响。

从19世纪70年代开始，欧美先进国家相继发生了第二次科技革命，电力和电机的发明和应用导致工业国重工业比重逐步增加，并取代轻工业而居于主导地位。这一次科技革命及其在生产中的应用，把社会生产力水平又向前推进了一大步，为国际贸易的进一步发展奠定了雄厚的物质基础。在这一时期，产业革命所形成的资本主义国际分工体系得到了巩固和发展。但资本主义发展不平衡已有所表现，英国地位下降，美国地位上升。资本主义垄断基础上的生产力进步和国际分工的发展，促进了这一时期的国际贸易出现了一些新的变化。第一，国际贸易的绝对量仍有很大增长，但增长的速度有所下降。1840～1870年，国际贸易增长了3.4倍，1870～1900年增长了1.7倍，1900～1913年只增长了62%。1913～1938年两次世界大战期间，国际贸易增长几乎停滞下来（罗绍彦，1995b）。第二，国际贸易的商品构成上，初级产品比重仍占大半，达55%～60%。在初级产品中，橡胶、燃料、石油、有色金属及其他矿产品比重上升，而食品和农业原料比重下降。制成品中，纺织品和其他轻工业产品比重下降，机械产品、金属制品和化工产品比重上升。第三，垄断组织瓜分世界市场并开始资本输出。在这一时期国际贸易中明显形成大垄断组织瓜分世界市场的局面。第一次世界大战前，世界上存在大约114个国际卡特尔，它们通过相互之间的协议，确定各自的销售区域和销售数量，维持垄断价格，排挤局外企业，以此谋取高额利润。为了确保原料供应和对市场的控制，垄断资本开始向殖民地进行资本输出，而且规模急剧扩大。1862年资本主义海外投资总额仅20亿美元，1900年增至200亿美元，1913年进一步增加到440亿美元（罗绍彦，1995c）。通过资本输出，带动了本国商品的出口，还能以低廉的价格获得稳定的原料供应，同时还能在国外市场有效地排挤其他竞争者。资本输出成为垄断资本主义国家争夺世界市场的有力手段。

1870～1913年，中国对外贸易的半殖民地性质进一步加深了。1894～1895年日本对中国发动了侵略战争，中国被迫签订不平等的《中日马关条约》。甲午战争后，中国对外贸易主权进一步丧失，变成了垄断资本主义的商品销售市场、原料产地和投资场所。1870～1913年，中国的出口贸易和进口贸易均有所增加，但中国男耕女织的自给自足的经济体制和中国优越的自然条件阻碍了这个时期中国对外贸易的迅速发展。中国商品货币关系的不发达亦使这个时期中国对外贸易在国际贸易中所占的份额很低。这时期内，中国的重要出口商品主要是生丝和茶叶，其次是大豆、植物油、棉花、煤、羊毛、生皮、熟皮、皮货、蛋等原材料产品。而在进口贸易中，直到19世纪90年代止，鸦片一直是中国最重要的进口商品。

20世纪初，中国的鸦片进口已大为减少，棉织品占到首位，其次是棉纱。在20世纪20年代，由于中国民族工业的发展和垄断资本主义在中国投资设厂，棉织品和棉纱在中国进口中的比重大为减少，纸张、液体燃料、化工品、钢铁及金属制品、机械等进口所占比重则有了显著增加。出口方面，丝及丝织品和茶叶的重要性不断下降，大豆和豆饼的出口所占比重不断增加。其他主要出口商品还包括蛋及蛋制品、生皮、皮革、皮货、矿砂和金属（陈宪等，2003）。

四、当代国际贸易的特点和趋势

第二次世界大战以后，世界政治经济形势发生了一系列深刻的变化，对当代国际贸易的发展产生了深远的影响。战后初期，受民族解放运动的影响，亚非拉殖民地相继取得民族独立，成为民族独立国家，加之一批社会主义国家的成立，深刻地改变了世界政治格局。战后发达国家兴起了第三次科学技术革命，推动了社会生产力的快速发展，一大批新兴产业得以建立，推动了世界产业结构的高级化。与战前少数垄断大企业控制世界市场不同的是，跨国公司在战后获得了很大发展，并带动了国际直接投资的大幅增加。在凯恩斯经济理论指导下，战后发达国家加强了对经济的宏观调控，在政府的干预下，国际经济协调能力得到增强，导致了关贸总协定（GATT）及此后WTO的成立。同时，世界经济一体化进程加快，区域经济集团纷纷成立，职能得到加强。20世纪90年代以后，经济全球化蓬勃发展。这些因素综合在一起，促使战后国际贸易的发展呈现一系列新的特点和趋势。

（一）国际贸易的增长迅速，增速高于世界经济的增长速度

从战后初期到1973年，国际贸易一直处于高速增长的状态，世界出口量平均增速达7.8%，大大高于以往任何一个时期，也高于同期工业生产的增长速度（6.1%）。1973年以后，受两次严重的经济危机的影响，国际贸易的增长速度有所放慢，在20世纪80年代初甚至陷入零增长和负增长的困境。但危机过后，国际贸易恢复相当迅速。进入90年代，除了个别年份，世界贸易的增长率均超过世界生产的增长率。2000～2005年世界货物出口额年均增长率达到10%，高于世界经济年均增长率（3.2%）。2005年，世界贸易出口总额达到125 740亿美元，其中货物贸易出口额达101 590亿美元，服务贸易出口额达24 150亿美元。根据WTO发布的《2013年世界贸易报告》，2005～2012年，世界货物出口总额年均增长率为8%。2012年，世界贸易出口总额已

达到225 200亿美元，其中货物贸易出口额为183 230亿美元，服务贸易出口额为43 450亿美元。世界贸易的高增长率是科技进步、生产力提高、国际分工深化的结果，同时它又促进了国际生产。各国生产的扩大是以提高世界市场份额为导向的，这种世界生产对贸易的依赖，在某种程度上就反映为生产的增长滞后于世界贸易的增长。而且国际贸易的发展不仅限于少数国家，多数国家的对外贸易都有不同程度的增长。

（二）国际贸易商品结构转变，服务贸易比重攀升

制成品在国际贸易的比重迅速增加，超过初级产品，占据主导地位。20世纪90年代，世界制成品出口年均增长率达7%，在世界货物出口中的比重则从1990年的70.5%增加到1999年的76.5%。进入21世纪，世界制成品出口从2000年的46 990亿美元增长到2005年的73115亿美元，年均增长率进一步提高到9%。2005年，制成品在全球货物贸易中所占的比重达72%。根据WTO发布的《2013年国际贸易统计》，2005～2012年，世界制成品出口额年均增长率为7%。2012年，世界制成品出口额达到114900亿美元，在全球货物出口额中所占比重为64.1%，与20世纪90年代相比虽有所下降，但在世界贸易中仍占主导地位。此外，制成品贸易的内部结构也发生了显著变化，表现为资本货物及高新技术产品比重增加，传统的轻工产品比重减少。

20世纪90年代以来，国际贸易的另一个重要发展趋势便是服务贸易的迅速增长。科学技术的发展一方面大大拓展了传统服务贸易的领域和范围，使服务的“可贸易性”成分显著提高，产生了许多新型的服务贸易项目；另一方面简化了交易过程，降低了交易费用，增加了服务贸易的流量。据WTO统计，1990～1999年，世界服务贸易出口总额从7827亿美元增长到13 500亿美元，年均增长率为6%，高于同期世界货物贸易5%的增长率。2000～2005年世界服务贸易增长加快，年均增长率达10%。2005～2010年世界服务贸易出口总额年均增长率为9%，2011年世界服务贸易增长率为11%。2012年，世界服务贸易出口总额占世界贸易出口总额的比重约为1/5。

（三）国际贸易格局演变

发达资本主义国家仍然在国际贸易格局中处于支配地位，其贸易额占国际贸易总额的2/3以上。发达国家之间的贸易增长高于发达国家与发展中国家之间的贸易，发展中国家的贸易地位与第二次世界大战前相比有了很大的提高，但发展中国家贸易增长很不平衡，增长较快的是石油输出国、新兴工业化国家和地区。近20年来，中国的对外贸易发展迅速，已逐步成为一个重要的贸易大国。2005年，中国货物出口贸易额从世界第七位上升到第三位，年增长率高达28%，占世界贸易出口总额的7.3%；进口贸易额则从世界第八位上升到第三位，年增长率达18%，占世界总进口额的6.1%。根据WTO发布的《2013年世界贸易报告》，2012年，中国已经成为世界最大货物贸易出口国和世界第二大货物贸易进口国，在世界贸易出口总额和进口总额的占比分别为11.2%和9.8%。战后国际贸易格局变化的另一个重要表现是区域内贸易的急剧增长。根据联合国统计，2012年北美地区区域内商品贸易额为11 503亿美元，占其贸易总额的49%。

（四）国际贸易方式多样化

传统的国际贸易，主要采用以货币为中介向和物换汇的方式进行。战后随着国际贸易的发展，各种新的贸易方式不断被创造出来，如加工贸易、补偿贸易、租赁、包销、代理和寄售等。国际贸易也从单纯的商品流通功能发展到与生产、投资、服务密切结合，形式更加多样化，功能也更趋于完备。

（五）跨国公司在国际贸易中的作用增强

跨国公司的兴起，创造了企业内部国际贸易，即跨国公司内部母公司与子公司之间、子公司与子公司之间原材料、中间产品、生产技术和设备的跨国流动。据统计，跨国公司内部贸易总额占国际贸易总额的1/3以上。另外，由于跨国公司在世界经济中的重要地位，跨国公司与公司外经济实体之间的国际贸易发展也很快，其贸易总额在国际贸易总额中的比重已达1/3，而高新技术的贸易更是同跨国公司有关，80%的国际技术转让发生在跨国公司内部。

第二节 世界市场

一、世界市场

（一）世界市场的形成

世界市场是指世界范围内各国商品、劳务、资本、技术等交换的场所和机制。这一概念，主要包括三层含义。第一，世界市场不单纯是一个地理概念，它反映的是世界各国通过国际交换而形成的生产者和消费者的供求关系，或者说交换机制，因而是一个经济概念。第二，狭义地理解，世界市场主要是指世界商品市场。就广义的概念而言，世界市场是由世界商品市场、世界劳务市场、世界金融市场、世界技术市场和世界信息市场等有机结合而成的市场体系。第三，就交换的规模来看，世界市场囊括了世界各国的具有全球性的商品交换关系。

世界市场是市场发展的一个较高阶段。市场的发展历经地方市场、国内市场直至世界市场。因而，世界市场是在各国国内市场的基础上形成的，但又不是各国国内市场的简单加总，两者之间既有不可分割的联系，又有明显的差异和各不相同的质的规定性。各国国内市场只有某种经常的、稳固的联系，才能结合成为世界市场，这种联系的纽带就是国家分工和贸易。换句话说，世界市场是伴随着国际分工和贸易的发展而逐步形成的，而世界市场又是国际分工得以实现的基础条件，三者是不可分割的统一体。

前面说过，世界市场是伴随着国际分工和贸易的发展而逐步形成的。地理大发现揭开了国际经济交往的序幕，作为国际经济交往重要表现的国际贸易、国际分工、世界市场也开始出现或处于孕育之中。首先有了国际贸易，第一次产业革命之后，国际分工正式形成，而世界市场的形成，却迟至19世纪末20世纪初的第二次产业革命之后。这是因为，作为一种特定的经济现象，世界市场的形成需要具备一定的经济条件，同时也呈现出一些基本的标志。

1. 世界市场形成的基础条件

（1）国际分工体系的建立。在国际分工形成以前，国际贸易实质上只是一种剩余产品在国家间的交换，它并不构成社会生产的基础条件。国际分工体系的建立，使各国的社会生产全面专业化，每个国家都不能脱离其他国家而生存，国家间商品和劳务的交换活动才能够成为一种稳固的、必然的经济现象。

（2）机器大工业生产体系的建立。机器大工业生产一方面需要一个不断扩大的产品销售市场，另一方面也需要一个不断扩大的原料供应来源。机器大工业生产本身具有很强的扩张性，需要把商品交换关系推向整个世界范围。现代化交通工具，如远洋轮船、铁路的发展，以及电报、电话等现代化通信工具，也是大机器工业的产物，没有它们，国际交换难以进一步扩大规模。所以，大机器工业生产体系的建立为世界市场的形成准备了必要的物质技术条件

（3）资本主义生产方式的建立。在资本主义生产方式下，一方面资本的逐利性和竞争的压力促使资本家不断扩大生产规模以保持自己的优势，任何停滞不前的资本家都有被消灭的危险。这一切给资本主义生产提供了巨大的扩张力和对一切过时的生产方式的破坏力，推动着资本主义生产和交换冲破国家和民族的界限而走向世界。另一方面，资本主义生产方式的内在矛盾也使得其不断开拓国外市场，并利用国外市场转嫁矛盾成为维持再生产循环的必要途径。所以，资本主义生产方式的建立成为推动世界市场形成的内在动力。

2. 世界市场形成的主要标志

世界市场形成的基础条件在产业革命后已基本具备，世界市场获得了很大的发展。但直到 19 世纪末 20 世纪初，在第二次产业革命中，一个统一的世界市场才得以形成，其主要标志有以下几个。

（1）多边贸易多边支付体系的形成。在这一体系下，贸易国的国际收支平衡并不依靠双向贸易中的收支平衡，而是以对所有贸易伙伴国的综合平衡为基础。英国此时成为多边支付体系的中心，这个体系为所有贸易伙伴国提供购买货物的支付手段，同时使国家间债权债务的清偿、股息红利的支付能够顺利完成，有助于资本输出和国际上短期资金的流动。这一体系的形成，反映了世界市场上市场机制的充分发挥。

（2）帝国主义殖民体系的建立。第二次工业革命后，发达资本主义国家进入垄断阶段，它们纷纷加强了资本输出。为了保证本国产品的销售市场和原料产地，帝国主义组成的垄断同盟在世界范围内掠夺殖民地或划分势力范围。到 20 世纪初，世界上已没有什么国家和地区可以脱离世界市场去进行经济活动了。

（3）国际金本位制的确立。在这一时期，主要资本主义国家都实行了金本位制。各国货币的金平价使货币汇率相当稳定，从而使世界市场的价格水平趋于一致。这就为国际贸易和资本输出创造了有利的条件，并加深了价值规律在世界市场上的作用。

（4）统一的国际贸易法律和贸易惯例产生。随着经济生活的国际化，逐步建立了调节各国在国际贸易中的分歧和争执的法律规范，如 1883 年在巴黎缔结的《保护知识产权巴黎公约》、1891 年在马德里缔结的《商标国际注册马德里协定》等。这反映了世界市场秩序的改善。

（5）资本主义的各种经济规律制约着世界市场的发展与特点。各国的经济周期趋于一致，这反映了各国国民经济通过世界市场已经紧密地联系在一起，世界市场的传导功能已充分发挥了作用。

（二）世界市场的结构与类型

世界商品市场，即狭义的世界市场，是世界市场的主体，它构成世界市场形成与发展的主要线索，在此进行重点分析。其他的市场类型，如劳务市场、技术市场、金融市场、信息市场等，将在以后的章节中予以介绍。

世界市场结构是指世界市场的组织特征，特别是指那些影响世界市场的竞争性质和世界市场的价格形成的因素。这些因素主要包括卖主的集中程度、买主的集中程度及进入世界市场的各种障碍。以结构为标准，可以把世界市场划分为完全竞争市场、垄断竞争市场、寡头垄断市场和完全垄断市场等四种类型，这是对世界市场最为抽象的分析。把这种抽象具体化，仍然以结构为标准，世界市场大致可分为有固定组织的市场和无固定组织的市场两种类型。在不同类型市场上商品交换的方式是不同的。

1. 有固定组织形式的市场

有固定组织形式的市场是指在特定地点按照一定组织规章进行交易的市场，这种市场主要有商品交易所、国际拍卖行、招标与投标，以及国际博览会与展览会等形式。

1）商品交易所

商品交易所是指按照一定的规则，在规定的时间和地点通过特定的人员专门进行某种大宗商品买卖的场所。商品交易所由会员组成，只有正式会员才有在交易所直接进行买卖的资格，一般客户必须通过具有会员资格的经纪人间接进行交易。在商品交易所里买卖的商品都是品种、规格比较单纯并标准化的大宗商品，按交易的性质可分为现货交易和期货交易。最初的商品交易所是综合性的，同时进行各类商品的交易。随着生产国际化程度的提高，交易所中的商品交易也日趋专业化，比较典型的有芝加哥谷物交易所、伦敦有色金属交易所、纽约棉花交易所、新加坡橡胶交易所。纽约和伦敦是目前世界商品交易所的两大中心。

2）国际商品拍卖

国际商品拍卖是指经过专门组织的，在一定地点定期举行的现货市场。专门从事拍卖的组织称为拍卖行，进入拍卖行交易的商品大都是那些品质不宜标准化、易腐不易储存或某些贵重商品，如茶叶、烟草、毛皮、木材、首饰、古玩和艺术品等。进行拍卖的商品一般都有自己的拍卖中心，如纽约烟草、毛皮和艺术品拍卖市场，伦敦羊毛、茶叶拍卖市场，阿姆斯特丹花卉、水果、蔬菜拍卖市场等。

3）招标与投标

国际招标与投标市场是有组织地按一定交易条件、在特定地点进行交易的市场。这种市场上的贸易方式是先由招标人公布招标项目和条件，投标人在规定的期限内应邀投标参与竞卖，最后由招标人选择对其最有利者确定中标达成交易，其间没有买卖双方还价、磋商的余地。国际招标与投标大多用于政府机构或大企业营建工程项目购买成套设备和大宗商品买卖方面。世界银行于1951年将国际竞争性招标作为极好的贷款方式加以推广，成为世界市场上日趋流行的一种贸易方式。

4）国际博览会与展览会

国际博览会是定期在某一地点举行的由一国或多国联合组办、邀请厂商参加的展览与销售相结合的市场，又称为国际集市。国际展览会不同于博览会，是不定期举行的，其目的是展示一个国家或不同国家在生产、科技领域所取得的成就，并促成会后交易。国际博览会和展览会在世界市场中的地位日趋重要，它为买卖双方了解市场行情、建立商品和技术联系提供了各种有利条件，成为签订贸易合同，达成交易的重要场所。

2. 无固定组织形式的市场

除了有固定组织形式的市场外，通过其他方式进行的国际商品贸易都可以纳入无固定组织形式的世界市场的范畴，世界市场在这里已没有了地理的内涵，主要表现为交换的机制，这种市场大致可以分为两类：一类是单纯的商品购销形式；另一类是与其他因素相结合的双边或多边商品购销形式。

1）单纯的商品购销形式

单纯的商品购销形式是指买卖双方不通过固定市场而进行的商品买卖，其原则是买卖双方自由选择交易对象，对商品的品质、价格、支付手段等条件进行谈判，并在相互同意的基础上签订合同成交。单纯的商品购销形式是世界上最基本和最普遍的国家间商品交换形式。

2）双边或多边商品购销形式

双边或多边商品购销形式是指商品买卖与其他因素相结合的一种商品交易方式，如补偿贸易、加工贸易和租赁贸易等。补偿贸易是一种商品买卖与信贷相结合的一种商品购销形式。买方在信贷的基础上从卖方购入机器、设备等，然后用双方所同意的商品或劳务来支付贷款。这种贸易形式有利于外汇短缺的国家进入世界市场；加工贸易是把加工和扩大出口或收取劳务报酬相结合的一种贸易方式。这一形式又分为来料加工、来样加工和来件装配等，它主要是通过进口原料和半成品，经过加工、装配后再返销出口，以赚取加工费；租赁贸易是把商品购销与一定时期内出让使用权相联系的购销方式。在这一方式下，商品的所有权不发生转移，即仍属于出租人，承租人只是在租赁期内拥有商品的使用权。

除以上介绍的以外，双边或多边的商品购销形式还有代理、包销、寄销、寄售、易货贸易等。这些商品购销形式是在第二次世界大战前后发展起来的，反映了世界市场的深化发展，因为它们往往与利用外资有着密切的联系，并通过贸易逐渐渗透到生产领域，因此使世界市场的形式发生了重大变化。

（三）当代世界市场的主要特征

世界市场形成以后，它仍然处于不断的发展变动之中。经过第三次科技革命，随着国际分工和国际贸易的深入发展，世界市场呈现出一些新的特征。

(1) 世界市场容量迅速扩大。这主要表现为世界市场地理范围的扩大，世界市场的参与主体大大增多，以及国际贸易商品种类的增加等方面。此外，各国间商品交换方式也日趋多样化，像补偿贸易、租赁贸易、来料加工贸易等新的贸易方式在第二次世界大战后得到很大发展，反映了市场机制的健全。

(2) 世界市场上商品结构发生显著变化。这种变化是与国际分工与国际贸易的发展相一致的，反映了在科技进步的推动下，世界产业结构高度化的趋势，这种趋势的发展在世界市场上表现为商品市场外，服务市场、金融市场、技术市场、信息市场的迅速发展，整个世界市场体系进一步完善。

(3) 世界市场区域化趋势加强。在统一的世界市场体系的发展过程中，各种区域性市场的发展相对加强，并逐步形成如欧洲统一大市场、北美自由贸易区、东南亚市场等区域性市场，这种开放型的区域性市场是统一的世界市场发展过程中的必经之路。

(4) 世界市场的垄断性不断加强。世界市场形成于垄断资本主义时期。第二次世界大战后，各国政府加强了对本国参与世界市场的干预。此外，跨国公司大发展使跨国公司内部市场成为世界市场的重要组成部分。这种发展趋势，增强了世界市场的垄断性。

(5) 世界市场竞争方式发生了显著变化。竞争是世界市场的本质特征之一。第二次世界大战后，各国加强了对世界市场的干预、调节，传统的价格竞争，如卡特尔协定、关税壁垒措施已逐渐让位于各种非价格竞争方式，如质量竞争、广告竞争、服务竞争等方面。

二、世界市场价格

（一）国际价值是世界市场价格形成的基础

国际价值是指在世界经济的现有条件下，按照世界各国劳动者的平均劳动强度和熟练程度生产某种使用价值所需要的劳动时间。它属于在商品国际交换中体现国际生产关系的经济范畴，其计量单位是“世界劳动的平均单位”。

国际价值是伴随着世界市场的产生和发展，在国别价值的基础上形成的。商品的国际价值与国别价值在质上具有同一性，都是一般人类劳动的凝结。但由于各国生产条件的不同，它们在量上是不同的。在世界市场上，商品的国际价值世界货币表示，最终形成世界市场价格。因此，只有在资本主义生产方式所建立的机器大工业生产基础上，商品交换发展为世界市场，货币发展为世界货币。这时，商品的价值才具有国际性质，即发展为国际价值。正如马克思所说的：“真正的价值性质，是由国外贸易发展的，因为国外贸易才能把它里面包含的劳动当做社会的劳动来发展。”[①]

---

① 中共中央马克思恩格斯列宁斯大林著作编译局. 1972. 马克思恩格斯全集. 第23卷. 北京：人民出版社：614.

国际价值不是一成不变的，会随着科学技术进步和劳动生产率提高而不断变化。“价值规律在国际上的应用，还会由于下述情况而发生更大的变化：只要生产效率较高的国家没有因竞争而被迫把它们的商品的出售价格降低到和商品的价值相等的程度，生产效率较高的国民劳动在世界市场上也被算作强度较大的劳动。”[①] 一般来说，国际价值的变动，与世界平均科学技术水平和世界平均劳动生产率的变化成反比，即世界平均劳动生产率提高了，单位商品中所包含的国际社会平均必要劳动时间减少了，价值量就降低了；相反，世界平均劳动生产率降低了，单位商品中所包含的国际社会平均必要劳动时间增加了，价值量就提高了。而与国别科学技术水平和劳动生产率的变化成正比，即一国平均劳动生产率提高了，单位商品中所包含的本国社会平均必要劳动时间减少了，国别价值低于国际价值，按国际价值出售商品，该国在同一劳动时间内所生产的同种商品就可以比其他国家实现一个更多的价值量。反之亦然。因此，一般来说，劳动生产率高的发达国家在世界市场竞争中，就处于优势，而劳动生产率低的发展中国家在世界市场竞争中，就处于劣势。此外，世界平均劳动强度和主要供货国的生产条件等也对国际价值量的变动产生影响。

（二）影响世界市场价格的主要因素

世界市场价格的变动归根到底是受价值规律支配的，商品的世界市场价格是以国际价值为基础，并围绕国际价值上下波动的。但除国际价值这一决定因素之外，还有一些因素对世界市场价格会产生影响，这些因素主要有四个。

（1）货币价值。世界市场价格是商品国际价值的货币表现。因此，世界市场价格的变动，不仅决定于国际价值，还依赖于货币价值，主要是世界通用货币的价值。世界通用货币的升值或贬值，会使世界市场价格呈反方向变动。

（2）供求关系及其变动。通常情况下，某种商品的世界市场价格，会与这种商品需求的变动呈同方向变动，而与对这种商品供给的变动呈反方向变动，这是世界市场上供求机制的主要内容。世界市场价格在供求关系的推动下围绕国际价值上下波动，正是世界市场上价值规律的实现形式。任何影响供求关系的因素都会对商品的世界市场价格产生影响。世界市场上供求机制发挥作用的程度，是与世界市场上竞争程度相关的，而世界市场上的垄断因素则会使供求机制发生偏离。

（3）垄断因素。垄断对世界市场价格的影响取决于国际垄断组织垄断力量的大小，市场垄断程度越高，垄断操纵市场价格的力量就越强。垄断分为买方垄断和卖方垄断。买方垄断是垄断组织凭借买主的垄断地位，以低于国际价值的价格购买商品；卖方垄断是垄断组织用其卖主的地位，以高于国际价值的价格出售商品，以获取高额利润。

（4）经济周期。世界市场是在资本主义生产方式下产生和发展的，资本主义经济周期也会通过世界市场上供求关系的变动影响到商品的世界市场价格。一般而言，在经济周期的危机阶段，需求乏力、商品滞销、生产下降，大部分商品的世界市场价格下降。危机过后的复苏阶段，情况正好相反，世界市场价格普遍上升。

---

① 中共中央马克思恩格斯列宁斯大林著作编译局. 1972. 马克思恩格斯全集. 第 26 卷（Ⅲ）. 北京：人民出版社：112.

（三）世界市场价格的种类

1. 世界“自由市场”价格

世界“自由市场”价格是指商品在国际上不受垄断或国家垄断力量干扰的条件下，由独立经营的买者和卖者之间进行交易的价格。这一价格完全是在世界市场上在供求机制的作用下形成的，任何一个买主或卖主都不能决定或操纵商品的市场价格，因而能够较为客观地反映该商品的国际供求关系。

在当代世界市场上，由于垄断因素的普遍存在，自由市场价格的范围极其有限，主要集中于某些农矿等初级产品。联合国贸易发展会议的统计，把美国谷物交易所的小麦价格，曼谷的大米价格，纽约港的咖啡交货价格，伦敦金属交易所的锡、铜价格等36种初级产品价格列为世界“自由市场”价格。

在世界“自由市场”价格中，一种商品一个价格的规律得以充分表现。这一规律是指，在统一的市场上，在完全竞争的条件下，同一种商品不能有两个或两个以上的价格。但因为世界市场总有垄断因素的存在，一种商品一个价格规律作用的发挥会受到限制，某种商品在不同市场上出现的价格偏离，可以用来衡量这种商品在世界市场上受垄断因素影响的程度。

2. 世界“封闭市场”价格

与世界“自由市场”价格不同，世界“封闭市场”价格是指商品通过封闭性的流通渠道到达消费者手里，在商品传递的过程中受到垄断因素的干扰。世界“封闭市场”价格主要有四种。

（1）调拨价格，指的是跨国公司对其内部交易所规定的价格。跨国公司一般根据其全球性战略，以利润最大化为目标，为了达到减轻税负、增加利润、转移款项、扶植子公司、控制市场竞争等目的，在其内部交易中所采用的价格。这种价格较少受供求关系的影响，因而带有明显的垄断性质。

（2）垄断价格，指的是国际垄断组织凭借其对市场的垄断力量，以获取最大利润为目标在对外交易中所采用的价格。跨国公司的调拨价格实际上也是一种垄断价格。

（3）区域性经济集团内部价格。区域性经济集团依据各成员国结合的紧密程度实行不同的对内优惠、对外设置壁垒的贸易保护政策，在某些商品的贸易中便能形成集团内价格，典型的如欧盟共同农业政策中的农产品价格。这种价格的实行是由各成员国共同设立农业基金，主要用于收购过剩农产品或对各成员国农产品给予补贴。

（4）国家垄断或管理价格。第二次世界大战以后，各国对经济的调控能力都普遍增强，为了维持本国的经济利益，各个国家除采用财政、货币等手段干预国内市场价格以外，还采用了各种国内政策和对外贸易政策手段来影响世界市场价格。国家对商品市场价格的干预可以是单方面的，如各国普遍实施的价格政策；也可以是双边的和国际性的，如欧盟共同农业政策，以及某些原料生产国之间所达成的国际商品协定等。

三、世界市场的运行机制

（一）国际价值规律

1. 国际生产价格是国际价值的转化形态

首先，如前所述，在世界市场上，国别价值都要转化为国际价值。在国内市场上形成的价值叫国别价值或国民价值，而在世界市场上形成的价值则称为国际价值。商品的国际价值不是取决于各国的社会必要劳动时间，而是取决于“世界劳动的平均单位”。其次，在世界市场上，国际价值转化为国际生产价格。国际生产价格是由国际平均成本加国际平均利润构成的一种国际市场价格。各个国家在国际价值面前，在国际生产价格面前是一律平等的。但是，不同的国家由于经济发展水平、社会劳动生产率不一样，生产同等数量的国际价值却要花费不同的劳动时间，从这一点看，交换又是不平等的。这是把平等的价值尺度应用于条件不同的国家的缘故。同样，要生产出同等数量的国际生产价格，各个国家花费的劳动时间也是不同的，在进行国际交换时，耗费劳动时间少的国家就占便宜，这似乎又是不平等的。这种既等价又不等价、既平等又不平等的现象根源于商品内部个别劳动与社会劳动的矛盾，只不过矛盾从国内市场发展到世界市场罢了。

2. 世界市场价格围绕国际生产价格上下波动

商品在世界市场上，按照世界市场价格出售，是国际价值规律在世界市场上作用的结果。世界市场价格的变动，归根结底取决于商品国际价值的变动，而且两者的变动方向是一致的。商品的国际生产价格是世界市场价格变动的中心。国际价值规律要求国际商品交换依据商品的国际价值来进行，但并不是说每一次商品交换时，世界市场价格都是和国际生产价格相一致的。这是因为，在世界市场上，竞争和生产无政府状态规律在起作用。商品的供给和需求经常不平衡，从而使商品的世界市场价格经常高于或低于国际生产价格。当商品供大于求时，世界市场价格会低于国际生产价格，反之亦然。但是，世界市场价格本身的变动又会反过来影响供给和需求的变化，使它们逐渐趋于平衡，从而使世界市场价格接近于国际生产价格。某种商品供不应求，引起世界市场价格上涨，许多国家商品生产者为较高的利润所吸引，就会增加这一商品的生产，这一商品的供给于是逐渐增加，从而阻止世界市场价格进一步上涨而转为回落，反之亦然。在世界市场上，商品的价格时而高于、时而低于起国际价值，但不能长久地、过分地背离其国际价值。

（二）国际价值规律的作用

1. 使国际商品交换产生“比较利益”，有利于世界生产要素的合理配置

由于商品的国别价值与国际价值存在“比较差异”，在国际贸易过程中就出现了“比较利益”。因此，在正常、平等的贸易条件下国际交换的双方都有可能获取利益，即

在国际价值规律作用下，贸易双方获得“比较利益”。国际价值规律的这种作用使得世界市场的贸易国家调整本国的产业结构，合理地使用资金，发挥优势、扬长避短，进行各种生产要素的合理配置，从而提高经济效益。

2. 调节国际分工，促进世界产业结构合理化

在发达国家通过各种办法把亚非拉国家纳入资本主义国际分工体系的过程中，国际价值规律起了极为重要的作用。第二次世界大战以后，在国际价值规律的作用下，发达国家与发展中国家之间的国际分工形式发生变化。发达国家利用劳动者的熟练程度和高度发展的科学技术，发展那些高、精、尖、用料少、污染轻的资本技术密集型产业；而把用料多、污染重的产业放在第三世界国家。其中的重要原因就是，前者的国际价值远远高于后者，从两者交换中可以获得更多的利益，这就刺激了新型分工的形成。同时，国际价值规律还调节着发达国家之间的分工。而发展中国家在参与国际分工时，更应充分考虑国际价值规律的作用。

3. 激励各贸易国改进生产技术、降低生产成本

由于商品的国际价值不是取决于生产商品的国别社会必要劳动时间，而是取决于“世界劳动的平均单位”，所以各贸易国为了获取更多的利益，并在竞争中取得主动地位，便采用各种办法，改进生产技术，降低生产成本。此外，竞争还使各贸易国改进国际交换手段，降低交易成本。

4. 是各国制定对外贸易政策的重要依据

各国在制定对外贸易政策时，除去政治因素，还要考虑其出口商品价格的竞争力。经济发达、生产水平高、商品竞争能力强的国家都主张或执行自由贸易政策。而经济比较落后、生产力不发达、商品竞争能力弱的国家基本上都拥护或执行保护贸易政策；在其出口竞争力高时，他们又放弃保护贸易政策，提倡自由贸易。因此，国际价值规律成为各国制定贸易政策的重要基础。

（三）世界市场中的不平等交换

简单地说，世界市场上的不平等交换指的是，在世界市场上，以高于或低于国际价值进行的商品交换，或者说用于交换的商品包含了物化劳动量的差异。这种交换是不按国际社会必要劳动时间进行的交换。在历史上这种不平等交换一般发生在经济、政治地位强弱悬殊的双方之间，在世界市场上，反映了国家间不平等的关系。交换一方凭借其经济或政治优势，使价格长期背离国际价值，通过贱买贵卖，获取更多的贸易利益。

1. 不平等交换形成的原因和表现

世界市场上不平等交换的形成，既有政治方面的原因，也有经济方面的原因。在世界市场形成和发展的不同时期，不平等交换的表现形式也有所不同。在早期的殖民体系下，世界市场尚处于萌芽时期，世界市场上的交换以物物交换为主，此时的不平等交换

表现为宗主国通过战争及不平等条约对殖民地的掠夺。殖民主义者凭借其政治和军事上的优势，以低廉的价格从殖民地输入原材料，同时又通过殖民地的代理人将本国的商品强行分配给殖民地居民，从中获取高额利润，商品的国际交换并不取决于商品的价值和供求关系，而取决于宗主国的意志，这是一种典型的不平等交换。据托马斯·孟（Thomas Mun）的记载，在英国殖民时期，从东印度输入价值10万英镑的商品，在英国市场上出售后，便可得到39.4万英镑以上的利润（托马斯·孟，1982）。

两次工业革命后，随着国际分工的深入发展，世界市场开始形成，早期的物物交换也发展成为以世界货币为媒介的商品流通。欧洲各国由于其工业制成品实现了规模生产，成本大幅降低，取得了对殖民地经济和技术上的绝对优势，已经不再需要使用武力同殖民地进行贸易了。在这一时期，世界市场上逐步形成了以国际价格为核心的等价交换机制。等价交换机制的确立，标志着世界市场进入了一个有序的发展过程。但在形式上平等的等价交换背后，却是实质上的不平等交换。资本主义发达国家依靠机器大工业创造了比资本主义以前的生产方式更高的劳动生产率，使得它们生产商品的劳动耗费比落后国家少得多，从而在世界市场上以较少的物化劳动换回较多的物化劳动。再者，发达国家在世界市场上的垄断地位，通过垄断买价、垄断卖价、垄断运输价格等各种形式的垄断价格，使商品的世界市场价格长期偏离其国际价值及供求关系的影响，发达国家从中获取了大量利润。据联合国粮农组织（FAO）的一份经济评论分析，1971年香蕉生产国所得的收入只占香蕉贸易总收入的11.5%，外国零售商的收入占到了31.9%，其余的56%以上为运费、保险费、经纪人佣金和香蕉公司的利润（陈宪，1998）。总而言之，在世界市场的价格机制确立以后，垄断的存在，使得等价不等量的不平等交换成为世界市场上的一种必然现象。

2. 不平等交换的计量

不平等交换现象是资本主义生产方式下世界市场和国际贸易中的一种常态，指的是用以交换的商品包含了不等量的物化劳动，这在理论上不难说明。当代世界市场上的不平等交换，根源在于各国生产条件即劳动生产率的变化和垄断因素的影响。现实的经济生活中，由于各国生产条件千差万别并随时处于不断变化之中，国际市场价格的形成也有着复杂的原因，这使得计算不平等交换变得异常复杂，为了简化问题，一般把贸易条件作为计算和衡量不平等交换的一个重要指标。

贸易条件（trade term）也称为进出口比价或交换比价，它是指一定时期内出口商品与进口商品价格之间的对比关系，它反映了一定时期内，一个国家一定数量的出口商品可以换回的进口商品数量的动态变化。一般是通过计算贸易条件指数来表现，即用一定时期的出口价格指数与进口价格指数对比得出的比值来说明贸易条件的变化情况。比较重要和常用的贸易条件指数有以下三个方面。

1）净贸易条件指数

净贸易条件指数（商品贸易条件指数）是指一定时期内，一国出口商品价格指数与进口商品价格指数之比，表示出口一单位商品可以获得多少单位的进口商品。其计算方法为

$$T=\frac{P_x}{P_m}\times 100$$

式中，P_x 代表出口商品价格指数，P_m 代表进口商品价格指数。当 $T>100$ 时，表明同等数量出口商品可以换回比基期更多的商品，贸易条件得到了改善；反之，则是贸易条件恶化了。

2）收入贸易条件指数

收入贸易条件指数是指一定时期内，净贸易条件指数与出口数量的乘积，表示一国用出口支付进口的能力。其计算方法为

$$I=\frac{P_x}{P_m}\times Q_x$$

式中，P_x/P_m 是净贸易条件指数；Q_x 是出口商品数量指数。当 $I>100$ 时，表明一国对外贸易支付能力增强；反之，则是这种支付能力减弱。

3）要素贸易条件指数

要素贸易条件指数是把净贸易条件与要素生产率结合起来考查的一项指标，表明劳动生产率的变化对一国贸易条件的影响。如果只考虑出口部门劳动生产率的变化，就可以得到单项要素贸易条件指数，其计算方法为

$$S=\frac{P_x}{P_m}\times Z_x$$

式中，Z_x 为一国出口部门要素生产率指数。当 $S>100$ 时，表明该国出口商品中的每单位国内生产要素所得到的进口商品的数量在增加；反之，则降低。

如果同时考虑出口和进口部门劳动生产率的变化，就可以得到双项要素贸易条件指数，其计算方法为

$$D=\frac{P_x}{P_m}\times\frac{Z_x}{Z_m}\times 100$$

式中，Z_x 为进口商品要素劳动生产率指数，当 $D>100$ 时，表明该国出口商品竞争能力得到改善；反之，则表明这种竞争能力在降低。

需要注意的是，用贸易条件的变化可以在一定条件下反映不平等交换的状况，这是一个有用的指标，却不是一个充分的指标。如果要全面衡量不平等交换的实际状况，必须对影响世界市场价格变化的各种因素，如垄断、经营策略、利润分配进行综合分析后才能确定。

第三节　国际贸易理论

一、重商主义

重商主义（mercantilism）是15～17世纪欧洲资本原始积累时期，即资本主义生产方式准备时期建立起来的代表商业资产阶级利益的一种经济思想和政策体系。作为资本

主义早期的国际贸易学说，重商主义没有形成完整的理论体系，但它是国际贸易理论发展的逻辑起点。

重商主义的国际贸易学说经历了15～16世纪中叶的早期和16世纪下半叶至17世纪的晚期两个发展阶段。早期的重商主义被称为货币差额论或重金主义，以英国的海尔斯（John Hales）和斯塔福德（William Stafford）为代表。他们把金银货币作为财富的唯一形态。积极主张在对外贸易中少买（或不买）多卖，用以积累货币；倡导国家应采取强制措施禁止货币输出，外国人来本国进行贸易时，必须将其销售所得的全部款项用于购买本国的货物。这种对货币的狂热追逐，是与资本主义原始积累相适应的。晚期的重商主义被称为贸易差额论，以英国的托马斯·孟为其最杰出代表。他们同样把金银货币作为财富的代表，主张一国应尽可能多地积累金银货币，而获得金银的主要手段就是对外贸易。他们反对早期重商主义者禁止金银输出的思想，认为保存金银的最好方法是输出金银，用来从事更多的贸易。在这一过程中，必须遵循一条原则，就是卖给外国人的商品总值应大于购买外国生产的商品总值，从而确保贸易顺差。这就是他们"货币产生贸易，贸易增加货币"的结论。为了实现贸易顺差，国家必须管理货物的进出口，通过关税、航运垄断等措施"奖出限入"，以达到金银流入国内的目的。同时还主张发展国内加工工业和转口贸易，因为加工工业把原料加工成制成品后，价值就可以成倍提高，与原料出口相比，可以为本国创造更多的货币收入。转口贸易则可以促进本国航运业和商业的发展，增加本国的关税收入和财富。重商主义，尤其是后期贸易差额论的理论和政策在历史上曾起过进步作用，促进了资本的原始积累，推动了资本主义生产方式的建立和发展，有利于当时国际贸易和商业、运输业的发展。但这一学说对财富的理解及财富增值源泉的探索具有很大的局限性，一个重要的缺陷是这一学说没有能够结合生产和流通说明国际贸易及贸易利益的产生。因此，重商主义还不是一个成熟、科学的国际贸易理论。

二、比较利益学说

17世纪中期以后，资本主义生产方式在社会经济生活中逐渐占统治地位。由于这一生产方式的内在要求，国际贸易的规模和范围迅速扩大，重商主义的贸易理论和政策已越来越不适应资本主义自由竞争和自由贸易的需要。正是在这一历史背景下，资产阶级古典经济学应运而生。在国际贸易理论方面，最早由亚当·斯密提出"绝对利益论"，主张自由贸易。后来，大卫·李嘉图（David Ricardo）发展和完善了亚当·斯密的"绝对利益论"，提出了"比较利益论"，成为古典经济学最为经典的国际贸易理论。

（一）绝对利益学说

绝对利益学说是由古典经济学创始人亚当·斯密在《国富论》一书中提出的。在该书中，斯密批判了重商主义的贸易差额论，并从各国生产商品绝对成本差异的角度论证了国际贸易发生的基础。斯密的这一理论，是建立在其分工学说的基础之上的。斯密认为，社会分工可以极大地提高劳动生产率，每个人专门从事一种物品的生产，然后彼此交换，对于每个人来说都是有利的。斯密由此推断出，在一国内部不同个人或家庭之间的分工原则也适用于各国之间。他主张，如果外国的产品比本国国内生产的便宜，即生产的成本更低，那么就应该输出本国在有利生产条件下生产的产品去交换外国的产品，而不要自己去生产。斯密认为，每一个国家都有其生产特定产品的绝对有利的生产条件，这是由不同国家所具有的自然禀赋的优势或人民特殊的工艺技巧所导致的，如果每一个国家都按照其绝对有利的生产条件去进行专业化生产和交换，将会使各国的资源、劳动力和资本得到充分利用，从而会极大地提高劳动生产率，这对参与交换的每一个国家都是有利的。这种按各国绝对有利的生产条件进行国际分工，实际上就是按照绝对成本的高低进行分工。因此，斯密的国际贸易理论被称为绝对利益学说或绝对成本学说，从这一理论出发，斯密主张实行自由贸易政策，贸易越自由，国际分工越彻底，从国际贸易中获得的利益就越大。

（二）比较利益学说

亚当·斯密的绝对成本理论第一次较为科学地说明了国际贸易的动机和目的。但这一理论无法说明：当一国在两种商品的生产上都处于劣势地位时，而另一国在两种商品的生产上都处于优势地位，它们之间的贸易将如何开展。大卫·李嘉图抓住了这一问题，继承和发展了斯密的绝对利益论，其《政治经济学及赋税原理》一书于 1817 年出版，提出了比较利益论。他认为，在国际贸易中起决定作用的不是绝对利益或绝对成本的差异，而是比较利益或比较成本。只要一国专门生产某种产品的劳动成本相对较低（即利益较大或不利较小），便可以进行对外贸易，并能从中获利和实现社会劳动的节约。这一理论，成为古典经济学解释国际贸易的标准理论。

和斯密一样，李嘉图也是从一国内部个人或家庭之间的分工谈起的，并将其推及国家。在李嘉图看来，即使一国在两种商品的生产上都处于劣势地位，但两者的不利程度肯定会有所不同，相比之下总有一种商品生产的劣势要小一些，即具有相对优势；另一国在两种商品生产上都处于优势地位，也会有一种商品生产的优势较小，即具有相对劣势。在这种情况下，两国都应专门生产自己比较优势较大的商品或比较劣势较小的商品，然后进行交换，则贸易双方都能从交换中获利。这被后人总结为一条原则，即“两利相权取其重，两害相权取其轻”。比较利益学说揭示了一个客观规律——比较成本法则，因而能够较为圆满地说明了开展国际贸易的一般基础，比亚当·斯密的绝对利益学说具有更为普遍的意义。在比较利益学说下，绝对利益学说仅是其中的一个特例。这一理论，为当时的工业资产阶级争取自由贸易提供了一个更为坚实的理论基础。

三、幼稚产业保护论

18 世纪末到 19 世纪初，当产业革命在英法两国深入发展时，北美和欧洲大陆其他国家经济发展相对滞后，资本主义工业还处于萌芽状态和发展的初期，制造业的竞争力与英法相比处于劣势地位。在这样的背景下，美国建国后的第一任财政部长汉密尔顿（A. Hamilton）代表本国资产阶级独立发展美国经济的要求，于 1791 年向国会提交了《关于制造业的报告》。在报告中，他阐述了保护和发展制造业的必要性和有利条件，极力主张实行关税保护政策，并提出了以加强国家干预为主要内容的一系列措施。汉密尔顿保护关税学说的提出，标志着从重商主义分离出来的西方国际贸易理论的两大流派已基本形成。

关于保护贸易的理论，就说理的充分性和系统性而言，李斯特（F. List）的幼稚产业保护论最具代表性。李斯特是德国历史学派的先驱，受国内政治迫害，1825年移居美国。在美国受到汉密尔顿保护贸易思想的影响，并亲眼见到美国实施保护贸易政策的成效，坚定了他在德国实施保护贸易政策的信念。他的《政治经济学的国民体系》一书于1841年出版，系统地提出了他的幼稚产业保护论。

李斯特的幼稚产业保护论建立在生产力论的基础之上。他认为经济落后的国家参与国际分工和国际贸易，目的在于发展本国的生产力，只有生产力提高了，对外贸易才会有利于一国经济的长期发展。他批评了古典经济学的自由贸易理论，认为“比较利益论”不利于德国生产力的发展，因为它忽视了各国历史和经济发展过程中的特点，比较利益学说只着眼于眼前财富的增加，而没有着眼于一个国家，尤其是落后国家的经济发展，即落后国家生产力的提高。在他看来，财富本身固然重要，但发展生产力更为重要，他指出：“财富的生产力比财富本身不晓得要重要多少倍，它不但可以使已有的和已经增加的财富获得保障，而且可以使已经消失的财富获得补偿。”① 李斯特把一国经济发展划分为五个时期：①未开化时期；②畜牧时期；③农业时期；④农工时期；⑤农工商时期。他认为，在经济发展的不同时期，应采取不同的外贸政策。根据生产力论和他对德国经济发展的理解，李斯特主张德国和一些经济落后的国家实行保护贸易政策，认为这是抵御外国廉价商品对本国幼稚工业冲击、促进国内生产力成长的必要手段。但他并不主张保护所有的工业，或一直保护下去，而是保护幼稚工业到一定时期，即成熟时期，就不应再保护了。李斯特承认，实行贸易保护政策，会使国内工业品价格升高，本国会失去比较利益，但这种损失是暂时的，是发展本国工业所必须付出的代价，牺牲的只是眼前的利益，而赢得的却是长远利益，即生产力的提高。在实行贸易保护的过程中，李斯特主张国家应积极干预对外贸易，以保障国家整体利益，并促进国民经济的发展。

李斯特的幼稚产业保护论在德国工业化过程中起过积极的作用，促进了德国资本主义的发展。而且，他的保护贸易理论是积极的，是有限度的保护并以自由贸易为最终目标。这一理论，对当今经济不发达国家参与国际贸易仍有现实的指导意义。

四、要素禀赋论

19世纪初，李嘉图以各国劳动生产率存在差异的比较利益学说，说明了国际贸易产生的原因。但决定比较利益的基础是什么？李嘉图及后来的经济学家并没有能够合理地说明。这就为理论的发展留下了一个空间。1919年，瑞典经济学家赫克歇尔（Eli Heckscher）发表了《对外贸易对收入分配的影响》一文，第一次用生产要素密集度的分析方法解释了国际贸易。后来，他的学生俄林（Bertil Ohlin）继承了这一方法，并编导了《地区间贸易与国际贸易问题》一书，于1933年出版，创立了要素禀赋理论，即通常所简称的H-O理论。俄林由于这一理论创新获得了1977年度的诺贝尔经济学奖。

---

① 李斯特. 1961. 政治经济学的国民体系. 北京：商务印书馆：118.

H-O 理论建立在生产商品的要素密集度分析基础之上。要素密集度指的是产品生产中某种生产要素投入比例的大小，如果某种要素投入比例大，则该要素密集程度高。如将小麦、纺织品、汽车这三种商品相比，小麦为土地密集型产品，纺织品为劳动密集型产品，汽车为资本和技术密集型产品。由于自然、历史等方面因素，不同要素在各国丰裕程度是不同的，即要素的自然禀赋不同。H-O 理论认为，不同的商品生产需要不同的生产要素比例，而不同的国家拥有不同的生产要素。因此，各国在生产那些能够较密集地利用其较为充裕的生产要素的商品时，必然会有比较利益的产生。因此，每个国家最终将出口能利用其充裕的生产要素的那些商品，以换取那些需要较密集地使用其较为稀缺的生产要素的进口商品。这就是要素禀赋论的核心内容。这一理论主要通过相互依存的价格体系的分析，用生产要素的丰裕程度来揭示国际贸易的产生和一国的进出口贸易类型。俄林认为，要想按生产要素丰裕程度进行分工，使生产要素得到最为有效的利用，最好的办法是实行自由贸易。因此，H-O 理论是属于自由贸易理论体系之中的。

美国经济学家萨缪尔森（Baul A. Samuelson）于 1941 年和 1948 年分别发表了《实际工资和保护主义》和《国际贸易与要素价格均等化》两篇文章，对 H-O 理论做了进一步推论，提出了要素均等化定理。这一定理可表述为：在满足要素禀赋论的全部假设条件下，自由贸易不仅会使商品价格均等化，而且会使生产要素价格均等化，而不管各国的生产要素供应量或需求模式如何。这一理论是对 H-O 理论的发展，被称为 H-O-S 定理，即要素均等化定理。

由于 H-O 理论及 H-O-S 定理严格的假设条件，其结论与现实存在很大差距，但它们科学地说明了国际贸易的产生、贸易商品结构及贸易利益分配等重大理论问题，它们对现实仍具有很强的指导意义，成为现代国际贸易理论的一条主线。

H-O 理论提出以后，很快便成为解释国际贸易的主导理论。第二次世界大战后，美国经济学家里昂惕夫（W. Leontief）利用投入-产出分析法，根据历年的统计资料，对美国的贸易结构进行了细致的计算，目的是验证 H-O 理论。计算的结果却显示，美国出口商品的资本/劳动比率，低于进口商品的资本/劳动比率，换句话说，美国出口的是劳动密集型商品，进口的是资本密集型商品。这一结果大大出乎里昂惕夫的预计，按照 H-O 理论，像美国这样一个资本相对丰裕而劳动力相对稀缺的国家，应该出口资本密集型商品，进口劳动密集型商品。理论与现实呈现逆反的状况，人们将这一难以理解的现象称作里昂惕夫之谜。后来的经济学家纷纷从各种角度试图解决这一难题，从而推动了国际贸易理论的进一步发展。

五、第二次世界大战后国际贸易理论的新发展

第二次世界大战以后，随着第三次科技革命的兴起及国际政治经济形势的相对稳定，国际贸易的规模迅速扩大。国际贸易的商品结构和地区流向也发生了根本性的变化，这主要表现在两个方面：一是发达国家之间相互贸易的比例迅速上升，成为国际贸易的主体，并且发达国家的相互贸易以水平型贸易，即产业内贸易为其主要形式；二是跨国公司内部贸易迅速发展。对这些新情况，传统的国际贸易理论难以做出合理的解释。加之里昂惕夫之谜的提出，激发了人们在国际贸易理论研究中不断探索，推动了国

际贸易理论的发展。下面，我们主要介绍产品生命周期理论和解释产业内贸易的几个理论，有关跨国公司内部贸易的理论，我们在第四章详细介绍。

（一）产品生命周期理论

产品生命周期理论是美国哈佛大学教授弗农（Vernon）于1966年最先提出的，后经威尔斯（Louis T. Wells）和赫希哲（Hirsch）等人加以完善。弗农认为，产品和生物一样具有生命周期，并把产品的生命周期划分为四个阶段：新生期、成长期、成熟期和衰退期。在一个产品的整个生命周期中，制造这种产品的生产要素比例会发生规律性的变化。产品的新生期，是指产品的研究和开发阶段，需要大量研究和开发费用及相关的技术人员，这时产品是技术密集型的。成长期是指产品基本定型，可以批量生产并在一定程度上普及的阶段。这时的产品主要靠新机器设备和一般熟练劳动力进行生产，产品由技术密集型转变为资本密集型。产品的成熟期和衰退期，是指产品已标准化，生产技术和生产方法已广泛普及，对该产品的市场需求正逐渐衰退。这时，非熟练劳动已能够参与产品生产，产品的劳动密集度增大。这样，在产品生命周期的不同阶段，不同类型国家所具有的相对优势也各不相同。发达国家技术先进、资本雄厚，在生产新产品方面具有比较优势，而发展中国家拥有丰富的非熟练劳动力，生产成本较低，具有生产标准化产品的比较优势。因此，一种创新产品的出口贸易就会逐渐从发达国家向发展中国家转移。这一理论，正确地指出了技术作为一种生产要素在国际贸易中的重要作用，并把H-O理论的静态分析加入了时间因素使之动态化，从而发展和完善了H-O理论。

（二）技术差距理论

技术差距理论是由波斯纳（M. Posner）于1961年提出的。这一理论把国家间的贸易与技术差距的存在联系起来，认为正是一国的技术优势使其在采用该项技术的产品生产方面具有比较优势。在这种情况下，世界其他国家与该国之间就会因技术差距引起这种产品的国际贸易。如果不同种类的产品创新同时在两个国家的同一个产业中出现，以及两个国家对创新产品都有需求的话，就会形成两种替代品的专业化生产和产业内贸易。这种贸易的产生，是由产品的异质性引起的。所谓异质性产品，是指同一种产品由于技术差距、商标、款式和包装等不同而形成实物形态上的差别，如美国生产的汽车和日本生产的汽车。这种异质性产品能够满足消费者特定的消费需求，从而使同种产品的生产者依据各自的优势生产具有相对优势的异质性产品，并通过各国之间的交换形成产业内贸易。技术差距理论强调了技术作为一种生产要素的重要性，补充和完善了H-O理论，并对第二次世界大战后广泛发展的产业内贸易提供了一个合理的解释，因而具有一定的科学意义。

（三）偏好相似理论

偏好相似理论是由瑞典经济学家林德（S. B. Linder）于1961年提出的。与传统理论最大的不同是，这一理论从需求方面探讨了国际贸易产生的原因。林德认为，要素禀赋论只能解释初级产品与工业制成品之间的贸易，而不能解释工业品之间的贸易。第二次世界大战后工业部门内部贸易的迅速发展应该从需求方面去探讨。决定一国某种工业品生产与否的是国内需求，而不是国外需求。国内市场的需求推动了相关工业品生产的发展。当生产建立起一定的规模和国际竞争能力，国内市场有限时，拓展需求结构相似的国外市场，从而推动了出口贸易的产生。因此，经济发展程度越接近，需求结构越相似，相互需求就越大，贸易的可能性也就越大。那么，是什么因素影响一个国家的需求结构呢？在林德看来，人均收入水平是最重要的影响因素，因而它也是影响国际贸易的重要因素。正是由于人均收入水平比较接近，第二次世界大战后发达国家之间的制成品贸易在国际贸易中所占比重越来越大。林德的偏好相似理论正是从需求角度进一步完善了 H-O 理论。

（四）规模经济理论

以比较利益学说和要素禀赋理论为代表的传统的国际贸易理论有一个重要的假设前提，即假设产品的规模报酬不变。但由于规模经济的存在，这一假设并不具有普遍的现实性。正是基于这一情况，美国经济学家保罗·克鲁格曼（B. Krugman）于 1983 年发表了一篇题为“工业国家间贸易的新理论”的论文，提出了产业内贸易的规模经济理论。这一理论的中心论点是：规模报酬递增是国际贸易的基础，当某一产品的生产发生规模报酬递增时，随着生产规模的扩大，单位产品生产成本递减而取得成本优势，从而导致专业化生产并出口这一产品。即使发生贸易的两国具有同样的要素禀赋，由于市场需求或经营决策等多方面的因素，仍然会出现规模经济和产品成本之间的差异。而且，当各国的规模经济达到最佳状态时，所有要素的产出效率都会得到提高，参与贸易的各国都能从国际贸易中获得利益。规模经济理论是从生产规模的角度论证了各国比较优势的产生，并按照比较优势参与国际贸易。从这个意义上说，规模经济理论仍然是对传统的国际贸易理论的补充和完善。

（五）战略性国际贸易政策理论

战略性国际贸易政策理论是于 20 世纪 80 年代初，在规模经济和不完全竞争分析基础上发展起来的国际贸易理论和政策主张。它包括两种理论，一是由加拿大经济学家布兰德（James A. Brander）和美国经济学家斯本塞（Barnara J. Spencer）所提出的“利润转移理论”；另一种是由马歇尔（A. Marshall）外部经济概念发展而来的“外部经济理论”。

利润转移理论认为，传统的国际贸易理论所依据的完全竞争市场假设实际上是不存在的，在现实经济生活中，不完全竞争是普遍存在的现象。在不完全竞争，特别是寡头竞争市场上，寡头厂商可以凭借其垄断力量操纵价格获取超额利润。在这种情况下，市场并不能自行达到最优状态，一国政府可以通过出口补贴帮助本国厂商夺取更大的市场份额，或者以关税迫使外国厂商降低价格，从而实现由外国向本国转移利润的目的。外部经济理论认为，由于规模经济和外部经济对产业自身及相关产业所具有的积极作用，对于各国厂商争取市场份额变得尤为重要，尤其在一些高科技领域，谁能抢先生产并迅速扩大规模，谁就能够在市场竞争中取得优势，并对相关产业产生良好的外部经济效应。因此，政府应通过提供补贴或关税保护等适当方式对具有规模经济和外部经济的产业予以适当的保护和扶植，使之增强国际竞争力并带动相关产业的发展。在这两个理论中，政府政策起到了与寡头竞争模型中的战略性行动（如投资于超额生产能力的研究与开发）相类似的作用，因此被称为战略性贸易政策理论。通过上面的分析，我们可以看出，这一贸易理论是以政府干预国际贸易为政策导向的现代保护贸易理论。

第四节 国际贸易政策

一、国际贸易政策概述

（一）国际贸易政策的构成与目的

国际贸易政策是指世界各国在一定时期内对进口贸易所实行的政策。从单个国家的角度而言，国际贸易政策即是一国的对外贸易政策。世界各国在同一时期内对外贸易政策的总和就形成这一时期的国际贸易政策。因此，我们分析国际贸易政策，首先应对构成国际贸易政策基本单位的对外贸易政策加以分析。

一国在一定时期内所实行的对外贸易政策，是该国宏观经济政策的重要组成部分。一般来说，对外贸易政策是由三个方面不同层次的内容构成的。

（1）对外贸易总政策。它是一国从整个国民经济出发，在一个较长时期内实行的基本政策，是制定具体对外贸易政策的立足点，如第二次世界大战后一些发展中国家实行的进口替代战略和出口导向战略。

（2）进出口商品政策。它是指在对外贸易总政策的基础上，根据国内经济结构和市场状况而制定的用于指导进出口的具体政策，如进口押金制、出口补贴制等奖出限入措施。

（3）国别贸易政策。它是根据国际政治经济格局和本国的对外关系状况，对不同国家和地区指定不同的政策，如巴黎统筹委员会成员国对社会主义国家的禁运措施。

由于政治经济体制、经济发展水平的不同，各国制定的对外贸易政策也会有很大的不同。随着各国经济实力的变化，它所实行的对外贸易政策也会随之不断变化。但各国的对外贸易政策总是其国内经济政策的延伸，并且是为本国和本民族的根本利益服务的，对外贸易政策的这一出发点总是不变的。具体地说，各国制定对外贸易政策主要有以下五个目的：第一，保护本国市场；第二，扩大本国产品的出口市场；第三，促进本国产业结构的调整；第四，为本国经济发展积累资本；第五，维护本国的对外政治关系。需要说明的是，在当今世界经济一体化进程中，世界各国的国民经济之间的联系日益密切，各国在制定本国对外贸易政策时，也不得不考虑到别国的利益。因为一味地实行损人利己的对外贸易政策无疑会遭受到别国的报复，从而使整个国际贸易秩序陷入混乱，最终本国的利益也必将受损。因此，理想的对外贸易政策应体现互惠互利和双赢，而且必须加以适当的国际协调。但在当今的国际经济活动中，发达国家凭借其雄厚的经济实力，它们的对外贸易政策主导着国际贸易政策，使其朝有利于发达国家经济利益的方向发展，这是当今国际贸易政策总的特点。

（二）国际贸易政策的类型

一定时期内国际贸易政策的类型是由这一时期占主导地位国家的对外贸易政策的类型决定的。从一国对外贸易实践看，对外贸易政策基本上可以划分为两大类型，即保护贸易政策和自由贸易政策。

1. 保护贸易政策

保护贸易政策是指政府出于维护本国利益的需要干预商品的进出口。其主要的政策方向是鼓励出口和限制进口，但也有对某类商品鼓励进口或限制出口的例外情形。保护贸易政策的实质是国家干预。

2. 自由贸易政策

自由贸易政策是指政府取消对进出口贸易的限制，取消对本国进出口商品的各种特权和优待，使商品自由进出口，在国外市场上自由竞争。自由贸易的实质是自由放任。

一国采取何种贸易政策，须综合考虑国内外多方面因素综合考虑的结果，如经济发展水平和经济实力、产品的国际竞争力、国家总体的经济发展战略、政府所代表的经济集团的利益及所处的国际经济环境。由于各种因素的变化，同一国家在不同时期会实行不同的对外贸易政策，不同国家在同一时期也会实行不同的对外贸易政策，甚至同一国家在同一时期对不同的产业部门也会实行不同的对外贸易政策。在国际贸易发展的历史上，没有任何国家实行过纯粹的自由贸易政策或保护贸易政策。作为各国对外贸易政策总和的国际贸易政策，它的类型则取决于在经济上占主导地位的国家对外贸易政策的总方向。因此，作为一对矛盾事物的保护贸易政策和自由贸易政策总是并行发展的，它们之间存在着内在的联系。

（三）对外贸易政策的制定与执行

在西方国家，对外贸易政策在不同层次上分别由立法机关和有关行政部门制定。立法机关制定的对外贸易法律往往是该国较长时期内所要实行的对外贸易总方针和基本原则，规定某些重要措施和授予有关行政机构特定的权限。有关行政部门则根据立法在自己的职权范围内制定具体的对外贸易政策。与立法相比，这一类政策具有较大的针对性和灵活性。

对外贸易政策的具体实施是通过政府部门及有关管理机构进行的，如海关、商检机构、外汇管理机构、中央银行等。这些机构通常可以根据总的外贸法律和政策制定具体的实施细则，对进出口贸易进行监督和管理。同时，政府出面参与各种国际贸易机构与组织、进行国际贸易方面的双边和多边谈判，也是实施对外贸易政策的重要措施。

（四）第二次世界大战后国际贸易政策的特点

从第二次世界大战结束初期到 20 世纪 60 年代，由于生产恢复和经济快速增长，自由贸易政策占据了各国国际贸易政策的主流。20 世纪 70 年代以来，贸易政策有逐步向贸易保护主义转化的倾向，但此时的贸易保护政策更多采用了非关税壁垒措施。在以GATT即随后的WTO等国际力量的协调下，贸易自由化的步伐也在进行。总的来说，战后贸易自由化和贸易保护主义同时发展，但在不同时期却有轻重缓急之分。

二、保护贸易政策

（一）重商主义政策

15～17世纪，在资本主义生产方式准备时期，西欧各国普遍实行了具有浓厚保护色彩的重商主义贸易政策，它的基本政策主张是国家干预对外贸易，实行贸易保护。

在重商主义发展的早期，为了国内金银货币的积累，西欧各国政府直接垄断或管制对外贸易，并制定法令严禁金银出口和奢侈品进口。到了重商主义晚期，工场手工业和海运业迅速发展，各国的货币控制政策有所放松。这一时期的政策思想是贸易差额论。各国普遍采用关税手段，实行奖出限入，追求贸易顺差，以此来获取金银货币的流入。为保证少买多卖，贱买贵卖，实现贸易顺差，各国先后制定了发展本国工业的政策，通过对原料的加工促使本国产品的价值增值。除此而外，西欧各国还积极推行殖民扩张和垄断对外贸易的政策，采取各种手段维护和扩大本国产品的销售市场。

（二）幼稚产业保护政策

幼稚产业保护政策是在资本主义生产方式确立以后，由于各国工业发展水平不同，美国和西欧的一些后进的资本主义国家所实行的对外贸易政策。在这一贸易政策体系下，各国主要是通过关税措施，以保护本国的幼稚工业，避免遭受英国廉价商品的竞争。例如，在汉密尔顿保护贸易主张的影响下，美国的关税税率从1789年第一个关税法案之前的5%～15%不断提高，到1825年，关税税率达到45%，有效地保护了美国的市场。在保护的同时，各国还制定了各种措施鼓励本国商品的出口，并扶植本国的幼稚工业，推动其发展，以增强其产品的国际竞争力。从历史的角度看，幼稚产业保护政策是成功的，美国和西欧一些后进资本主义国家日后的兴起，应部分地归功于这一政策的实施。这一政策还影响了第二次世界大战后一些发展中国家的政策实践，如进口替代工业化战略。但由于历史条件的改变，这样一种保护贸易政策在当代推行已经变得更加困难。

（三）超贸易保护政策

超贸易保护政策是在垄断资本主义时期推行的一种贸易保护政策。在这一时期，西方发达资本主义国家普遍完成了第二次产业革命，工业生产能力得到迅速发展，需求增长却相对滞后，世界市场的竞争开始变得激烈。尤其是1929～1933年的世界性经济危机，使市场矛盾进一步尖锐化，国家干预经济能力增强，在本国垄断组织的影响下，各国纷纷制定一系列措施，保护本国市场并参与争夺国外市场。

与以前的贸易保护政策相比，超贸易保护政策具有一系列鲜明的特点：①它不是防御性地保护本国的幼稚产业，而是保护国内高度发达或出现衰落的垄断工业，以巩固对国内外市场的垄断；②它不只是消极地限制外国商品的进口，而是主动出击，加紧扩张，如与他国签订贸易条约，扩大国外市场；③保护的手段也日趋多样化，除了使用传统的关税措施以外，还广泛采用数量限制、外汇管制等各种非关税壁垒措施。超贸易保护政策的实施，使正常的国际贸易秩序陷于一片混乱之中，阻碍了国际贸易的发展，并加剧了发达资本主义国家之间的矛盾和敌意，为两次世界大战的爆发埋下了隐患。

（四）新贸易保护主义政策

新贸易保护主义形成于20世纪70年代中期。在这一时期，资本主义国家经历了两次较为严重的经济衰退，国内经济陷入滞胀的困境，就业压力增大，市场问题日益严重。在国际上，随着西欧和日本经济的崛起，发达资本主义国家经济发展不平衡加剧，对世界市场的争夺也日趋激烈。在国内外压力的共同作用下，以美国为代表的新贸易保护主义因此兴起。

与传统的贸易保护主义政策相比，新贸易保护主义具有以下特点。①贸易保护的措施从以关税垒壁为主转向以非关税壁垒为主。在第二次世界大战结束初期的贸易自由化浪潮中，GATT推动了多次多边贸易谈判，使各国的关税水平大幅降低，关税的保护作用日益削弱。在这一背景下，各国保护贸易的措施纷纷转向各种非关税壁垒，非关税壁垒的措施日益增多和复杂化。②贸易保护政策的针对性增强。保护的主要对象是发达国家陷入结构性危机的产业部门，如纺织、鞋类、钢铁等行业。此外，为了确保本国在高科技领域的竞争能力，国家对高科技产业部门，如大型计算机、数控机床、精密导航设备等也实行全方位的保护，主要是限制出口。③贸易保护措施日益制度化，并逐步转向管理贸易制度。贸易保护的实施除了采用关税和非关税壁垒措施之外，还通过与有关国家签订“自愿”出口限制和“有秩序”的销售安排协议等方式进行。此外，政府干预外贸活动逐渐制度化，成为对外贸易管理体制的重要组成部分。干预的方式主要通过国内贸易法律和法规，以及对外签订贸易条约与协定的方式进行。④贸易保护的重点由限制进口转向鼓励出口。在世界经济一体化逐渐深化的条件下，各国经济的相互依赖性加强，各国的国内市场日益结合成统一的世界市场。使用各种措施限制进口，容易招致别国的报复，使本国的利益也受损。因此，许多国家把奖出限入措施的重点转向出口，在国内制定各种政策鼓励出口，在国际上通过双边和多边谈判促使贸易伙伴国降低进口壁垒，协助本国企业扩展出口贸易。⑤区域经济集团内部的贸易自由化与对外贸易保护并行发展。在世界经济一体化进展的同时，区域经济集团化也在发展，并在世界范围内形成了数十个区域性经济组织，比较典型的有欧洲共同体和北美自由贸易区。它们的共同特点是：区域经济集团各成员国之间相互提供各种优惠政策。这种贸易政策的不对称性，对区域外国家则是一种贸易保护措施。因此，区域经济集团具有明显的保护主义倾向。

三、自由贸易政策

（一）资本主义自由竞争时期的自由贸易政策

第一次产业革命即工业革命最先在英国发起，英国率先进入大机器工业时代，生产力发展突飞猛进并确立了其“世界工厂”的地位。在新的历史条件下，英国工业资产阶级的地位和作用日益强大，他们迫切需要开拓其工业品的销售市场，原先代表商业资本利益的重商主义贸易政策已不再适合新形势的要求。在工业资产阶级的推动下，英国逐步放弃了具有浓厚保护色彩的重商主义贸易政策，转而实行自由贸易政策。具体的政策措施有五个方面。

1. 废除《谷物法》

1838年，英国棉纺织业资产阶级组成“反谷物法同盟”，展开了声势浩大的反《谷物法》运动，迫使国会于1846年通过了“废除谷物法的法案”。工业资产阶级在这场斗争中战胜了地主阶级，为自由贸易政策的全面实行扫除了障碍。

2. 取消外贸特权公司

1813年和1834年，英国先后废止了具有国家垄断性质的东印度公司对印度和中国贸易的特权，并把对外贸易的经营权向所有英国人开放。

3. 废除《航海法》

《航海法》是英国限制外国航运业的竞争、垄断殖民地航运的一部法律。工业革命使英国的航运业与其他国家相比具有了绝对的优势。从1824年开始，英国在与其他国家签订的贸易条约中，逐步放松了对外国船只经营本国航运业的限制，最后于1854年把外贸商品的运输开放给所有国家。在废除《航海法》的过程中，对殖民地从事对外贸易的控制也在逐步放松。

4. 逐步降低关税水平，减少纳税商品项目

在重商主义时期，英国有关关税的法令多达上千种，内容极其繁杂，还经常对同一种商品规定不同的税率。1825年英国开始简化税法，降低税率，废除了大部分对出口的限制。以后又逐步减少了纳税商品项目，1841年英国征收进口税的商品项目有1163种，1853年减少到466种，到1882年进一步减少至20种。

5. 与外国签订贸易条约

从1860年起，英国本着自由贸易和互惠互利的原则同其他国家签订了一系列贸易条约。1860年英、法订定的《科伯登条约》，是以自由贸易为目标签订的第一项条约，其中便列有最惠国条款。在这些条约中，英国一方面承诺降低贸易保护；另一方面也要求其他国家开放市场，容许英国商品进入。

在英国实行贸易自由化政策的初期，美国与西欧其他一些国家由于经济发展起步较晚，先后实行了一段时期的贸易保护政策。在这些国家经济发展到可以与英国抗衡时，它们也以英国的自由贸易为蓝本，逐步转向了自由贸易政策。从总体上说，在资本主义自由竞争时期，国际贸易政策的主流是自由贸易政策。

（二）第二次世界大战后的贸易自由化

第二次世界大战后的贸易自由化有其深刻的历史背景，20 世纪人类所经历的两次世界大战，是发达资本主义国家政治、经济矛盾日益尖锐化的结果。两次世界大战之间，各发达国家纷纷实行以邻为壑的超贸易保护政策，造成了国际贸易秩序的混乱，阻碍了国际贸易的发展，各国都因此遭受损失，并激化了各国之间的矛盾。战后，世界政治经济力量重新分化组合，美国的实力空前增强，各交战国都面临着艰巨的重建任务。在新的国际经济秩序下，美国积极推动贸易自由化进程，为此成立了关贸总协定这一重要的国际贸易协调机构。日本和西欧战后的恢复和发展也需要借助和利用世界市场，积极扩大出口。战后一段时期，发展中国家出于发展民族经济和实现现代化的考虑，普遍实行了保护贸易政策。但在战后的国际经济秩序下，经过有关国际经济机构，特别是关贸总协定的积极推动，贸易自由化也逐步波及发展中国家。在 20 世纪 60 年代末，贸易自由化在世界范围达到了一个高潮。

这一时期国际贸易的自由化倾向主要表现在以下两个方面。①大幅度降低关税。战后，随着西方国家经济的恢复和发展，各国都在不同程度上降低了关税，放松了进口限制。首先是在关贸总协定的推动下，各成员国通过多轮多边谈判，平均关税水平大幅下降。其次，各经济贸易集团内部逐步取消关税，对外通过谈判，达成关税减让协定，在一定程度上扩大了贸易自由化。最后，在发展中国家的努力下，1968 年联合国贸易发展会议通过了普惠制决议，要求发达国家对来自发展中国家的制成品、半制成品普遍地、非歧视性地给予单方面的关税优惠，也促进了关税水平的下降。②减少非关税壁垒。第二次世界大战后初期，为对付国内经济困难和国际收支恶化，西方国家对许多商品实行了严格的进口数量限制、进口许可证制度和外汇管制等非关税壁垒措施。随着国内经济的恢复和国际经济组织的协调，各国逐步地在不同程度上放宽了进口数量限制，放松或取消了外汇管制，促进了贸易自由化的发展。

值得注意的是，第二次世界大战后的贸易自由化与自由竞争资本主义时期的贸易自由化有着鲜明的不同。在自由竞争资本主义时期，贸易自由化是由正处于上升地位的工业资产阶级推动的，代表了他们的利益和要求。而第二次世界大战后的贸易自由化是在国家垄断资本主义日益加强的条件下发展起来的，在一定程度上反映了世界经济深化发展的内在要求，但主要是由垄断资本对外扩张的要求所推动的，代表了垄断资本的利益。因此，第二次世界大战后的贸易自由化是一种有选择的贸易自由化，在一定程度上是和贸易保护主义结合在一起的。在发达资本主义国家之间及它们占优势的产业领域，贸易自由化的程度要高于发达国家与发展中国家之间及发展中国家所擅长的领域，如初级产品、劳动密集型产品，这样一种不平衡的贸易自由化建立在一个比较脆弱的基础之上，当经济处于萧条状态或市场问题变得严重时，为了维护本国利益，贸易保护主义必然会重新抬头。

➢本章小结

（1）与国际分工一样，国际贸易也是一个历史范畴，它产生和发展的历史，能够追溯到原始社会末期。在前资本主义时期，国际贸易有了一定程度的发展，但直到资本主义时期，国际贸易才出现了质的飞跃，真正具有了世界性质。国际贸易与资本主义生产方式之间存在着必然的联系，并成为维持资本主义生产方式的必要条件。第二次世界大战后，世界政治经济形势发生了深刻的变化，对当代国际贸易的发展产生了深远影响，使第二次世界大战后国际贸易表现出了一些新的特点和发展趋势。

（2）世界市场是国际贸易发生的场所和机制，是市场发展的一个较高阶段，各国市场通过国际分工和国际贸易的联系结合成为世界市场。世界市场需要建立在一定的基础之上，作为一种历史现象，它最终形成于19世纪末20世纪初的第二次科技革命时期。第二次世界大战后，经过第三次科技革命，随着国际分工和国际贸易的深入发展，当代世界市场呈现出一些新的特征。按照不同的标准，可以把世界市场划分为不同的类型，从市场结构的角度出发，世界市场大致可分为有固定组织的市场和无固定组织的市场两种类型。世界市场上商品交换的基础是其国际价值，国际价值的货币表现即为世界市场价格。以是否有垄断因素影响价格形成为标准，可以把世界市场价格划分为世界“自由市场”价格和世界封闭市场价格。在世界市场上，存在商品的不平等交换的现象，不平等交换程度的大小一般用贸易条件来衡量。

（3）解释国际分工与贸易的基本理论有重商主义、比较利益学说、幼稚产业保护论和要素禀赋理论。第二次世界大战后，国际分工和贸易的发展推动了有关理论的新发展，比较有代表性和影响的有产品生命周期理论、技术差距理论、偏好相似理论、规模经济理论及20世纪80年代兴起的战略性国际贸易政策理论。

（4）世界各国在一定时期内对外贸易政策的总和就形成这一时期的国际贸易政策，一国的对外贸易政策是其宏观经济政策的重要组成部分，取决于该国的政治经济体制和经济发展水平。从各国对待国际贸易的基本态度上划分，国际贸易政策总的可以分为保护贸易政策和自由贸易政策两大类型。历史上的保护贸易政策主要有重商主义政策、幼稚产业保护政策和垄断资本主义时期的超贸易保护政策。20世纪70年代，国际贸易中兴起了新贸易保护主义政策。自由贸易政策流行于资本主义自由竞争时期。第二次世界大战以后，在新的国际经济秩序下，贸易自由化成为国际贸易政策的主流。

➢关键词

国际贸易　世界市场　世界市场结构　国际价值　世界市场价格　不平等交换　贸易条件　重商主义　比较利益学说　要素禀赋论　自由贸易　保护贸易

➢思考题

1. 试述国际贸易产生与发展的主要历史过程。
2. 试述当代国际贸易发展的主要特点与趋势。
3. 试述世界市场形成的基础与主要标志。
4. 当代世界市场的主要特征。
5. 分析影响世界市场价格的主要因素。
6. 分析世界市场中的不平等交换的主要原因与表现。
7. 论述自由贸易政策与保护贸易政策的理论基础。
8. 分析自由贸易政策与保护贸易政策的主要内容与发展趋势。

参考文献

埃尔斯沃思 P T. 1992. 国际经济学. 北京：商务印书馆.
陈彪如. 1996. 国际经济学. 上海：华东师范大学出版社.
陈家勤. 1999. 国际贸易论. 北京：经济科学出版社.
陈同仇，薛荣久. 1997. 国际贸易. 北京：对外经济贸易大学出版社.
陈宪. 1998. 国际贸易原理・政策・实务. 北京：立信会计出版社.
陈宪，韦金鸾，应诚敏，等. 2003. 国际贸易原理・政策・实务. 第3版. 北京：立信会计出版社.
程大中. 2009. 国际贸易理论与经验分析. 上海：格致出版社，上海人民出版社.
池元吉，赵凤彬. 1996. 新编世界经济概论. 长春：吉林大学出版社.
丹纳. 1994. 艺术哲学. 北京：人民文学出版社.
杜厚文，朱立南. 1994. 世界经济学：理论・机制・格局. 北京：中国人民大学出版社.
甘道尔夫 G. 1999. 国际经济学. 第一卷. 北京：中国经济出版社.
郭吴新，洪文达，池元吉，等. 1989. 世界经济. 北京：高等教育出版社.
李金明. 2006. 海外交通与文化交流. 昆明：云南美术出版社.
李荣林. 2000. 动态国际贸易理论研究. 北京：中国经济出版社.
李综. 2000. 世界经济学新编. 经济科学出版社.
罗绍彦. 1995a. 国际贸易原理. 北京：清华大学出版社.
马克思. 1975. 资本论. 第三卷. 北京：人民出版社：264.
斯塔夫里阿诺斯. 2005. 全球通史——从史前史到21世纪. 第7版. 北京：北京大学出版社.
陶季侃，姜春明. 1999. 世界经济概论. 天津：天津人民出版社.
佟家栋. 2000. 国际经济学. 天津：南开大学出版社.
托马斯・孟. 1982. 论贸易. 北京：商务印书馆.
汪尧田，褚建中. 国际贸易. 上海：上海社会科学出版社.
王天义. 2002. 马克思关于世界市场与国际价值的理论. 理论前沿.
熊性美，陈漓高. 1996. 当代世界经济. 天津：南开大学出版社.
杨国昌. 1997. 当代世界经济概论. 北京：北京师范大学出版社.
张伯里，朱邦宁. 1998. 世界经济学. 北京：中共中央党校出版社.
张幼文. 1999. 世界经济学. 北京：立信会计出版社.

第四章

生产国际化与生产要素的国际流动

生产国际化是指生产过程日益突破国界向国际范围延伸，它实质上是世界范围的生产社会化，即生产过程中的分工合作超出国界在国际上的扩展。生产国际化是由国际直接投资引起的，而跨国公司则是生产国际化的微观基础和企业组织形式。另外，跨国公司还是国际直接投资的主要承担者，从而生产国际化、国际直接投资和跨国公司相互交织形成统一的经济运动。在生产国际化过程中，通常还伴随着生产要素的国际流动，这导致了生产要素在世界范围内的重新配置与组合。生产的国际化趋势是第二次世界大战后世界经济的一大特征，同时也推动了世界经济的深入发展。

第一节　国际直接投资

一、国际投资与生产国际化

国际投资是指一国的资本所有者对另一国进行的投资活动，它导致了资本的国际运动。根据投资者对所投项目控制方式的不同，国际投资划分为间接投资和直接投资两种类型。

国际间接投资又称为国际证券投资，是指个人或机构投资者在国际证券市场上通过购买股票、债券等有价证券进行的投资。间接投资的特点是投资者对所投项目不进行直接的管理和控制，在资本流动的过程中，资本连同对它的使用权（或称控制权）一同转手，投资者只是根据所拥有的股票、债券获取红利和利息，除此而外没有其他的权利。因此，对于国际间接投资，我们可以把它视为纯金融资产的国际流动，即马克思所说的虚拟资本的国际运动，与生产国际化并无直接的联系。

国际直接投资（FDI）是指个人或机构投资者对境外投资，并参与所投企业的经营管理等生产性活动的一种投资方式。它可以通过四种途径进行：①投资者直接到国外建立新企业；②购买国外企业的股票并达到一定比例；③与国外企业共同投资，设立合资企业或合营企业；④投资者的利润再投资。对所投资企业拥有实际控制权是国际直接投资区别于国际间接投资的本质特征。由于对企业控制权的掌握，投资者便可参与企业的经营管理等生产性活动，并带动资本品、技术、人员等真实资本的国际流动，所以国际直接投资过程就是生产国际化过程，两者是不可分的。

在当今世界，绝大多数国家直接投资都是由跨国公司组织和推动的，而且对外直接投资还是跨国公司出现的根本原因和向境外扩张的主要手段。因此国际直接投资和跨国公司在理论意义上是一致的。当一个跨国公司通过对外直接投资在境外设立分支企业从事国际化生产时，这个分支企业与母公司之间不仅存在着金融上的联系，它本身也就成为母公司整个组织结构的一部分。从这个意义上讲，国际直接投资不仅是一个资本流动问题，同时还是一个企业组织问题。

二、国际直接投资的类型

按照不同的划分标准，国际直接投资可以有多种分类方法。按照控制产权的程度，国际直接投资可分为独资经营、合资经营、合作经营和合作开发等形式；按照投资方式的不同，国际直接投资可分为创办新企业和控制国外现有企业两种类型；按照参与国际分工的不同，国际直接投资可分为垂直型、水平型和混合型三种类型。从不同角度对国际直接投资进行分类，有助于加深对国际直接投资的理解。下面我们重点介绍根据国际直接投资的动机对其所进行的分类。

（一）资源寻求型

资源寻求型投资一般投向矿产、能源等自然资源丰富的地区，在那里建立原料供应基地，用以弥补投资者母国自然资源的匮乏，确保其生产的正常进行。随着科技进步和产业结构升级，这类投资的地位有所下降，但对于原料和能源消耗型跨国公司来说，这类投资依然占据重要地位。

（二）市场寻求型

市场寻求型投资主要以巩固、扩大和开辟市场为目的，具体又可分为几种不同的情况：①投资企业原本是出口型企业，它在本国生产并通过出口使商品进入国外市场，但由于东道国实行贸易保护主义，影响和阻碍了企业的正常出口，所以企业转为对外投资，在当地设厂生产和销售，以维持原有的市场份额或开辟新的市场；②企业对国外某一特定市场的开拓已达到一定程度，为了给顾客提供更多的服务，巩固和扩大其市场份额，在当地直接投资进行生产和销售会更为有效；③企业为了更好地接近目标市场，满足当地消费者的需求而进行对外直接投资，如生产和消费在同一时间和地点进行的服务业方面的投资；④企业所在国内市场的需求已接近饱和或受到其他产品的剧烈冲击，在国内的进一步发展受到限制。冲破限制的有效办法之一就是开发国外市场，寻求新的消费需求。

（三）效率寻求型

效率寻求型投资是指企业进行国际直接投资的目的在于降低成本，提高生产效率。

通常有两种情况：①降低生产成本，如果企业在国内生产出口产品，其生产成本高于在国外生产时，可通过对外直接投资方式在国外设厂生产，以降低生产成本以及运输成本等，提高生产效率；②获得规模经济效益，当企业的发展受到国内市场容量的限制而难以达到规模经济效益时，企业可通过对外直接投资，将其相对闲置的生产力转移到国外，以提高生产效率，实现规模经济效益。

（四）分散风险型

风险分散型投资也称市场替代型投资，这类投资是为了降低市场缺陷所带来的不确定性风险及节约交易费用而进行的。通过组织一体化的企业体系，这类投资可把市场交易内部化，并以企业内部的长期契约取代市场交易的短期契约，从而达到降低风险的目的。

（五）技术与管理导向型

技术与管理导向型投资主要包括获取和利用国外先进的技术、生产工艺、新产品设计和管理方式等。由于某些先进的技术和管理经验通过公开购买的方式不易得到，于是企业可以通过在国外设立合营企业或兼并、收购当地企业的方式获取。技术与管理导向型投资具有较强的趋向性，一般集中在发达国家和地区。

三、第二次世界大战后的国际直接投资

第二次世界大战后，影响和决定资本国际流动的经济条件有了很大变化，国际直接投资逐渐取代战前的国际间接投资成为资本国际化的核心和主体，使资本国际运动发展到了一个新的高度。在这一过程中，国际直接投资在规模和结构方面表现出一系列新的发展特征和趋势。

（一）第二次世界大战后国际直接投资及发展原因

1. 第二次世界大战后国际直接投资的特点

（1）国际直接投资增长迅速、规模巨大。第二次世界大战后，以跨国公司为主体的国际直接投资一直保持着快速增长的势头。1960～1985 年，西方国家对外直接投资累计余额从 580 亿美元增加到 6600 亿美元，25 年增长了十几倍，年平均增长率达 10.2%。1985 年后，这一增长速度进一步加快，国际直接投资规模进一步增大。据联合国贸易与发展会议（UNCTAD）发布的 2013 年《世界投资报告》，尽管世界经济出现动荡，2012 年全球跨国直接投资达 1.35 万亿美元。

（2）国际直接投资的主体日益趋多元化。国际直接投资的主体指的是向外输出资本的国家和地区。长期以来，发达国家一直独霸着国际直接投资，发展中国家所占的份额微乎其微。到 20 世纪 70 年代末，发展中国家的国际投资累计额仅相当于发达国家的 1%。20 世纪 80 年代开始，一些发展中国家由于经济实力增强，也加入了国际直接投

资的行列，从而使国际直接投资主体呈多元化发展。第二次世界大战以来，美国一直是发达国家中最大的国际直接投资国。在20世纪60年代，美国的国际直接投资累计额曾占到世界总额的50%以上。进入20世纪70年代，随着美国经济的相对衰落，美国在国际直接投资中的地位也相对削弱，而日本、德国及其他西欧国家的国际直接投资发展迅速。发展中国家中，从事对外直接投资的主要是石油输出国和新兴工业化国家和地区。另外，20世纪80年代以来，亚洲四小龙，以及中国内地、印度等经济发展较快的国家和地区，也开始有了小规模的对外直接投资。近年来，中国内地是国际直接投资输出发展最快的国家之一。中国内地2012年国际直接投资流出量为840亿美元，世界排名第三，仅次于美国和日本。截至2012年年底，中国国际直接投资输出存量约为5320亿美元。

（3）国际直接投资的地理流向发生变化。第二次世界大战以前，国际直接投资中70%以上是从发达国家流入发展中国家，资本运动表现为单向流动。战后，国际直接投资的地理流向开始转向发达国家，到20世纪60年代末，发达国家之间的相对投资成为国际直接投资的主体。这一趋势持续发展，到80年代末，发达国家吸收了全部国际直接投资的75%以上，流向发展中国家的国际直接投资则不足25%。近年来国际直接投资的地理流向又有新趋势，2012年，发展中国家吸收的国际直接投资有史以来首次超过发达国家，占全球直接外资流量的52%。达到创纪录的7030亿美元，创历史新高。国际直接投资向新兴国家市场的流入加速，成为国际投资合作发展的新趋势，也成为推动全球经济增长的新动力。

（4）国际直接投资的部门结构发生变化。在第二次世界大战前和战后初期，发达国家的国际直接投资大部分投入资源性开发部门，如采掘业和农业等。20世纪60年代以后，与国际直接投资地理流向的变化相适应，国际直接投资逐渐转向制造业部门，表现为发达国家制造业部门之间的相互投资。流向发展中国家的国际直接投资也逐渐转向资源密集型和劳动密集型的制造业部门。80年代后，国际直接投资的部门结构进一步升级，约半数的投资投入第三产业部门，如银行业、保险业、信息服务业等。

2. 第二次世界大战后国际直接投资发展的原因

第二次世界大战后，国际直接投资的发展变化是多种因素综合作用的结果，概括起来，主要有以下四个方面。

（1）第三次科技革命为国际直接投资的增长提供了强大的物质技术基础。战后发生的第三次科技革命推动了社会生产力的极大发展，同时也促使了国际分工在广度和深度上的发展。越来越多的国家加入国际分工体系中，产业内的水平型分工取代了产业间的垂直型分工成为国际分工的主体，同一部门的零部件分工和生产工序分工也在不断发展。国际分工的这一发展趋势为跨国公司对外直接投资以实现全球生产布点提供了可能。另外，科技革命导致了现代化交通、通信技术的进步，为国际直接投资和生产国际化提供了必不可少的技术手段。

（2）从资本的供给角度看，发达国家拥有大量“剩余资本”和资本的逐利性推动了国际直接投资的发展。追逐高额利润始终是资本流动的根本动力和最终目标。发达国家经过长期的经济发展，资本积累和社会财富的数量不断增加。特别是战后科技革命带动了劳动生产率的大幅提高，使发达国家的资本积累达到空前的规模。而私人垄断资本的高度发展和生产成本的上升，又使国内有利可图的投资场所相对缩小，追逐高额利润的冲动必然促使大量的“过剩资本”涌向国外，寻找投资环境较好和投资回报率较高的国家和地区。这主要集中于发达国家和新兴工业化国家。

(3) 从资本需求角度看。首先，战后取得政治独立的广义发展中国家，为了发展民族经济，需要引进外资弥补国内资本缺口。这些发展中国家为吸引外资流入，纷纷制定了对外资流入的各种优惠政策，并在经济发展过程中注重基础设施建设以改善投资环境，这些都起到了鼓励外资流入的作用。其次，战后西欧和日本的经济恢复也构成了当时对国际资本（主要是美国资本）的巨大需求。另外，发达国家之间的水平型分工造成了各自的专业化国际生产，发达国家之间对彼此优势生产部门的生产性资本也有着相当大的引资需求。

(4) 贸易的不完全性推动了国际直接投资的增长。贸易的不完全性表现在两个方面。一方面，区域性经济集团的形成，其共同特点是对内自由，对外保护。为绕过区域经济集团的贸易壁垒，许多国家的跨国公司选择了通过国际直接投资，到区域经济集团成员国投资设厂，就地产销，巩固和拓展其产品的市场份额。20 世纪 80 年代后期，日本对外直接投资约有一半流入美国。与此同时，日本对欧共体、欧共体对美国及美国对欧共体的国际直接投资也在迅速增长，很大程度上是出于对对方建立排他性经济集团的一种反应。另一方面，各国制定的贸易保护政策，限制了外国商品进入本国市场。为了缓和贸易矛盾，绕过贸易壁垒，跨国公司扩大对贸易保护国的直接投资就成为一种必然的选择。

(二) 20 世纪 90 年代以来国际直接投资的特点

20 世纪 90 年代以来，国际直接投资的发展速度比 80 年代后半期有所放慢，并且出现了较大波动。尽管如此，国际直接投资的发展速度仍大大高于全球 GDP 的增长速度和国际贸易的增长速度。与此同时，国际直接投资日益呈现以下一些新特点。

1. 增长迅速，规模巨大

国际资本流动是从流通领域逐步深入国际生产领域的，这一发展规律从根本上决定了国际直接投资规模的扩大趋势。20 世纪 90 年代初期，由于主要发达国家经济陷入周期性衰退，国际直接投资流量曾有所减少。但随着西方发达国家经济的复苏，1993 年国际直接投资止跌回升，当年投资流量为 2080 亿美元，1995 年突破 3000 亿美元大关，达到 3150 亿美元。1999 年国际直接投资流入总额首次突破 1 万亿美元，达 10 791 亿美元。21 世纪初，受美国“9·11”事件等因素的影响，国际直接投资的发展出现波动。2000 年，国际直接投资流入总额达到历史最高，达 13 880 亿美元。2001～2005 年的国际直接投资流入额均未超过 1 万亿美元。2000～2004 国际直接投资流入额出现下滑，连续负增长。到 2005 年，国际直接投资开始回升，国际直接投资流入额从 2004 年的 7108 亿美元增长到 9163 亿美元，增长了 28.9%。2012 年国际直接投资流入额达 1.35 万亿美元。

2. 高新技术产业特别是服务业成为国际直接投资流入的主要行业

随着科学技术的不断创新和各国产业结构的加速调整，国际直接投资的重心明显向附加值高的技术和知识密集型产业倾斜。20世纪70年代初期，在全球国际直接投资中，初级产业和制造业投资比重高达75%，服务业投资比重仅为25%。到80年代中期，服务业投资比重将近40%，到90年代初期已提高到50%左右。2002～2004年，服务业国际直接投资流入额占世界国际直接投资流入总额的61.6%。流入中国国际直接投资中，进入服务业的国际直接投资已从2011年开始超过了进入制造业的，并且这种趋势在其他国家也形成了。

3. 国际直接投资方式日趋灵活多样，跨国并购成为国际直接投资的主要方式

由于跨国公司为增强其在全球范围内的竞争力而进行战略调整，加上全球范围内的投资自由化趋势，近几年来，全球跨国并购案件急剧增加，其在国际直接投资中所处的地位也不断提高。1991年，跨国并购涉及金额约占当年国际直接投资总额的30%，而到1999年，跨国并购出售额达7660亿美元，约占当年国际直接投资总额的71%。2000年，跨国并购出售额突破1万亿美元，达11 438亿美元，为历史最高点。此后，跨国并购有较大幅度下滑，2003年降至5940亿美元，2002年进一步降至2970亿美元。2004年开始，跨国并购开始回升，2005年跨国并购案件高达6134起，并购出售额为7163亿美元，比上年增长了88%。2008年国际金融危机后，全球市场上又掀起了一场声势浩大的跨国并购浪潮，并且单个跨国并购额纪录不断被刷新。

4. 发展中国家在国际直接投资中的地位上升

由于国际直接投资所涉及的风险较大，而且发达国家的投资环境比发展中国家相对优越，所以，发达国家成为国际直接投资的主要市场。在80年代，尽管流入发展中国家的直接投资绝对数额在增加，但其占全球国际直接投资总量的比重并未增加。进入90年代以来，发展中国家在国际直接投资中的地位则明显上升。从发展中国家吸收国际直接投资的存量看，1990年发展中国家吸收的国际直接投资占全球吸收国际直接投资存量的17%，而到2000年，这一比重上升到30%，2001年进一步上升到32.9%。2002～2004年发展中国家吸收的国际直接投资占全球吸收国际直接投资存量的比重平均为27%，2005年为27.2%。从流量上看，1990年发展中国家吸收的国际直接投资额约占全球吸收国际直接投资总量的15%，1999年已上升至21.2%，2004年迅速上升至38.7%，2005也达到36.5%，2012年已超过50%。在对外投资方面，20世纪90年代以来发展中国家对外直接投资发展势头较快。从存量看，发展中国家对外直接投资在全球国际直接投资总量中的比重在2000年为8.3%，2012年已超过33%。因此，无论是从流量还是存量来看，90年代以来，发展中国家在国际直接投资中的地位在不断上升。近年来国际直接投资的高速增长主要是发达国家和部分发展中国家对外投资步伐加快带来的。据联合国贸发会议2013年《世界投资报告》统计，2012年发达国家对外直接投资流出额占国际直接投资总额的48%，发展中国家占52%。2012年，全球20大对外投资来源国中有7个是发展中国家。中国有史以来首次成为全球第三大对外投资国，仅次于美国和日本。

5. 国际直接投资自由化与规范化的新动向

在国际政策领域，新签投资协定持续下滑，而区域主义的趋势明显增强，国际投资政策正处于转型期。2012年，各国新签了20个双边投资协定及10个含有投资条款的其他国际协定（如经济合作、一体化协定等）。新签国际投资协定从20世纪90年代高峰期时每周4个下降至2010～2012年平均每周1个。另一方面，今年以来，至少有110个国家参与了22个区域投资协定的谈判。越来越多的国家倾向于通过区域而非双边方式制定国际投资规则。2012年，各国新出台的投资政策绝大多数都指向投资自由化和便利化，但对外国投资加强监管和限制的政策措施上升到25%。许多国家正在加强对外国投资的监管，有的国家则更多地利用产业政策，收紧对外资的审查和监督程序。此外，一些国家在针对跨国并购的准入方面也越发挑剔，并开始限制战略性产业的外资介入，投资保护主义的风险有所加大。

四、国际直接投资的经济影响

（一）对资本流出国的影响

本国投资者向国外输出资本，短期内会造成资本外流，对本国的国际收支是不利的。但经过一段时间后，国外投资所赚取利润的回流，又有利于本国国际收支的改善。伴随着对外直接投资，与国际生产相关的机器设备、技术、原材料、零部件和半成品出口也会增加，但对外直接投资所造成的“出口替代”效应，又会减少本国制成品的出口。对外直接投资直接推动了本国产业结构的调整和升级，但产业结构的调整和升级又会造成本国的结构性失业，增加国内矛盾。伴随着对外直接投资的技术转让，本国的技术优势是否会削弱？这取决于跨国公司的技术转让策略。一般而言，跨国公司只会转让成熟技术，所赚取的利润资助了本公司新技术的开发。这种技术转让有助于本国的技术升级，改造生产结构，提高经济效率。总的来说，国际直接投资对输出国仍然是利大于弊。因此各国都制定了各种政策支持本国的资本输出，同时对可能造成的弊端做了一些限制。

（二）对资本流入国的影响

一般来说，资本输入国可以从吸收外资中获取以下经济利益：①增加国内资本存量，推动经济增长；②带来先进技术和管理经验，提高劳动者素质；③带动本国商品进入国际市场，增加本国出口；④对与国际直接投资产业有关的上游产业和下游产业的发展产生联动效应。但国际直接投资对资本输入国也会产生若干消极影响，主要在于国际直接投资对资本输出国的相关行业形成垄断力量后，会压制其民族工业的成长，而且会加剧其资源消耗，恶化二元经济，甚至会对其国民经济形成一定程度的控制。正因为此，资本输入国从本国利益出发，一方面制定各种优惠政策吸引外资流入；另一方面又会对国际直接投资在投资部门、股权份额、利润汇回等方面做出一定的限制。这反映了资本输入国对国际直接投资的矛盾心理。

（三）对世界经济发展的影响

（1）推动了世界经济的增长，并加深了各国之间的经济联系。国际直接投资首先表现为资本在世界范围内的重新配置与组合，有助于资本使用效率的提高。资本的国际流动和生产国际化客观上也促进了劳动力、技术等生产要素的国际流动。生产要素配置的日趋合理化，有助于推动世界经济的增长。国际直接投资和生产国际化的发展，使各国之间的经济联系由贸易和货币信用领域进一步深入生产领域，扩大了各国经济联系的范围和加深了程度，各国国民经济更加紧密地结合成为一体化的世界经济。分析资本国际流动的经济影响要比分析资本在一国国内流动更为复杂。当资本在国内运动时，政府可以利用各种手段使资本要素配置趋于合理，从而提高资本的使用效率，促进国民经济的发展。而资本在国家间运动时，投资者首先考虑的是自己的经济利益。

（2）推动了国际贸易的发展和贸易格局的改变。国际直接投资导致了生产的国际化，这种以生产为目的的资本跨国流动，带动了与生产有关的机器设备、技术、原材料、各种零部件和半成品的跨国界流动，推动了国际贸易的发展。另外，出口导向型的国际直接投资也会产生贸易替代效应，从而减少了制成品的国际贸易数量。但总的来说，国际直接投资对贸易格局的影响主要表现在两个方面。第一，使国际贸易“内部化”。目前，跨国公司的“内部贸易”已占到国际贸易总量的1/3以上；第二，使国际贸易重心转移到发达国家之间。这与发达国家间资本对流状态是一致的，发达国家之间的资本对流，带动了发达国家之间贸易的增加。

（3）推动了国际金融市场的发展。国际直接投资和生产国际化调动了巨额金融资产在各国之间的流动，加深了各国之间的金融联系。跨国公司在生产经营活动中，经常需要使用各种手段在全球范围内调动资金，这极大地促进了国际金融市场的扩大和各种金融工具的发展。

（4）加剧了世界经济中的不合理因素。各国垄断资本为了谋取高额利润，巩固自己的垄断地位，借助FDI积极对外扩张，各垄断资本之间争夺世界市场的竞争十分激烈，加剧了世界经济的动荡和不稳定。而垄断资本争夺世界市场的结果，造成了世界市场的垄断竞争局面，市场的不完全性降低了世界市场的效率。以发达国家为主体的国际直接投资使不平等的国际经济旧秩序进一步强化，发展中国家由于其薄弱的经济实力，常常处于生产国际化体系的底层，不可避免地遭受发达国家的剥削。

第二节　跨国公司

一、跨国公司的形成与发展

（一）跨国公司的产生与发展历程

跨国公司又被称为多国公司、国际公司、环球公司等，随着对跨国公司研究的深入和跨国公司实践的发展，跨国公司的概念在不断变迁。联合国跨国公司中心在1983年发表的《世界发展中的跨国公司，第三次调查报告》中，认为跨国公司必须具备以下的规定性：①包括设在两个或两个以上国家的实体，不管这些实体的法律形式和领域如何；②在一个决策体系下进行经营，能通过一个或几个决策中心采取一致对策和共同战略；③各实体通过股权或其他方式形成联系，使其中的一个或几个实体有可能对别的实体施加重大影响，特别是同其他实体分享知识、资源和分担责任。根据上述内容，我们在这里给跨国公司这一经济现象下一个近似的定义：跨国公司是指在两个或两个以上国家拥有相互联系的分支机构，并在一个统一的决策体系下从事生产、经营活动的国际性企业。

跨国公司的形成可以追溯到 19 世纪甚至更早的时期。但直到第二次世界大战前，跨国公司在规模、活动范围上都很有限，它们对世界经济的影响也不大。第二次世界大战后，随着国际直接投资的迅猛发展，跨国公司也获得了极大的发展，并对世界经济的运行发挥着越来越大的影响力。联合国编写的 1992 年《世界投资报告》称："跨国公司作为国际经济活动中创造财富的组织者，它可能成为世界经济增长的火车头。"

跨国公司在当代世界经济中的地位和作用，可以从以下一些数据中表现出来。1991 年世界最大的 100 个经济实体中，近一半（46 个）是跨国公司，其中最大的通用汽车公司位于第 20 位，位居其前的是世界上 GDP 最大的 19 个国家。目前，全世界已有超过 8 万家跨国公司母公司和 80 万家国外子公司，它们管理和控制的资产占世界私营部门生产性资产的 1/3，每年的总产值占世界生产总值的近一半。由跨国公司掌握的国际贸易已占国际贸易总额的 2/3，其中公司内部贸易占了国际贸易总额的 1/3，在新增的国际直接投资中，约 90%是由跨国公司进行的。此外，跨国公司还控制了全世界 80%的民用技术研究与开发，75%的国际技术转让。跨国公司用于日常经营所需的流动性资金已超过世界各国政府外汇的储备总额。跨国公司作为生产国际化的企业组织形式，凭借其巨大的规模与雄厚的实力，已成为当代世界经济活动的主要组织者和操纵者。跨国公司在当前仍以很高的速度发展着，这主要表现了国际直接投资的增长率与其他一些重要经济指标的增长率，如世界生产总值、国际贸易、世界新增投资等。可以预见，跨国公司对世界经济的影响力还将进一步增大。

值得重视的是，跨国公司在当前世界各国的发展是很不平衡的。据《财富》杂志统计，2012 年全球 500 家大型跨国公司母公司分布于 29 个国家，其中美国有 132 家，中国（包含香港地区）有 89 家，日本有 68 家，随着发展中国家及转型经济体跨国投资的兴起，全球 500 强跨国公司榜单中越来越多地出现了非发达国家的公司。这表明部分发展中国家正逐步走入跨国投资的国际大舞台。

（二）跨国公司的发展趋势

在迅速发展的国际直接投资运动中，跨国公司扮演着越来越重要的角色。20 世纪 90 年代初期，全球范围跨国公司母公司数为 317 万家，所属国外分支机构为 24 万家。而到 2012 年，全球跨国公司母公司数增加到 8 万多家，所属国外分支机构增至 80 多万家已逐步形成网络化的国际生产体系。这不仅使生产要素的配置得以在全球范围内展开，使生产资本国际化运动在广度和深度上都发生了重大变化，而且把世界各国相互依赖的经济关系也推进到了空前紧密的程度。随着国际直接投资规模的不断扩大，跨国公司在国外的销售额亦呈现迅速增长的态势。1992 年跨国公司在国外的销售额约 5.5 万亿美元，而到 2012 年已超过 26 万亿美元，大大超过同期全世界商品和劳务出口总额。跨国公司通过复合式一体化战略及其网络式组织结构将各国经济聚合在一起，开创出一个以高级的公司内分工为基本框架的国际生产一体化体系。与贸易一体化相比，这是更深层次的生产一体化，它赋予当今新型的世界经济结构最为显著的一个质变特征。跨国公司的发展趋势主要有以下四个方面。

1. 企业兼并、强强联合成为跨国公司扩大规模、提高竞争力的重要形式

经济全球化和逐渐开放统一的世界市场，一方面使跨国公司面临着更为庞大的市场容量，使他们更有必要和可能展开更大规模的销售，以充分实现规模效益；另一方面，也使跨国公司面临着全球范围内的激烈竞争，原有的市场份额及垄断格局将不可避免地发生变化。跨国公司一向追求全球战略，要求实现全球范围内的最高价格销售，尽可能提高全球市场占有率和取得全球利润。大型跨国公司纷纷提出要“打破民族与国家界限”，建立“无国籍经营实体”和“全球公司”，要在“世界舞台上演戏”。而对国际经济环境的外部压力和跨国公司的内在战略要求，不得不加快扩大规模、抢占市场的步伐，强强联合与战略性兼并就成为实现这一目标的具体路径。这种大鱼吃小鱼式的购并行动在 20 世纪 90 年代频频发生，影响巨大。例如，国际电信业是近几年在国际上刚刚开放的产业，美国电信业的跨国公司为了在日趋开放的国际电信市场中取得较大的市场份额，积极利用兼并手段向前景广阔的欧洲市场进军。同样，1997 年美国波音公司对麦道公司的兼并，也是飞机制造业激烈竞争的必然结果和新一轮竞争的开始。纵观历史，我们还可以清楚地看到，60 年代的国际合并浪潮以跨行业的混合兼并为主要特征，并由此形成了众多的多样化经营公司。80 年代的国际企业合并总体而言是以行业内的横向兼并或逆多样化为特征，石油行业发生了大规模的横向兼并。而 90 年代以来的兼并浪潮则是跨行业混合兼并与行业内横向兼并同时进行，一起发展，且以大鱼吃小鱼、强强联合为特征。

2. 跨国公司的研究与开发合作更趋国际化

20 世纪 90 年代以来，随着经济全球化趋势的迅猛发展和国际竞争的日趋激烈，跨国公司技术研究与开发（R&D）的组织形式也发生了相应的变化。西方发达国家中一些颇具实力的大型跨国公司，为了适应世界市场的复杂性、产品的多样性及不同国家消费偏好的差异性的要求，同时，也为了充分利用世界各国的科技资源，降低新产品研制过程中的成本和风险，以谋求产品价值链各环节的总体最大收益，在生产国际化水平不断提高的基础上，更加重视在全球范围内进行生产要素的优化配置。跨国公司一改以往以母国为技术研究和开发中心的传统布局，根据东道国在人才、科技实力及科研基础设施上的比较优势，在全球范围内有组织地安排科研机构，以从事新技术、新产品的研究与开发工作，从而促使跨国公司的研究与开发活动朝着国际化、全球化的方向发展。90 年代以来这种趋势表现得尤为突出，并在一定程度上推动世界各国在高科技领域的交流与合作，对世界经济的发展和科学技术的进步都产生了极其重大而又深远的影响。

3. 跨国联盟将成为跨国公司发展的新趋势

由于新技术革命的加快和国际市场竞争的加剧，世界各国尤其是西方发达国家跨国公司之间进行广泛合作而发展到结成联盟，成为跨国经营中的一个突出现象，同时也反映了跨国公司发展的一个新趋势，引起本国企业界的关注。

企业跨国联盟是指两个以上的跨国公司采取联合结盟的形式在投资、科研、生产和开拓市场等方面进行密切合作去对付其他竞争对手的一种战略。随着世界经济区域集团化与国际化倾向的加强，跨国公司为了保持和发展自己的生存空间，纷纷组织跨国联盟。1980～1990 年，欧洲企业每年缔结的合作协定成倍增加，美国企业跨国联盟发展更快。近几年跨国联盟之所以发展很快，其主要原因是这种联盟有利于突破贸易壁垒，有利于分散投资风险，有利于引进新技术及开拓新事业。应该说，跨国联盟是社会化大生产高度发展的产物，是经济活动国际化的代表。

目前跨国联盟的发展势头正旺，主要表现在三个方面。①跨国公司全球竞争日益加剧，一些原先是竞争对手的跨国公司结成联盟以对付新的竞争对手。②同业跨国公司之间组成跨国联盟。一些大公司通过合资、承包、协议等形式，把多个中小跨国公司联合起来，以增强在全球范围内的竞争能力。目前，跨国联盟已由单纯竞争走向互相协商、协调，开始实行规模不等的联合，以增强竞争实力。③把相关跨国公司联合起来，互相利用优势，扩大业务活动，以合作求发展。总而言之，国际战略联盟成为跨国公司发展的新形式。由于新技术革命步伐加快和国际市场竞争加剧，世界各国尤其是西方发达国家跨国公司不断变换投资方式，相互缔结国际战略联盟（transnational strategic alliances）成为国际直接投资中的一个突出现象，同时也反映了跨国公司发展的一个新趋势。

4. 跨国公司日益与东道国社会、经济、文化相融合，本土化管理备受青睐

20 世纪 90 年代以来，发展中国家经济空前发展，促使跨国公司不断摒弃民族观念，注重培育全球经营者，不失时机地推行当地化策略。在商品上，努力适应当地消费需求；在生产上，尽量将高增值活动分布到多个国家，强调对东道国经济发展的促进作用；在管理上，要求管理人员更多地了解当地文化和思维方式并尽量挖掘当地的管理资源；在利润分配上，尽可能实行利润再投资。

二、跨国公司的类型、组织结构与经营特点

一个企业从国内企业成长为跨国公司，所经历的发展过程大体是相同的。但由于企业产品的特点和国内外市场条件的不同，以及企业经营管理方式的差异，最终会形成不同类型的跨国公司。依据不同的标准，可以将跨国公司划分为不同的类型。下面，我们着重介绍以经营结构为标准对跨国公司类型进行的划分。

1. 横向型跨国公司

横向型跨国公司主要从事单一产品的生产经营，母公司和子公司很少有专业化分

工，但公司内部转移生产技术、销售技能和商标专利等无形资产的数额较大。这类跨国公司的主要特点有两个。①地理分布多样化，即在不同的国家和地区设立子公司和其他分支机构，就地制造产品和供应目标市场。②具有内部转让系统，即生产经营同类产品的公司相互转让生产要素而形成的系统。地理分布多样化有利于克服贸易保护壁垒，巩固原有市场，开拓新市场，而通过内部转让系统又可以充分发挥公司的自身优势，而且能有效地避免公开市场交易的缺陷。对于产品单一、经济实力不强和境外生产经营历史不长的企业来说，组建这种类型的跨国公司是较为可行的。

2. 垂直型跨国公司

垂直型跨国公司是指母公司与子公司之间实行纵向一体化专业分工的跨国公司经营结构。这种分工既可能是不同产业间的分工，又可能是同一生产过程零部件和工序之间的分工。此类跨国公司的主要特点是产品和行业多样化，而且这种多样化是有规定性的，即各种产品及其所涉及的行业之间具有互相衔接的关系。母公司与各子公司生产不同的产品，经营不同的业务，但它们是在统一生产过程中发生相互衔接的纵向联系，一个子公司的产出就是另一个子公司的投入，这样就使得整个跨国公司一体化程度更高，并把市场交易行为内部化，取得稳定生产和降低风险的经营效果。组建垂直型跨国公司需要有较强的实力和较高的管理控制水平，这往往是大型制造业跨国公司的理想选择。

3. 混合型跨国公司

混合型跨国公司经营多种产品，母公司和子公司之间的经营业务并不存在必然的联系。这类经营结构的主要目的是通过经营多元化，分散经营风险，并增强公司扩张的潜力。总公司可以根据市场条件随时在不同行业间调整自己的经营重点，以确保整个公司长期稳定的成长。但涉足不同的行业会增加公司的信息处理和组织协调的难度，有可能会影响公司的管理效率。因此，这类经营结构对管理人员的能力提出了更高的挑战，而且，具有竞争优势的跨国公司并不是盲目地向不同行业扩展业务，而是在加强现有的核心业务或核心产品的基础上开展多元化经营活动。组建混合型跨国公司对于产品多样、跨行业和规模大的企业来说是比较合适的。

（一）跨国公司的组织结构

跨国公司的组织结构按其性质可分为两类：一是法律上的组织结构，主要是指依据法律要求，明确母公司与子公司之间所有权关系的组织结构；二是管理上的组织结构，是指为实现公司的经营战略而设立的用以明确公司内部权利、责任、控制和协调关系的组织结构。在这里，我们主要分析后一种意义上的组织结构。由于跨国经营涉及不同的法律制度、文化背景、行为方式及纯地理上的障碍，这就给公司内部管理、沟通和协调增加了很大难度，因此，跨国公司的管理组织结构比国内企业往往要复杂得多，一个重要的困难在于如何把握集权与分权的适当程度。跨国公司在设计适合自己的组织结构时，应考虑其产品特点、市场分散程度及国外业务的比重等各方面因素，并随着公司的发展而做出调整。目前，被广泛采用的跨国公司组织结构有六种典型形式，即出口部或国际业务部组织结构、职能部组织结构、产品部组织结构、地区部组织结构、全球混合式组织结构和全球网络式组织结构。

1. 出口部或国际业务部组织结构

出口部或国际业务部组织结构是在国内组织结构的基础上下设一个专门负责出口业务或国际业务的部门。这一部门通常由一位副总经理兼任，负责本公司产品或国外子公司经营活动。这种组织结构适合于出口业务量较小，而且国外市场相对集中的状况，因而比较适合企业国际化刚刚发展到国际经营阶段时采用。它有利于总公司集中统一管理公司的出口或国际业务。但由于国际部职能的发挥仍须依赖于各职能部门的配合，决策过程较为迟缓，所以不利于公司灵活主动地开拓国际业务。

2. 职能部组织结构

职能部组织结构是按照生产、销售、财务、计划等职能设立平行的职能部，由公司副总经理兼任各职能部经理，各职能部门全盘负责公司国内、国际的全部经营活动。

这种组织结构适用于规模较小、产品系列不很复杂的跨国公司，有些跨国公司虽然规模较大，但产品较为单一，产品销售受地域影响较小，也适合采用这种组织结构。

3. 产品部组织结构

产品部组织结构是按公司生产经营的产品种类设立产品部，每一种产品的开发、生产、销售等经营活动都由相关的产品部负责。总公司负责制订长期的规划和发展战略。

这种组织结构最大的特点是把国内业务与国外业务统一起来，兼顾了集中决策和分散管理两方面，有利于总部对跨国经营活动的控制，组织效率较高。但它主要的不足之处在于各产品部之间缺乏有效的联系和协作，使产品知识分散化，可能会降低新技术的使用效率。这种组织结构比较适合于经营规模庞大、产品系列复杂和产品多样化程度高的跨国公司。

4. 地区分部组织结构

地区分部组织结构是把跨国公司经营业务按地区划分，设立地区分部，由地区分部全盘负责本公司在这一地区的生产经营活动。总公司仍然是负责制订长期规划和发展战略。

这种组织结构比较适合于产品种类较少、技术和销售条件变化不大的跨国公司。它的优点是能够发挥各地区分公司的积极性和灵活性，有利于市场的开拓。缺点是总公司对各地区分公司分权较多，各地区分公司之间缺乏横向联系和沟通，容易造成公司下属管理机构的重复设置，增加管理成本。

5. 全球混合式组织结构

全球混合式组织结构是把上述组织结构合在一起而形成的。跨国公司根据本公司不同的生产和销售特点或出于加强职能部门的需要，在公司总部下设平行的产品分部、地区分部和职能分部，由这些分部分别负责控制和协调公司的各项经营活动。

这种组织结构适合于规模庞大、产品种类繁多、经营业务分布广泛的跨国公司。这种组织结构综合了产品分部、地区分部和职能分部的优点，但也不可避免地带有它们的缺点。一个突出的问题在于公司分权过多，管理和协调复杂，因此可能会降低管理效率。

6. 全球网络式组织结构

全球网络式组织结构是由单个组织结构综合形成的多维组织结构。它的特点是交叉负责，总公司通过职能分部、产品分部和地区分部三方面协调来实现对子公司的管理和控制。与混合式组织结构不同的是，这种组织结构加强了各分部之间的协调。

这种组织结构比较适合于生产规模庞大、产品多样化、市场分散、分支网络众多的全球性跨国公司。在这种组织结构中，由于存在多重信息传递渠道和多重指挥控制系统，所以管理难度较大，对管理人员的能力提出很高要求，协调控制能力不强，容易使公司管理陷于低效率。

（二）跨国公司的经营特点

与国内公司相比，跨国公司面向世界市场从事跨国经营，它所面临的市场状况更为复杂、多变。跨国公司要在这样的市场环境中求得生存和发展，决定了它必须具备一些不同于国内公司的经营特点。

1. 国际化的经营方式

顾名思义，跨国公司最基本的特征就是其经营方式的跨国性，或者说国际性。跨国公司通过国际直接投资，在世界范围内组织生产、销售、科研和资金融通等经营活动，它所做出的经营决策是以整个公司的利益为基点，而不再囿于某个子公司或某一地区市场的利害得失，这样它就可以充分利用各地市场的优势，通过各子公司之间的协调，取得最佳经营效果。另外，国际市场的复杂多变又增加了整个公司管理、协调的难度。跨国公司经营中所表现出来的其他特点，都是从其国际化经营方式中衍生出来的。

2. 具有统一的决策体系和经营决策

具有统一决策体系的中心是母公司，母公司通过制定长远的经营战略，用以控制和协调世界各地子公司的经营行为，使其成为统一的经营实体。母公司之所以具备这种能力，源于其对子公司的股权占有或其他非股权安排而取得对子公司事实上的控制权。并在此基础上，根据本公司的经营特点和各地市场的实际状况，设计出一套完整的管理组织结构，以确保决策系统的有效性和公司经营战略的顺利实施。

3. 高度集权和适当分权相结合的经营管理体制

跨国公司为了实现其全球战略目标，对整个公司的整体规划和有关全公司利益的重大决策进行集中管理。同时，由于市场环境的复杂多变，为了使分散于世界各地的分公司或子公司能积极主动地适应当地市场环境，也赋予它们适当的自主权。

4. 灵活多样的经营策略

在集权与分权相结合的经营管理体制下，一方面要求分公司或子公司必须忠实地贯彻总公司的长远规划和战略意图；另一方面，各地的分公司或子公司也可以根据所面临的实际情况对自己的经营活动灵活地做出安排，这就形成了跨国公司灵活多样的经营策略，它会基于各地不同的法律制度、人们的行为习惯、民族心理等因素适当调节自己的产品内容，以及营销、宣传策略。另外，母公司与各地子公司的关系也趋于多样化，母公司与子公司之间及各地子公司之间进行频繁的价格转移、技术转让、人员调动、广告宣传等经营活动。

5. 承担风险能力强

跨国公司由于面临着复杂多变的市场情况，各种不确定性因素，如法律制度、政府政策、汇率变动、通货膨胀、文化差异等方面所带来的风险也随之增加，这就要求跨国公司必须有较强的抗风险能力。为了降低或分散风险，跨国公司常常进行降低风险性投资，通过设立子公司使市场交易内部化，减弱市场交易的不确定性风险。此外，跨国公司所实行的产品多样化和市场多元化战略，也是分散和降低风险的有效方法。跨国公司承担风险能力强的另一方面是其还广泛利用风险投资，试图进入具有增长潜力的领域，如高科技领域，以增强企业发展后劲。这种风险投资即使失败，也不会影响公司整体的生存和发展。

三、跨国公司对世界经济的影响

（一）跨国公司对国际贸易的影响

第二次世界大战后对外直接投资的发展加速了生产国际化的进程。跨国公司在世界各地组织生产，同时跨国公司内部贸易也不断扩大。因此产品的国际间自由流动对跨国公司的国际经营活动是十分必要的，这种切身利益决定了跨国公司对贸易自由化的态度，它不仅需要资本的自由流动，而且需要商品的自由流动。

1. 跨国公司对国际贸易的积极影响

（1）跨国公司对国际分工的影响。国际分工只是发生在最终产品之间，而国际贸易则是国际分工实现的唯一途径。在全球化背景下，当跨国公司进入区域一体化，甚至全球一体化经营阶段，分散在海外各地的子公司不再是独立运作或仅与母公司发生联系，而是保持着与母公司及其他子公司间高度一体化的联系。跨国公司依据不同区位建立在要素密集度之上的比较优势，将生产活动和其他功能性活动进行更加细密的专业化分工。每一个海外投资企业所服务的对象不再是分散、独立的海外某个市场，而是整个跨国公司体系所占据的区域市场，乃至全球市场。由此，跨国公司体系内产品、技术及人员在遍布全球的子公司之间的跨国界流动程度更强，分工联系更为紧密，世界各国的生产过程经由跨国公司分支机构的活动建立起有机的内在联系，形成了世界生产体系的实体部分。

（2）跨国公司对国际贸易规则的影响。跨国公司作为资本和生产国际化的重要经济组织，在参与国际经济技术合作与竞争和全球贸易过程中，形成了一系列规章和条款，促进了经济全球化的发展和完善。跨国公司是其本国制定对外贸易规则的重要参与者，并对国际性贸易规则的制定和完善也有重要的参考作用。跨国公司在开拓国际市场中，总是率先打破旧有的贸易规则，以至于不断改革、完善全球贸易规则，特别是发展中国家的跨国公司为消除贸易壁垒、地区保护主义及贸易歧视性政策而提出的意见和提案，对促进国际性贸易规则更加合理和完善，保护发展中国家对外贸易的正当权益，具有重要价值。

（3）跨国公司有力推动了国际经济技术合作与交流。跨国公司的竞争力首先是表现在它有无形资产和知识资本，包括技术、专长、品牌、商誉和营销技巧等，这是它们进行跨国经营的必要条件。国际技术贸易是以技术软件和高技术产品为交换主体的国际贸易形式。当代世界市场的一个重要特征就是国际技术贸易的迅速发展，其规模不断扩大，重要性日益增长。目前国际上的技术贸易主要是由跨国公司控制的。据统计，世界500家最大的跨国公司控制着世界技术的90%与全世界技术贸易的60%～70%。出售专利许可证的跨国公司，不仅可以得到许可证转让的大量收入，而且更重要的是可以使出售专利技术和资本输出有机结合起来，并通过设在外国的子公司应用专利技术而争夺市场，获取高额利润。同时，跨国公司通过直接投资带来的资产和管理技术，不仅有助于促进东道国新产业的发展，还可以使原来的产业升级，使内向型产业转向国际型产业，并有利于资本的过渡和转移，有些跨国公司还与东道国建立合作研究机构开展新技术的研究与开发，促进了国际间经济技术合作与交流的深化。

（4）跨国公司的发展促进了国际贸易规模的扩大。目前跨国公司已成为推动国际贸易的重要力量。一些大型跨国公司根据企业面临的国际合作与竞争，进行大规模的国际化生产，生产能力不断提高，为开展国际贸易奠定了雄厚的物质基础。由于跨国公司实行跨国跨地区的全球性经营，开展多领域的对外贸易，促进了国际贸易规模的扩大。还应看到，相当数量的跨国公司在国外不断新建扩建子公司，兼并和收购国外企业，并向国外子公司提供必需的生产设备、原材料和半成品，大大带动了国内产品和技术的出口。跨国公司与子公司、子公司与子公司之间生产专业化和协作化程度较高，形成了诸生产要素的内部买卖，使得跨国公司内部的贸易数额不断增加，从而促进世界贸易规模不断扩大。

2. 跨国公司对国际贸易的消极影响

（1）不正当竞争造成世界贸易摩擦不断。一些跨国公司为了追求高额垄断利润，采取不正当手段，扭曲国际贸易和投资正常开展。当前一些跨国公司在国家的支持下滥用管理措施设置技术性贸易壁垒，贸易保护主义严重。

（2）转移生态环境污染。一些跨国公司为了母国利益，把一些破坏生态、浪费资源、污染环境的项目和技术转移到所在国，特别是转移到一些发展中国家，导致这些国家环境污染和生态破坏严重。

（3）向所在国家转嫁经济危机。接受跨国公司并购和投资规模大的国家，将导致其经济结构和主要产业具有很强的依附性和从属性。一旦跨国公司母国发生经济危机，这些国家特别是发展中国家就面临更大的风险和困难。

(4) 造成一些国家贫富差距扩大。一些跨国公司依靠自己的强大实力，获取别国的各种资源，资本积累膨胀。而一些跨国公司所在国则廉价出卖资源和劳动力，导致更加贫穷。特别是有些跨国公司对发展中国家在投资、技术转让、资金信贷上附加很多苛刻条件，造成这些国家债务包袱沉重。这就进一步扩大了国家间的贫富差距。

(二) 跨国公司对国际投资和国际金融的影响

1. 推动国际资本流动

跨国公司是对外直接投资的主体。据联合国跨国公司中心的资料，到 2012 年，国际直接投资的总存量已达 23 万亿美元，其中 90％以上是跨国公司所为。跨国公司的经营特点是以全球为战略目标，通过直接投资，在国外建立子公司和分支机构，实行企业内国际分工与专业化协作，从国内到国外，从生产到销售、金融、劳务等各个领域，形成国际性的经营体系，从而对资本的国际流动起着巨大的推动作用。跨国公司的投资体制由内部投资和外部投资组合构成。目前，跨国公司的外部投资约为其内部投资的 4 倍。以往跨国公司的外部资金多来自母国资本市场或母国金融机构在投资当地的海外分支机构，现在跨国公司外部融资的空间有所扩大，形式也多样化，直接推动了国际上资本的流动。同时，跨国公司的投资体制对东道国资本市场的发育、发展乃至成熟具有重大意义。全球新兴资本市场的兴起都离不开跨国公司在当地分支机构的扩展。

2. 促进国际金融市场的发展

近年来跨国公司的跨国并购活动大多采用股权转换的形式，规模庞大的跨国兼并交易刺激了世界股票资本市场的相互渗透，使各类股票、债券的国际发行量不断攀升，全球资本市场日益活跃，国际资本的证券化趋势越来越明显，这都与跨国公司的经营活动密切相关。另外，跨国公司内部的国内机构与国外机构之间贷款与费用的支付、结算等业务通常要引起资金的大量转移。母公司为了降低资金成本，往往从全球范围内统一调度安排资金头寸；为了投机获利或避免利率、汇率风险，跨国公司经常参加各种金融衍生品交易，从而推动了国际金融市场的创新与发展。但是应该看到，跨国公司巨额资金在国际上的频繁往来虽然可以起到促进金融资源的合理配置、增强金融市场调节机制的作用，在实际操作中，却有可能增加全球资本市场的风险和不稳定性，引起金融市场尚不完善国家金融市场的动荡。

第三节 生产要素的国际流动

一、资本及资本的具体形态

西方经济学认为资本是一种投资的物品，它能生产出满足人们需要的服务或效用，是能够进行迂回生产的物品，强调的是资本作为物的属性及自然属性；在马克思经济学中，资本是一个抽象的概念，是能够带来剩余价值的价值。资本体现了一定的社会关系，既具有作为物的增值性，又具有作为社会关系的法权性。

在商品社会里，使用价值是商品价值的物质承担者。资本的价值也需要有一定的使用价值作为其运动的载体。在使用价值上，资本可以采取设备、原料等物的要素和劳动力的要素等有形的形式，也可以采取专利、商标、信誉等无形资产的形式。货币一方面是价值量的代表，另一方面其可以交换其他商品和生产要素的效用同样使其成为资本运动的重要载体。从资本这一特殊的价值和使用价值的统一体来看，资本在其运动中可以有不同形态。既有用货币单位计量的货币资本形态，又有表现为生产资料形态和待实现的产出品形态的实物资本形态，包括专利权、商标权、版权、著作权、特许经营权、商誉、技术秘密等在内的无形资产形态和以信用形式表现的即期票、汇票、银行券、纸币、国家债券、各种证券抵押贷款等，以及以收入资本化形式产生的即股票、债券虚拟资本形态。因此，在世界经济学的研究过程中，我们应该区分资本和资本的具体形态。

本节即从资本具体形态的角度分析主要生产要素的国际流动。

二、技术的国际流动

技术是指人们在生产活动中制造某种产品、应用某种生产方法或提供某种服务的系统知识。其表现形态有两种：一种是有形形态，如语言、文字、数据、表格、公式和配方等；另一种是无形形态，如生产技能、实际经验和思维观念等。技术与科学属于知识的两种表现形式，它们的区别在于技术可以直接应用于生产过程。随着社会生产方式的进步，技术已越来越成为生产过程中最为重要的一项要素投入。据测算，目前发达国家的经济增长中，80%是由技术创新推进的。从世界经济的角度而言，各国间日益频繁的技术转让活动已成为推动世界范围的技术进步和世界经济增长的重要力量。

（一）技术国际流动的类型与主体

技术国际流动是指技术通过一定载体在不同国家之间的传递与接受，它可以划分为有偿性技术转让和无偿性技术转让两种方式。有偿性技术转让是指为了实现一定的经济利益，根据签订的商业性合同或协议而实现的技术转让，这种技术转让主要方式为技术贸易。无偿性技术转让是指政府间以无偿援助的方式，以及经济组织或个人之间互相考察、讲学、情报和资料交流活动所实现的技术转让，它主要有国际技术合作、技术援助和技术交流等形式。

在当前的国际技术转让中，跨国公司占有主导地位。据联合国统计，西方跨国公司大约控制着世界80%以上的新技术、新工艺的专利，以及70%以上的国际技术转让和90%以上的对发展中国家的技术转让。跨国公司的技术转让常常是伴随着其对外直接投资进行的。有时，技术转让本身就成为跨国公司对外直接投资的内容。通过技术转让，跨国公司得以实现对国外子公司的生产控制，并将其纳入整个跨国公司的生产经营体系中。一般来说，与对外直接投资相联系的技术转让方向是从母公司到子公司。但随着国际技术中心多元化趋势的发展，国际间技术竞争加剧，许多跨国公司倾向于通过对外直接投资和境外R&D活动获得外国先进技术。这种状况称为跨国公司的反向技术转让，据曼斯菲尔德（Edwin Mansfield）等人的研究表明，1979年美国跨国公司的子公司有40%的研究与开发支出所创造的技术被转移到它们在美国的母公司，但这种反向技术转让的比例在不同企业间有很大差异。

（二）技术国际流动的主要方式

国际技术流动的方式很多，应用十分灵活。归纳起来，主要有以下三种方式。

1. 许可证贸易

许可证贸易是当前最常用和最基本的一种有偿性技术转让方式。许可证贸易是指技术许可方将其交易标的使用权通过许可证协议或合同转让给技术接受方的一种贸易方式。许可证贸易交易的标的内容可以包括专利技术、商标和专有技术三方面中的一项、两项和全部。许可证贸易，按其贸易协议所授权的范围，可分为独占许可、非独占许可和互换许可三种。对于不同类型的许可证协议，交易价格会有所不同。一般而言，同一项标的，独占许可定价最高，非独占许可次之，互换许可则最少。在实际业务中，具体采用何种方式，主要取决于潜在的市场容量、技术的性质和双方当事人的意图等。

2. 各种形式的技术援助

技术援助是一种比较灵活的技术转让方式。在实际操作中，根据技术接受方的接受能力和技术的复杂程度，以及双方所要实现的目标，而采取不同的方式。它通常是指达成一项交易的前向服务或已达成一项交易的后续服务，主要有工程咨询服务、管理咨询服务、销售服务、人员培训及有偿的技术援助合同等形式。

3. 合作生产

合作生产是指两国或多国的企业根据共同签订的协议，共同生产某一产品的活动。合作生产中所采用的技术，可以由一方提供，也可以由多方共同提供，有时也可以共同研究开发，在技术上互相合作，取长补短。因此，它也是国际技术转让的一种方式，如欧洲合作生产民用客机。

（三）技术国际流动对经济的影响

对于世界经济而言，通过技术国际流动，可以促使世界整体技术水平的提高，从而推动世界经济的增长。当前，随着科学技术的突飞猛进，新兴学科不断涌现，学科间相互渗透的趋势日益加强，新技术的开发难度不断加大，任何国家或企业都只能在有限的领域内实现技术创新和突破。通过国际技术转移，实现了技术领域的国际分工协作，这对提高世界整体的技术水平无疑是非常有益的。

对于技术输出国而言，它们对国外转让的技术一般都是成熟的技术，通过技术转让，一方面会造成技术的国际扩散，使自己在相关技术上的垄断优势遭到威胁；另一方面，技术输出国可以从技术转让中获取利益，用以补偿技术开发成本和增加新技术开发的资金投入，有助于技术的更新换代，在动态运动中保持技术的垄断优势。更普遍的情形是跨国公司的技术输出，这是跨国公司从全球经营的角度在世界范围内调节生产经营布局，以实现其经营的战略目标。

对于技术输入国来说，引进国外的先进技术或自己所需要的外国技术，是提高其经济效率和国际竞争力的重要途径。但各国引进技术对经济发展的促进作用是不同的，这主要取决于各国在引进技术时所采取的措施是否得当。值得重视的是，引进的技术必须与国内产业结构相适应，并且自身必须具备对引进技术的吸收与消化能力，并能在引进的基础上结合国内实际有所改造与创新。只有这样，引进技术才能最大限度地实现对国内经济的推动作用，否则，可能会适得其反。

三、劳动力的国际流动

劳动力作为一种生产要素，是任何一项生产活动所必不可少的。劳动力的国际流动也是国际经济交往的一个重要表现。劳动力的国际流动是一个非常复杂的问题，它是多种因素共同作用的结果，主要是经济方面的因素，还涉及政治和社会因素。不管何种因素导致的劳动力国际流动，都会对世界经济的发展产生影响。

（一）劳动力国际流动的内容与形式

劳动力国际流动是指劳动力从一国进入另一国并从事生产活动的行为。按流动的期限划分，劳动力国际流动可以分为长期性和短期性两类。长期性的劳动力国际流动是指一国的劳动力迁移他国并永久性居住，主要表现形式是劳务输出。

（二）劳动力国际流动的主要原因

劳动力从一国流入他国，首先是出于经济上的原因。不同国家在工资水平、工作条件和工作机会等方面存在较大差距，必然引起劳动者从条件较差的国家迁移至条件较好的国家；其次是出于政治、民族、种族、宗教压迫的原因，如战争期间的国际难民潮。第二次世界大战后，由于发达国家和发展中国家发展不平衡加剧、国际经济技术合作加强及随着世界经济一体化进程的发展所带来的劳动力跨国流动障碍的逐渐消除，劳动力国际流动有逐渐扩大的趋势。据不完全统计，1969～1989 年，亚太地区发展中国家向国外输出的劳动力达 1200 万人。据国际劳工组织 2012 年估计，全球流动劳务超过 3000 万人。

（三）劳动力国际流动对经济的影响

从经济的角度看，国际流动中的劳动力大多是受教育程度较高和具有某些专业技术水平的人员。这是因为他们在外国的劳动力市场上具有一定的竞争力，并能够较快地适应在国外的生活。劳动力国际流动的人员构成状况决定了劳动力国际流动的经济影响。

首先，从对劳动力流出国的影响而言。由于输出的劳动力整体具有较高的劳动素质，他们的流出必然降低流出国的劳动生产率，不利于流出国的经济发展。另外，生产性人员的流出使流出国具有税收贡献能力的人员减少，从而会减少流出国政府的财政收入，这也会对流出国的经济发展造成不利影响。当然劳动力输出也会给流出国带来一些利益，如通过劳务输出赚取外汇和对流出国汇款等。另外，劳动力流出国可以通过劳动力的流出学习到外国的先进技术和管理经验，并可在一定程度上缓和流出国国内的就业压力。同时，由移民带动两国的经济交往，特别是这些移民在两国企业之间所起的联系作用，是劳动力流出的重要溢出效应。

其次，从对劳动力流入国的影响而言，劳动力流入的利益是主要方面。第一，劳动力的流入弥补了本国劳动力的短缺，特别是某些关键技术领域的人才引进，通过劳动力流入可以节省大量的教育培养费用；第二，劳动力的流入使流入国政府的课税对象增加了，从而增加了政府收入；另外，通过专业技术人员的流入，可以吸收各种有用知识，有利于流入国技术的提高。但是，劳动力流入也会给流入国带来一些负面影响，如增加了流入国的就业压力，造成住房和交通的紧张，并有可能引发社会摩擦和集团对抗，影响流入国的社会秩序等。

最后，从对世界经济的影响而言。劳动力国际流动使劳动力要素在世界范围内的合理配置得以实现。另外，劳动力国际流动还具有重要的溢出效应，如促进科学技术和劳动技能在国际间的传播。这对世界经济的发展无疑是有益的。

第四节　国际直接投资与跨国公司基本理论

第二次世界大战以后，西方国家跨国公司及其国际直接投资迅速发展的现实促使了相关理论研究的兴起。有关国际直接投资与跨国公司的理论是从早期的国际资本流动理论中分离出来的，它的奠基之作是美国经济学家海默（Stephen H. Hymer）于1960年提出的垄断优势论。这一理论以产业组织理论为基础，试图解释跨国公司的对外投资行为。在海默之后，西方经济学家又相继提出了其他理论，推动了对跨国公司研究的深入进行。在理论发展的过程中，研究的重点从早期的对外直接投资行为转移到跨国公司经营管理方面，分析方法则是以微观分析为主。

一、垄断优势理论

垄断优势理论是美国经济学家海默于1960年在其题为“民族厂商的国际化经营：一项对外直接投资的研究”的博士论文中最先提出的。在文中，海默主要是以第二次世界大战后美国的跨国公司作为研究对象，运用产业组织理论的分析方法，通过批判传统的资本流动理论和完全竞争的市场结构假设，建立了对跨国公司进行对外直接投资的全新解释。海默认为，传统的以追求利差为导向的资本流动理论只能用于解释证券资本的国际流动，而不能合理地解释企业的对外直接投资。企业之所以进行对外直接投资，主要原因在于企业所具有的某些“特定优势”，即后来所称的“垄断优势”，这种优势主要是由市场的不完全性造成的。通过对外直接投资进行跨国经营的企业必须拥有这种优势，才能克服在经济、社会、文化、地理等方面遇到的困难，取得高于当地竞争对手的利润。海默所分析的跨国企业所具有的特定优势，主要是指它们所具有的大规模资产，以及以此为基础的经营管理能力和技术开发能力。后来，他的导师金德尔伯格吸收了海默分析的方法和结论，并加以完善、补充，形成了比较完善的理论体系。在金德尔伯格看来，跨国公司所具有的垄断优势可分为三类：一是来自产品市场不完全的优势，如产品差别、商标、销售技术和价格操纵等；二是来自要素市场的不完全的优势，如专利技术、资金来源、管理技能等；三是企业所拥有的内部规模经济和外部规模经济，后来的研究者把他们两人共同视为垄断优势理论的创始人，并将他们的工作称为“海默-金德尔伯格传统”。

在 20 世纪 60 年代与 70 年代初期，西方学者秉承这一分析思路，进一步分析了跨国公司所拥有的各种垄断优势，推动了这一理论的深入发展。比较有代表性的创新有约翰逊（Harry G. Johnson）和梅吉（Stephen Mager）的核心资产论，拉格曼（Alan M. Rugman）的风险分散论和尼克博克（Frederick T. Knickerbocker）的寡占反应论。

二、产品生命周期理论

在国际贸易的理论分析中，我们介绍了作为现代国际贸易理论的产品生命周期理论。实际上，弗农在其《产品周期中的国际投资与国际贸易》一文中，用动态的产品生命周期作为分析工具，不仅对战后的国际贸易做出了解释，同时也对国际直接投资做了理论上的说明。

作为一种对外投资理论，弗农把动态的产品生命周期各阶段的技术垄断优势和区位因素结合起来分析了第二次世界大战后美国的国际直接投资过程。弗农认为，产品各阶段的垄断优势和竞争条件的变化是促使美国进行国际直接投资的原因。由产品创新阶段的技术垄断到产品成熟和标准化阶段的技术扩散，使技术因素在比较优势中的地位削弱，而成本—价格因素的地位上升，降低产品的生产成本的动机驱使美国企业进行国际直接投资，以寻找国外丰富的自然资源和廉价的劳动力等。这一理论解释了战后美国企业对外直接投资的区位转移模式，即母国生产并出口改为到发达国家投资生产，母国减少生产和出口改为通过投资转移到发展中国家生产，母国停止生产，改由国外进口。这一理论开创了国际直接投资的宏观经济分析。

三、内部化理论

内部化理论形成于 20 世纪 70 年代末，其主要代表人物是英国经济学家巴克莱（Peter J. Buckley）和卡森（Mark C. Casson），加拿大经济学家拉格曼（A. M. Rugman）。内部化理论的思想渊源是科斯的交易成本学说和企业内部化理论。科斯认为，在市场上进行交易存在着多方面的交易成本，如物色交易对象、达成交易合约、承担交易风险等，由于市场的不完全性，所要支付的交易成本往往很高，这就造成了市场机制的无效率。当企业能够通过其内部组织实现比市场交易更低的成本时，企业就会自己来从事这些交易活动并使之内部化。

内部化理论把科斯的这一思想引入了国际直接投资的理论分析中。这一理论认为，国际直接投资发生的原因不仅仅是最终产品市场的不完全性，更重要的是中间产品市场的不完全性。这种不完全性主要是由关税、配额、外汇管制和汇率政策等政府干预所引起的。跨国公司所生产的一些中间性产品，特别是专利技术、管理技能和营销技巧等知识资产的跨国流动，更需要避免市场的不完全性。一个必然的选择便是将其内部化，即通过企业内部组织体系以较低的成本在企业内部实现知识资产的跨国流动，从而有效保护知识产权，避免技术泄露，保持跨国公司对技术的长期垄断。简而言之，内部化理论的基本观点是：跨国公司之所以进行国际直接投资，是为了降低交易成本和避免中间产品市场的不完全性。

内部化理论突破了垄断优势理论和产品生命周期理论的一些局限，成为西方跨国公司理论研究的一个重要转折，为跨国公司一般理论的形成做出了很大贡献。内部化理论及进一步发展而成的国际生产折衷论逐渐成为当代西方跨国公司理论的主流。

四、边际产业扩张理论

日本经济学家小岛清在对日本与其他发达国家（主要是美国）国际直接投资问题进行比较研究时，运用国际贸易的比较优势理论，于 1977 年提出了著名的“日本式”的国际直接投资理论，即所谓的“边际产业扩张论”。“边际产业扩张论”是在运用国际贸易理论中的 H-O 的资源禀赋差异导致比较成本差异的原理来分析日本国际直接投资的基础上提出来的。该理论认为国际直接投资应该从本国的边际产业（或边际性企业、边际性生产部门。这里的“边际”包括边际以下）开始依次进行。所谓“边际产业”（也称为“比较劣势产业”）是指在本国内已经或即将丧失比较优势，而在东道国具有显在或潜在比较优势的产业或领域。由于同大企业相比，中小企业更易趋于比较劣势，成为“边际性企业”，所以中小企业更要进行国际直接投资。该理论主张应从与对方国家（即东道国）技术差距最小的产业或领域依次进行投资，不以技术优势为武器，不搞拥有全部股份的“飞地”式的子公司，而采取与东道国合办的形式，或者采用像产品分享方式那样的非股权安排方式。在投资的国别选择上，该理论积极主张向发展中国家工业投资，并要从差距小、容易转移的技术开始，按次序地进行。

小岛清的“边际产业扩张论”，是在当时的国际直接投资理论无法解释和指导日本的对外投资活动的背景下提出的。实践证明，它对日本的国际直接投资的确起到了积极的促进作用。

五、国际生产折衷论

国际生产折衷论是由英国经济学家邓宁（John H. Dunning）于 20 世纪 70 年代后期提出的。在第二次世界大战后西方跨国公司理论的发展过程中，邓宁是一位集大成者，他曾经担任联合国跨国公司中心的高级顾问，并负责这一机构出版的大型学术著作《联合国跨国公司文库》的总编工作。他的国际生产折衷论借鉴并综合了以往跨国公司理论的精华，对跨国公司及国际直接投资做出了全方位的解释，这使他的理论具有了很强的适应性，从而成为当代西方跨国公司理论的主流。

国际生产折衷论的核心思想由三项优势构成，邓宁称之为所有权优势、内部化优势和区位优势，分别用 O、I、L 表示，因此这一理论又被称为 OIL 理论。所有权优势近似于海默所说的垄断优势，内部化优势也做过介绍。区位优势是指投资对象国所具有的丰富的自然资源、优越的地理位置、低工资的劳动力、良好的基础设施和优惠的政策措施等吸引外资的有利条件。邓宁认为，这三方面优势是形成跨国公司国际直接投资的关键因素，三者缺一不可；出口贸易只需具备前两项优势，区位优势则无关紧要；而国际技术转让（许可证协议）只需具备所有权优势，可以没有后两种优势。此外，邓宁还具体分析了三方面优势在内容、形式和特点方面不同组合时所形成的六种不同类型的跨国公司，它们是：资源开发型、出口替代型、生产或加工型、贸易销售型、服务型和获取战略资产型。由此可见，邓宁的国际生产折衷论的理论贡献不仅在于综合吸收了以往跨国公司理论的长处，更重要的是邓宁利用这一理论完整地分析了企业从事国际经济活动的三种形式及它们之间的内在联系，并对不同类型跨国公司的投资类型进行了细致的研究，从而拓展并深化了传统的跨国公司理论，并使之系统化、动态化，因而具有深远的理论意义。

20 世纪 80 年代以后，对国际直接投资的研究出现了新的情况，就是对发展中国家对外投资的关注。以前，国际直接投资理论主要以西方国家跨国公司为研究对象，而 80 年代以后，随着一些新兴工业化国家对外投资加速。于是相继出现了许多研究发展中国家国际直接投资的理论。

(1) 国际投资发展周期理论。邓宁于 1979 年在美国夏威夷召开的“发展中国家跨国企业大会”上首次提出了国际投资发展周期理论，后来逐步修正。通过对发展中国家和发达国家的抽样分析与比较研究，邓宁根据人均国民生产总值（GNP）水平把有关国家的直接投资发展水平划分为四个阶段（后增加了第五阶段），不同阶段的国际直接投资流入流出水平各不相同。处于第一阶段的是贫穷国家，人均 GNP 很低，几乎没有直接投资流出，略有直接投资流入。处于第二阶段的国家，开始发展，人均 GNP 有所增长，直接投资流入增加，但流出很少，净流出额（NOI）为负值。处于第三阶段的国家，人均 GNP 水平已经为中等或中上等，虽然 NOI 仍为负值，但流出增长速度已经超过流入增长速度。处于第四阶段的国家都是发达国家，人均 GNP 高，直接投资流出大于流入，NOI 为正值。邓宁的投资发展阶段论，从企业竞争力和国家区位优势的变化出发，从微观、宏观两个角度进一步地发展了国际生产折衷理论。

(2) 小规模技术理论。美国哈佛大学研究跨国公司的教授威尔斯（Louis T. Wells）于 1983 年提出了小规模技术理论。他认为，发展中国家企业对外投资竞争优势的来源，在于小规模技术。该理论的核心思想是，发展中国家的企业拥有为小市场服务的生产技术，这些技术具有劳动密集型的特征，成本较低、灵活性较高，特别适合小批量生产，能够满足低收入国家制成品市场的需要。威尔斯关于发展中国家国际投资的研究是把发展中国家国际直接投资竞争优势的产生与这些国家自身的市场特征结合起来，在理论上提供了一个充分的分析空间。通过小规模技术理论可以认识到世界市场是多元化、多层次的，即使对于那些技术不够先进、经营范围和生产规模不够庞大的发展中国家企业来说，参与国际竞争仍有很强的经济动力。小规模技术理论对分析指导发展中国家的跨国公司在国际化的进程中怎样争得一席之地是具有启发意义。

(3) 技术地方化理论。英国经济学家拉奥（Sanjaya Lall）在 1983 年提出技术地方化理论。他认为发展中国家跨国公司的技术特征虽表现为规模小、使用标准技术和劳动密集型技术，但这种技术的形成却包含着企业内在的创新活动，发展中国家对发达国家的技术引进并不是被动的模仿和复制，而是进行了改造、消化和创新，发展中国家对外国技术的改进、消化和吸收不应该是一种被动的模仿和复制，而应是对技术的消化、改进和创新，正是这种创新活动给引进的技术赋予了新的活力，给引进技术的企业带来新的竞争优势，从而使发展中国家的企业在当地市场和邻国市场具有竞争优势。

(4) 其他理论。此外还有许多理论，如英国坎特威尔教授（Dohn Cantwell）等提出的技术创新产业升级理论、小泽辉智（Ozawa）提出的动态比较优势投资理论、哈佛大学学者迈克尔·波特（Michael E. Porter）提出的竞争优势理论等。

➤本章小结

(1) 生产国际化是由国际直接投资引起的，跨国公司是生产国际化的微观基础和企业组织形式，它同时还是国际直接投资的主要承担者。生产国际化、国际直接投资和跨国公司相互交织形成统一的经济运动。

(2) 国际投资包括国际直接投资和国际间接投资，前者是指生产资本的国际流动，后者是指虚拟资本的国际流动。第二次世界大战后至20世纪90年代以来，由于影响和决定资本国际运动的经济和技术条件有了很大变化，国际直接投资取代了国际间接投资成为资本国际化的主要形式，在发展速度、投资主体、投资的地理流向和投资的部门结构方面表现出了新的特点。国际直接投资有力地推动了世界经济的发展和经济格局的演变，但它对资本输出国和资本输入国的影响是不同的。

(3) 跨国公司在当代世界经济中有着很大的影响力，一定程度上已成为当代世界经济活动的主要组织者和操纵者，而且它还在以很快的速度在世界扩散。以经营结构为标准，跨国公司可以划分为横向型、垂直型和混合型三种类型。与其国际化经营相适应，跨国公司在组织结构与经营特征上与国内企业显著不同。有关国际直接投资与跨国公司的理论是从早期的国际资本流动理论中分离出来的，它的早期代表为垄断优势理论，后来又发展出了产品生命周期理论、内部化理论、边际产业扩张论和国际生产折衷理论。

(4) 除了资本的国际流动以外，生产要素的国际流动主要还包括技术与劳动力的国际流动。技术的国际流动表现为国际技术转让，它主要也是由跨国公司承担的。技术国际流动有多种方式，在当代发展速度很快，对世界经济的发展起到了推动的作用。相比资本和技术的国际流动，劳动力的国际流动发展较慢，主要是受制于政治因素，它有着移民和劳务输出两种主要形式。劳动力国际流动有利于作为生产要素的劳动在世界范围的合理配置，但它对劳动力输出国和输入国都同时存在着有利与不利的双重影响。

➤关键词

国际投资　国际直接投资　国际间接投资　跨国公司　垄断优势理论　产品生命周期　内部化理论　国际生产折衷理论　国际技术转让　劳动力国际流动

➢思考题

1. 试述第二次世界大战后及20世纪90年代以来国际直接投资的发展趋势与特征。

2. 分析第二次世界大战后及20世纪90年代以来国际直接投资发展变化的主要原因。

3. 分析国际直接投资对世界经济发展的影响。

4. 分析跨国公司在当代世界经济中的地位和影响。

5. 试述跨国公司组织结构的主要类型与特征。

6. 试述有关国际直接投资与跨国公司的基本理论。

7. 分析技术国际流动对世界经济发展的影响。

8. 分析劳动力国际流动的原因与经济影响。

参考文献

埃尔斯沃思 P T．1992. 国际经济学. 北京：商务印书馆.

巴纳特 R J. 1999. 跨国企业与世界新秩序. 海口：海南出版社.

陈彪如 1996. 国际经济学. 上海：华东师范大学出版社.

陈继勇. 1999. 美国对外直接投资研究. 武汉：武汉大学出版社.

池元吉，赵凤彬 1996. 新编世界经济概论. 长春：吉林大学出版社.

杜厚文，朱立南. 1994. 世界经济学：理论·机制·格局. 北京：中国人民大学出版社.

金明善. 1996. 现代日本经济论. 辽宁大学出版社.

林康. 1996. 当代跨国公司论. 北京：中国青年出版社.

刘跃斌. 2000. 90年代以来德国对外直接投资研究. 武汉：武汉大学出版社.

聂名华. 2000. 国际直接投资的若干新特征. 当代亚太，(10)：29-36.

彭红斌. 2001. 小岛清的“边际产业扩张论”及其启示. 北京理工大学学报（社会科学版），(1)：84-86.

谭红平，王清平. 1999. 90年代以来国际直接投资的新特点. 中国改革，(5)：58.

滕维藻，陈荫枋. 1991. 跨国公司概论. 北京：人民出版社.

佟家栋. 2000. 国际经济学. 天津：南开大学出版社.

王林生. 1994. 跨国经营理论与实务. 北京：对外贸易教育出版社.

熊性美，陈漓高. 1996. 当代世界经济. 天津：南开大学出版社.

原毅军. 1999. 跨国公司管理. 大连：大连理工大学出版社.

张伯里，朱邦宁. 1998. 世界经济学. 北京：中共中央党校出版社.

张幼文. 1999. 世界经济学. 北京：立信会计出版社.

张宗斌，沈明伟. 2011. 中国对外直接投资理论述评. 人民论坛，(2)：138-139.

第五章

金融自由化与国际货币体系

金融自由化是指金融业跨国境发展而趋于全球一体化的趋势。这一趋势主要包括三层含义：一是金融活动跨越国界，形成无国界金融；二是在全球范围内形成统一的金融体系，金融市场按国际通行规则运行；三是在统一的国际金融市场下，同质的金融资产在价格上趋于等同。本章主要探讨金融自由化过程中国际货币体系、汇率与汇率制度、国际收支失衡与调节、金融危机及金融监管的发展。

第一节　国际货币体系

所谓国际货币体系是国际上货币关系的总和，它体现的是国与国之间货币兑换、资金流动及债权债务关系清算所涉及的规则和秩序。国际货币体系的核心内容主要有三个方面：一是国际本位货币的确定和国际储备货币形成的机制；二是汇率制度的确定；三是国际收支不平衡的调节机制。

一、国际货币体系的历史回顾

国际货币体系在其发展过程中经历了三个重要的历史时期：第一个时期为 1870～1914 年的金本位时期；第二个时期为 1945～1973 年的布雷顿森林体系下的固定汇率制时期；第三个时期是 1976 年《牙买加协议》以来的国际货币多元化和浮动汇率制时期。

（一）金本位制时期

金本位制起源于以黄金作为交换媒介、价值尺度和储藏手段。尽管黄金自古以来就具有这些功能。但金本位制作为一种国际货币体系，则始于 19 世纪 70 年代。1816 年，英国颁布了《金本位法案》，1821 年该法案生效。19 世纪 70 年代，欧洲的主要国家纷纷采用了金本位制。美国于 1879 年宣布将南北战争期间发行的“美钞”纸币钉住黄金，因而实际上也加入了金本位制体系。至此，当时的主要资本主义国家都实行了金本位制。日本于1897年、沙俄于1898年也相继实行金本位制。由于当时英国拥有在世界贸易方面举足轻重的地位和高度发达的金融机构，伦敦很自然地成为金本位制下的国际金融中心。

在金本位制度下，可以通过物价-铸币流动机制使一国的经常项目与资本项目互相平衡。同时，中央银行对黄金跨国流动的反应形成了另一种有助于恢复国际收支平衡的潜在机制：持续丧失黄金储备的中央银行可能会面临无法买回其银行券的危机，因而当黄金流出时，中央银行会尽力紧缩银根，使国内利率提高，以吸引外国资金的流入；拥有黄金净流入的中央银行则不会有太多的动力来采取行动减缓这种流入，不断增加的黄金流入会使中央银行趋向于购买国外的资产，从而增加资本输出和促使黄金外流。

（二）两次世界大战之间金本位制的短暂恢复

在第一次世界大战期间，各国政府实际上已经放弃了金本位制，开始通过印制钞票来部分地弥补巨额的战争开支。因为劳动力与生产能力在战争期间遭受了严重的损失，因而当1918年战争结束时，货币供给剧增，物价均急剧上涨。

1922年，在意大利热那亚召开的一次会议上，英国、法国、意大利、日本等国通过了一项全面恢复执行金本位制的行动纲领，以获得各国中央银行的紧密合作，共同配合实现国际收支平衡的目标。由于意识到世界的黄金供给量无法充分满足各国中央银行国际储备的需要，热那亚会议批准了一个局部的金汇兑本位制，即小国可用一些大国的货币作为储备，而拥有这些货币的大国则全部以黄金作为国际储备。

根据热那亚会议的协议，许多国家把国际储备以英镑的形式存放在伦敦。然而英国的黄金储备是有限的，经济的持续停滞影响了人们对其偿还能力的信心。1929年的大危机开始后不久就发生了世界范围内银行的破产。1931年，外国英镑持有者对英国维持英镑的价值的承诺失去了信心，纷纷把英镑兑换成黄金，迫使英国放弃了金本位制。随着危机的持续，许多国家都纷纷放弃了金本位制。

（三）布雷顿森林体系

1944年7月，44国的代表在美国新罕布什尔州的布雷顿森林举行会议，签署了《国际货币基金组织协定》。在布雷顿森林体系下所建立的国际货币体系要求各国货币对美国保持固定汇率，并且把美元与黄金的比价固定为35美元兑换1盎司黄金。成员国可随时以官方价格向美国兑换黄金。该体系实质上是以美元为基本储备货币的金汇兑本位制。

20世纪60年代后期，美国通货膨胀加速，并逐步影响到布雷顿森林体系成员国。这是由于美国作为国际储备货币发行国加速其货币增长，会自动导致外国货币增长的加速和通货膨胀，因为外国的中央银行要购买该种货币以保持汇率，从而增加了货币供给。因而外国的政策制定者们不得不面临固定汇率和进口通货膨胀之间的决策，从而加速了固定汇率制度的瓦解。1971年8月，美国政府在十分无奈的情况下宣布停止美元兑换黄金，1971年12月和1973年2月美元两次大幅贬值，布雷顿森林体系最终崩溃。

（四）牙买加体系

布雷顿森林体系崩溃后，国际货币制度走上了一条漫长的改革路。20世纪70年代末，各种改革方案和设想曾在各国学术界被广泛地讨论过，但终因缺乏现实基础而被束之高阁。其间，国际货币基金组织（IMF）曾通过《牙买加协定》，以国际协定的形式，确认了布雷顿森林体系崩溃后的浮动汇率现状，并继续维持现存的以现金为基础的多边自由支付原则。这样，美元的本位货币地位虽遭到削弱，但其在国际货币体系中的领导地位和独特的储备货币职能仍得到沿袭。为了继续维持多边自由的支付体系和原则，IMF的原组织机构也得到延续和保留，但国际货币体系三个核心内容方面的秩序和纪律却荡然无存。因此，现存国际货币体系也被人们称为“无秩序的体系”或“无体系的体系”，其本质特征也就集中地表现在这种秩序弱化所引发的矛盾上。一方面，现行体系运行的基本原则和理念显然仍与50年前一样；另一方面，世界经济，以及维护和保证这一体系正常运转的条件和手段与布雷顿体系崩溃之前相比却发生了巨大变化。

20世纪70年代后，美国财政赤字扩大导致美元泛滥，世界各国逐渐对美元失去了信任，马克、英镑、日元和欧元开始逐步走上了国际舞台，成为国际货币，国际储备资产开始呈现多样化趋势。这种多元化的变化一方面降低了美元危机对国际金融局势稳定的威胁，但另一方面也带来了新的问题。最为突出的是汇率波动的频率和幅度加大，增加了国际贸易和国际投资的风险，加大了各国储备资产的管理难度，刺激了外汇投机，威胁到国际金融市场的稳定。此外，由于美元失去了黄金的约束，可以无限制地对外发行，一枝独大的美元在客观上起到了维持国际货币统一性的作用，美联储则在一定程度上充当着世界中央银行的角色。但也正如耶鲁大学特里芬教授所言，布雷顿森林体系的致命缺陷在于：关键货币国的债务上升，必将引致他国怀疑该国用黄金兑付债务的能力。因此到了20世纪60年代末，法国开始将其美元储备兑换成黄金。这就导致了1971年金汇兑本位制的必然崩溃。之后美元成为不兑现（黄金）货币，特别提款权（SDR）被创设为新的补足性国际储备货币，然而由于缺乏将美元余额转换为特别提款权的机制，在当代世界浮动汇率制、固定汇率制、有管理的汇率制度的庞杂汇率体系中，美元仍是全球主要储备资产。虽然2002年后诞生的欧元在一定程度上打破了美元一枝独大的局面，国际储备货币似乎出现了美元-欧元双本位的格局，但是，美元的主导地位仍然不容置疑[①]。

进入21世纪后，随着欧元的诞生、中国的崛起及世界政治经济格局的渐变，美元的霸主地位遇到了越来越多的挑战，国际货币体系改革的压力逐步增大。而由美国次贷危机引发的全球金融危机，使世界各国进一步认清了以美元为主导的国际货币体系及其带来的全球经济失衡是世界危机频繁爆发的根源。而在应对金融危机的过程中，美国不负责任地开动美元印钞机向市场注入了大量的美元，不仅使各国的外汇储备严重缩水，而且给未来全球通货膨胀带来了巨大压力。于是，以“金砖四国”尤其是中国、俄罗斯为代表的新兴经济体强烈呼吁要加快国际货币体系改革。目前，有关国际货币体系改革

① 中国人民银行研究局课题组．2010．关于国际货币体系改革的文献综述．金融发展评论，(3)：143-155.

的方案和建议层出不穷。综合而言，比较有代表性和影响的改革方案模式主要有七种：一是建立第二代布雷顿森林体系；二是恢复金本位制度；三是创立一种独立于主权国家的超主权货币；四是推行区域性单一货币制度，创立区域货币群体；五是建立一个多元主权货币的货币体系；六是放弃浮动汇率制，建立可调整的固定汇率制；七是建立非国家化的货币发行机制等。国际货币体系的历史演化也清楚地说明，决定一国货币是否成为储备货币的因素主要包括（Frankel 在 2009 年提到）：经济规模和宏观经济的长期稳定以确保对该货币的信心；金融和外汇市场的深度、流动性和回报率及能在金融危机期间保持较好弹性的能力；历史的惯性等。例如，美国经济在 20 世纪 20 年代就已经超过了英国，但是美元取代英镑成为国际储备货币却发生在 1930～1945 年。但是蒙代尔就曾指出：货币的权力格局从来就不是静止不变的，它是随着国家的兴衰而演变的。因此，我们既要清楚地看到国际货币体系已经到了一个历史转折点，但同时我们也要冷静地看到国际货币体系的改变是一个长期的过程，绝不是一朝一夕的事。

二、当代国际货币体系存在的问题

（一）现行国际货币体系所遵循的基本原则与金融自由化的矛盾

20 世纪 80 年代以来，越来越多的国家实行了金融开放政策，全球金融市场一体化的程度越来越高，IMF 第 8 条款关于经常项目自由兑换的要求在大多数成员国都得到了贯彻。不仅如此，伴随着发达国家推行的金融自由化政策，拉丁美洲、亚洲越来越多的发展中国家在 20 世纪 90 年代还逐渐实现了资本项目的自由兑换。在这个发展过程中，出现了如国际金融投机猖獗、货币危机和银行信用危机频繁爆发等一系列问题，相应的监管措施被提上议事日程。建立在国民经济活动基础之上的国内监管措施对高度国际化和全球化的资金运动和信用关系已很难再具有相应的控制力，但遗憾的是 IMF 直到 1997 年亚洲金融危机爆发前，仍然将主要目标放在货币自由兑换和资本项目自由化上，而对日益变得重要的抑制投机、防范国际金融危机等问题却未能予以应有的重视。于是，一些原来已实现资本项目自由化的发展中国家，如马来西亚、巴基斯坦、智利，在遭受严重的金融危机冲击后，又重新实施了资本项目的管制措施。这种矛盾实际上反映了现行货币体系已不能适应金融全球化的新形势。

（二）现行国际货币体系的汇率制度安排与金融全球化的矛盾

全球金融市场的不断开放，使资金在全球流动的规模不断扩大。外汇交易已基本上脱离了与贸易和直接投资相关的经济活动，各种短期资金的移动和衍生交易已成为外汇交易的主体。在这种发展趋势下，汇率的变动经常与一国基本经济状况脱节，与一国贸易和经常项目变化不相关。汇率浮动对一国贸易收支或经常项目收支产生调节作用的基础已经不复存在。此时，国际货币体系作为制约和调节国际货币关系的总和，应适应金融全球化所带来的这种变化，加强国际货币的协调，以减少汇率不规则大幅度震荡给世界经济带来的不利影响。但是，现行国际货币体系显然未能适应这种变化，在这个体系中占主导地位的发达国家中的大国，尤其是美国，仅从本国的利益出发维持现状，任凭汇率受各种投机和市场力量的冲击，试图延长美元在国际货币领域内的霸主地位。这样，汇率无规则的大幅度动荡和货币危机的频繁爆发就成为20世纪80年代以来国际货币领域的经常现象。

（三）现行的国际货币体系缺乏国际最终贷款者的功能

现代经济是信用经济，自从资本主义的商业信用产生之后信用危机便接踵而至。后来，资本主义的银行信用逐渐取代了商业信用，以挤兑和银行倒闭为标志的金融危机便取代了一般商业信用危机。正是为了避免金融危机的爆发和减少危机的破坏作用，中央银行诞生了，西方国家政府还通过严格的金融法规来对银行和金融机构进行监管。中央银行作为一国国内的最终贷款者可以有效地减少局部资金周转不灵引起整个金融体系危机的可能性，而各种金融法规的制定也可以大大减少金融危机爆发的频率和金融体系危机的发生。因此，西方国家对金融机构及其业务的管理不断增强。当全球化趋势不断发展、金融市场日益连成一体时，国际金融活动规模空前扩张，信用关系也远远超出了国界，防范国际金融危机理应被提上议事日程，国际最终贷款者也越来越有存在的必要。现行国际货币体系显然尚未做好这样的准备，也缺乏相应的制度安排。如前所述，现行体制所遵循的原则和目标仍沿袭了布雷顿森林体系，这个体系的载体IMF不仅在防范金融危机时无能为力，而且在危机发生之后提供资金援助，缓解危机时也显得捉襟见肘，难以担当最终贷款者的职责。于是，一方面缺乏危机防范措施，另一方面又缺乏缓解危机所需的最终贷款者。

（四）金融自由化使国际货币基金组织的职能发生异化

IMF是现行国际货币体系的重要载体，它的职能是与国家货币体系的制度安排相联系的，布雷顿森林体系下，IMF肩负三重职能：一是维持固定汇率制度，协助成员国干预市场汇率的波动；二是监督成员国国际收支状况，为严重逆差国提供资金援助，并帮助实施调整计划；三是协助建立成员国之间经常项目交易的多边支付体系，并消除阻碍世界贸易发展的汇兑限制。布雷顿森林体系崩溃后，国际货币秩序的弱化一方面为货币危机的爆发提供了前述种种条件，另一方面也使IMF原先肩负的三重重任单一化，前两种职能已不复存在。

现行货币体系确立了多元化的储备货币格局和浮动汇率制，也就意味着IMF放弃了维持固定汇率及协助成员国干预汇率提供资金援助的责任和义务。通常在发生货币危机时，IMF是袖手旁观的。只有当危机可能危及该国货币的自由汇兑或偿债能力时，IMF才会予以援助。如果一国的货币危机不会危及自由汇兑，IMF一般无义务行动。因此，亚洲金融危机开始时，IMF无动于衷。在监督成员国国际收支状况、帮助逆差国调节国际收支问题上，IMF也同样不再负有义务，因为现行的国际货币体制假定汇率自由浮动并具有自动调节国际收支的功能，如果成员国国际收支逆差的严重程度尚未影响该国的对外支付的功能时，IMF并无义务进行援助。它一般会等待成员国货币汇率下调来调节国际收支的逆差。这样，IMF肩负的任务实际上只剩下了“协助建立成员国之间经常项目交易的多边支付体系，并消除阻碍世界贸易发展的汇兑限制”这一条。

（五）超主权货币是否可行的国际讨论

理论上看，超主权货币只能是一种过渡性质的货币，其主要问题或原因在于缺少制定相关政策和管理货币市场的世界中央银行。国际货币体系的一个主要特征，是缺少能与国家中央银行相比的，拥有制定政策权利、管理国际货币市场的货币权力机构（中央银行）。其结果是，国际货币状况的决策过程是分散的，市场力量和少数几个主要国家的政策一起发挥作用，所以超主权货币不可避免地受到主要国家中央银行及其合作程度的影响。超主权货币包括以下几种形式：从供给和需求的角度看，包括发行的超主权、使用的超主权，以及发行和使用超主权的货币。使用的超主权包括历史上曾经存在的天然世界货币金、银，其不是主权国家发行的却超越主权国家使用。发行和使用的超主权货币最主要的代表是欧元，超越欧盟主权国家发行，也在这些主权国家使用。SDR 也是更大范围的超主权货币。还有一种情况是货币发行未超主权但是使用超主权，如美元在南美和太平洋上的一些小国，包括英属印度洋领地、英属维尔斯群岛、厄瓜多尔、萨尔瓦多、马绍尔群岛等被广泛使用并代替了这些国家的货币。这些历史上曾经出现的各种程度和范围的超主权货币的现实可行性是当前国际货币体系改革的焦点和难点。美国次贷危机演变为全球金融危机以后，针对国际货币体系存在的问题及美元价值的不稳定，中国人民银行行长周小川曾提出超主权货币的建议，在国际社会引起很大的反应，巴西、俄罗斯等新兴市场国家也大力支持，而由诺贝尔经济学奖获得者斯蒂格利茨领衔的联合国改革委员会则主张扩大 SDR 在国际货币体系中的地位。

第二次世界大战后建立的布雷顿森林体系确定了美元与黄金挂钩，其他货币与美元挂钩的货币体系，但是这种体制始终存在着内在缺陷，即著名的“特里芬难题”。Rhomberg 认为：“特里芬难题”存在两个不同的对立面，一是美国逆差增大美元泛滥、币值不稳，二是美国顺差增大、美元短缺。而布雷顿森林体系建立后最初面临的就是美元不足的问题，因此 IMF 于 1969 年创设了 SDR。SDR 亦称“纸黄金”，它作为一种储备资产和记账单位，是 IMF 分配 IMF 成员间自由使用货币的潜在要求权。参加国分得特别提款权以后，即列为本国储备资产，在发生国际收支逆差时即可动用。使用 SDR 时需通过 IMF，由它指定一个参加国接受 SDR，并提供可自由使用的货币，主要是美元、欧元、日元和英镑。还可以直接用 SDR 偿付 IMF 的贷款和支付利息费用；IMF 贷款一般也是以 SDR 作为一种补充。SDR 历史上有 4 次分配：1970 年 93 亿、1979 年 121 亿、2009 年 8 月 1612 亿、2009 年 9 月 215 亿（特别分配）。然而现有的 SDR 规模只是相当于全球 GDP 的 0.33%，小于全球贸易额的 1% 和国际储备的 3%。因此 SDR 仍存在以下缺陷和不足：目前定值货币仅仅只有四种，而且美元依然占据主要地位；供给规模较小，在国际贸易和大宗商品定价中使用不广泛；分配在发达国家和发展中国家之间存在严重不均衡等[①]。

有许多学者认为，SDR 的作用在当前的新形势下可以得到复兴和发展。因为几十年来，SDR 不仅没有消失，而且现在其作用正在得到复兴。而要提升 SDR 作为合成货

① 中国人民银行研究局课题组．2010．关于国际货币体系改革的文献综述．金融发展评论，(3)：143-155.

币有资产多元化和价值稳定的功效，需要提高其流动性。为此，主要国家应当鼓励和补贴私营 SDR 市场的发展。具体措施包括，国家和私人发行以 SDR 计价的债券，主要国家货币钉住 SDR，用其作为贸易结算的计价单位等。2009 年，Alessandrini 指出，任何单一国家的主权货币成为国际货币都不能很好解决国内目标和国际目标问题。各国从政治经济考虑将国内目标（即失业和通货膨胀）置于国际目标（即价值稳定）之上，因此政策制定者提出以 SDR 作为选择对象。2009 年，Rossi 指出，日益增长的全球经济不平衡是国际货币体系混乱的结果，采纳 SDR 作为储备货币技术上是可行的，也将削弱美元的中心地位。2009 年，Rosensweig 从国际货币功能的角度认同超主权货币，他认为批评超主权货币没有税收基础的争论存在问题，因为货币核心是信任的标志，税收基础只是建立信任的基础之一，其他现存的机制包括正式协议也是一个基础。关于 SDR 的另一争论是世界上已经存在很多管理很好的货币，多一个没有必要。但是国际金融危机表明，政府管理的货币质量依然存在问题，而 SDR 联系全世界所有经济体，不像现有货币或是单一国家经济或是如同欧元那样一些区域国家组合。

三、国际货币体系的改革

（一）改变现行体制以货币自由兑换作为首要目标的现状

目前，大多数 IMF 成员国都已实现经常项目自由兑换，而进一步将资本项目的自由化和自由兑换作为 IMF 成员努力的目标是否合适，是需要进一步论证的。一些实证研究认为，直接投资之外的资本项目自由化与一国的经济增长并无很大的相关性。世界银行研究了 20 世纪 80 年代末至 90 年代初吸引国际间接投资最多的 18 个国家经济增长情况后得出结论，国际间接投资的流入对一国经济增长影响很小，大部分资金对这些国家经济发展的影响微乎其微，甚至是负的。另外，一些经济学家的研究也表明，资本项目的管制措施对经济增长无负面影响。而资本自由化对经济增长的长期影响是很小的。例如，Rodrik 研究了 100 个国家 1975～1989 年资本项目的开放度与人均 GDP 增长的关系，他得出结论认为，资本的自由兑换对经济增长的影响非常小。Carrasquilla 研究了 19 个拉丁美洲国家 1985～1995 年资本项目开放的情况，也得出了经济增长相关性很小的结论。因此，开放资本项目应由各国根据自己的需要和判断自主地决定。国际货币体系应将控制国际游资的投机和避免金融秩序遭到破坏作为重要的原则加以确立，从而使现行体系能够真正适应金融全球化和国际金融市场一体化的现实。1997 年的亚洲金融危机曾使亚洲新兴的市场遭到严重打击，使它们的经济增长受到损害，反过来又对发达国家的长期经济发展产生了深远的不良影响。因此，抑制投机、防范危机、建立稳定的国际货币和信用关系应成为新的国际货币体系的最主要目标。

（二）改革 IMF 的职能

2013 年，奥博斯特弗尔德指出：当我们在谈论国际货币改革时，很大一部分是关于全球层面的机构建设问题。尽管在过去我们在该领域取得了非常瞩目的成就，但是目前看起来这一问题仍然存在诸多困难。如果人类没有经历第二次世界大战及“大萧条”

的洗礼，一个类似 IMF 的国际机构的建立几乎是不可想象的。因此我们必须清醒认识，提前准备以适应金融全球化所带来的全新风险。IMF 作为现行货币体系的重要载体，理应发挥更重要的作用，但现行国际货币体系的演变，使 IMF 的职能被弱化和异化。因此有必要对 IMF 进行广泛的改革。

（1）根据世界经济和金融发展状况，更加公平分配 IMF 的基本投票权、基金份额和董事会组成，增强国际货币基金组织的代表性。一个成员国的 IMF 份额与成员国以下权利义务密切相关：成员国向 IMF 的缴款金额，成员国能够获得的 IMF 分配的 SDR 数量，成员国能够向 IMF 借款的规模，成员国拥有的投票权。在国际货币基金的治理结构方面目前最大的两个问题是：其一，新兴市场国家的份额、投票权与其在世界经济中的比重严重不符；其二，最贫穷国家在国际货币基金中的声音过于微弱。然而，在 IMF 份额改革问题中，新兴市场国家与欧美之间有严重的利益冲突。美国绝不愿意放弃自己一票否决的权利，同时欧洲国家虽然是总体份额被高估的一个群体，但欧洲国家也并不甘心放弃任何比例的份额与投票权。完善现有国际货币体系的一个重要方面，就是根据世界经济格局和金融市场的发展，不断改造包括 IMF、世界银行等在内的国际金融组织，使其更加合理、公平地反映世界主要发达国家和发展中国家的利益和诉求，也才有可能一定程度上弥补单一主权信用货币充当国际本位货币所造成的缺陷。

（2）扩大 IMF 提供援助的范围，增强其应付国际货币危机的职能。如前所述，中央银行作为一个国家内的最终贷款者，在危机时向受危机冲击的商业银行提供贷款，可以有效地缓解危机的冲击。在经济全球化、国与国资本和货币运动已逐渐连为一体的大背景下，缺乏一个国际的最终贷款者显然是难以应付国际货币危机的。这就需要 IMF 不仅将维持自由兑换作为其宗旨，而且也应将维持成员国一定程度上的信用能力作为自己的宗旨。当成员国发生信用危机时，无论这一危机是否会立即影响该国的对外支付能力，IMF 都应该提供贷款援助，从而有效地缓解危机对该成员国的冲击。当然，这样做要求 IMF 具有更雄厚的资金实力、更充分的信息和更准确的判断力。与此同时，国际货币基金现行的贷款模式也存在为人诟病之处：一是成员国获得的贷款规模有限，且 IMF 发放贷款的时间周期过长；二是基金贷款通常具有严格的条件性，这种条件性通常要求借款国实施从紧的财政货币政策以改善国际收支，而这种贷款方案往往会进一步恶化危机国的经济金融状况，加深危机的负面影响，这也是近年来新兴市场国家和发展中国家不太愿意向 IMF 借款的重要原因之一。

（3）增强 IMF 的监测和信息发布功能，为投资者和市场主体提供准确的信息，也为成员国制定政策提供重要依据。20 世纪 90 年代以来发生的金融危机无不与信息传递的不充分和扭曲有着千丝万缕的联系。当成员国国际收支不断恶化、外债不断增加、外汇储备不足、国内经济增长出现泡沫时，IMF 有义务对成员国及公众提出忠告，对其经济政策提供建设性的建议，并在其相应的出版物上反映这些信息，以使有关的当事方警觉，做出正确的风险判断。值得注意的是，目前国际货币基金的监测功能存在两个重要缺陷：一是国际货币基金的监测过于偏重双边监测（基金工作人员对各国宏观经济的监测），而忽视了多边监测（对世界经济与全球金融市场作为整体进行监测），以提前发现并应对全球性风险；二是基金的监测对不向基金借款的国家没有任何约束力，尤其是对发达国家没有约束力。有些时候，发达国家甚至可以向基金施压，反对国际货币基金发布对自己不利的宏观经济监测报告。①

（4）增强 IMF 对成员国国际收支逆差进行干预和援助的职能。由于不少成员国实际上实行的是钉住汇率制，汇率自动调节国际收支的功能实际上是缺位的，这要求 IMF 进行监测并对长期处于严重逆差状态的国家进行政策规劝及对政策实施提供帮助。此外，IMF 实施援助计划时，应改变把短期内恢复受援国偿付能力作为唯一目标的做法，从而使援助计划更易于被受援国接受，从而发挥更好的作用。

（三）制定切实可行的公平的国际准则和措施

20 世纪 90 年代亚洲金融危机中，危机缓解机制明显维护发达国家债权者的利益，过分强调债务方对风险评估和控制的责任，忽略了债权者理应承担的风险监控责任和投资失误所应分担的损失。因此，必须制定出具体的规定克服这些弊端，切实减少道德风险引起的金融风险增加现象。国际社会不仅要敦促发展中国家加强改善金融管理，制定更为严格可行的风险管理规章制度，增加公司财务的透明度，提高公司管理的水平，并且也要重视国际债权者评估国家风险和企业的信用状况的责任。发达国家的管理机构也应承担相应的管理责任。亚洲金融危机的历史经验表明：发展中国家应有权在短期资金流入金融市场后限制其在短期内全数抽回。例如，智利政府要求投资者在一定的时期必须将一定比例的资金投放在智利国内的做法应得到国际社会的理解和肯定。这种准则的实施，可以有效地缓解心理预期不规则变动对资金流动的影响，从而大大减少短期资金对某一发展中国家市场的冲击导致金融危机的可能性。发展中国家保护本国市场免受国际游资冲击的措施，不应当被看做是外汇管制和限制资本流动。只要发展中国家不限制长期资本流动，不实施歧视性的区别对待政策，不对经常项目外汇交易设置障碍，那么，对本国证券市场和银行信贷进行某种数量和质量的管制，就应当被看做是合理的。

毫无疑问，发达国家和发展中国家在金融自由化过程中得到的利益是有差异的，1997 年亚洲金融危机和 2008 年美国金融危机一次又一次地给世界敲响了警钟。在历次金融危机中，大规模资本跨境流动给各国特别是发展中国家的经济金融安全造成了很大威胁。国际社会普遍认为，应当在国际层面建立对资本流动的监管协调机制。美国金融危机爆发后，发达国家和 IMF，对发展中国家跨境资本流动管理的容忍度有所提高。应该说，当前是推动制定跨境资本流动管理国际规则的有利时机。国际跨境资本流动要以保证国际资本的自由、有序流动为前提。一是尽快制定针对对冲基金等主要投资者的监管框架，加强对场外衍生品市场的跨国监管协调，制定监管标准，提高市场交易的透明度。二是建立国际金融稳定机制和危机预警机制，强化对全球资本流向的监督和管理，保障全球金融市场稳定和正常运转。三是从制度上增强金融稳定委员会的协调能力，推动 20 国集团政府和相关机构共同推动监管标准的统一，完善国际金融监管协调流程（中国国际经济交流中心课题组，2013）。总之，为了 21 世纪世界经济的稳定增长，发达国家之间及发达国家与发展

① 李向阳．2009．国际金融危机与国际贸易、国际金融秩序的发展方向．经济研究，(11)：47-53．

中国家之间经过不断的协调和对话是可以而且能够达成共识的，建立一个更公平合理的国际货币体系应该成为世界各国共同努力的目标。

第二节　汇率与汇率制度

外汇汇率，又称为汇价，是将一个国家的货币折算成另一个国家货币时使用的比率，也可以说是用一国货币表示的另一国货币的相对价格。汇率制度是一国货币当局对本国的汇率变动的基本方式所做的一系列规定或制度安排。从国际货币制度演变的角度看，汇率制度主要有固定汇率制、浮动汇率制和其他汇率制。

一、汇率及其经济影响

（一）汇率的影响因素

影响汇率变动的因素是多方面的。这里我们首先考察影响汇率变动的长期因素，然后再分析影响汇率变动的短期因素。

1. 影响汇率变动的长期因素

1）一价定律

理解汇率决定的起点是一价定律。一价定律的基本原理是，如果两个国家都生产某种完全相同的商品。则无论哪国生产，该商品在世界范围内的价格都应相同。假设美国生产的钢铁的价格每吨为 100 美元，而日本生产的同种钢铁的价格为每吨 10 000 日元。根据一价定律，为使 1 吨美国钢铁在日本的售价为 100 美元，日本和美元的汇率应为 1 美元兑 100 日元（即 1 日元兑换 0.01 美元）。如果汇率为 1 美元兑换 200 日元，则日本钢铁在美国的售价为每吨 50 美元，比每吨美国钢铁便宜了 50 美元。由于在这两个国家内，美国的钢铁价格都比日本钢铁的价格高出一倍，而美国和日本的钢铁同质，所以对美国的钢铁的需求将为 0。假定美国钢铁的美元价格不变，只有当汇率降到 1 美元兑换 100 日元，从而美国和日本的钢铁价格相同时，美国钢铁的超额供给才得以消除。

2）购买力平价理论

购买力平价理论（PPP）认为，任何两种货币之间的汇率会调整到能反映这两个国家之间价格水平的变动。PPP 理论无非是一价定律在一国综合价格水平而非个别价格水平上的应用。PPP 理论认为，如果一个国家的综合价格水平相对于另一个国家的综合价格水平上升，则该国的货币应当贬值，而另一国的货币应当升值。

PPP 理论认为，汇率由相对价格水平的变动所决定。这一命题隐含着这样一个假设，那就是两个国家所有的商品都必须同质。这一假设与现实情况的差距，使购买力平价难以确定。此外 PPP 理论还没有考虑许多商品和劳务的价格计入了价格水平，但它们没有进行跨国交易，即使这些项目的价格上涨并导致整体价格水平相对另一国的价格水平上涨，但对汇率不会产生直接影响。

3）影响汇率变动的长期因素

上述分析表明，相对价格水平和其他一些因素都会对汇率产生影响。从长期来看，影响汇率的主要因素有相对价格水平、关税和限额、对本国商品相对外国商品的偏好及生产率。

这是因为任何导致本国产品相对于外国产品需求增加的因素，都有使本国货币升值的倾向，因为即使本国货币价值升高，本国产品仍会继续畅销。类似地，任何导致本国产品相对外国产品需求减少的因素，都使本国货币贬值，因为只有本国货币贬值，本国商品才能继续畅销。

（1）相对价格水平。根据 PPP 理论，当美国商品价格上升时（外国商品价格不变），对美国商品的需求下降，美元趋于贬值，以使美国商品继续畅销。相反，如果日本商品价格上升，从而美国商品的相对价格下跌时，对美国商品的需求增加，美元趋于升值，因为即使本国货币升值，美国商品仍然畅销。因此，长期来看，一国价格水平相对于外国价格水平的上升，将导致该国货币贬值；而一国相对价格水平的下降，将导致该国货币升值。

（2）关税和限额。关税和限额等自由贸易的壁垒，也会对汇率产生影响。关税和限额使得一国货币在长期中趋于升值。假设美国对日本的钢铁征收关税或实施进口限额，这些壁垒增加了对美国钢铁的需求，使美元趋于升值，因为即使美元升值，美国的钢铁依然畅销。

（3）对本国商品相对外国商品的偏好。如果日本人增加了对美国商品，如佛罗里达的柑橘和美国电影的需求，则对美国商品需求的增加将使美元趋于升值。如果美国人喜欢日本汽车甚过美国汽车，则对日本商品需求的增加将使美元趋于贬值。因此，从长期来看，对一国出口商品需求的增加导致该国货币升值；相反，一国对进口商品需求的增加导致该国货币贬值。

（4）生产率。如果一国的生产率高于其他国家的生产率，则该国的工商业企业在降低本国商品价格的情况下仍能获得利润。结果，对本国商品的需求增加，本国货币趋于升值，因为即使本国货币升值，本国商品仍然畅销。因此，从长期来看，如果一国生产率较其他国家提高，则该国货币趋于升值；如果一国的生产率低于其他国家，则该国货币趋于贬值。

2. 影响汇率变动的短期因素

利率平价理论认为，由于各国间存在利率的差异，投资者为了获得较高收益，会将其资本从利率较低的国家转移到利率较高的国家。比如，B 国的利率水平高于 A 国，投资者为套取利息差额，便将其资本从 A 国转移到 B 国。但是他能否达到目的，必须以两国货币汇率不变为前提；如果汇率发生对其不利的变动，他不仅不能获得较高收益，反而还会遭受损失。为避免这种情况发生，投资者会在远期外汇市场上按远期汇率将其在 B 国的投资及其所得收益转卖为 A 国货币，并将其在 A 国的投资及其收益进行比较。这种对比的结果，便是投资者确定投资方向的依据。两国投资收益存在的差异，形成了资本在国际间的移动，直到通过利率的调整，两国的投资收益相等时，国际间的资本移动才会停止。

按照上述利率平价理论，影响汇率变动的短期因素主要有以下两个。

（1）真实利率。利率平价理论中的利率是真实利率，真实利率越高，流入资本越多，对本国货币需求越大，本国货币升值。

（2）通货膨胀率。通货膨胀率越高，流出本国的资本越多，对本国货币需求量越小，本国货币贬值。

（二）汇率对经济的影响

1. 汇率变动对一国经济的影响

（1）汇率变动对一国国际贸易的影响。从理论上讲，一国货币贬值，出口商在国际市场上出售商品所得外汇能够换得更多的本国货币，使出口商获利增加；同时出口商可能以更低的价格出口商品，增强出口商品的竞争力，扩大销售市场，从而获得更多的外汇收入和利润。因此，货币贬值有利于扩大出口。对于进口商来说，由于货币贬值，购买等量价值的进口商品需要支付更多的本国货币，即进口价格上涨，所以有限制进口的趋势。因此，一般而言，一国货币贬值将有利于扩大出口，限制进口，促进贸易收支的改善。同理，一国货币升值将限制出口，扩大进口，使贸易状况恶化。实际中，一国货币贬值能否改善贸易收支的关键是进出口商品的供给和需求弹性。只有进出口商品的供给和需求弹性足够大时，汇率变动的影响才能不受限制地传导作用到实际进出口贸易上，引起贸易状况的相应改变。

（2）汇率变动对一国国民收入的影响。在一般情况下，只要一国能控制贸易条件保持不变或得到改善，一国的货币贬值最终会增加该国的实际出口数量，减少实际进口数量，从而为该国的出口行业及与进口产品竞争、生产进口替代产品的行业提供更多的就业机会，并由此触发一个增加国民收入的乘数过程，对一国国民收入的增加产生积极作用。反之，一国货币升值将减少一国的国民收入。

（3）汇率变动对一国国内物价水平的影响。一国货币升值，则进口商品价格下降，进口商品价格下降又会带动国内同类商品和其他商品的价格下降。同理，一国货币贬值，则进口商品价格上升，进口商品价格上升又会带动国内同类商品和其他商品的价格上升。

（4）汇率变动对一国利率水平的影响。一国的货币贬值以后，其国内的利率水平通常都会提高。利率上升，一方面使投资活动减少，从而有助于减轻通货膨胀的压力；另一方面较高的利率水平又会吸引外国资本流入该国，从而使该国的国际收支状况得到改善。反之，一国货币升值，国内的利率水平将会出现下降。

（5）汇率变动对一国国内资源配置的影响。如果一国货币升值，该国出口受阻，进口因汇率刺激而大量增加，造成该国出口工业和进口替代业萎缩，资源就会从出口工业和进口替代业部门转移到其他部门。这样，一国的产业结构就会重新调整，整个经济中贸易部门所占比重就会减少，从而降低本国的对外开放程度。

2. 汇率变动对世界经济的影响

汇率的波动影响着世界范围的经济活动。

（1）汇率变动对国际贸易的影响。一般来说，汇率稳定有利于国际贸易的发展；而汇率动荡不稳，则会增大外汇风险，从而不利于各国贸易的扩大。

（2）汇率变动对国际资本流动的影响。汇率变动对国际资本流动有着重大影响。汇率稳定有利于长期资本的输出和输入，使资金的供求能在世界范围内得到调节，从而提高资金的使用效率，促进世界经济的增长；反之，假如汇率不稳定，就会阻碍生产性资本的国际流动，而投机性的短期资金却会因此在国际上频繁流动，从而形成了对有关国家国际收支的外来冲击。

（3）汇率变动对国际收支的影响。汇率的动荡不稳会加剧国际收支不平衡的状况。一般来讲，发达国家和石油输出国的国际收支有时是盈余，有时是赤字，而非产油的发展中国家赤字不断增加。国际收支的赤字和盈余变成全球性的问题，汇率变动加剧了国际收支在国与国之间的不平衡。

（4）汇率的波动触发国家之间的利益冲突。货币汇率的稳定在国际经济生活中有着举足轻重的作用。汇率的急剧波动由于其接影响各国的贸易差额和资本流向，还触发了国家之间的矛盾与冲突。例如，在20世纪80年代初，美国和西欧国家都指责日本故意压低日元的定值，使日元汇率偏低，以这种“货币保护主义”来增强其出口商品在国际市场上的竞争地位；最近的例子则是美、日、欧对我国人民币币值定价过低的指责，认为我国通过低的人民币币值定位获得了更强的贸易竞争力。

总之，汇率变动对经济的影响是极其错综复杂的，汇率的变化并不是一个孤立的因素，它往往同其他经济变量相互联系、相互影响，再将非经济因素融合在一起对经济产生作用。

二、汇率制度

（一）固定汇率制

固定汇率制是指各国货币的汇率受黄金平价的约束，只能围绕黄金平价在很小范围内波动的汇率制度。固定汇率制有两种不同的形式：一是金本位制下的固定汇率制；二是纸币流通下的固定汇率制。金本位制下的固定汇率制是指各国的货币都规定法定含金量，两国货币的含金量之比就是两国货币交换的比率，即汇率。纸币流通下的固定汇率制，是指第二次世界大战后到1973年布雷顿森林体系下实行的以美元为中心的黄金-美元本位制。在黄金-美元本位制下，美国规定1美元纸币的含金量，其他国家则规定本国货币与美元的交换比率，美国保证其他国家可以随时用美元按官方价格向美国兑换黄金。

（二）浮动汇率制

浮动汇率制是指各国货币的汇率不受黄金平价的约束，一国货币与外国货币的交换比率即汇率随外汇市场的变动而变动的汇率制度。浮动汇率制有自由浮动与管理浮动、单独浮动与联合浮动等几种不同的形式。自由浮动又称清洁浮动，是指一国货币管理部门对外汇市场不加任何干预，任由汇率随外汇市场的波动而自由波动。管理浮动又称肮脏浮动，是指一国货币管理部门以各种形式对外汇市场进行干预，把汇率波动的幅度控制在一定的范围之内。单独浮动是指一国货币不与任何外国货币发生固定联系，其汇率随外汇市场的供求状况而单独浮动。联合浮动是指原欧洲货币体系各成员国货币之间保持固定汇率、对非成员国货币采取共同浮动的做法。

（三）其他汇率制度

固定汇率制和浮动汇率制是对现有汇率制度的抽象划分，在现实中，很多国家实行的汇率制度不能简单地用固定或浮动来划分，譬如在固定和自由浮动之间的爬行钉住制度和汇率目标区制度等。爬行钉住制（crawling peg）是汇率可以做经常的、小幅度调整的固定汇率制度。这一制度有两个基本特征。首先，实施爬行钉住制的国家有维持某种平价的义务，这使得它属于固定汇率制度这一类别。其次，这一平价又与一般的可调整钉住制有区别：后者的平价调整是很偶然的，且幅度较大；而爬行钉住制则经常性小幅调整。汇率目标区制（target zone）则是将汇率浮动限制在一个区域内（如中心汇率上下10%）的汇率制度。它相对于管理浮动汇率制有两点主要不同：第一，管理部门在一定时期内对汇率波动有比较明确的区间限制；第二，管理部门要更为关注汇率变动，必要时要利用货币政策等措施将汇率波动尽可能地限制在目标区内。汇率目标区制度与可调整钉住的汇率制度的主要区别在于：在目标区制度下，以政府公布的中心汇率为基准，汇率允许波动的范围更大。[①]

三、人民币汇率制度

（一）人民币汇率制度的形成和发展

汇率制度作为一个国家主要的经济制度，在经济发展过程中发挥着重要的作用。人民币汇率制度的形成和发展主要分为以下几个时期：1949～1952年国民经济恢复时期的汇率制度，这时期的汇率制度基本上可看成是浮动汇率制度；1953～1980年计划经济体制下的汇率制度；1981～1984年官方牌价和外汇调节价并存的双重汇率制阶段；1985年～1993年有限灵活的浮动汇率制度阶段；1994年我国外汇管理体制和汇率形成机制进行了重大改革，取消了双重汇率制度，人民币官方汇率与市场汇率并轨，实行以外汇市场供求为基础的单一的有管理的浮动汇率制度，被IMF誉为“战略性决策”。

自2005年7月21日起，我国开始实行以市场供求为基础的、参考一篮子货币进行调节、有管理的浮动汇率制度。人民币不再盯住单一美元，形成更富有弹性的人民币汇率机制，这是人民币汇率改革迈出的历史性的一步。2005年以来的人民币汇率改革，在坚持主动性、可控性和渐进性三原则基础上，从汇率制度、汇率形成机制、汇率水平三个方面入手，使人民币汇率制度形成为一个以市场供求关系为主导、参考多种货币汇率变化关系的有机的整体。2010年6月，中国人民银行宣布重启汇改，进一步推进人民币汇率形成机制改革，增强人民币汇率弹性。我国再次进行人民币汇率形成机制改

---

① 姜波克．2013．国际金融新编．第五版．上海：复旦大学出版社．

革，除应对人民币升值压力外，也有自身经济发展的考虑，如可以实现资源的优化配置，缓解通货膨胀压力，有利于石油、铁矿石等对外依赖程度高的资源型产品的进口等。同时，不少学者认为增强货币政策的自主性也是人民币汇率制度改革以来增强汇率制度弹性所考虑的一个重要因素，而其背后的原理主要就是"三元悖论"，即汇率稳定、资本自由流动和货币政策自主三者不可兼得，一国只能实现其中的两个政策目标而不得不放弃第三个政策目标。因此，对于中国来说，在资本管制逐渐放松的情况下，要想提高货币政策的自主性，则只能放弃钉住美元的钉住汇率制，转而实行有弹性的汇率制度。

（二）人民币汇率升值预期与经济结构调整

自2005年人民币汇率制度改革以来，人民币兑美元汇率价格在不断升值，从8.18元上升到6.76元，即便在2009年我国经济金融明显受到国际金融危机压力形势下，也在6.82～6.83元范围内小幅调整。人民币汇率的这种单边升值，刺激了国际游资的投机动机，这反过来又使得人民币升值预期进一步强化。2005～2008年上半年，我国实行紧缩货币政策多次提高利率，国内外利差的扩大，国外大量游资在赚取无风险利差和人民币升值收益的双重利益吸引之下，通过各种途径绕开资本管制流入我国，并且涌入我国股市和房地产市场，加速了我国资产市场的泡沫化，严重影响了我国的经济和金融稳定。因此，为提高我国货币政策自主性，除增强汇率制度弹性外，还应限制热钱的大规模流动，加强宏观经济政策的国际协调，使利率与汇率保持相对稳定，从而降低国际游资大规模突然出入对我国货币政策自主性可能造成的冲击。

此外，还有不少学者借鉴日本经验教训提出了人民币升值预期与国内产业升级、经济结构调整之间的矛盾和机遇。这是因为历史上由于"广场协议"后日元汇率的大幅升值，曾经大大损害了日本经济的竞争力，也刺激了日本国内的资产泡沫，导致日本"失去的十年"。值得注意的是，一方面，日元升值后日本对美国贸易顺差的局面并没有改变。从1971年日元对美元开始升值到1985年"广场协议"这14年，日元稳定地以每年平均3%的幅度升值，日美仍然存在贸易顺差，日本企业通过内部调整消化了升值的影响。日元汇率问题关键出现在1985年后日元对美元的大幅升值。据统计，1985年后的三年，日元对美元平均每年升值幅度超过20%，这种大幅升值完全打乱了企业成本调整的节奏，同时由于日本国内金融监管的放松，大量的流动性和高企的杠杆造成了80年代末到90年代的资产泡沫。另一方面，虽然早在20世纪80年代，为调整日元升值对经济造成的冲击，日本央行前总裁前川春雄就已经推动成立了经济结构调整委员会，提出了包括放松市场管制、金融自由化、资本市场国际化、农业改革等十个方面的经济市场改革措施，但事实上除国企民营化、推动制造业走出去及扩大发展援助等少数几个方面外，其他领域并未按照计划加以切实推进，致使预期的内需主导、投资消费拉动型增长模式等目标最终未能确立。①

① 彭锋．2010. 内外平衡、贸易顺差和人民币汇率——兼论人民币汇率升值能否解决中美贸易失衡．中国金融，(13)：79-80.

历史说明：国际收支不平衡的调整，不能简单地从汇率和利率政策，而应从国内经济结构调整、从收入分配体系改革等根本性方面来寻找问题的答案。无论是经济结构的问题，还是收入分配体系的问题，根本之道在于市场化的改革。我们应该赋予改革开放政策以更多的时代含义，改革的一个重要内容就是改变政府对市场经济的过度干预，界定好政府和市场的边界，发挥政府引导技术创新的作用。与此同时，开放的含义也不应单单是对外的市场开放，而应更多地促进对内的开放，如放开对民营资本的市场准入、提高私营部门金融资源可获得性、完善资源土地等要素市场的定价机制、建立统一的劳动力市场等。至于中国短期的汇率调整，应当在企业本币升值的消化能力、国内就业压力、本国金融市场接受冲击的能力和国际压力之间寻求一种微妙的平衡。只有在坚持市场化基础上的全球化，只有加强人民币和主要国际储备货币之间的协调，人民币汇率的短期调整才能真正起到长期促进国内经济结构调整的积极作用。

第三节　国际收支失衡与调节

一、国际收支失衡的原因及对一国经济的影响

广义的国际收支，是指一国在一定时间内与世界其他国家（地区）之间由各种经济往来而发生的收入和支付，既包括涉及外汇收支的国际经济往来，又包括不涉及外汇收支的国际经济往来；既包括国际上的交换行为，又包括那些单方面转移及其他诸如黄金货币化、特别提款权分配与取消、债权债务再分类等行为，它们被统称为对外交易。目前，世界各国大都采用国际货币基金组织国际收支的概念和分类，修改和充实本国的国际收支统计体系。

理论上，浮动汇率制不会导致国际收支顺差和逆差，从而消除了持有大量储备的需求。然而，为防范热钱的投机性流动致使汇率偏离均衡水平，各国尤其是众多的新兴国家发现了出口主导型增长模式的诸多优势，储备需求也因此十分旺盛，这在整个 20 世纪 80 年代尤为明显。然而出口导向战略使这些国家获益良多的同时，全球经济贸易却面临着结构上的缺陷：出口方的顺差必然对应进口方的逆差，换言之，就有可能导致全球性的失衡。而且当今的国际货币储备体系仍然不尽如人意，金融自由化所带来的更大规模的资本流动增强了而非削弱了积累自有储备的需求。许多国家对汇率浮动、对不稳定的资本流动具有合乎理性的恐惧，而短期借贷所形成的外汇储备又极易在危机中侵蚀殆尽，最有效的自有储备积累方式是追求经常项目顺差。1997 年亚洲金融危机的惨痛经历警示了东亚各国持有自有储备的重要性，2008 年金融危机不过是重申了这一教训而已。2003～2009 年，全球外汇储备从 216 万亿美元攀升至 618 万亿美元，年均增长速率为 15%，而同期全球 GDP 年均增长仅 4.4%，这种巨额储备的积累对于单个国家而言是理性选择，然而一旦众多国家竞相持有巨额储备，则加剧了当代世界经济领域中热议的全球性失衡问题，即储备囤积国掌控着巨额顺差，而作为主要储备发行者的美国积累了巨额逆差。虽然储备积累与全球失衡是否存在必然的内在逻辑联系仍有激烈的争论，但值得强调的是，当今世界经济领域国际收支失衡的焦点已经明显不再是美国为代

表的巨额贸易逆差的可持续性问题，而是其逆差对顺差国、逆差国经济运行的影响。尤其是美国作为发行储备货币的权势所获得的“过分特权”削弱了其作为储备货币发行国的国际收支平衡约束，迟早会诱使其国内经济出现过度消费和金融市场膨胀式发展，而美国金融市场的盛衰荣枯周期循环又通过热钱、资本流动等各种传导机制植入世界各个债权国，而与此同时美国作为主要债务国却不承担相应的调节压力，这种循环必然进一步放大全球经济失衡。①

（一）国际收支失衡的主要原因

在国际收支平衡表里，国际收支总是平衡的。但这种平衡是会计意义的平衡。在实际中，国际收支经常处于失衡状态，即国际收支总会出现顺差或逆差。

在国际收支理论中，可以根据动机的不同将交易分为自主性交易和补偿性交易两类。前者是指个人和企业为某种自主性目的而从事的交易，后者是指为弥补国际收支失衡而发生的交易，如为弥补国际收支逆差而向外国政府或国际金融机构借款、动用官方储备等。所以国际收支差额，就是指自主性交易的差额。当这一差额为零时，称为国际收支平衡，否则成为国际收支失衡。

国际收支失衡的原因是多样的而且是复杂的，有经济方面的，也有政治、军事及自然灾害方面的。经济方面的原因是主要的，因此，我们在此仅分析经济方面的原因。

1. 结构性失衡

结构性失衡是指由一国的经济结构变动因不能适应国际市场需求变化而导致的国际收支失衡。结构性失衡包含两层含义：其一，经济和产业结构变动的滞后和困难所引起的国际收支失衡。这层含义的结构性失衡在发达国家和发展中国家都有发生；其二，一国的产业结构比较单一或其产品出口需求的收入弹性低，或者是虽然出口需求的价格弹性高，但进口需求的价格弹性低所引起的国际收支失衡。这层含义的结构性不平衡在发展中国家表现得尤为突出。

经济结构对国际收支的直接影响主要是通过进出口结构的变动来实现的。进出口结构分为进口结构和出口结构。各国由于历史、自然地理及政府引导等多种因素，国内经济产业结构差别很大，生产力发展水平各异。一些发展中国家曾长期受到殖民主义统治，成为帝国主义国家的附属国，其经济结构非常单一，甚至某一两种初级产品出口成为其换汇的唯一的或是主要的手段。独立后由于多方面因素，好多发展中国家迄今未改变这一被动局面。一旦国际市场对这些发展中国家赖以换汇的初级产品需求减少或价格下跌，则这些发展中国家的国际收支就出现重大困难。即使是已经改变了靠少数种类的初级产品为主要换汇手段，而未能使本国产业结构适应世界经济发展要求，则一旦世界经济发生变化，这些国家还是容易出现国际收支失衡的。

---

① 罗伯特·斯基德尔斯基．2011. 凯恩斯、全球失衡与当今国际货币体系改革．国外理论动态，(2)：41-45.

2. 周期性失衡

周期性失衡是指一国经济周期波动使一国的总需求、进出口贸易和收入受到影响而引发的国际收支失衡。在社会化大生产的条件下，资本主义经济总是表现为明显的周期变动。周期分为繁荣、衰退、萧条和复苏四个阶段，在一定时期内周而复始、反复循环。在不同阶段，国际收支可能出现不同的失衡情况：在繁荣阶段，由于国内需求旺盛，进口增长较快，超过出口增长，可能出现逆差；而在萧条阶段，由于国内需求萎缩，进口迅速消退，可能出现顺差。此外，第二次世界大战后国际经济关系日趋密切，资本主义国家千方百计向外转嫁危机，促进了周期性经济危机的扩散，某些大国的国际收支失衡往往会引发一些与其关系密切而经济实力较弱的国家也发生国际收支失衡。20世纪80年代初，拉美重债务国陷入债务危机就是一例：在20世纪60年代世界各国经济发展较为顺利时，美国等西方发达国家以较低利率向拉美国家提供大量贷款，进入20世纪70年代后，美国的国际收支状况急剧恶化，尤其是到20世纪70年代末，包括美国在内的许多欧美发达国家先后陷入严重的经济滞胀之中。为了克服其通货膨胀严重的局面，美国实行了高利率政策，并以此维持了美元的高汇率，使大量借用美元债务的拉美国家受到双重打击，终于从1982年起陷入了长达10年之久的债务危机。

3. 收入性失衡

收入性失衡是指因一国国民收入变化而引发的国际收支失衡。在一国经济迅速发展中，居民的收入也会相应迅速增加，从而提出更高的消费要求，除了要求商品进口迅速扩大外，还增加了原先在较低收入水平时所没有或较少的其他消费要求。例如，以韩国为例，20世纪80年代韩国的经济有了迅速发展，人均GDP由1980年的1530美元增至1989年的5400美元。韩国的经济实力有了很大增强，然而就在这种情况下，韩国的对外贸易，1989年尚有8亿美元顺差，1990年转为逆差50亿美元，1991年更增至逆差100亿美元。同时居民海外旅游迅速增加，使得韩国无形贸易逆差（主要是旅游外汇收支）由1990年的4.5亿美元扩大到1991年的16亿美元。

4. 货币性失衡

货币性失衡是指一国在一定汇率水平下，国内货币成本与一般物价上涨而引起出口货物价格相对高昂、进口货物价格相对低廉而导致的国际收支失衡。一个国家货币价值的变动必然使其产品成本和物价水平与其他国家相比发生变动，从而引起国际收支失衡：在通货膨胀情况下，该国物价水平相对高于其他国家，若没有一定的国际干预措施，则可能因通货膨胀而刺激国内需求，扩大进口，而出口则因为国内生产成本增加而增长受阻，于是产生国际收支的逆差。反之，在通货紧缩的条件下，则可能出现国际收支顺差。

5. 政策性失衡

政策性失衡是指一国因推出重要的经济政策或实施重大改革而引起的国际收支失

衡。例如，一国推行金融自由化政策或严格的外汇管制政策，实行全方位的高利率，鼓励引进外资或提倡对外投资或实行汇率改革等，都可能通过各种传导机制，影响该国的贸易往来和资本流动，从而引起国际收支顺差或逆差。由此可见：金融监管其实是对流动性的一种约束，加强金融监管意味着，在经济体中有较少的消费者能够获取融资或对外借债，以维持较高的消费水平。而与之相反的，放松金融监管意味着，在经济体中有更多的消费者能够举债，或者说维系更长期的跨期借贷行为，即储蓄和投资的长期不均衡及经常账户长期逆差的局面，从而导致全球失衡更加严重和剧烈。

（二）国际收支失衡对一国经济的影响

规模不大、持续时间较短的国际收支失衡，或者是动态的失衡状态，即顺、逆差交替出现且数额较小的失衡，对一国的经济一般不至于有太大的影响。但假如一国出现了持续性的顺差或逆差则不可避免地要对其国内经济及国际经贸关系产生影响。

1. 持续性顺差对经济的影响

持续性顺差对一国经济的消极影响主要有四个方面。

（1）加大了本国通货膨胀的压力。持续顺差显示了一国海外净资产持续增长和货币市场上外汇供应的增加。若国内信贷和货币投放量未能加强有效协调和适当控制，就可能引发国内通货膨胀。

（2）促使本币汇率上升，冲击外汇市场。持续顺差造成外汇市场上外汇供应剧增，顺差国金融货币管理当局为了避免出现国内通货膨胀，势必从严控制货币投放规模，从而形成在外汇市场上本币供不应求而汇率上升。若无必要的管理措施，本币的升值就会诱使国际短期资金大量涌入，进行投机，冲击外汇市场。

（3）影响本国商品出口。本币汇率上升，导致本国出口商品以外币计价的成本增加，从而降低了商品的价格竞争力，若无其他有效措施以增强商品非价格竞争力，通过提高劳动生产率、降低生产消耗等措施减少本币升值造成的产品成本的上升，则本国出口生产企业将很容易陷入困境。

（4）加剧国际经济贸易关系的紧张程度。一国国际收支的持续顺差，就是其他国家的持续逆差，这种持续的逆差很不利于逆差国发展其本国经济，因此必然要引起国际摩擦。

当然，大量、持续的顺差也表明了该国出口商品的强大竞争力，表明了该国具有雄厚的金融实力和对外投资能力，以及在需要向外筹资时，可以争取较优惠的条件。这些对于顺差国来说，都是继续发展本国经济的有利条件。但假如一个国家一方面还需要大量从国外筹资，或者引进大量先进技术和设备以发展本国经济，另一方面又在国际收支中持续出现大量顺差，则又表明了对外汇资金利用方面显得效益不高。

2. 持续性逆差对经济的影响

持续性国际收支逆差虽然可能使当事国在国际经贸谈判中处在可以要求顺差国放松商品进口限制、扩大开放国内市场等地位，但这些要求能否得到积极回应，在当前世界经济旧秩序未消除之前，很大程度上还要看逆差国的经济实力（究竟能给对方多少谈判压力及自身出口能力等）如何。至于以国际收支持续逆差反映了该国经济落后，可以争取世界银行和其他国际金融机构、外国政府的优惠贷款的说法，实际上缺乏可靠依据，提供贷款者终究还是要看借方的偿还能力再决定是否提供贷款。因此，持续的国际收支逆差对当事国经济的影响主要是消极的，这主要表现在以下四个方面。

（1）促使本币汇率下降。本币的国际地位下降，对本国对外经济交往会产生消极影响。

（2）会阻碍本国经济的正常发展。因为持续逆差必然会大大减少本国的国际储备，降低对外支付能力，被迫压缩本国发展经济的必需品的进口。

（3）会损害国家的国际信誉。增加国际筹资的难度和成本，正常的利用外资的途径可能减少。

（4）由于本币汇率下降和国内经济发展受阻，虽然它方可能加强种种法律、行政措施，但不免会有大量资金通过各种非法渠道外流，从而加剧国内资金的匮乏，并影响经济发展。这种情况在一些发展中国家陷入债务危机或金融、经济危机时，表现得更为突出，其结果是使这些国家经济雪上加霜。

二、国际收支失衡的调节

国际收支失衡的调节主要有两种方式：一是自动调节；二是人为调节。

（一）自动调节机制

自动调节是指在经济货币体系中某种机制的存在使国际收支在失衡后一定时期内可自动恢复均衡。人为调节即为政策调节，是指一国货币当局通过采取一系列的政策和措施，促使国际收支趋于平衡。

1. 金本位制下的自动调节机制

金本位制下的自动调节机制就是大卫·休谟提出的“价格-铸币流动机制”（price specie-flow mechanism）。其基本思想是：各国只要遵循游戏规则，一国国际收支失衡可以通过黄金的自由输出、输入和物价的涨跌而自动取得平衡。各国所要遵循的是以下四个“游戏规则”：一是各国自主确定本国货币的含金量，并以铸币平价决定本国货币与其他国家货币的汇率；二是黄金可以在世界各国间自由流动而不受任何限制；三是各国中央银行或货币管理部门须保有与货币发行量相适应的黄金储备，以保证在任何情况下，本国货币与黄金的可兑换性，且不得采取任何抵消黄金流出入对本国货币供应量影响的货币政策；四是商品市场是自由竞争的，不以任何政策加以干预，物价具有完全弹性，各国之间处于完全竞争、充分就业状态。

金本位制下的自动调节机制：当某国的国际收支出现逆差时，别的国家可以持该国货币以固定比价向该国兑换黄金。该国黄金储备下降直接导致货币供应量减少，从而使得生产成本和物价降低，有利于扩大出口，减少进口，最终促使该国国际收支的改善，黄金储备相应增加。反之，在国际收支出现顺差时，黄金储备增加，货币供应相应增加，导致物价和成本上升，有利于扩大进口，减少出口，其国际收支的顺差水平降低，黄金储备相应减少。

2. 纸币流通制度下的自动调节机制

在不兑现的纸币流通制度下，黄金不再流动，但价格、汇率、利率、国民经济等经济变量对国际收支的自动调节仍会起到一定的作用。纸币流通制度下的自动调节机制包括以下两个方面。

(1) 固定汇率制度下的自动调节机制。当国际收支出现逆差时，在固定汇率制度下，国际收支的自动调节机制如下。①价格机制：国际收支逆差（顺差）→ 国际储备减少（增加）→ 货币供给减少（增加）→ 价格下降（上升）→ 进口减少（增加）出口增加（减少）→ 国际收支恢复平衡。②利率机制：国际收支逆差（顺差）→ 国际储备减少（增加）→ 货币供给减少（增加）→ 利率上升（下降）→ 资本流入增加（减少）→ 资本与金融账户顺差（逆差）→ 国际收支恢复平衡。③收入机制：国际收支逆差（顺差）→ 国际储备减少（增加）→ 货币供给减少（增加）→ 现金余额下降（增加）→ 支出水平下降（上升）→ 进口减少（增加）→ 国际收支恢复均衡。

(2) 浮动汇率制度下的自动调节机制。在浮动汇率制度下，国际收支的自动调节机制主要是汇率机制：在持续逆差的情况下，由于外汇供不应求，而本币相对过剩，则本币对外贬值，出口商品价格竞争力提高而进口商品价格竞争力下降，从而扩大出口、限制进口；同时在持续逆差情况下，信用将紧缩，利率上升，也将限制国内总需求从而使逆差额逆转。在持续顺差情况下则反之。自动调节机能生效条件是进出口商品供需弹性大，对利率升降敏感，而且国家财政金融等政策调整与之相适应，否则这一机能就难以起到预期作用。

（二）国际收支的政策调节

国际收支的政策调节是指国际收支失衡的国家从本国国民经济发展的自身需求出发或若迫于其他国家的压力，通过制定、调整宏观经济政策，加强国家间的经济合作，甚至采用直接管制的措施，对本国的对外经济活动或外商在本国的经济活动进行管理与干预，以此改变本国国际收支失衡的状况。当国际收支出现逆差时，可以采用的调节政策有以下几个方面。

1. 支出变更政策

支出变更政策是指通过改变社会总需求或经济中支出的总水平，进而改变对外国商品、劳务和金融资产的需求，以此来调节国际收支失衡的一种政策。它主要包括财政政策和货币政策。

(1) 财政政策调节。财政政策对国际收支失衡的调节机理表现为运用财政收入政策、支出政策和公债政策影响社会总需求的变动，进而通过对边际进口倾向的影响达到调节国际收支的目的。如果一国出现国际收支逆差，则政府应采用紧缩性的财政政策，减少财政支出和提高税率，政府支出的减少通过乘数效应使国民收入数倍减少；同时，税率的提高进一步降低了企业的收益和个人的可支配收入，收入的减少必然导致本国居民商品和劳务支出的下降，其中包括对进口商品和劳务的需求下降，至于下降的程度则取决于边际进口倾向的高低，最终达到改善国际收支的目的。值得注意的是，除了通过总需求间接调节国际收支失衡以外，财政政策还可直接作用于恢复国际收支的均衡，特别是当国际收支的赤字源于财政赤字时，控制国内财政赤字即可直接改善国际收支。

（2）货币政策调节。货币政策可以改变社会总需求的水平，进而影响价格、利率等变量，达到最终调节国际收支失衡的目的。如果一国出现国际收支逆差，运用紧缩性的货币政策，可以降低国内生产的出口品和进口替代品的价格，增强本国产品的竞争力，从扩大出口和减少进口两个角度纠正国际收支经常项目的逆差。再者，紧缩性的货币政策将促进一国国内利率水平的提高，有利于吸引资本流入，改善国际收支的资本和金融账户。

2. 汇率政策

汇率政策调节指一个国家通过调整汇率改变外汇的供求关系，由此影响进出口商品的价格和资本流出入的实际收益，进而达到调节国际收支失衡的一种政策。

在固定汇率制下，汇率政策是指国家采用货币法定贬值或升值的办法来降低或提高本国货币的对外价值，达到调节国际收支的目的。具体而言，当一国出现国际收支逆差时，国家可以将货币法定贬值，降低本国货币的汇率，以使本国商品在国际市场上以外币表示的价格下跌，使本国商品具有价格竞争力，扩大出口；同时，使外国商品在本国市场上以本币表示的价格上升，抑制进口，扭转国际收支失衡的状况，反之亦然。

在浮动汇率制度下，汇率调整一般是指国家通过外汇平准基金或外汇稳定基金进行公开市场业务，人为地促使本国货币上浮或下降来平衡国家收支。当一国出现国际收支顺差时，采用卖出外汇的办法来降低外汇汇率，提高本币汇率，扩大进口，抑制出口，反之亦然。

在钉住汇率制度下，调整汇率就是指货币当局直接调整本币对关键货币的汇率，使汇率稳定在一个合理的水平上，从而调节国际收支的失衡。

3. 信用政策调节

信用政策也可以调节国际收支失衡。如果一国面临较严重的经常项目逆差，可以有针对性地直接向出口商提供优惠贷款，鼓励其扩大出口；中央银行也可以通过提高进口保证金比例，抑制进口。另外，还可以通过向外商提供配套贷款吸引投资，通过资本和金融项目的顺差来平衡经常项目的逆差。信用政策的运用还可以通过影响利率水平的变化，进而对投资、价格等变量产生影响，并作用于社会总供给和总需求，通过社会总供给和社会总需求的变化来进一步调节国际收支失衡。

4. 外贸政策调节

外贸政策调节国际收支比较典型的做法是通过关税和非关税壁垒来实施贸易的管

制。前者主要通过提高外国出口商品的关税来抑制进口，刺激对本国进口替代品的需求。但是，其对国际收支失衡的调节仅仅是一种对进口方面的单向调节。后者则一方面运用配额、进口许可证等措施限制进口；另一方面运用出口补贴等措施鼓励本国商品的出口，从进出口两方面双向调节国际收支失衡。如果一国出现国际收支逆差，可以通过提高关税和增加非关税壁垒来抑制进口、鼓励出口，改善国际收支。但是，通过外贸政策调节国际收支会扭曲市场机制配置资源的效果，因此会导致一系列问题的出现。例如，走私猖獗、黑市活跃、千方百计逃脱管制。而且外贸管制容易产生国际贸易摩擦，陷入报复与反报复的恶性循环。

5. 国际经济金融合作政策

要在世界范围内解决各国的国际收支失衡并取得良好的效果，各国之间必须互相谅解，加强国际经济合作。具体措施主要有如下四个方面。①加强各国贸易政策的协调，取消贸易壁垒，实行贸易自由化政策；②加强各国在金融信贷方面的合作，如相互签订货币协定，提供优惠信贷与资金支持；③建立区域性经济货币联盟（如欧盟）或推行经济一体化，加强区内经济货币政策的协调；④完善和加强 IMF 等国际性金融组织的职能和作用。

总而言之，国际收支失衡的政策调节是多样化的，每一种政策都有其各自的特色与调节功效，一国可根据具体情况予以取舍。取舍的基本原则有三项。

（1）应根据国际收支失衡的具体原因选择调节政策。

（2）应多通过政策搭配方式来调节国际收支。

（3）选择调节国际收支失衡的政策，应尽量不与国内经济发生冲突或尽量减少来自他国的压力，以免影响国家间正常的经济关系。

第四节 金融自由化与金融监管

金融自由化浪潮于 20 世纪 70 年代始于美国。美国对金融业（主要是银行业）的管制是 20 世纪 30 年代“大萧条”以后逐步形成的。管制的主要表现是：①对银行支付存款利率的限制（《Q 条例》）；②对银行进行证券业务的限制（《格拉斯-斯蒂格尔法》）；③存款保险制度；④对金融市场和金融机构的管理和监督（证券与交易委员会、存款保险公司、贷款保险公司、住宅贷款局等）；⑤限制新银行开业；⑥联邦储备银行的集中和加强等。20 世纪 70 年代以后，美国出现了一股对“大萧条”重新认识的思潮。此外，经济条件的变化也对金融自由化的发展起了强有力的推动作用。1965 年之前，在普遍低利率的情况下，《Q 条例》并未形成实际约束，因而并未影响银行的存款吸收能力。1965 年后，由于利率的普遍提高，政府管制变得具有约束力，从而限制了银行的获利机会。存款人把资金转向利率不受限制的票据和证券。非银行金融机构的出现更是吸收了大量存款。银行设法通过发行商业票据、回购协议和吸收欧洲美元等方式进行反击。管制必然导致逃避管制，因而大额存单、回购协议、商业票据、欧洲美元和货币市场基金等各种金融创新应运而生。美国所极力倡导的金融自由化改革，始终以其自身经济利益为目标和基本原则，最终形成了利率市场化、浮动汇率制、美元国际化和资本流出入基本无限制的庞大金融体系。美国高度发达的金融市场不仅发挥了高效的资源配置功能，金融业也因此而成为美国经济的支柱行业。美国依靠其庞大的虚拟经济支撑着美元国际货币地位，而债务-美元则吸引了大量国际资金支持着美国虚拟经济。所以，债务-美元货币体系下全球流动性膨胀和国际资本大规模流动成为美国经济虚拟化的宏观因素，也是2008年国际金融危机爆发的历史背景。

一、金融自由化

（一）金融自由化的内容

金融自由化，实质上是要求各国放松金融管制，形成全球统一的金融市场和运行机制，保证金融资本在全球范围内自由流动和合理配置，其核心是取消利率限制，使利率完全自由化；取消外汇管制，使汇率浮动完全自由化；放松各类金融机构业务经营范围的限制，使金融业务经营自由化；放松对资本流动的限制，允许外国资本和金融机构更方便、更自由地进入当地市场，同时也放宽本国资本和金融机构进入外国市场的限制，实行资本流动自由化；放松和改善金融市场的管理，实行市场运作自由化。其具体内容即利率自由化、汇率自由化、银行业务自由化、金融市场自由化。

1. 利率自由化

利率自由化是指政府解除对利率的管制，使利率完全能充分反映资金利用的供求，利用价格机制来达到资金的最佳配置和利用。1980年，美国放松了对存款机构的管制，取消了关于存款利率上限的《Q条例》和某些贷款的利率限制，使银行在更大范围内经营业务活动，并可跨州兼并行将倒闭的金融机构。之后，各主要工业国家相继放弃了利率的限制。例如，日本1985年大额存款利率开始解除管制，并在1993年之前全面废除了存款利率的限制。

2. 汇率自由化

第二次世界大战后，资本主义经济政治发展不平衡加剧。美国经济势力削弱，国际收支的恶化，美元多次发生危机，最终导致以美元-黄金为中心的布雷顿森林体系崩溃。1976年，牙买加体系的形成，使汇率安排多样化，成员国可根据自己的情况选择汇率制度，各国先后开始实行不同形式的浮动汇率制，逐步走向汇率自由化的道路。

3. 银行业务自由化

银行业务自由化是指政府不再限制银行经营业务的范围。主要是银行可经营的业务范围不断扩大，不但可以从事短期融通的货币市场，而且可以从事长期借贷的资本市场、债券市场、证券市场和保险市场业务；不仅允许国内金融机构从事境外金融业务，还允许国外金融机构从事境内金融业务；不但允许银行从事表内业务，而且允许其从事表外业务。在当今国际金融业务中，表外业务已经成为业务的重要内容。表外业务大致可分为两类，一类是可以产生潜在的资产负债表的业务，包括贷款承诺、担保、互换与套利交易和投资银行的业务活动等；另一类是利用现有技术设备实行规模经营，产生银行收入，但不在银行资产负债表上反映的金融服务活动，包括与贷款有关的服务、信托与咨询服务、经营或代理业务、支付服务、进出口服务等。

4. 金融市场自由化

金融市场自由化是指各国金融市场不再相互分割，全球金融市场趋向一体化。20世纪60年代以来，逐步形成的国际金融中心有纽约、伦敦、法兰克福、巴黎、东京、苏黎世、香港、新加坡等，形成的离岸金融市场有欧洲货币市场、亚洲货币市场、加勒比海离岸金融市场等。这些国际金融中心和离岸金融市场的形成，促进了资金交易自由化、利率自由化和资本流动自由化，加速了金融国际化的步伐。尤其是1995年全球、多边金融服务贸易谈判和相关协议的签订，使全球90%的金融市场获得开放，走向自由化。

（二）金融自由化的影响

1. 正面影响

（1）加快了国际金融一体化。金融自由化使得货币与资本市场呈现“无边界的扩张”，金融市场日趋一体化。一是欧洲货币市场的迅速发展和壮大，继之而起的是亚洲货币市场、加勒比海离岸金融市场等。二是国内金融市场与国际金融市场日益融合，并形成了相互依赖的态势。三是国际金融市场以几个国际金融中心为依托，通过各种先进的、便利的技术信息传输系统连为一体。四是本国在外国的银行分支机构遍布全世界及国际融资证券化趋势也日益加强。

（2）增加了金融市场的竞争性，提高了效率。金融自由化对所有的金融市场参与者，无论是借款者还是贷款者，都既形成了压力又提供了机会。首先，它使不同金融机构之间突破了业务领域的限制，相互渗透，互相竞争，促进了资源的合理配置。其次，以高科技为基础的金融创新大大减少了金融活动所需要的时间和交易成本，提高了工作效率。最后，金融自由化扩大了资金来源、资金运用规模和业务活动范围，增强了收益，提高了竞争能力。

（3）加快了金融信息的快速流通。金融自由化使金融信息更具有公开性，能够更准确、更迅速、更全面地反映市场供求情况，形成了更为有效合理的价格信号体系。尤为重要的是它减少了产品间、银行间的资金流动障碍，从而提高了资源配置效率。

（4）满足了各种金融需求。金融自由化能满足在经济发展过程中不断产生的各种金融需求。对于投资者和储蓄者来说，扩大了金融资产品种的选择和实际收益，增强了金融资产的流动性和安全性，改善了金融服务质量；对于生产者来说，它在时间、数量、期限、成本等方面均能更好地满足其对融资的需求。

2. 负面影响

（1）金融自由化浪潮加剧了世界金融动荡。金融自由化是指不断减少政府对金融部门运行的管制和干预，转而由市场力量决定的过程，在实践中主要集中在价格自由化、业务经营自由化、市场准入自由化和资本流动自由化等几个方面。20 世纪 80 年代以来，发达国家相继放松金融管制，发展中国家则先后展开了以金融自由放任为特点的金融深化和以金融发展为旗帜的金融体制改革，不少国家原本期望金融自由市场化改革能够带来经济繁荣，然而事与愿违，自布雷顿森林体系崩溃以后开始显现的国际金融动荡，伴随着金融自由化的进程而日益加剧，从 20 世纪 80 年代初的拉美债务危机，到 90 年代中期的墨西哥金融危机，到 1997 年的亚洲金融危机，再到 2008 年的美国金融危机，大大小小的金融危机频繁发生，破坏程度不断加深。一系列惨痛的现实促使人们展开反思，开始在理论上分析金融自由化与金融不稳定及金融危机之间的内在联系，发展中国家金融自由化改革的实践步伐也趋于审慎（程恩富和王佳菲，2009）。

（2）美国积极推动的金融自由化导致资本主义基本矛盾进一步激化。主要表现如下：金融自由化导致利益更多地向资本家倾斜，工人的所得相对下降；导致利益更多地向金融垄断资本倾斜，实体部门利润下降；导致利益更多地向美国等发达国家倾斜，发展中国家地位相对下降。新自由主义主导下的经济全球化及它积极推进的金融自由化，加大了世界经济发展的不平衡性，发达资本主义国家在此进程中的获益大大超过发展中国家，全世界的收入和财富的不平等急剧扩大。而作为世界上经济最为强大的国家，美国不仅要通过金融机制在全球配置资源，还要通过金融霸权在全球争夺资源。在当前世界金融体系下，发展中国家则难以摆脱来自外部的压力，在金融开放和自由化的进程中处于不利地位。

（3）金融自由化直接助长了美国“次贷”泡沫的累积。主要表现如下：金融自由化加剧了银行之间的竞争，而激烈的竞争促使银行开展高回报、高风险的业务，这在住房次级抵押贷款市场尤为明显。在监管缺失的情况下，长期的低利率环境刺激了消费信贷证券化，并且进一步衍生出利润更为丰厚的金融创新产品，最终次级按揭规模迅速膨胀，掠夺性贷款不可避免地发生。金融自由化鼓励了消费信贷尤其是次级房贷的膨胀，助长了金融资产泡沫尤其是“次贷”衍生产品泡沫。而泡沫是注定无法长久持续的，2004 年以来美国利率提高并触发房价下跌，最终成为引发 2008 年“次贷”危机的导火索。

（4）金融自由化削弱了中央银行货币政策的自主性和有效性。首先，金融自由化“溢出效应”，干扰和削弱了国内货币政策的预期效果。其次，国际金融一体化提高了不同货币资产的相互替代性，一种资产价格的变化会影响到其他资产的价格，从而影响各国货币政策的自主性。最后，它使货币定义模糊不清，难以判断，从而造成货币政策指标的游移。

（5）金融自由化埋下了美国金融危机恶性扩散的隐患。美国利用已经确立的金融优势，大力推动各国的金融自由化，使许多国家日益与国际金融市场相依存，从而便于对别国的金融运行乃至实体经济运行施加影响，进而获得现实利益或是转嫁危机损失。随着美国“次贷”危机发展成全球金融危机，美国作为世界最大的债务国，已将它的各类债权人深深拖入泥潭而无法自拔，轻者一举一动受到牵制、唯恐美元资产缩水，重者金融稳定遭到侵蚀甚至经济安全遭受破坏。新兴市场国家自身的金融运行和经济状况原本尚属良好，但由于出口依存度或外资依存度较高，正日益感受到巨大的压力。

二、金融危机

金融危机是指以资产价格的急剧下降和许多金融和非金融公司的倒闭为特征的金融市场大动荡。金融危机可以分为债务危机、银行危机、货币危机、次贷危机等类型。系统性金融危机则指的是那些波及整个金融体系乃至整个经济体系的危机，比如2008年爆发并引发全球经济危机的美国金融危机。金融危机越来越呈现出混合形式的特征，即人们基于未来经济将更加悲观的预期，整个区域内货币出现幅度较大的贬值，经济总量与经济规模出现较大的损失，经济增长受到打击，且往往伴随着企业大量倒闭，失业率提高，社会普遍经济萧条，有些时候甚至出现社会动荡或国家政治层面的动荡。

（一）金融危机形成的原因

20世纪90年代以来，金融动荡和危机作为一种世界性现象频繁发生，例如，1991年英国货币危机，1992年欧洲汇率机制危机，1994年墨西哥金融危机和全球债券市场危机，1995年美元狂跌、英国巴林银行破产，1996年捷克、保加利亚和俄罗斯的银行倒闭，1997年亚洲金融危机，以及2008年美国金融危机等。金融动荡和危机在不同国家爆发都有其特有的内在原因，而且内因往往主要的，但它作为一种世界性现象，还有其值得注意的共同性原因。那就是金融动荡和危机与经济全球化过程特别是金融自由化过程密切相关。尤其值得强调的是：虽然金融自由化发展迅速，但许多发展中国家金融体制尚不健全，政府缺乏有效的调控和管制手段，在条件还不具备的情况下过早地实行金融自由化，是导致发展中国家产生金融危机的最主要原因。

1. 国际金融市场的规模正在不断扩大，金融风险增加

20世纪90年代以来，各国金融市场日趋自由化，出现了货币自由兑换和自由输出入、汇率自由浮动、国际金融资本大量流动、外国金融机构自由活动并与本国金融机构融合、证券交易急剧发展等现象，从而使国际金融市场的规模不断扩大，这不仅表现在外汇市场规模的不断扩大上，同时也表现在国际债券市场规模不断扩大和发展中国家引进外资规模的不断扩大上。国际金融市场规模的不断扩大必然伴随金融风险的增加。

2. 金融运行与实物经济脱节的现象正在加重，经济泡沫随时可以产生和破灭

美国经济学家乔纳森·特南鲍姆曾在《世界金融与经济秩序的全面大危机》一文中，将泡沫经济形容为“倒金字塔式”的体系，它将庞大的金融体系建立在越来越缩小的实体经济基础之上，这种经济体系是不可能持久的。原因主要有五个方面。①金融体制的信誉和稳定性是建立在货币资产可以转换的物质价值之上的，一旦这种信念动摇了，那么整个金融体制就瓦解了。②充满金融气泡的“倒金字塔”体系和其他泡沫一

样，要避免破灭的厄运，就要不断地膨胀，而这些虚假的金融价值赖以生存的物质基础是倒金字塔的最底层的物质生产和财富。③在庞大的债务压力和“倒金字塔”上层虚假资本的侵蚀下，实体经济的发展已经陷入停滞或萎缩状态。为了维护债务结构和金融泡沫的生存，对物质基础的掠夺将变得更加残酷和肆无忌惮。④当世界物质经济再也无法维持金融体制时，“倒金字塔”的崩溃就不可避免了。⑤由于这种金融体制是依赖“杠杆原理”建立起来的，其瓦解的过程也会借助杠杆的力量，产生一系列的连锁反应。

3. 金融衍生工具的迅速发展给国际金融市场的健康与安全带来威胁

20 世纪 70 年代以来，特别是 90 年代以后，国际金融市场日趋活跃，金融资本高速增长，金融衍生工具不断创新。尤其值得注意的是，面对虚拟经济的过度膨胀，号称金融市场最为成熟、监管最为完善的美国自身也没能提出及时的预警和加强必要的监管。2001 年美国互联网泡沫破裂以后，美联储 13 次降息，低利率政策加剧了实体经济与虚拟经济的失衡，刺激了美国房价大幅上涨，推动房屋抵押贷款快速增加，美国房地产抵押贷款规模危机前达到 12.8 万亿美元，其中 15%为次级抵押贷款。房屋抵押贷款膨胀刺激了金融衍生品及相关的风险交易空前扩张。2006 年，抵押贷款支持债券累计发行近万亿美元，结构性产品规模更大，全球出现十倍于实体经济规模的金融虚拟产品的风险交易。根据国际清算银行保守估计，2006 年年底，美国境内的股票、债券、外汇、大宗商品期货和金融衍生品市值总额约为 400 万亿美元，为当年美国 GDP 的 36 倍左右。

此外，美国所倡导的金融自由化不仅带来一系列的金融产品和金融交易的创新，同时也加剧了全球金融市场的脆弱性。随着全球金融自由化发展，银行和银行之间、银行和非银行金融机构之间的界限逐渐模糊，竞争日益激烈。银行业纷纷寻求新的增加利润方式，不断推出新型金融衍生工具。金融衍生产品自身的潜在风险以及银行业务的表外化都在不同程度上增大了监管的难度，重收益、轻风险的环境，最终导致包括美国在内的整个全球金融体系的脆弱性的增加。由此可见，过度的金融创新，以及金融监管的缺失和不到位是美国次贷危机及金融危机最终爆发的根源。

（二）金融危机对世界经济的影响

1. 世界经济格局的深刻变化

世界经济经历了 2008 年金融危机之后，世界经济格局发生了深刻的变化。主要发达国家的经济实力在危机中遭受重创，中国、俄罗斯、印度、巴西等新兴市场国家成为世界经济复苏的重要推动力。美国金融危机爆发之后近 4 年的时间，其失业率保持在 8%以上的高位。欧元区的失业率则在 2012 年 5 月达到 11%，创下欧元 1999 年问世以来的新高。在 1985 年“广场协议”之后，日元曾连续三次大幅升值，自 1990 年以来，日本股市“泡沫”和房地产“泡沫”的破裂，引发了全面的金融危机和长期的经济萧条。日本的 GDP 在 80 年代年均增长率曾为 4%，但在 1991～2011 年，GDP 平均增长率仅为 0.89%，基本上处于停滞状态。

金融危机的严重冲击使得许多国家社会矛盾急剧上升，各种保护主义势力强劲抬头，相互倾轧的恶性竞争开始主导国家间经济关系。特别值得关注的是，美国、欧洲、日本与亚洲新兴市场国家之间的经济摩擦，正在取代发达国家的内部竞争，成为矛盾的中心。欧盟成员国扩容将近一倍，美国力推《跨太平洋伙伴关系协定》（TPP）和《跨大西洋贸易投资伙伴协定》（TTIP），世界经济格局不再简单呈现为国与国之间的竞争，而是逐渐演变为区域和国家集团的相互较量。此外，在发达国家“以邻为壑”的经济政策下，跨国公司资本开始回流，这将严重冲击那些依赖国际资本投资发展经济的新兴市场国家。种种迹象表明，金融危机正在挑战人们对经济全球化进程不断演进的信念和预期（高程，2013）。

2. 全球分工格局的深刻调整

长期以来，美国、欧洲国家、日本是世界商品的主要消费国，以中国为首的亚洲国家则承担着工业生产工作，拉美国家、非洲国家、中东国家、澳大利亚负责提供资源和能源。这种旧分工格局在金融危机后逐渐被打破，世界经济正在进行重新平衡。发达国家试图提振其国内制造业和工业出口；中国正在努力扩大内需、提高对世界最终商品的消费能力；拉美、非洲等的发展中国家则努力推进工业化。世界经济再平衡不但关系到各国内部经济结构调整，而且即将改变冷战后的国际分工链条，因此将是一个漫长、痛苦和不确定的过程。这一过程可能将超出商品贸易再平衡和各国经济结构调整范围，在服务贸易、货币金融体系、跨国公司治理等广泛领域重塑全球经济新秩序。世界产业格局也在金融危机后面临深刻调整，开始新一轮结构重组。目前主要国家都在加大对新兴战略性产业的投入，争取抓住新的经济增长点，在下一轮竞争中获得先发优势。不但发达国家正在利用技术优势开辟朝阳产业领地，而且新兴市场国家也在逐渐调整过度倚重传统产业和单纯追求 GDP 总量的发展模式，在低碳经济、绿色经济、数字经济等领域增加政策扶植力度。

3. 中国经济面临巨大挑战

2008 年金融危机对世界实体经济的影响已经日益明显，世界经济下滑压力逐渐增大。中国虽然是这次危机中受损较小的发展中国家，直接损失不大但是间接影响也绝不可小视。其中商品出口受到的冲击最为直接，作为改革开放以来拉动中国经济增长的三驾马车之一，外贸的作用开始削弱。扩大内需，尤其是刺激消费已成为应对经济下滑的重要举措。此外，国内投资者的信心有所动摇，投资积极性不高；银行“惜贷”，国内流动性不足。与此同时，美联储不断降低利率、为银行注入流动性资金与我国宏观货币政策形成矛盾，导致大量热钱流入中国，加速了美元贬值和人民币升值的进程等，各种各样复杂艰巨的经济难题同时也考验着中国政府宏观经济驾驭和调控的能力。

三、金融监管

金融监管指一国政府或政府的代理机构对金融机构实施的各种监督和管制，包括对金融机构市场准入、业务范围、市场退出等方面的限制性规定，对金融机构内部组织结构、风险管理和控制等方面的规范性、达标性的要求，以及一系列相关的制度、政策和法律法规体系的建立与实施过程。20 世纪 70 年代以来，发达国家相继放松金融管制，发展中国家则先后展开了以金融自由放任为特点的金融深化和金融发展为旗帜的金融体制改革。特别是 20 世纪 80 年代后期至 90 年代初以来，在“华盛顿共识”的压力下，拉美国家为了得到国际经济组织和西方国家的援助以摆脱债务危机，东亚和东南亚国家为了更好地实施出口导向战略，转轨国家为了加快市场化步伐，都在推进金融自由化改革和金融开放政策。然而，随着金融自由化进程及伴随而来的金融风险的不断加大，国际金融市场动荡不定、危机频发，接二连三的金融风暴给世界经济带来重创。因此，在金融自由化这个历史潮流背景下，如何加强金融监管，防范金融风险创造稳定的外部条件，如何建立科学的金融风险预警系统及建立金融体系有效风险约束和监管机制，如何协调全球性金融安全保障机制等问题都给现行的国际金融监管制度、体系、方式和手段提出了越来越严重的挑战，已经成为世界各国金融监管部门面临的重要课题，金融监管的变革已是保证国际金融业发展的必然选择。

（一）金融监管的内容

金融监管的内容包括金融监管的目标、金融监管的主体和客体的变迁，以及金融监管的方式等。

1. 金融监管的目标

金融监管的目标是金融监管理论和金融监管实践的核心问题，对金融监管的目标的认识直接决定或影响着金融监管理论的发展方向，也主导着具体监管制度和政策的建立与实施。

20 世纪 30 年代以前，金融监管的目标主要是提供一个稳定和弹性的货币供给，并防止银行挤提带来的效益影响。1913 年美国联邦储备体系的建立可以说就是追求这一目标的直接反映，比如当时的《联邦储备法》就明确指出“为了建立联邦储备银行，为了提供一个具有弹性的货币，为了能为商业银行票据提供一项再贴现的手段，为了在美国建立对银行更有效的监督，以及为了其他目的特制定本法”。30 年代大危机的经验使各国的金融监管目标普遍开始转变到致力于维护一个安全稳定的金融体系上来，以求防止金融体系的崩溃对宏观经济的严重冲击。70 年代末。过度严格的金融监管造成了金融机构效率下降和发展困难，使金融监管的目标开始重新转向注重安全和效率的平衡性方面。

总的说来，20 世纪金融监管的目标并非是新的目标取代原有的目标，而是对原有目标的不断完善和补充新的目标，这使得当今各国的金融监管目标均包含多种内容，即维护货币与金融体系的稳定；促进金融机构审慎经营，保护贷款人、消费者和投资者的利益；建立高效率、竞争性的金融体制。

2. 金融监管的主体和客体的变迁

20 世纪初，中央银行对货币发行的逐渐统一使金融监管的职责自然地主要落到了中央银行的身上。这一时期，各国除了通过传统的专门机构，如证券管理委员会等对证券市场进行管理之外，金融监管的主体就是中央银行。30年代之后，中央银行的金融监管主体地位进一步加强。但是，随着第二次世界大战以来中央银行越来越多地承担制定和实施货币政策、执行宏观经济调控的职能，以及六七十年代新兴金融市场的不断涌现，金融监管的主体出现了多元化的趋势。其主要表现是：中央银行专门对银行和非银行金融机构进行监管，证券市场、期货市场等则由政府行使管理职能，对保险业的监管也由专门的政府机构进行。近年来，随着金融自由化的发展，出现了一批综合化经营的超级金融机构，为此一些国家又专门建立或准备建立针对这类机构的监管部门，金融监管有了从分散向集中发展的趋势，但已经不再集中于中央银行。比如，1997年英国已经成立了一家对金融机构实行全面监管的超级监管机构，即金融服务管理局，以取代英格兰银行传统的金融监管职能。美国联邦储备系统也进行了机构调整，成立了几个小组，集中负责特大型的监管工作，并积极酝酿制定能够对特大型银行进行多方式、多渠道、多角度的金融监管法规，以求及时、全面对这些银行的风险进行有效的控制。

20世纪早期的金融监管客体主要是商业银行，因为商业银行本身具有存款创造能力，对经济的影响也就比非银行金融机构大得多，而且当时在整个金融体系中，商业银行的资产负债规模、业务量也占绝对优势，非银行金融机构的比重和影响都微不足道。第二次世界大战后，随着发达资本主义国家经济的增长，金融机构也日趋复杂，非银行金融机构不但种类、数量和资产负债规模大幅度扩张，而且随着其存款性业务和创新业务的增加，货币定义变得模糊不清，因此从非银行金融机构的经济影响和货币供给两方面看，金融监管当局都不得不重视和加强对非银行金融机构的监管。此外，金融市场种类更加繁多，尤其是金融衍生产品类市场的膨胀，使金融监管的客体变得更加复杂。此外，随着近年来金融自由化的快速发展，跨国银行和其他跨国机构也日益成为金融监管当局不能忽视的监管对象。

3. 金融监管的方式

金融监管方式的变迁受古典和新古典自由主义经济思想的影响，20世纪30年代之前的金融监管很少直接干预金融机构的日常经营行为，更不对利率等金融服务和市场价格进行直接控制。当时的金融监管比较尊重市场选择的结果，基本上不行使行政命令，而是强调自律；关于市场准入、业务范围等方面的规定也类似于“公司法”的规定，比较宽松也相对灵活。因此，这一时期，各种金融机构在激烈竞争的压力下也往往不注意控制风险，投机盛行。1929年，纽约股市大崩溃后引发大量金融机构倒闭，原因就在于这些金融机构从事了过度的证券市场投机或为投机者提供了资金支持。1933年后，美国的金融监管按照新银行法的规定开始以审慎的原则对金融机构进行严格的管理，《格拉斯-斯蒂格尔法则》规定了美国银行分业经营的原则，而包括利率管制《Q条款》等在内的一系列管制条例的制定，则使美国金融监管当局开始广泛、深刻地直接干预和介入金融机构的日常经营活动，也使美国的金融监管法制化和系统化。战后，各国金融管制的法制化逐渐普及，连传统上注重习惯法和自律的英国，也制定了《银行法》(1946)、《外汇管制法》(1947) 和《银行法》(1979) 等一系列金融监管的法律规定。

20 世纪 70 年代后，广泛和直接的金融监管被认为是过度和压制性的，损害了金融机构和金融体系的效率。在金融自由化浪潮的推动下，各国普遍放松或取消了那些被认为已经过期和无效的管制措施，直接的行政性干预由于受到强烈的批评大多数被取消了，金融机构开始享有更大的经营自由。在分业管理方面，传统的限制也变得越来越少，银行的综合化经营成为一种趋势。1999 年 11 月 4 日，美国通过了《金融服务现代化法案》，从而废除了 1933 年制定的《格拉斯-斯蒂格尔法则》，金融业综合化混业经营得到了法律上的确认，金融监管方式也势必进行相应的调整。但 2008 年美国金融危机证明：正是这种混业经营潮流，美国国内投行的证券业务、商业银行的信贷业务和保险公司的保险业务相互交织、风险交叉传递，使得美国各大商业银行、五大投行及 AIG 金融集团之间发生连锁危机，最终导致整个金融体系的动荡。始于 20 世纪 70 年代的金融自由化理论明显过分强调了“自由化”的特点，即利率自由浮动、金融创新、放松管制，却忽略了在实行金融自由化的进程中不断完善其不足之处及同时加强监管的重要性。有鉴于此，2010 年 7 月，奥巴马政府确定了《金融监管改革法》，规定成立金融稳定监督委员会来防范系统性风险，提高资本金要求，限制银行从事高风险业务，限制场外市场衍生品的交易等。

（二）国际金融监管的发展趋势

纵观近 20 世纪 30 年代以来金融监管改革的历史进程，从金融监管目标看，历次的金融监管改革均围绕金融安全与效率问题展开。20 世纪 30 年代发生的大危机使各国将维持金融体系的安全稳定，防止金融体系的崩溃对宏观经济造成冲击作为首要监管目标。20 世纪 70 年代末，严厉的金融监管造成金融效率下降和金融机构发展困难，使监管目标重新注重效率问题。而 2007 年美国次贷危机发生后，国际金融监管改革开始重视对系统性风险的防范，强调“全面无缝隙”监管，进行有效控制风险，注重安全和效率的平衡。从金融监管改革推动力看，历次的金融监管改革无不由危机推动，由问题导向。从某种程度上说，金融市场的发展历史是不断遭遇金融危机的历史，也是不断应对金融危机而进行修正和改革金融监管的历史。而美国次贷危机及其所引发的全球金融危机对全球金融体系和实体经济造成严重的冲击，再次迫使人们对金融监管重新进行反思，再次推动各国政府加快金融监管改革。主要发达经济体普遍认识到金融监管不足是导致本次金融危机的主要原因之一，并在审视各自金融体系缺陷的前提下迅速着手从监管理念、监管目标、机构设置及监管手段等方面进行大幅度的金融监管改革。

1. 扩大监管范围，强化全面监管理念

由于金融工具不断创新，各国金融监管当局面临的一个迫切任务就是如何将过去不受官方监督的非银行金融机构和非银行业务纳入自己的监督范围。为此，必须先从两方面着手：一是扩大金融监管的范围；二是统一监督标准和方法。对海外分支机构的监督也是防止银行国际业务逃避监督的一个重要方面。尽管在具体的监管方法上，国与国之间仍然存在差异，但各国都在朝共同的方向努力，并且取得了很大的进展。20 世纪 80 年代，由于表外业务成为发达国家银行的新增长点。90 年代以来，金融机构混业经营

成为发展趋势。与此同时，各国监管部门也逐步将金融机构的各项业务纳入金融监管的范围。

2008年金融危机后各主要经济体都力求将所有金融机构纳入监管范围，弥补监管漏洞。在机构方面，美国将原来缺乏监管的对冲基金、私募基金、风险投资基金等都纳入监管范围；欧盟加强了对银行、对冲基金及私募股权基金的风险管理；英国对冲基金提出更严格的信息披露要求，以及关于融资、杠杆率、投资战略、特定的投资头寸方面的信息报送要求。在金融市场与产品方面，美国提出要加强资产证券化与场外衍生品市场监管，并将所有标准化的衍生品纳入场内交易并通过中央对手方清算；英国强化对具有系统重要性批发金融市场，尤其是证券和衍生品市场的监管；欧盟则强调对高风险金融市场的规范与约束，将所有标准化场外衍生品纳入交易所或电子交易平台，并通过中央清算所清算（巴曙松，2013）。

2. 设立超级金融监管机构加强对系统性风险的防范

在全球金融危机的推动下，以欧美为代表的主要发达国家和地区纷纷对本国的金融监管体制进行大刀阔斧的改革，强化宏观审慎监管进而监控和防范系统性金融风险，为此纷纷设立了超级金融监管机构负责识别、防范与处置系统性金融风险，实施宏观审慎监管的职责。

美国原为法制化、规范法的多元金融监管体系，其负责金融监管任务的机构主要包括联邦储备体系、货币监理署、联邦存款保险公司。美国的这种多元监管体系，使任何一家银行都同时置于两家或两家以上监管机构的监管下，这种多头监管在金融监管机构之间形成了一种相互制约的关系，有利于提高监管透明度和质量。但是这种监管体系也存在明显的缺陷，尽管各个监管机构相互合作，各有侧重，但因为多头管理，难免出现职责重复、效率低下的情况。有鉴于此，美国2010年通过了《多德-弗兰克华尔街改革和消费者保护法》授权财政部牵头组建包括10家监管机构成员的金融稳定监督委员会（FSOC），负责监管协调及防范与处置系统性风险，以期更有效地监测、分析和控制金融市场的系统性风险，维护金融稳定。

英国原为自律性监管体制，其银行监管的特点主要是以金融机构自律性为主，以英格兰银行的监管为辅，主要通过道义劝说的方式使金融机构自觉与其合作，共同维护金融市场秩序。这种非正式的监管方式建立在监管者与被监管者之间的相互信任、共同合作的基础上，其优点在于较为灵活、较有弹性，而缺点则在于人为因素比较明显。1979年颁布的《银行法》使英格兰银行监管权力以法律的形式得以承认，迈出了英国金融监管法制化、制度化的重要一步；1987年的《银行法》更进一步确立了英国中央银行依法监管的基本框架。在监管组织制度化的同时，1998年成立了“金融服务监管局”，由其统一对各类金融机构进行监管，并规定英格兰银行此后只在总体上对金融体系的安全性和稳定性负责。1987年《银行法》和金融服务监管局的成立为英国的金融监管走向制度化、法制化和规范化开辟了道路。2011年英国政府发布了《金融监管新框架：建立更强大系统》就政府有关解散金融服务局（FSA）及建立一个更专业也更专注的金融服务监管系统征求意见，其目的在于打破英格兰银行、金融服务局与财政部“三权分立”的监管模式，原来金融服务局的监管职能由英格兰银行下属三家机构承担，英格兰银行被重新赋予全面监管权力。

欧洲议会亦于2010年通过《欧盟金融改革法案》，决定建立一系列新的欧洲监管机构（ESAs）替换现存的各种委员会监管各类金融机构，并成立欧洲系统性风险委员会（ESRB）负责欧盟层面的宏观审慎监管，监控和预警欧洲经济中的各种风险。

3. 金融监管体系的集中统一趋势和中央银行监管作用的加强

为适应经济全球化，银行业加强调整、兼并和金融创新已经使得分业经营和分业管理名存实亡。在这种情况下，传统的经营模式被打破，银行与非银行金融机构之间的业务界线逐渐模糊，金融机构业务交叉走向多元化、综合化。银行已经开始从传统的放款业务走向证券投资领域，有些银行还将业务范围拓展到信贷、抵押、保险等一些非传统银行领域，而证券、租赁、保险等金融公司也已经开始向特定顾客发放贷款。随着经济的发展和金融自由化的不断深入，20世纪90年代后期金融业由分业向混业经营的趋势在进一步加强。当金融市场变得越来越一体化时，通信技术和计算机的运用使得在现行监管体系下难以对金融风险进行集中控制和监管，这就要求建立更集中和协调的监管体系。

2008年金融危机之前，各主要经济体的中央银行几乎都被排除在金融监管体系之外，而专事货币政策职能。但金融危机的爆发表明：这种制度安排不利于防范系统性风险和实施宏观审慎监管。因此金融危机后，各主要经济体都纷纷明确了中央银行在金融体系中的核心位置并强化了其监管职责。

4. 加强金融消费者的利益保护

随着金融衍生产品的复杂性日益增加，金融消费者越来越难以正确理解产品的特征和对产品蕴含的金融风险做出正确评估，从而无法基于审慎的判断做出交易决策，甚至落入欺诈陷阱。因此，保护投资者与消费者权益作为金融监管的重要内容，在各国金融监管改革中逐渐得到强化。2008年金融危机的爆发，使各国政府切实体会到金融消费者是金融稳定的基础，主要经济体在监管体制改革中都把金融消费者保护作为改革的重要内容。美国《多德-弗兰克华尔街改革和消费者保护法》提出创立消费者金融保护局（CFPA），归并原来分散在除证券和期货监管机构外的消费者保护权并保持独立性，通过改进各类金融产品信息披露要求、提高金融产品条款设计要求及监督金融中介机构履行受托人责任等手段切实保护金融消费者利益。欧盟金融监管改革将“金融消费者保护”列为欧洲金融监管系统（ESFS）的绝对核心任务，明确赋予融监管局保护金融消费者和投资者的职责。英国新设金融行为监管局（FCA），负责监管各类金融机构的业务行为，促进金融市场竞争，并确保金融消费者受到适当程度的保护。

5. 加强国内监管协调与国际监管合作

在国内监管协作方面，美国的金融稳定监督委员会在系统性风险防范方面本身承担了监管协调的职能，美国同时规定金融服务监督委员会负责国内监管机构；欧盟将成员国相互分离的监管格局统一在泛欧监管体系框架内，无疑有助于整个欧盟层面的监管合作；英国的三家监管机构统一在英格兰银行框架下有利于减少沟通协调成本，同时在2009年发布的《改革金融市场》白皮书中用了大量的篇幅对监管协调机制做出了明确细致的规定。

在国际监管协作方面，巴塞尔委员会在加强金融监管的国际合作方面做出了很大的努力。首先，巴塞尔委员会推动了越来越多的国家加入金融监管国际合作行列中。巴塞尔委员会1997年4月发布的《有效银行监管的核心原则》的制定，已不再是少数发达国家之间谈判协商的结果，而是与许多非十国集团（地区），包括发展中国家，密切合作的结果。其次，巴塞尔委员会加强与一些国际性金融监管组织的合作，1999年2月公布的《多元化金融集团监管的最终文件》就是巴塞尔委员会、国际证券委员会组织与国际保险监管协会自1993年开始合作的研究成果。2008年金融危机爆发后，包括中国在内的各主要经济体均呼吁推进国际金融监管协作，推进全球监管标准的统一，并通过G20会议建立定期沟通机制。根据G20会议达成的加强国际金融监管合作的共识，巴塞尔银行监管委员会于2009年启动了《巴塞尔协议》的修订和完善工作，历经几十次征求意见最终形成了《巴塞尔协议Ⅲ》，该协议于2010年获得27国中央银行代表一致通过，这是全球金融危机之后国际银行业监管体制改革所取得的又一成果。《巴塞尔协议Ⅲ》主要内容集中在三方面：最低资本金比率要求、对一级资本的定义及过渡期安排。相比1999年更强调银行内部控制与市场纪律的《巴塞尔新资本协议》，2010年的《巴塞尔协议Ⅲ》更关注银行的资本质量与抗周期性风险的能力，《巴塞尔协议Ⅲ》中首次出现了逆周期资本监管指标、杠杆率和流动性指标等规定，这是国际金融监管对此次全球金融危机形成与发展的原因进行深刻反思的结果。

➢本章小结

（1）国际货币体系在其发展过程中经历了三个重要的历史时期：金本位时期、布雷顿森林体系下的固定汇率制时期、《牙买加协议》以来的国际货币多元化和浮动汇率制时期。当代国际货币体系存在以下问题：现行国际货币体系所遵循的基本原则与金融自由化相矛盾；现行国际货币体系的汇率制度安排与金融全球化存在矛盾；现行的国际货币体系缺乏国际最终贷款者的功能；金融自由化使国际货币基金组织的职能发生异化。因此，现阶段应该从改变现行体制以货币自由兑换作为首要目标的现状，改革国际货币基金组织的职能，制定切实可行的公平的国际准则和措施对国际货币体系进行改革。

（2）汇率是将一个国家的货币折算成另一个国家货币时使用的比率，也可以说是用一国货币表示的另一国货币的相对价格，其影响因素是多方面的，对一国及世界经济产生深远的影响。

（3）在经济方面，国际收支失衡主要包括结构性失衡、周期性失衡、收入性失衡、货币性失衡、政策性失衡。国际收支失衡的调节包括自动调节和人为调节（即政策调节）。

（4）金融自由化浪潮于20世纪70年代始于美国，对经济既有正面影响又有负面影响。金融危机严重影响了 世界经济的发展，凸显了金融监管的重要性。《巴塞尔协议Ⅲ》是国际金融监管机构对此次全球金融危机形成与发展的原因进行深刻反思的结果。

➢关键词

国际货币体系　金本位制　布雷顿森林体系　牙买加体系　汇率　汇率制度　国际收支　国际收支失衡　　金融自由化　金融危机　金融监管

➢思考题

1. 探讨国际货币体系和国际货币基金组织的发展方向。

2. 分析汇率制度的类型和人民币汇率升值预期的影响。

3. 分析国际收支失衡的原因及调节。

4. 从金融监管的目标、主体和客体的变迁、金融监管的方式等方面分析我国金融监管的现状，并提出改进建议。

5. 分析我国现行金融体制的特点，并探讨在全球金融自由化的趋势下，我国金融改革的方向。

参考文献

巴曙松. 2012. 巴塞尔资本协议Ⅲ研究. 北京：中国金融出版社.

巴曙松. 2013. 国际金融监管改革趋势与中国金融监管改革的政策选择. 西南金融，(8)：7-11.

彼得·罗斯 S. 2006. 货币与资本市场. 北京：中国人民大学出版社.

陈雨露. 2013. 国际金融（第四版）. 北京：中国人民大学出版社.

程恩富，王佳菲. 2009. "猛虎"是怎样放出笼的——论金融自由化与美国金融危机. 红旗文稿，(1)：15-17.

戴金平，等. 2013. 国际货币体系：何去何从？厦门：厦门大学出版社.

高程. 2013. 金融危机让世界政治经济"变脸". 人民日报.

黄梅波等. 2013. 国际货币体系改革：困境与出路. 北京：经济科学出版社.

姜波克. 2013. 国际金融新编（第五版）. 上海：复旦大学出版社.

刘军善. 1998. 国际金融学. 大连：东北财经大学出版社.

洛伦兹·格利茨. 1998. 金融工程学. 北京：经济科学出版社.

斯蒂格利茨. 2011. 斯蒂格利茨报告——后危机时代的国际货币与金融体系改革. 北京：新华出版社.

王廷科. 1995. 现代金融制度与中国金融转轨. 北京：中国经济出版社.

张幼文. 1998. 金融深化的国际进程. 上海：上海远东出版社.

中国国际经济交流中心课题组. 2013. 中国在国际货币体系改革中的定位与策略选择. 全球化，(1)：16-26.

周大中. 2000. 现代金融学. 北京：北京大学出版社.

周小川. 2013. 国际金融危机：观察、分析与应对. 北京：中国金融出版社.

朱孟楠. 2013. 国际金融学. 第二版. 厦门：厦门大学出版社.

第二篇

世界经济发展趋势

第六章

当代世界经济格局

20 世纪 80 年代以来，世界经济格局发生了深刻的变化。其主要特点是世界经济格局伴随着世界政治格局的变化而变化，由冷战时期的两极格局向多极格局和“一超多强”格局演变。本章主要从发达国家、发展中国家、转型国家和新兴工业化国家的经济发展角度来考察当代世界经济格局的变化。

第一节　世界经济格局的变化

世界经济格局，是指包括在世界经济统一体中的各个国家、集团之间的经济实力对比、它们所处的地位和相互之间的关系。一个国家在世界经济中占有的地位和作用，主要取决于各个国家在经济发展中所达到的水平和拥有的经济规模。世界经济格局的变化，经历了单极格局、两极格局和多极格局的演变，总体上说，目前的世界经济格局表现为美国为唯一的经济和政治超级大国，美国、欧洲、日本仍是世界经济三极，世界经济正在兴起这样一种“一超多强”的格局，并有朝多极化发展的趋势。

一、世界经济格局的演变

（一）单极格局的确立

从第二次世界大战后初期到 20 世纪 50 年代末，是美国在世界经济格局中“独霸天下”的单极时期，美国在世界经济中处于绝对优势地位，其他诸如西欧、日本、苏联等国的经济此时正处于恢复和振兴之中，力量有限，处于一种相对薄弱的状态。在第二次世界大战中，除美国以外，无论是战胜国还是战败国，经济都遭到严重破坏。只有美国因远离主战场，不但没有遭到战火的破坏，反而乘战争之机大做军火生意，促进了军事工业的迅速发展，并由此带动了经济的增长甚至急剧膨胀。1939～1944 年，美国的工业生产总值增加了 118%，国民生产总值增加了 132%，年平均增长率达到 14%，促使美国在资本主义经济中的地位大大提升。而与此同时，西欧主要资本主义国家的经济大都处于崩溃边缘，国家政权岌岌可危。为了挽救西欧的资本主义制度，防止共产主义的渗透，同时也为了推销美国的大量积压剩余物资，1947 年美国国务卿马歇尔提出了《欧洲复兴计划》，即《马歇尔计划》。通过《马歇尔计划》的实施，美国在经济及政治上加强了对西欧各国的控制，同时促进了西欧各国的经济恢复和发展。战后初期美国的国际经济地位达到了其历史的顶峰。由于社会主义国家苏联在反法西斯战争中做出了巨大贡献，也付出了巨大的代价，所以这时的美国不仅在资本主义世界经济中，而且在整个世界经济中都拥有压倒的优势，成为唯一的超级大国。

在经济调整和恢复时期，各主要资本主义国家加强了国家垄断资本主义干预经济的措施，进行大规模固定资本投资，加上美国的援助和扶植，主要资本主义国家经济恢复得都较快。到 1950 年，各国经济已基本恢复甚至超过战前水平。

（二）两极格局的形成与解体

第二次世界大战以后，形成了美国和苏联两强争夺世界霸权的局面，以美国和苏联为首的两大集团在国际政治和军事上全面对抗的同时，在经济上也形成了社会主义阵营和资本主义阵营的两极格局。

两极格局对世界各国经济的发展具有非常重要的影响。第一，世界政治的较长时间的和平，为世界经济的发展提供了相对稳定的国际经济环境。第二，美苏两国给予自己的盟友大量的经济援助，对这些国家恢复战争创伤、发展国内经济起了非常重要的作用。第三，为争夺对发展中国家的控制，美苏还向其他发展中国家提供了大量的经济援助，这在客观上促进了这些国家的经济发展。第四，战后建立的世界银行、国际货币基金组织和关贸总协定等对世界经济发展也起了一定的积极作用。

北约与华约两大军事集团在军备竞赛的同时也展开了经济上的竞赛。由于苏联在几十年的计划经济体制下积累了一定的管理国民经济的经验，再加上本国资源丰富，所以在两极对抗时期，苏联经济取得了较大发展，与美国经济的差距得到了缩小。

但到了 20 世纪 80 年代初，苏联经济面临重重困难，其原因是多方面的。第一，经济制度上的原因。第二，苏联的经济增长主要依靠生产要素的追加，是一种粗放式的增长，这种增长方式在长期中是不可持续的。第三，苏联经济结构失衡。苏联将国内的大量资源投入军事工业和重化工业，导致与人民生活息息相关的轻工业发展滞后，人民生活水平提高缓慢，不满情绪激增，日积月累终于爆发了经济政治危机。1985 年苏联开始进行经济体制改革，但是改革使经济长期处于停滞和衰退状态，1991 年上半年，苏联国民生产总值比上年同期下降了 12%，财政赤字逾千亿卢布，经济已濒临崩溃，最后终于引发了“8·19 事变”，其后苏联解体。苏联的解体标志着世界经济两极格局的结束，世界经济向多极化发展。

（三）多极格局的产生

早在 20 世纪 60 年代，世界经济就出现了多极化趋势。经过第二次世界大战后的恢复和发展，西欧主要国家和日本的经济实力明显上升，这些国家不仅逐渐形成在经济上追赶美国的态势，在世界经济中的地位也日益提升。

20 世纪 70 年代，美国经济受石油危机的影响，增长速度放缓，出现了高通货膨胀率和高失业率并存的滞胀局面，美国实力相对衰弱。主要资本主义国家经济于 20 世纪 70 年代初特别是 1973～1975 年经济危机时期陷入滞胀，直到 1983 年起陆续走出滞胀泥潭（表 6-1）。

表 6-1　1974～1991 年主要发达资本主义国家 GDP 和消费物价指数年均增长率、年均失业率

国别	GDP 年均增长率/%		消费物价指数年均增长率/%		年均失业率/%	
	1974～1982 年	1983～1991 年	1974～1982 年	1983～1991 年	1974～1982 年	1983～1991 年
美国	1.9	3.1	9.0	3.9	7.2	6.7
日本	3.6	4.2	8.4	1.8	2.0	2.5
联邦德国	1.6	2.3	5.0	1.8	4.2	6.1
法国	2.4	2.3	11.5	4.6	5.5	9.7
英国	0.8	2.8	14.7	5.7	6.8	9.8
意大利	2.9	2.5	17.0	7.7	7.2	11.1
加拿大	3.0	3.0	9.9	4.7	7.7	9.6
7 国平均	2.3	3.1	10.8	4.3	5.8	7.9

资料来源：根据 IMF. International Financial Statistics Yearbook；OECD. Main Economic Indicators，Economic Outlook；Un. Monthly Bulletin of Statistics 等各年有关数据整理

20 世纪 80 年代后，美国已不再是资本主义世界中的唯一经济大国，虽然美国仍然拥有世界上最先进的科学技术，但是新技术常常在日本等国家得到更快的应用。有些领域，美国已不再居于垄断地位。经过 80 年代的发展，日本已经成为一个经济强国。1990 年日本 GDP 已占世界的 10.36%，位居世界第二。当时日本对外投资额为 480 亿美元，超过英国，成为世界上对外投资流量最大的国家。

随着西欧各国经济的增长和一体化进程的发展，西欧作为一个整体在世界经济格局中的地位和影响在不断上升。1988 年欧共体 12 国平均增长率为 3.8%，1989 年为 3.4%。区域经济合作使西欧的经济实力及其在世界经济格局中的地位得到进一步提高。

20 世纪 80 年代以来，美国、欧共体（欧盟）、日本三大经济体的形成及其对世界经济的影响，是世界经济格局多极化的最重要的表现。

二、第二次世界大战后世界经济格局的特点

（一）各国经济实力的变化促使世界经济重构

美国经济霸权地位相对衰落，世界经济呈现出新的多极化趋势。第二次世界大战后初期的资本主义世界经济体制，是建立在美国霸权基础之上的。当时美国拥有全世界 70%的金融资产，主宰着世界工业生产，是西方资本主义世界的中央银行家和无可争议的盟主。但到 20 世纪 60 年代，美国经济霸权开始减弱。受越南战争的影响，美国联邦财政赤字迅速扩大，并开始出现贸易赤字，从而动摇了美国的国际经济地位和美元的国际储备货币地位。到 80 年代中期和 90 年代初，这一趋势变得更加明显，直到 90 年代

中期后，随着美国经济的持续稳定增长，这一趋势才被暂时遏止。

20 世纪 60 年代西欧经济恢复，重新成为可以同美国相抗衡的另一世界资本积累中心。随着欧洲经济的复兴，西欧国家积累了大量的美元，在经济上不再像战后初期那样依赖美国。此外，由于东西方关系有所缓和西欧感到苏联的威胁有减少，在安全上也不再像以前那样依靠美国。

东亚地区经济迅速崛起。在 20 世纪 60 年代，日本经济开始高速增长；70 年代，韩国、新加坡、中国香港和中国台湾（即“亚洲四小龙”）兴起；80 年代起，中国内地和东南亚各国经济迅速增长。1996 年，日本人均 GDP 已达到 36 852 美元，高居西方发达首位，是美国（28 522 美元）的 1.3 倍。新加坡为 28 570 美元，相当于美国的水平。中国香港为 23 202 美元，超过英国（19 473 美元）、意大利（21 191 美元）和加拿大（19 544 美元）。中国台湾和韩国分别为 12 774 美元和 10 548 美元，相当于中等发达国家或地区的水平。2003 年，中国香港人均 GDP 为 23 030 美元，新加坡为 21 825 美元，中国台湾为 12 730 美元，韩国为 12 628 美元。日本和东亚一些发展中国家及地区的经济兴起，再次使美国的中心地位受到威胁。

（二）世界经济主导力量发生变化

重要的制度变革和技术变革，往往导致世界经济体系内部力量结构的变化。20 世纪 80 年代末的世界是按意识形态来划分的，目前的世界从某种意义上说，则是由技术来划分的。信息技术的迅速发展，给经济发展带来了深远的影响，各国在信息科技方面的创新与使用能力的差距，使得数字鸿沟日益扩大，不仅带来广泛的社会冲击，也导致经济力量出现新的转移。国际金融危机发生后，全球技术创新活动在经历短期低潮后迅速恢复。尽管新兴工业化国家和地区加大了技术创新的力度，但发达国家仍保持其在科技创新上的领先地位。2011 年，美国 R&D 投入占全球的 29.6%、欧盟占 24.6%、日本占 11.2%，三者合计接近全球的 2/3。同时，发达国家在世界经济体系中仍占统治地位。2012 年，美国、欧盟和日本仍占世界生产的 47.1%，占世界货物进、出口的 32.7%、27.4%，占国际直接投资流入、流出额的 31.7%、55.7%，占世界最大的 500 家公司中的 300 多家。在发达国家中，美国具有明显的经济规模优势和技术优势。2012 年，美国 GDP 达到了 156 848 亿美元，遥遥领先于世界上其他国家。按 2012 年《财富》杂志的排名，全球上榜的跨国公司 500 强中，美国占 132 家，其数目远远超过日本（68 家），并超过英国、德国、法国的总和（90 家）。美国还主宰着世界计算机技术，包括计算机软件的发展。2012 年，美国的 R&D 支出占 GDP 的比重为 2.77%，略低于德国（2.84%），超过法国（2.25%）等其他欧盟国家的研发水平①。技术上的优势地位，使美国在全球技术出口市场上占有约 12%的份额。

（三）经济体制对世界经济格局的影响日益减少

第二次世界大战最为突出的结果，是在世界上出现了两个对立的阵营：一方面，在

① 资料来源：OECD 数据库。

东南欧和亚洲新出现的社会主义国家，与苏联一道构筑成社会主义阵营；另一方面，是以美国为首的西方资本主义阵营。这两个阵营的客观存在所造成的经济后果就是统一的世界市场进一步瓦解了，取而代之的是两个平行的、相互对立的世界市场：资本主义世界市场，是以美国为主导的，以国际货币基金组织、世界银行和关贸总协定等国际经济机构所制定的各种规则为框架；社会主义世界市场，则是以苏联、东南欧及新中国等组成的社会主义阵营。

1989年柏林墙的倒塌和1991年苏联的突然解体，宣告了冷战的结束，也使维持了40多年的“社会主义世界市场体系”彻底瓦解。1992年，“经互会”宣告瓦解，原社会主义阵营内各国，都抛弃了“两个平行的世界市场”的束缚，经济体制对世界经济的影响越来越小。随着“金砖四国”的崛起，经济体制的差别对世界经济格局的影响已经弱化。

（四）“一超多强”格局的形成使各国的利益关系日益复杂

苏联解体以后，美国成为唯一的“超级大国”，其政治经济实力都远远大于其他经济大国，逐渐形成了“一超多强 ”的世界政治经济格局。在“一超多强”的格局下，国家间经济竞争和利益冲突将越来越激烈。发达的资本主义国家为缓解国内积累的许多经济问题和社会问题，如财政赤字和政府债务持续扩大、贸易和国际收支严重失衡、收入分配不合理、失业率居高不下等，必将越来越重视国际市场，寄希望于通过增加出口和吸引外资来扩大国内就业。当国内经济环境恶化时，总是试图把危机转嫁到其他国家。并且，各国间的经济竞争也不再仅仅限于传统的贸易领域，国际经济摩擦的领域也在不断扩大，如金融服务、知识产权、政府采购、纠纷仲裁、资本流动、劳工标准等。

但与此同时，各国间的相互依赖程度也在不断加深。生产全球化的发展使各国经济利益交错，相互间的依赖，比以往任何时候更加紧密。各国的行动和政策，越来越多地受其他国家的牵制。即使是在总体上仍然处于领先地位的美国，亦陷入了必须根据对外经济的要求调整国内经济的境地。经常项目的逆差，使美国不得不压缩国内消费；为弥补经常项目的赤字，必须为外资创造更有吸引力的投资环境；为减少美元的贬值风险，不能不扩大有利于美国资本投资的利率差等。

三、世界经济格局的发展趋势

（一）美、日、欧三大经济体仍然是世界经济的主导力量

1. 美国的实力地位

目前，美国经济实力在世界上仍然占有绝对优势，主要表现在以下四个方面。第一，巨大的经济总量。2012年，美国GDP高达15.68万亿美元，占世界的近1/4，是中国的1.9倍，是日本的2.6倍。第二，增长相对稳定。自1991年3月，美国经济持续10年增长。虽然经历了2001年的经济衰退和2008年的金融危机，之后均走出低谷并恢复增长。据世界银行统计，1990～2000年和2000～2012年的年均GDP增长率分别为3.6%和2.0%，高于欧盟和日本的平均水平。第三，金融优势。布雷顿森林体系崩溃后，美元作为唯一世界货币的地位不存在了，但是美元在世界货币和资本市场上仍

居于强势地位。美国依靠超强的经济实力，在国际货币基金组织和世界银行中，拥有约17%和16%的投票权，美元储备占国际储备总额的60%以上。第四，地缘经济优势。美国的地缘经济关系是全方位的，立足北美、面向亚太、覆盖拉美。北美自由贸易区成立以来，美国经济的整体影响力不仅扩大到整个北美地区，而且不断延伸到南美。同时，美国正企图进一步通过亚太经济合作组织，尤其是《跨太平洋伙伴关系协议》(*Trans-Pacific Partnership Agreement*，TPP)① 来主导亚洲经济。

2. 日本的实力地位

20 世纪 90 年代以来，由于受泡沫经济破裂和东亚金融危机的双重打击，日本经济困难重重，但日本经济实力犹存，直至 2009 年仍是仅次于美国的世界第二经济大国，2010 年被中国赶超，成为世界第三经济大国。据世界银行统计，2012 年日本的 GDP 为 5.96 万亿美元，超过英、法两国的总和；日本是世界第四大货物进、出口国，第六大服务进、出口国，其外汇储备长期居世界第一位，目前仍仅次于中国居世界第二位。日本的银行海外融资金额占全球国际资本市场融资余额的 10%左右；日本自 1985 年以来，一直是世界上最大的净债权国。

3. 欧盟的实力地位

随着欧元的发行和欧盟的东扩，欧盟的经济实力进一步加强，欧盟在世界上的地位也进一步提升。2012 年，欧盟的 GDP 达到 16.63 万亿美元，超过美国。据联合国贸易与发展会议（UNCTAD）统计，1990～2000 年和 2000～2012 年的欧盟的 GDP 年均增长率分别为 2.2%和 1.6%。货物进、出口分别占世界货物进、出口的 15.38%和 14.68%，服务进、出口分别占世界服务进、出口的 20.13%和 24.80%。国际直接投资流入、流出额占世界流量的 19%、23%。2001 年 1 月 1 日，欧元开始在当时欧盟 15 个成员国中的 11 个国家正式流通，截至 2013 年 7 月，欧元区共有 17 个成员。欧元是欧盟一体化的象征，欧元的正式流通，意味着欧洲统一市场的实现，有力地促进欧洲整个经济稳定地发展。欧元的出现，对美元在全球金融体系中的霸主地位，提出了严峻的挑战。2002 年以来，欧元正逐步成为主要的国际储备货币之一，对美元的全球统治地位形成明显的挑战。

（二）多极化格局中“极”的数目将会增加

除了美国、日本、欧盟这三极外，未来的世界经济格局中“极”的数目将会增加。“金砖国家”经济快速增长，经济增长率高于世界平均水平，成为未来的“极”的强有力的竞争者。2000～2005 年，“金砖四国”对全球增长的贡献按美元计算为 28%，而按购买力平价计算则高达 55%。2005 年“金砖四国”对全球经济增长的贡献第一次和美

---

① 《跨太平洋伙伴关系协议》其前身是《跨太平洋战略经济伙伴关系协定》（Trans-Pacific Strategic Economic Partnership Agreement，P4），由亚太经济合作会议成员国中的新西兰、新加坡、智利和文莱等四国从 2002 年开始发起的一组多边关系的自由贸易协定，原名亚太自由贸易区，旨在促进亚太地区的贸易自由化。2011 年 11 月 10 日，日本正式决定加入 TPP 谈判。2013 年 9 月 10 日，韩国宣布加入 TPP 谈判。中国没有被邀请参与 TPP 谈判。

国不相上下。2012 年，“金砖国家”的 GDP 总额达 14.85 万亿美元，接近美国的 GDP（15.68 万亿美元），对全球增长的贡献为 21%。

1979～2012 年，中国 GDP 年均增长率为 9.8%，2012 年中国 GDP 达 83 584 亿美元，居世界第二位，外贸进出口总额达到 38 671 亿美元，居世界第二位。俄罗斯自 1998 年以来 GDP 年增长率一直保持在 6%左右；印度自 2000 年以来年均增长率也一直保持在 6%左右；巴西由于在 20 世纪末遭受了严重的经济危机，经济处于缓慢恢复阶段，但 2004 年和 2005 年实现了 4.9%和 3.3%的较快增长，2000～2012 年其平均增长率在 3.6%左右。南非经济虽在世界排名中较为靠后，但是非洲第一大经济体，2000～2012 年其平均增长率在 3%左右。“金砖国家”相互之间的经济联系迅速增加，2000 年时其内部的贸易仅占这些国家总贸易量的 5%，2012 年已接近 10%。俄罗斯有丰富的能源和矿产资源；巴西有丰富的自然资源和成熟的替代能源技术；南非具有地缘优势和丰富的能源；而作为高速增长的制造业大国，中国、印度与巴西和俄罗斯在经济发展中存在显著的互补性。“金砖国家”对世界经济发展的贡献越来越大，这意味着世界能比以前更好地应对美国经济影响的不确定性。如果“金砖国家”能持续目前的发展势头，世界经济长期依赖美国引擎拉动的局面将得以改变。

（三）一些小国的地位降低，在世界经济中的份额减少

在一些发展中国家逐步加快工业化进程的同时，也有不少发展中国家越来越明显地被“边缘化”。这一部分国家在经济全球化浪潮冲击下，在国际分工中处于较不利地位，它们既无力对外投资，引进外资也很少，经济结构落后，出口产品大多为初级产品。它们是从经济全球化中得益最少的群体，其中有相当数量最贫穷的国家，处境十分艰难，最近十几年来，最贫穷国家不断增多。1993 年时，最贫穷国家有 36 个，到 1998 年增加到 42 个，而 2003 年时则有 48 个，2012 年南苏丹成为第 49 个最不发达国家。这些国家在世界经济中的地位越来越低，主要是因为它们没有从经济全球化中得益，相反还受到损害。它们参与的国际经济活动不是更多，而是更少了。联合国贸发会议发布的《2013 年最不发达国家报告》指出，2002～2008 年最不发达国家年均增长率为 8%左右，但国际金融危机后，出口需求萎缩导致增长率大幅下降，2009～2012 年平均增长率为 6%左右，低于使其实现减贫的 7%的目标增长率。报告指出，创造就业对最不发达国家的经济持久发展至关重要。2011 年，最不发达国家总人口接近 8.6 亿，相当于全球总人口的 12%，其中 60%为 25 岁以下的青年。在全球现有 49 个最贫穷国家，已达到工作年龄的青年人口数量正在以每年 1600 万人的速度迅猛增长，由此将可能导致大规模的人口国际移徙，以及社会和政治动荡。

第二节　发达国家经济

发达国家是指世界上经济发展水平高，市场经济机制成熟的西方主要资本主义国家（包括日本），一般指 OECD 成员。第二次世界大战后发达国家经济得到巨大发展，在

当代世界经济中占有明显的主导地位。经济全球化的发展使世界各国经济相互依赖性增强，发达国家相互间及与其他各国间分工的扩大和深化，推动了世界经济的发展。这一节主要以发达国家三大经济体（美国、欧盟和日本）为代表来探讨发达国家经济。

一、主要发达国家经济的特征

第二次世界大战后，美国经济得到了进一步迅速发展。同时，美国通过“马歇尔计划”和“道奇计划”对受到战争破坏的欧洲和战败国日本的经济重建给予扶持。20世纪六七十年代，在科技进步和凯恩斯主义经济政策的推动下，西方主要资本主义国家进入经济增长的黄金期。经过20世纪70年代末和80年代初的短暂危机，80年代西方各主要国家的经济继续得到较快的发展。90年代，以电子信息技术为核心的科技革命首先在美国大大促进了经济发展，拉开了美国经济与其他发达国家经济的距离，同时也加大了发达国家经济与发展中国家经济的差距。其间，苏联、东欧社会主义阵营解体，发达国家军事工业技术向民用工业的转化，最终促使美国成为独霸世界的超级大国。国际金融危机发生后，尽管发达国家经历了较长时间的萧条，而发展中国家，尤其是以“金砖国家”为代表的新兴经济体表现较为强劲，但发达国家仍具有较高的生产力发展水平。主要表现在以下几个方面。

（一）庞大的经济规模和相对稳定的增长速度

目前，发达国家的国家经济占世界经济的比重为60%左右。2012年，GDP超过1万亿美元（GDP排名前15位）的国家中，发达国家GDP占70%左右，其中美国和欧盟约各占29%和22%，日本约占11%。

从经济增长率来看，尽管在各时期表现出一定的波动性，但整体而言增长相对稳定。发达国家经济从第二次世界大战结束到20世纪60年代，经历了较快增长的时期，虽然在越南战争和两次石油危机期间增长减缓，但总体上仍保持了较快增长的态势。70年代以来，美国经济仅在1974年、1975年、80年代头两年和1991年为负增长，其余年份均保持了正增长。但是，由于80年代欧共体和日本经济发展迅速而美国经济增长速度相对放缓，美国的霸主地位有所削弱；90年代以来，由于冷战结束和第三次科技革命的促进作用，美国经济经历了90年代连续10年的强势增长，平均经济增长率达到3.6%，创造了美国历史上最长的经济增长周期。在2001年短暂停滞之后，2003年以来又恢复较快增长。2008年遭遇国际金融危机后，美国经济陷入了较长时期的萧条，2000～2012年的平均经济增长率为2.0%。欧盟随着一体化进程的加快经济实力进一步增强，1997～2000年欧元区平均经济增长率为2.8%。受国际金融危机和欧洲主权债务危机的影响，近年来经济增速减缓，2000～2012年的平均增长率为1.8%。90年代，日本经济长期萎靡不振，但是，由于日本经济实力雄厚，虽然经历了10年衰退，其经济、科技实力仍居世界前列，2004年，日本经济开始走出低谷，出现较快增长势头。但2008年后世界经济复苏乏力，日本经济亦深受影响，2000～2012年的平均增长率为0.9%。

（二）以信息技术产业为主导的产业结构高级化

随着农业社会过渡到工业社会再到后工业社会，产业结构的演进经历了第一产业比重逐渐下降，第二产业比重上升，再到以现代高科技服务业为主的第三产业比重占有主导地位的过程。随着第二次世界大战后科技革命在主要发达国家发生，其产业结构不断高级化。在发达国家的产业结构中，第三产业一般占60%以上，第二产业占25%～30%，第一产业占10%以下。以美国为例，2010年第一、第二、第三产业的结构比例为1.1∶18.6∶80.3。与此相适应，三次产业的就业结构也相应从1959年的11.7∶38.7∶49.6提高到2010年的1.5∶19.7∶78.8（俞华，2012）。其中，信息产业在国民经济中已占主导地位，对GDP的贡献率不断提高，据美国商务部发表的《2000年数字经济》报告显示，1995～1999年，信息技术产业对美国GDP增长的贡献率分别达到30%、34%、28%、27%、32%。美国信息技术产业的竞争优势非常明显，在《2011年IT产业竞争指数》中排名第一。随着高新技术的飞速增长，发达国家的传统产业得到改组、改造，产业结构得到迅速调整和升级。

（三）经济增长方式集约化

由于科技进步及其在生产中应用的加快，发达国家的劳动生产率不断提高。按OECD的计算，1995～1998年，美国劳动生产率的年均增长率（每个员工的产值年均增长率）为2.1%，德国为1.9%，日本为0.9%。劳动生产率的提高最主要应归因于科技的发展和应用。发达国家的R&D费用平均占GDP的2%左右（发展中国家只占0.5%），经济增长方式由资源投入为主转变为以知识投入为主。2011年，美国、日本、德国的研究开发费用占GDP的比重均超过2.5%，其中美国的R&D费用排名居世界第一位，达4053亿美元，远远高于排名其后的国家。发达国家经济增长中科技贡献率平均已达70%，同时，发达国家单位GDP所耗费的能源和材料也远远低于发展中国家。

（四）强大的金融实力

发达国家拥有强大的金融实力、健全而发达的金融体系。纽约、伦敦、巴黎、东京、法兰克福是世界上交易额最大的股票和外汇市场所在地。以美国为例，它拥有世界最高的股票市值，1999年达166 351亿美元，相当于美国当年GDP的191%，连续6年的股市上涨使美国社会的总财富增加了14万亿美元。2008年的国际金融危机使美国约18万亿美元的股市市值蒸发了7.3万亿美元，但其仍为全球最大的股市市场；支持高新技术发展的风险资本实力雄厚，2011年美国风险投资总额从2010年的232.6亿美元增至284.3亿美元，增长率为22%。项目数量也从2010年的3526个增至3673个；在两大国际性金融机构（国际货币基金组织和世界银行）的原始组建金额（分别为88亿美元和91亿美元）中，美国分别占有25%和35%，拥有最大的发言权。尽管面临投票权改革，2010年美国仍拥有国际货币基金和世界银行约17%和16%的投票权，具有实际否决权；美元、欧元和日元是世界三大主要货币，美元充当着主要世界货币的角色，具有国际储备、国际结算和国际汇兑的功能。

（五）成熟的市场经济

发达国家的市场经济模式主要分为四类：美国的宏观需求管理模式、日本的政府主导模式、德国社会市场经济模式和法国的指导性计划模式。四种模式的共同特征是：以私有制为主的混合经济；市场在资源配置中起基础性作用，辅之以政府的宏观调控；国家采取间接干预的方式，尽量避免直接干预微观主体的经营活动。由于各国政府干预的范围、方式和力度不同而形成了不同的模式。例如，美国模式在第二次世界大战后受凯恩斯主义的影响，主要通过采取财政、货币政策的相机抉择来调节宏观经济，以实现充分就业、经济适度增长、防止通货膨胀和平衡国际收支的宏观经济目标。该模式最初对反经济危机、减少经济波动起到了良好效果，但后来导致"滞胀"的后果。20世纪80年代，美国政府采用供给学派的观点，从改善供给结构的角度出发，采取平衡财政和中性货币政策，为90年代美国出现高经济增长、低失业率、低通货膨胀的经济局面打下了基础。可见，美国的市场经济模式为其调整经济政策和保持经济的活力提供了有弹性的制度基础。日本模式利用其独特的企业文化，通过政府引导企业生产经营，成功地实现经济增长和产业调整的目标；德国模式以政府和企业紧密结合、构造优越的社会福利体系见长并取得了较好的经济效果；法国模式的特点是国有企业在国民经济中占有较大比重。

发达国家经济在第二次世界大战后得到迅速发展，除以上所述和制度性因素外，还有以下几个方面的原因。①战后科技革命主要发生在发达国家，导致劳动生产率提高和新兴部门的产生，延长了经济增长周期。②两极对峙格局结束，发达国家首先从中获得利益，减少了经济发展的社会成本，并将军事技术转为民用。③经济全球化导致产业转移，跨国公司遍布全球，降低了生产成本。④适度的国家干预减少了经济危机的发生，缩短了危机发生的时间，减弱了其强度。⑤多边贸易体制的建立和区域经济合作扩大了产品销售市场，降低了交易成本。

二、主要发达国家间的经济关系

发达国家经济相互依赖性强，长期以来保持着相互竞争而又合作的经济关系。当它们存在共同经济利益时，合作成为其经济关系的主流，这既表现为当年出于经济目的对殖民地的共同掠夺、当代对他国的联合干涉、第二次世界大战后不平等的国际经济秩序的建立等方面，也表现在全球经济资源配置过程中发达国家相互协调国际经济政策、相互间的投资和贸易大大增加、欧洲经济一体化、各国经济波动常常是同步发生等方面。发达国家间的竞争主要表现在经济和科技竞争。美国、欧盟、日本是最大的发达国家经济体，战后其经济、科技竞争从未停止过。战后初期美国扶持了废墟中的欧洲经济和处于崩溃的日本经济，共同进入经济增长的黄金时期，20世纪80年代欧洲和日本经济增长势头直逼美国，削弱了美国的霸主地位，90年代美国在高科技的竞争中取得优势，又在经济上成为发达国家的领头羊，而日本遭遇了泡沫经济的破灭，经济进入低迷时期，直到21世纪初才渐渐走出低谷开始复苏。2008年的国际金融危机和随后的欧洲主权债务危机，使发达国家面临复苏缓慢的一段困难时期。

（一）美国在发达国家经济中占据主导地位

经过20世纪90年代的强劲增长，美国已逐步确立了其在发达国家经济中的主导地位。尽管面临一系列挑战，但美国经济仍表现强势。主要表现在以下几个方面。

第一，美国主导以信息技术为基础的第三次产业革命。在美国GDP的增长量中，1/3以上来自与信息工业有关的产业。英特尔、微软等信息技术新企业不仅成为美国的明星企业，而且主导着全球的信息产业革命。传统产业向以信息技术为核心的高科技产业转移，信息技术向管理、金融等领域的渗透，使美国在产业结构调整和升级中取得了对欧洲、日本等明显的优势。

第二，美国金融实力仍具优势。20世纪80年代美国金融业放松管制，到90年代美国金融资本以投资基金的方式进入全球，1992年的英镑、里拉危机、1995年的墨西哥金融危机、1997年的亚洲金融危机，都有投资基金推波助澜的影响。日本在全球金融中的地位迅速下降。80年代末期世界排名前10位的日本银行，已纷纷被挤出前10位。在越来越重要的投资银行业务中，1997年8月，美国的高盛、摩根斯坦利、美林等金融机构在日本本土的投资银行业务中的比例，首次超过日本野村、大和、日兴等证券公司。2008年国际金融危机虽然削弱了美国的金融实力，但未从根本上改变其在全世界的优势地位。美国拥有超过世界总额45%的养老金基金和互惠基金，仍是每年保险金收入最多的国家，有世界上规模最大和交易最活跃的股票市场及发达的债券市场，且拥有若干世界知名的大银行。

第三，通过对国际经济组织的控制巩固自己在世界经济中的超强地位。美国充分利用自己的实力与影响建立了在主要国际经济组织的控制权，主导了国际经济秩序，尤其是国际金融制度。WTO最近就国际金融服务的自由化和信息产业自由化达成的协议，将进一步为美国经济势力扩展影响创造空间。美国是全球最大的出口市场，在全球生产能力过剩的情况下，发达国家乃至世界经济对美国存在很大依赖性。同时，美国准备扩大北美自由贸易区，巩固和扩大在美洲的势力，并通过扩大对OECD，尤其是《跨太平洋伙伴关系协议》的影响，企图进一步构造有利于美国的世界经济局势。

（二）欧盟对美国的主导地位形成挑战

1. 欧元启动使欧盟经济实力增强，挑战美国的超级经济大国地位

欧元启动进一步推动欧盟经济的发展，增强欧盟的经济实力。第一，欧元促进欧洲金融市场趋于统一、扩大及深化。欧元启动使欧洲市场容量增大，欧元区所有成员国的证券都以欧元发行，不再存在汇率波动，汇率风险消失、交易成本降低，从而形成一个仅次于美国的全球第二大资本市场，获得规模效益，融资成本大为降低。另外，整个欧洲金融市场的流动性增大，利率降低，企业债券融资更有效。随着欧洲金融市场的统一、扩大及深化，国际资本也加速向欧洲流动，刺激欧洲贸易和生产的发展，从而增强欧盟的经济实力。第二，由于消除了币种限制和汇率风险，欧元带动欧盟成员国之间的

贸易，加快欧盟内部商品与资金的流通速度，减少近300亿美元的兑换和佣金成本，大大有助于欧盟企业降低成本，提高竞争力。

欧元启动导致2.9亿人口的欧元区诞生，截止到2013年7月，欧元区共有17个成员，超过3.2亿人口。2012年GDP占世界总值的17%，货物进、出口占世界进、出口的23%、24%，国际直接投资流入、流出额占世界流量的11%、14%。随着欧洲经济和政治一体化的加强和欧盟的东扩，欧元区及欧盟的经济实力还将进一步增强，从而挑战美国的超级经济大国地位。

2. 欧元挑战美元的统治地位

欧元启动前，世界金融领域里，美元居领导地位，它是国际贸易的主要支付手段和最重要的国际储备货币。1996年，在世界贸易交易中，51%的贸易采用美元，美元约占全球外汇储备的63.7%，欧洲各国货币如马克、法郎和英镑等在世界货币储备中仅占20%（张石，1999）。美国中央银行发行的美元有半数在国外流通，从而使美国获得数额巨大的铸币税，美国每年大概可以从在国外发行的美元中直接获益150亿美元，约占其GDP的0.2%；美元是国际商业活动最主要的中介货币，当美国出现经常账户逆差时，美国政府可以通过印刷美钞来弥补赤字，将通货膨胀转嫁给其他国家，维持本国的国际收支平衡。欧元启动后，美元在全球外汇储备中的主导地位，面临着来自欧元的挑战。不过，受欧洲主权债务危机和欧盟经济持续低迷的影响，这一趋势有所缓解。据国际货币基金组织的数据，欧元在外汇储备资产中的比重从2009年的略低于28%，降至2013年4月的24%不到，接近2004年年底以来的最低水平。

（三）日本对美国经济存在依赖性

日本泡沫经济的破灭，使得日本经济在20世纪90年代走向萧条。2002年，日本经常账户盈余首次突破1000亿美元，达到1124.5亿美元，以后更是逐年创立新高。2008年，全球经济衰退使日本的经常账户盈余缩水50.2%，商品及服务贸易账户出现亏损。在日元贬值等货币政策的刺激下，2013年2月日本经常账户重返盈余，顺差为65亿美元。2013年第一季度，美国取代中国，重新成为日本的第一大出口市场。这表明，以出口主导型为主的经济模式使日本经济在很大程度上受制于以美国为龙头的世界经济的走向，但同时也预示，引导内需主导型的经济增长，将成为今后日本经济复苏所面临的重要课题。

尽管目前日本实施的量化宽松货币政策使日元有进一步贬值的趋势，有助于刺激出口，进而刺激经济的短期复苏，但无助于解决日本经济面临的困境，如人口老龄化带来的社会劳动生产率的下降、投资和消费的减少引起的总需求下降、长期实施的扩张性宏观经济政策导致的严重的财政赤字和主权债务负担等。国际货币基金组织报告指出，日本经济复苏的关键在于能否加快结构改革和财政重建。同时，日本综合研究所的报告认为，由于日本制造业一直向海外转移，海外生产销售的比例已经很高，靠日元贬值推动出口的空间已经很小。因此，如果仅依赖出口来刺激经济，而不解决日本经济自身存在的根本性问题，日本经济就无望步入自律复苏的轨道。

三、发达国家经济对世界经济的主导作用

发达国家经济对世界经济的主导作用主要表现在三个方面：一是其本身的经济实力强大，在世界经济中所占份额大，具有举足轻重的地位；二是其对世界经济增长的影响大，世界经济随着发达国家经济的波动而波动；三是发达国家在国际经济秩序中占有主导地位。

（一）发达国家经济在世界经济中的份额

发达国家经济在世界经济中占有很大的份额，2012 年，发达国家 GDP 占世界 GDP 的 60.4%，美国以不到 5%的人口拥有世界 GDP 的 21.8%（表 6-2）。

表 6-2　发达国家 GDP 在世界经济总量中所占比重　（单位：%）

项目	1960 年	1970 年	1980 年	1990 年	2000 年	2010 年	2012 年
美国	36.8	32.2	23.0	26.8	30.6	22.7	21.8
日本	3.2	6.5	9.0	14.2	14.6	8.7	8.3
欧盟	20.7	21.8	26.5	29.2	19.3	25.6	23.1

资料来源：世界银行数据库

发达国家一直是国际直接投资（表 6-3）的主体力量，美、日、英、法、德五国的对外直接投资约占世界总量的 45%。2012 年，全球国际直接投资流量达 13 909 亿美元，其中，发达国家对外直接投资达 9094 亿美元，吸收外国直接投资 5607 亿美元，美国是最大的外资流入国和流出国。发达国家的跨国公司是国际直接投资的主体。按联合国统计，至 2012 年，全球跨国公司约为 8 万家，总资产达 86.6 万亿美元①，海外销售额为 26 万亿美元，增加产值为 6.6 万亿美元，掌握着全球高新技术的 70%，控制了国际技术贸易的 70%。按 2012 年《财富》杂志的排名，全球上榜跨国公司 500 强中，美国占 132 家，日本占 68 家，英、德、法共占 90 家。

在国际贸易方面，发达国家占世界贸易额的比重，1948 年为 64.4%，1970 年为 72.3%，1990 年为 79%，2000 年为 65.5%，2010 年为 54%，2012 年为 51.2%。2012 年，美国的进出口贸易额占其 GDP 的 14.3%。2012 年，发达国家货物出口额占了世界货物出口额的 50.8%，货物进口额占了世界货物进口额的 55.1%。美国是世界最大的货物贸易逆差国和服务贸易顺差国，其货物贸易逆差达 7898.28 亿美元，服务贸易顺差达 1855.96 亿美元。在当今世界的国际贸易格局中，发达国家仍稍具优势。

---

①　数据来源：UNCTAD（联合国贸发会），2013 年《世界投资报告》。

表 6-3　发达国家国际直接投资流量占全球比重　（单位：%）

国际直接投资	项目	2007 年	2008 年	2009 年	2010 年	2011 年	2012 年
流入	发达国家	65.9	56.5	50.4	49.4	49.7	41.5
	美国	10.8	16.9	11.8	14.1	13.7	12.4
	欧盟	42.9	30.0	29.5	27.0	26.7	19.1
	日本	1.1	1.3	0.9	−0.00089	−0.00106	0.1
流出	发达国家	83.2	79.8	72.0	68.4	70.5	65.4
	美国	17.3	15.4	23.2	20.2	23.6	23.6
	欧盟	55.4	49.0	33.2	33.1	32.0	23.2
	日本	3.2	6.3	6.5	3.7	6.4	8.8

资料来源：根据 UNCTAD2013 年《世界投资报告》相关数据计算

发达国家金融实力雄厚，并且在高科技和信息技术在金融业的应用方面拥有明显优势。互联网接入及相应互联网产业已经成为发达国家经济增长重要组成部分。2010 年，互联网接入及相应互联网产业占英国 GDP 的 8.3%，具体到电子商务产业，2010 年英国平均每人花费 2000 英镑，居 G20（20 国集团）首位。

（二）发达国家的经济波动对世界经济的影响

发达国家是世界经济的主体。发达国家经济波动对世界经济的影响突出表现为美国经济对世界经济的影响力。美国经济对世界经济的波及效应主要包括贸易传导、金融传导、股市传导、投资传导和汇率传导等方面。美国是世界上最大的货物贸易进口国和逆差国，是其他国家巨大的出口市场，东亚、北美和欧洲许多国家的出口和经济增长对美国依赖性很强。据分析，美国经济增长下降 1%，全球经济将会下降 0.4%。

在金融传导方面，发达国家的金融波动和政策是国际金融市场的风向标。美联储的利率政策成为其他许多国家调整利率的依据；世界股市随美国股市的波动而升降；大量的国际投资涌入发达国家，引起其他国家的资本不足和经济结构失调；在各国央行的外汇储备中，美元约占 60%，欧元约占 24%；据环球银行金融电讯协会（Society for Worldwide Interbank Financial Telecommunications，SWIFT）数据显示，在传统的贸易结算中，截至 2013 年 10 月，采用美元结算约占 81%，欧元结算约占 7%。

发达国家对世界经济的影响还表现如下：通过发达国家间的相互投资，以及发达国家对发展中国家的投资和产业转移，加速了生产国际化进程，改变旧的国际分工格局，推动了世界经济发展和产业结构升级，同时增强世界各经济体的相互依赖性，使相互依赖和合作成为当代世界经济发展的主要趋势。

（三）发达国家对国际经济秩序的主导

发达国家对世界经济的主导作用主要表现在以下三个三方面。一是反映发达国家的意志和利益的世界经济运行规则的制定。这突出表现在发达国家对国际经济组织的控制和操纵上。例如，WTO 是国际贸易领域最重要的国际组织，它推动了全球多边贸易自由化，而就其基本框架的本质而言，WTO是美国等发达国家利益的体现及其国内规则的延伸。在其框架内，发达国家要求经济落后国家必须按发达国家尤其是美国的规则行事，以维护和进一步取得自身的利益。二是发达国家利用其在某些领域的优势和垄断地位，通过推行贸易自由化，取得超额利润。例如，发达国家在高科技、信息技术方面拥有巨大优势，通过国际分工和贸易获得超额利润。三是利用其金融优势，影响国际金融运行机制。例如，在世界银行和国际货币基金组织中，美国控制了17%和16%的份额，拥有最大的表决权。英、日、德在这两大组织中也占有很大的份额，因此，发达国家在其中拥有绝对垄断地位，它们要求发展中国家开放金融市场，以建立有利于发达国家的国际金融体系。

第三节　发展中国家经济

发展中国家指政治上独立，但经济发展水平低，正在积极谋求经济社会发展的国家。世界经济的相互依赖使发展中国家的经济发展不仅取决于其历史上形成的国内经济发展水平和条件，还取决于南北合作及南南合作的进展。

一、发展中国家经济的特征和类型

（一）发展中国家经济的主要特征

发展中国家有时也被称为“欠发达国家”。这两种不同的名称在一定程度上反映了对发展中国家特征的不同理解。发展中国家经济具有以下几个主要特征。

1. 生产方式的多样性

发展中国家经济社会发展处于不断变革和转化的过渡阶段。发展中国家农村人口占绝大多数，大多数发展中国家农业和采掘业在国民经济中占有较大的比重，不同国家在制造业和第三产业的发展上存在着较大的差异。发展社会生产力，建立和完善市场经济体制，并逐步融入世界经济体系，是发展中国家当前发展民族经济的必然趋势。

2. 经济发展的不平衡性

第二次世界大战后，少数发展中国家和地区经济得到较快的发展，逐渐缩小了与发达国家的差距，如亚洲“四小龙”1996年时人均GDP都已达到10 000美元以上。然而大多数发展中国家和地区，特别是最不发达的低收入国家和地区，与发达国家的收入差距加大，而且与新兴工业化国家和地区、中等收入的发展中国家和地区的差距也不断扩大。就地区看，拉美和东亚地区经济在战后取得了较快的发展，保持了较长期的稳定增长。石油输出国组织在1973年石油提价后所得收入增加，刺激了经济迅速发展。而非洲和南亚地区的发展中国家和地区发展相对迟缓。

发展中国家经济发展的不平衡性还表现在一个发展中国家的内部，如巴西、印度、中国的二元经济，集中反映了其地区发展、部门发展的不平衡性，造成城市和农村、沿海和内地差距的扩大，产生了一系列的结构性问题。

3. 对世界经济的依赖性

独立前，许多发展中国家的经济命脉控制在宗主国手里，没有经济自主权。独立后，发展中国家按照本国的利益和愿望，制定经济发展战略。尽管宗主国的超经济强制已基本消除，但是，旧的国际经济秩序仍对发展中国家产生巨大的影响。

在国际贸易、国际投资和国际金融领域，发展中国家经济依然不同程度地受到发达国家的控制。在经济全球化的背景下，国际分工进一步深化，世界各国经济的相互依赖性增强，区域经济合作发展，也使发展中国家对世界经济的依赖性进一步增强。

（二）发展中国家的分类

发展中国家人口众多，约占世界人口的3/4，在分布于亚洲、非洲、拉丁美洲、太平洋地区岛屿、南欧和地中海沿岸地区，占世界领土的63.5%。我们可以从不同角度对发展中国家进行分类。

1. 按地域分类

（1）拉丁美洲。拉美国家由于民族构成、历史和地理等因素，经济发展战略和生产关系的变革受西欧、北美资本主义国家的影响较深。在大多数拉美国家，资本主义生产关系较早形成。在经济发展中较多地吸收和模仿西方经验，在对外关系上也较多地依赖西方国家。与其他发展中国家相比，拉美国家的经济发展水平较高。

（2）亚洲。亚洲发展中国家之间存在较大差别，但与其他地区相比，亚洲发展中国家的特点是各国在接受和引进西方资本主义思想和发展模式时，仍然保持东方社会的传统特征。东亚和东南亚国家能较好地吸取外国的成功经验，结合本国实际加以创造发挥，形成本民族的发展模式，取得了较快的发展。但一些南亚发展中国家经济发展缓慢。

（3）非洲。大多数非洲国家长期遭受殖民主义统治，前宗主国的经济势力和影响还对各国经济发生作用，本国民族资产阶级的力量相对弱小，封建的经济形态与资本主义结构不协调地交织在一起，经济发展缓慢，发展水平低。尽管发展程度不同，但由于这些国家都不同程度上被纳入国际交换和分工体系，其经济发展不可避免地会受到国际环境的影响。

2. 按经济发展程度分类

1992年世界银行把发展中国家分为三种类型：第一类为低收入发展中国家，其人均国民收入低于675美元；第二类为中低收入国家，其人均国民收入为675～2700美元；第三类为新兴工业化国家，其人均国民收入为2700～8000美元。

3. 按经济规模分类

发展中国家按照其经济规模可以分为发展中大国、中等发展中国家和发展中小国。

（1）发展中大国。属于这一组别的国家有亚洲的中国、印度、印度尼西亚、伊朗和沙特阿拉伯，非洲的尼日利亚和阿尔及利亚，拉丁美洲的巴西、墨西哥、阿根廷和委内瑞拉，南欧和地中海的土耳其等。

（2）中等发展中国家。大多数国家属于这一组。虽然这一组国家的经济规模、实力和发展潜力难以与大国相比，但是，在经济发展的局部地区和部门，一些中等国家有突出的成绩，取得不少成功的经验。

（3）发展中小国。这类国家一般指那些面积小、人口数量少、经济规模小的发展中国家。有的国家人口不足100万人、有的国家人口虽然超过100万人但领土面积很小。发展中小国的经济发展潜力一般不如其他国家，只能根据所处的地理位置和拥有的资源条件，发展适合本国实际的经济部门。

二、第二次世界大战以后发展中国家经济的发展

（一）20世纪50年代到20世纪70年代末经济恢复和较快发展

第二次世界大战以后，随着世界殖民体系的瓦解，许多发展中国家赢得了民族独立，在战后的十几年中，立足于发展经济，提高国家的整体实力，在经济上取得了一系列的成就。主要表现在三个方面。①生产力水平提高，人民的生活水平有了很大的改善。1960～1980年，发展中国家GDP年平均增长率为6.0%，国内居民的生活状况有了很大改善。②出口能力增强，出口结构有所改善。据世界银行的报告，1965～1980年，发展中国家的出口商品结构发生了明显变化，初级产品比重由78%下降到48%，而制成品从20%提高到51%。③工业迅速发展，产业结构优化。虽然农业在发展中国家经济中仍占很大比重，但工业的增长快于农业，1950～1980年，发展中国家工业产值增加7倍，农业占GDP的比重由37%下降到20%，工业比重由20.4%上升到30.3%。

（二）20世纪80年代经济增长减缓

进入20世纪80年代以后，发展中国家出现了严重的困难，债务危机、粮食危机、通货膨胀等问题困扰着发展中国家，使它们面临巨大的压力。主要表现在四个方面。①经济增长停滞，资金短缺。80年代，发展中国家GDP年平均增长率由70年代的5.8%下降到3.52%，人均GNP的增长率由3.43%下降到1.29%，1989年发展中国家的人均GDP只相当于1980年的98%。发展中国家各地区经济发展不平衡，东亚地区较好，拉美地区、非洲地区人均GDP出现了负增长，且资金倒流，筹资困难。②债务负担沉重。为弥补资金不足，发展中国家大量举借外债，1981年债务总额达6500亿美元。债务的负担导致了严重的经济困难，许多发展中国家生产停滞，经济增长缓慢，失业人数剧增，甚至引起了政局的动荡。③贸易环境恶化。由于国际贸易领域保护主义的

盛行，以及初级产品价格的下降，发展中国家的出口贸易在世界贸易中的比重严重下降。1980年，发展中国家出口贸易额达5586亿美元，到1989年降为5165亿美元。据国际货币基金组织统计，发展中国家出口的初级产品的价格总指数1980～1989年下跌10.4%，使发展中国家蒙受重大损失，收入锐减。④粮食匮乏，农业面临严峻挑战。很多发展中国家是农业国或正从农业国向工业国过渡，人口增长率高，因而粮食问题极为突出。1974～1984年，粮食生产赶不上人口增长的国家有50多个，很多国家不得不拿出有限的外汇进口粮食，从而使经济的发展雪上加霜。

（三）20世纪90年代后经济调整

20世纪80年代发展中国家经济上的严重困难，促使很多国家对经济发展战略、经济体制和产业结构进行调整和改革。进入90年代以后，发展中国家经济出现了较好的发展形势。①经济持续增长。90年代，发展中国家经济增长率逐年提高，已经从80年代的经济衰退和停滞中完全恢复过来。②通货膨胀被遏制。在经济增长率上升的同时，各国的通货膨胀率普遍下降。其中，拉美地区的恶性通货膨胀也已得到遏制。③贸易状况良好，外资流入增加。发展中国家在国际贸易中的份额逐步提高，WTO官员认为，按照目前的趋势发展下去，到2020年，发展中国家的贸易额将超过世界贸易总额的一半。进入20世纪90年代以后，发展中国家的资金流入量也大幅度增加，成为世界各国直接投资的重点地区。近几年来，发展中国家经济的持续增长与资金流入有密切的联系。经济的发展使广大发展中国家在世界经济发展中占据了越来越重要的位置，国际地位进一步提高。

（四）21世纪初的经济发展

进入到21世纪，由于新技术，特别是信息技术的发展，以及国际产业结构转移的加快，发展中国家的国际贸易和国际投资得到进一步发展，但也经历了较剧烈的波动。①越来越依赖国际经济环境。随着世界经济一体化程度的加深，发展中国家的贸易、投资与经济增长越来越依赖外部经济环境，尤其是受以美国、欧盟、日本为主体的发达国家经济的影响。以出口为例，国际金融危机后，受发达国家需求急剧下降的影响，2009年发展中国家的出口增速为－9.7%，2012年为3.6%。②重要性日益显现。经济危机加快了发展中国家在世界经济中发挥更大作用的趋势。2006～2012年，世界GDP增长量的74%源于发展中国家。2012年，发展中国家的GDP增长率保持在5%左右，远高于发达国家的1.1%；发展中国家的进、出口量增长率分别为5.3%和3.4%，对世界进、出口增长贡献率分别为100.9%和85.8%；发展中国家的直接外资流入量、流出量占全球流量的比例分别为52%和31%[①]。③结构调整仍是严峻挑战。发展中国家，尤其是中国、印度、巴西、印度尼西亚、南非等新兴工业化国家或地区，尽管在推动全球贸易、投资和经济增长中有着不可忽视的作用，但其产业结构、贸易结构及地区结构仍是经济发展过程中的重要制约因素。发展中国家要想摆脱长期受制于西方发达国家占支配

① 数据来源：UNCTAD的2013年《贸易和发展报告》和2013年《世界投资报告》。

地位的垂直分工体系的弱势地位，更有利地参与未来进一步加深的国际分工体系，则需要进行结构性改革。

三、南北经济关系与南南经济合作

（一）南北经济关系

第二次世界大战后，发展中国家在相继取得独立后，为积极发展民族经济进行了不懈的努力。发展中国家要建立独立的民族经济，改变贫困落后的经济状况，根本的问题是要努力发展本国的生产力，并积极争取改变不平等、不公正的国际经济秩序。20 世纪 70 年代初，在发展中国家的推动下，联大通过了建立国际经济新秩序的《宣言》和《行动纲领》，使发展中国家要求改革旧的国际经济秩序的努力进入了一个新阶段。在这个历史背景下，1975 年在巴黎召开了第一次讨论南北经济关系问题的南北对话会议，此后，在相关国际组织中进行了一系列有关国际经济秩序改革的会谈。

在经济全球化背景下，南北关系既存在发达国家主导的不平等竞争的一面，也存在合作的一面。随着世界经济的相互依赖性的增强，发达国家经济与发展中国家经济以垂直分工为主的传统分工格局已演变为垂直分工与水平分工并存的混合分工格局，随着国际分工从部门之间的分工演变为部门内部的分工，以及发达国家的产业转移，南北经济合作在使发达国家获得更多利益的同时，也将有利于发展中国家的经济发展。

（二）南南经济合作

在 20 世纪 50 年代，亚洲、非洲和拉丁美洲新独立的国家就意识到自己在世界经济中的脆弱地位，开始探索以集体的力量来增强自己地位的可能性。1955 年在万隆召开的亚非会议和 1961 年在贝尔格莱德举行的不结盟会议，就是朝着这一方向所做出的努力。现存的国际经济秩序，仍然是在 1944 年布雷顿森林会议上产生的框架内运行的，这种情况有利于富裕和强大的发达国家，而不利于贫穷弱小的发展中国家。

在这种情况下，发展中国家必然要求改变现行的国际经济秩序。这导致在 1964 年联合国第一次贸易和发展会议上，发展中国家为了协调它们的行动而成立了七十七国集团，后来其成员逐步发展到 130 多个，七十七国集团成为代表发展中国家的立场，并代表发展中国家集体在国际会议上提出要求的主要机构。

当前发展中国家的人口占世界总人口的 3/4，有丰富的资源和巨大的市场潜力。加强南南合作，可以在全球范围内实现发展中国家之间资源的充分利用和优势互补，同时也有利于发展中国家采取一致立场，实现建立国际经济新秩序的长远目标。

第四节　转型国家经济

1917～1950 年，占世界总人口 1/3 的国家先后建立社会主义计划经济体制。首先是第一次世界大战之后在苏联和东欧的一些国家，而后是第二次世界大战之后在中国、朝鲜和越南等国都建立了计划经济体制，对生产进行集中控制，并通过国家计划的方式分配所有的资源。

一、转型国家的经济发展与经济改革

经济转型是指原来实行计划经济的国家通过经济体制改革转而建立市场经济体制并使自己融入世界经济体系的过程。计划经济体制曾经使计划经济国家取得了巨大的经济成就。

但是，随着时间的推移，计划经济所带来的问题日益突出。在20世纪50年代，苏联获得了比较高的经济增长率。随后苏联经济增长速度降低了，60年代平均年度增长率为7%，70年代为5%，80年代只有2%。东欧也出现了类似的情况。第二次世界大战之后，苏联的健康指标迅速改善，开始接近工业化市场经济国家的水平。但是，从60年代中期开始，社会指标也开始恶化，1966～1980年，人口的预期寿命减少了2年。这与工业化国家的趋势形成鲜明的对照，在同一时期工业化国家的人口预期寿命增加了3～4年。

由于计划经济体制的弊端日益明显，70年代末开始，苏联、东欧国家、中国等一些实行计划经济的国家先后进行经济体制改革，改革的取向是从计划经济体制向市场经济体制转化，虽然各国改革的具体模式不同，但目前一般把这类国家统称为经济体制转型国家或转轨国家。

二、经济转型的不同模式

（一）"休克疗法"式改革

苏联和一些东欧国家采用了这种改革模式。"休克疗法 "的主要内容如下。①加快所有制改革。以财产私有化和市场自由化作为改革的目标，主要是为从计划经济向市场经济过渡而创造法律的、行政的、经济的制度环境，即建立以法律和私有制为基础的市场经济，并期望这种制度变革在短期内完成。②放开物价，取消价格补贴。企业的产品根据市场供求定价，使一直大幅度低于成本价格销售的消费品价格上涨，刺激这些短缺商品的生产，同时也刺激本国生产商与进口商竞争，从而形成竞争环境，提高本国产品的生产效率和质量。③紧缩银根、控制信贷、回笼货币。中央银行对直接刺激通货膨胀的货币发行，如填补国家预算的增发货币，严格控制。一方面通过提高贷款利率来限制投资，鼓励储蓄；另一方面增加市场有效供应，适当放宽对盈利企业、出口企业和技术更新项目的贷款。④改革货币制度。使本国货币在国际上自由兑换，从而使本国货币对国际硬通货大幅度贬值；严格控制预算支出，控制集团消费；冻结工资，限制居民收入增长；通过发展对外贸易，参加国际竞争。

（二）渐进式改革

经济转型的另一种模式是渐进式改革。中国采用的是这种改革模式。主张渐进式改革的人们认为，突然破坏旧体制在经济上将产生较大的副作用，改革旧体制的过程必须是平缓的、渐进的过程，以防止经济的激烈震荡。因此，在体制转轨过程中首先不要把改革的重点放在旧组织的废弃上，而要放在促进新生部门的成长和与之相应的市场经济体制的建立和发展上。

三、两种改革模式的比较

中国、苏联两国经济改革的初始条件相似，两国都实行计划经济体制，这种体制在实行一定阶段后暴露出不适应生产力进一步发展的问题，使国民经济的发展速度下降，不同程度地出现经济困难和社会问题，在和资本主义国家的竞争中处于不利地位，因此必须实行经济体制改革，但两国进行经济体制改革的模式不同，改革的效果也不同。

（一）两国经济改革初始条件比较

同俄罗斯相比，中国改革初期的条件远不及俄罗斯。首先，中国人均收入水平大大低于俄罗斯的水平。据世界银行估计，改革之初，俄罗斯的人均 GDP 是中国的 6.4 倍。第二，中国农村人口比重大大高于俄罗斯的水平，中国为 82%，而俄罗斯为 26%。第三，中国农业劳动力占就业总人口的比重大大高于俄罗斯，中国为 71%，俄罗斯为 13%。中国还面临着如何解决庞大的、日益增长的农村剩余劳动力问题。第四，中国人力资源条件也远不及于俄罗斯，中国成人文盲率为 31%（1982 年），俄罗斯为 2%；中国 15 岁以上人口平均文化程度为 4.6 年（1982 年），而俄罗斯在 10 年以上。将中国各级政府官员、国有企业管理人员的文化素质与俄罗斯相比，也差异甚大。

然而，中国在极其不利的条件下通过经济体制改革成功地实现了经济的高速增长，而俄罗斯却出现了生产力大幅度倒退（1984 年的 GDP 比 1989 年下降了 40 个百分点）、高通货膨胀率、高失业率及社会动荡等问题。

（二）两国经济改革结果比较

在改革初期，中国取得的成效比俄罗斯显著。但中国和俄罗斯经济改革的前途如何，谁能取得更大的成功，还很难有定论。

在改革初期，中国的情况明显好于俄罗斯。第一，从经济增长率来看，中国在改革过程中经济高速增长，已成为世界上经济增长最快和持续时间最长的国家。20 世纪八九十年代，中国经济年均增长率保持在 10%以上。与此相反，俄罗斯在改革过程中经历了严重经济危机，直到 21 世纪初才恢复增长。第二，与其他转轨国家相比，中国的通货膨胀率比较低，而俄罗斯自改革以来通货膨胀率长期居高不下，严重影响了经济增长和社会稳定。第三，中国一直保持较高的投资率，这一部分来自于大规模的国内储蓄，另一部分来自于国际直接投资。而俄罗斯改革以来长期存在投资不足，在大量国际资本流入中国的同时，流入俄罗斯的外国投资很少。第四，中国的实际工资和生活水平在不断提高。相反，与此同时俄罗斯的实际工资和生活水平却一直在下降。

进入 21 世纪，中国和俄罗斯的经济改革均取得了一定成效。中国经济仍持续保持高速增长，2000～2012 年 GDP 年均增长率为 10.6%，远远高于世界其他国家水平。中国的 GDP 也从 2000 年的 11 984.75 亿美元增加到 2012 年的 83 583.63 亿美元，居世界排名第二位，仅次于美国。自2001年加入WTO后，货物贸易和服务贸易增长迅速，2012年货物出口排名第一位，服务出口排名第五位。外汇储备超过3万亿美元，是世界第一大外汇储备国。在国际直接投资方面，国际直接投资的净流入量从2000年的383.99亿美元增加至2012年的2534.75亿美元。同时，中国国际直接投资在2012年创下流量878亿美元的历史新高，同比增长17.6%，首次成为世界第三大国际直接投资国。俄罗斯经济从2000年开始蓬勃发展，实际上已经克服了20世纪90年代经济大滑坡造成的影响。2005年，俄罗斯的GDP已经恢复到1991年的水平达到7637亿美元，居民消费也已经超过1991年的水平。2012年GDP高达20 147.76亿美元，居世界第八位。受2008年国际金融危机的影响，除2009年GDP出现负增长外，其余年份均保持了相对快速的增长，2000～2012年的平均经济增长率为4.8%。通胀率相对于改革初期有了大幅下降，2000年为37.7%，2005年为19.3%，2010年为14.2%，2012年降至8.5%。同时，俄罗斯开始提前偿还对IMF和巴黎俱乐部债权国的绝大部分外债，国家外债占GDP的比重已从1999年的90%下降到2011年的28.6%，外汇储备从1999年4月的107亿美元增加到2013年11月的5139亿美元。卢布币值已经恢复到1998年之前的水平。在贸易方面，2012年出口额占GDP比重为26.3%，是世界第八大货物出口国。俄罗斯正致力于吸引投资、扩大生产能力以实现经济进一步增长，国际直接投资的净流入量从2000年的27.14亿美元增加到2012年的514.16亿美元。

第五节　新兴工业化国家和地区经济

进入21世纪前，新兴工业化国家和地区主要指亚洲“四小龙”即韩国、新加坡、中国香港和中国台湾。20世纪60年代后期以来，这些国家和地区借助有利的外部条件，不失时机地调整发展战略，取得了举世瞩目的经济实绩，从而成为发展中国家和地区的佼佼者。21世纪初的新兴工业化国家和地区[①]，主要以“金砖国家”[②]，以及墨西哥、韩国、印度尼西亚、越南、伊朗、菲律宾、土耳其、埃及等“新钻”国家（Next Eleven，N-11）[③] 为代表。其中，“金砖国家”的经济表现和发展潜力最受瞩目。

一、新兴工业化国家和地区的经济模式

1979年6月，OECD发表了《新兴工业化国家的冲击》的报告，提出了“新兴工业化国家”（newly industrialized countries，NICS）的概念，当时是泛指亚洲的中国香港

---

① 这些国家往往被称为“新兴经济体”，但本质上也是“新兴工业化国家和地区”，只是提法不同而已。

② “金砖四国”这个词是高盛公司的吉姆·奥尼尔于2001年首次提出的。2011年，“金砖四国”峰会邀请南非共同参与，“金砖国家”（BRICS）由此诞生。

③ 这里采用的是高盛集团的界定。不同的作者会根据不同的经济分析方法列出不同的新兴工业化国家。有的时候会造成有些国家被划分为新兴工业化国家，但这些国家很少被其他作者划分为新兴工业化国家。这样的例子包括韩国、埃及、印尼和俄罗斯等，参考Pawel Bożyk. 2006. Newly Industrialized Countries//Globalization and the Transformation of Foreign Economic Policy. Ashgate Publishing，Ltd：164.

和中国台湾、韩国、新加坡，拉丁美洲的巴西、墨西哥，欧洲的葡萄牙、西班牙、希腊和南斯拉夫。后来，由于中国香港、中国台湾、韩国和新加坡发展迅速，成就突出，并且其中并非全为独立国家，因此在1988年的西方七国首脑会议上，使用了“新兴工业化经济体”（NIES）的概念，以取代新兴工业化国家和地区，并特指上述亚洲国家和地区，习惯上又称之为亚洲“四小龙”。

1970～1980年，亚洲“四小龙”的平均经济增长率为9.3%。以韩国为例，20世纪60年代初还处于经济恢复和重建时期，1962年人均GDP只有103美元，但从1965年开始出现“汉江奇迹”，1965～1996年，韩国的人均GDP从105美元增加到12 249美元，经济实力大为增强，GDP总额跃居世界第11位。同时，中国香港、中国台湾及新加坡在这一时期GDP也获得了大幅度增长，人民的生活水平、健康水平和教育水平得到较大的提高。“四小龙”的成功被称为“东亚模式”，这一模式的特点有如下几个方面。

第一，强调内部积累和政府扶持。东亚地区的总储蓄率一直保持在30%～40%的高水平上，高储蓄率导致高投资，促进了经济高速增长，进而又使储蓄率进一步提高，形成一种良性循环。此外，得益于政府与市场机制的有效结合。一方面政府在一定程度上参与和干预经济活动，充分利用各种经济、法律及行政手段调整宏观经济，实现资源合理配置；另一方面政府和企业紧密合作，积极为企业提供政策、资金等多方面支持，为东亚经济腾飞提供了巨大动力。

第二，坚持对外开放政策和出口导向战略，积极促进贸易、投资和金融自由化，努力发展外向型经济。

第三，各国和地区政府都努力促进自身生产力的发展，通过政策引导，从发展传统产业开始，不断调整经济结构，逐步向高科技信息产业发展。同时，对国民教育持续高投入，努力提高国民素质，有力地促进了国民经济的持续快速增长。

2001年，美国高盛公司首次提出“金砖四国”的概念，囊括了全球最大的四个新兴经济体，分别是中国、巴西、印度和俄罗斯。2006年，根据劳动力成长、资本存量和技术成长三项指标估算GDP增长率后，高盛公司认为墨西哥、印度尼西亚、越南、伊朗、菲律宾、土耳其、埃及等“新钻11国”，在经济发展潜力上仅次于“金砖四国”。其中，以中国、俄罗斯、印度和巴西为代表的“金砖四国”是新兴工业化国家和地区的第一梯队，“新钻11国”则是第二梯队。2010年，为进一步加强同南部非洲各国的经贸关系，在全球气候变化、减贫等全球性和地区性问题上加强合作，“金砖四国”一致商定，吸收南非作为“金砖国家”合作机制的正式成员。国际金融危机发生后，以“金砖国家”和“新钻11国”为代表的新兴工业化国家和地区经济表现较好，在全球性经济衰退中表现出较强的抵御风险的能力。危机发生后的两年里，“金砖四国”对全球经济增长的贡献率高达45%，“新钻11国”对全球经济增长的贡献率则为11%，相比之下，七国集团（G7）对全球经济增长的贡献率仅为20%。[①] 新兴工业化国家和地区虽然在经济发展上存在较大的差异，如禀赋差异方面，中国具有劳动力优势和改革红利，

① 高盛公司. 2009. 全球经济报告.

印度有劳动力优势和IT实力，俄罗斯和巴西具有资源优势，伊朗和墨西哥都是产油大国，越南、印度尼西亚、埃及及菲律宾也有石油与天然气出产。此外，各国的工业化水平和产业结构也相差较大。但总体而言，大多数新兴工业化国家和地区仍采用促进“工业化”、依赖外贸，尤其是出口来刺激经济增长的发展模式。

二、新兴工业化国家和地区的发展战略

经济发展战略是指一个国家或地区为取得经济发展而制定的总体目标、实现目标的方式及相应的经济政策。它对该国家或地区的经济发展具有方向性、长远性和总体性的指导作用，因而在经济发展过程中起着决定性作用。从它与国际经济的联系的角度来看，经济发展战略一般分为两大类型，即进口替代型发展战略和出口导向型发展战略。从战后的实践来看，除中国香港之外，亚洲“四小龙 ”首先实行的是进口替代型经济发展战略，而中国香港则逐渐转向出口导向型经济发展战略。目前，大多数“金砖国家”和“新钻国家”也实行出口导向型经济发展战略。

（一）进口替代型经济发展战略

进口替代型经济发展战略，也称内向型的经济发展战略，是指通过建立和发展本国（或地区）的制造业，实现对进口制成品的替代，以达到加快工业化进程和减少对外国（或地区）经济依附性的目的。

中国台湾大约从1953年开始实行进口替代，到1960年以后转入出口导向型阶段。韩国在朝鲜战争后，经过一段恢复、重建经济的过程，于1954年开始实行进口替代，大约在1962年后转入出口导向阶段。新加坡在1959年获得独立后开始实施进口替代战略，大约于1964年转为出口导向型的经济发展战略。实行进口替代的主导产业，基本上是以纺织和食品生产为中心的轻纺工业。香港由于独特的地理位置和经济地位，实行自由港政策。

实施进口替代发展战略的经济措施，在具体做法上虽然各有特点，其内容却是基本相同的。这些措施归纳起来主要有三个方面。①加强进口限制，实行保护关税。普遍做法是运用贸易壁垒，如关税、进口许可证、进口数量限制和信用证押金制度等手段，对纺织品和食品等消费品的进口课以高税，并在数量上予以严格限制，即使是准许进口类似的物品，各国和地区管理部门也通过指定外汇来源、采购地区、货物等级和价格，以及进口商等加以控制；对进口替代工业所需的生产资料尤其是原料和机械设备等则实行较低的关税，在数量上也尽可能放宽。②对进口替代产业实行税收减免政策。例如，新加坡为了使私人企业积累资本，发展生产，先后颁布了《新兴工业（豁免所得税）法》和《工业扩展法》，规定按照企业对工业生产追加资本数量的多寡，豁免2～5年40%的公司所得税，而且投入生产的资本越多，享受豁免所得待遇的期限也越长，并允许企业加速折旧，这些措施刺激了私营企业的生产积极性，加速了进口替代产业部门的资本积累。③高估本国货币的汇率，从而限制进口。由于进口替代战略的实施取得的成功，GDP得到迅速增长。

（二）出口导向型经济发展战略

出口导向型经济发展战略，也称为外向型经济发展战略，其主要特点是以大量的商品出口为导向，把经济活动的重心从本国和本地区市场转向国际市场，进而推动整个国民经济和地区经济的发展。

20世纪60年代初以后，亚洲“四小龙”先后逐步转向推行出口导向型经济发展战略。各个国家和地区所采取的经济政策和措施主要有以下几个方面。①鼓励出口。为了扩大出口，各国和地区都制定相应的政策，并且成立了相关的专门负责机构，以加强对出口商品的规划、督促和引导工作。②放宽进口限制，降低保护关税。各国和地区先后取消了诸如外汇分配比率、进口限额、进口申请保证金存款制度等限制进口的各项规定，这些举措大大促进了国（或地区）内企业加入国际市场竞争。③对出口企业实行税收减免政策。④在金融政策上给予特殊待遇。为了鼓励企业扩大出口，亚洲“四小龙”在金融政策上采取优惠贷款的政策。韩国在1964年以前，对出口企业曾给予若干直接补贴，此后则开始将直接出口补贴改为出口信贷。中国台湾银行自1957年起就开始实行出口低息信贷。1962年3月以后，为刺激出口，出口信贷利率进一步下降。此外，在资金融通方面还规定：出口企业的中长期贷款利率减半。新加坡政府也向出口部门和产品出口企业扩大设备投资发放低息贷款，官民合营的新加坡出口信用保险公司对出口企业还提供政治风险担保。⑤促使本币贬值。为了降低生产成本，增强企业的国际竞争力，中国台湾和韩国都实行了促使本币贬值的政策，以促进本国（或地区）产品的出口。此外，亚洲“四小龙”还先后采取提高利率、引进外资、培植产品出口的主导产业等有关政策和措施，保证出口导向型经济发展战略的有效实施。

以“金砖国家”和“新钻国家”为代表的新型工业化经济体也大多采用各种措施来保证出口导向性经济发展战略的实施。以巴西为例，在出口导向型战略的引导下，其对外依赖程度不断加大。2012年，巴西的出口结构中，矿产和农产品所占比例已超过80%，其中仅铁矿石就占30%。

三、新兴工业化国家和地区的经济发展

（一）经济增长速度保持较高水平

根据世界银行提供的数据，世界经济增长速度20世纪五六十年代为4.8%，70年代为3.4%，80年代为2.9%，其中OECD经济增长率60年代为4.9%，70年代为3.2%，80年代为2.6%，而亚洲“四小龙”的经济增长率60年代为9.3%、70年代为9.2%、80年代为7.9%，大大高于世界平均水平和发达国家的平均水平。特别是在80年代世界经济进入发展低潮之际，亚洲“四小龙”却仍然保持了较高的经济增长率。进入90年代以后，亚洲“四小龙”的经济增长速度虽有所下降，但仍大大领先于世界平均水平。

21世纪初的“金砖国家”，2000～2010年的整体平均增长率超过8%，远高于发达国家经济的平均增长率（约2.6%）及全球经济平均增长率（约4.1%）[①]，在发展中国

① 《新兴经济体蓝皮书：金砖国家经济社会发展报告2011》，北京：社会科学文献出版社.

家中表现优异。其中，中国的年均增长率高达约10%，而印度超过7%，俄罗斯超过6%，巴西平均年增长率由20世纪90年代的1.7%提高到近10年来的3.6%，南非的年均增长率则在3%左右，多数年份高于发达国家平均水平。

（二）经济规模迅速扩大

1965年，也即“四小龙”经济起飞初期时的GDP，韩国为30亿美元，中国台湾为28.1亿美元，新加坡为9.7亿美元，中国香港为21.5亿美元，到1990年，分别增加到2364亿美元、1516亿美元、346亿美元和596亿美元①，增长倍数分别约为78倍、54倍、35倍和28倍。人均GDP，1965年中国香港为677美元，韩国为106美元，新加坡为516美元，中国台湾为164美元②，2003年，中国香港为23 859美元，新加坡为23 320美元，中国台湾为13 748美元，韩国为13 451美元③。国民经济规模和人均GDP的这种增长速度，创造了世界经济史上经济增长的奇迹。

2012年，“金砖国家”的GDP总额达14.85万亿美元，接近美国的GDP（15.68万亿美元），占世界GDP的比重达21%，2001年该比重仅为17%。其中，巴西、俄罗斯、印度、中国和南非的GDP为22 526.64亿美元、20 147.76亿美元、18 417.17亿美元、83 583.63亿美元、3 843.13亿美元，世界排名分别为第7、第8、第10、第2、第29位。

（三）对外贸易量急剧增加

亚洲“四小龙”实行的是出口导向型经济发展战略。因此，对外贸易尤其是出口贸易快速增长（表6-4），“四小龙”出口总额在世界出口总额中所占比重，1970年为2.2%，1980年为3.8%，1985年为5.9%，1988年为7.8%，1989年达到8.0%，仅次于主要发达国家中的美国（11.8%）、德国（11.1%）和日本（8.9%），而高于法国（5.8%）、英国（4.9%）和意大利（4.6%）。到2002年，这个比例达到9.6%。从国家和地区分别来看，1990年中国香港外贸总额为1646.56亿美元，在世界排名第11位；韩国外贸总额为1348.56亿美元，世界排名第13位；中国台湾外贸总额为1219.3亿美元，世界排名第15位；新加坡外贸总额为1135.16亿美元，世界排名第17位。20世纪90年代以来，亚洲“四小龙”在世界贸易中仍一直保持着重要的地位。

“金砖国家”的对外贸易额占世界贸易额的比重从2000年的不足7%提高到2012年的17%。以货物出口为例，巴西、俄罗斯、印度、中国、南非的货物出口占世界出口比重分别为1.32%、2.88%、1.6%、11.13%、0.47%，在世界排名分别为第22、第8、第19、第1、第44位；2010～2012年巴西、俄罗斯、印度、中国、南非的贸易占GDP的比重分别为24%、51.5%、50.9%、53.2%、57.8%③；除南非外，其他国家的贸易平均增长率也远远高于世界平均水平（约9%）（表6-5）。

---

① 参见世界银行《1992年世界发展报告》中《台湾统计资料手册》，第235页。

② 数据来源：Orkii statistics & Indicators，http：//www. orkii. com。

③ 数据来源：IMF数据库。

表 6-4 亚洲“四小龙”进出口增长率 （单位：%）

国家和地区	1965～1979 年	1980～1987 年	1988 年	1989 年	1990 年	1991 年	2005 年
韩国	27.2	15.3	28.4	2.8	4.2	10.9	9.0
中国台湾	28.2	15.4	12.7	9.3	1.4	13.0	4.0
中国香港	9.1	9.0	11.4	3.0	1.3	2.2	8.5
新加坡	4.7	5.8	36.9	13.7	17.7	12.3	12.0

资料来源：世界银行，2005

表 6-5 2005～2012 年“金砖国家”的平均增长率 （单位：%）

国家	货物出口	货物进口	服务出口	服务进口
巴西	11	17	14	19
俄罗斯	12	15	13	16
印度	17	19	15	15
中国	15	16	14	19
南非	8	10	4	5

资料来源：世界贸易组织数据库

（四）产业结构不断优化

随着经济的迅速发展，亚洲“四小龙 ”的产业结构也在不断调整升级，20 世纪 90 年代以来，制造业中资本和技术密集型的部门所占比重进一步增加，第三产业中现代服务业的比重不断增加。“四小龙 ”的服务业比重都已超过 50%，因此，从产业结构来看，这些国家和地区已经基本进入发达国家和地区的行列。

“金砖国家”的资源禀赋和产业优势各不相同，具体而言，中国提供大量廉价的工业制成品，印度提供信息软件、服务产品及矿石原料，俄罗斯、巴西和南非提供大量能源和矿产资源。随着国际分工的进一步深化，金砖国家也致力于调整和优化产业结构，2011 年第三产业增加值占 GDP 的比重，除中国（43%）外，各国均超过 55%①。同时，“金砖国家”不断提高 R&D 投入，除南非略低外，其余四国的 R&D 费用占 GDP 比重均超过 1%。此外，“金砖国家”鼓励发展高新产业，以期在未来成为引领经济发展的新引擎。②

➢本章小结

本章阐述第二次世界大战以来世界经济格局的演变及当代世界经济格局的特征，同时阐述了世界主要发达国家和地区美国、日本、欧盟的经济发展，它们之间的相互关系

---

① 数据来源于世界银行数据库。其中，2011 年各国的三次产业比重分别为：巴西（5.5∶27.5∶67.0）、俄罗斯（4.3∶37.0∶58.7）、印度（17.6∶21.7∶55.7）中国（10.1∶46.6∶43.3）、南非（2.5∶29.2∶68.3）。

② 中国在 2010 年 9 月 9 日出台了节能环保、新一代信息技术、生物、高端装备制造、新能源、新材料和新能源汽车等七大战略性新兴产业发展规划。

及其在世界经济中的地位和作用；发展中国家的经济发展状况及与此相关的南北关系和南南经济合作；转型国家的经济改革模式的比较；新兴工业化国家和地区取得经济增长奇迹的过程和原因等问题。

➢关键词

世界经济格局　多极化格局　发达国家　发展中国家　南北经济关系　南南经济合作　转型经济　休克疗法　渐进式改革　新兴工业化经济体

➢思考题

1. 试述第二次世界大战以来世界经济格局的演变和战后世界经济格局的特点。
2. 分析第二次世界大战以后发达国家经济增长的原因。
3. 阐述发展中国家的主要特征。
4. 分析南南合作的发展前景。
5. 分析经济转轨国家的不同改革模式。
6. 分析亚洲“四小龙”的发展道路对发展中国家的借鉴作用。

参考文献

陈继勇，刘威. 2006. 知识经济的发展与世界经济格局的演变. 经济评论，(3)：199-124.

陈漓高，杨新房，赵晓晨. 2006. 世界经济概论. 北京：首都经济贸易大学出版社.

陈明路. 1999. 亚洲“四小龙”出口增长研究. 当代亚太，(2)：56-59.

杜方利. 1998. 东亚经济的崛起. 上海：上海远东出版社.

华民. 1998. 不均衡的经济与国家. 上海：上海远东出版社.

黄凤志. 2003. 信息革命与当代世界格局演变. 吉林大学社会科学学报，(3)：69-74.

宿景祥. 2001. 世界经济体系与世界经济格局. 现代国际关系，(2)：5-9.

陶大镛. 2001. 世界经济新格局研究. 北京：北京师范大学出版社.

王怀宁. 1999. 进入21世纪的世界经济格局. 世界经济，(7)：3-8.

吴嘉蓉. 2002. 世界多极化是21世纪国际关系发展的大趋势. 社会科学研究，(1)：15-18.

俞邃. 2004. 世界多极化问题. 世界经济与政治，(3)：15-20.

俞华. 2012. 美国产业与就业关联演变特点及对中国的启示. http：//www. caitec. org. cn，商务部国际贸易经济合作研究院.

约瑟夫·哈利维. 2003. 美国全球战略的转变与当前世界经济格局. 国外理论动态，(11)：16-26.

张石. 1999. 欧元启动与国际货币格局的变化及其发展前景. 国际经贸探索，(6).

张宇燕，田丰. 2010. 新兴经济体的界定及其在世界经济格局中的地位. 国际经济评论，(4)：7-26.

赵春明. 1995. 亚太地区经济发展多元化研究. 北京：北京师范大学出版社.

赵莉，王振锋. 2003. 世界经济学. 北京：中国经济出版社.

庄起善. 1999. 过渡经济的理论与实践. 北京：经济科学出版社.

UNCTAD. 2013. 贸易与发展报告.

UNCTAD. 2013. 世界投资报告—全球价值链：促进发展的投资与贸易. 北京：经济管理出版社.

第七章

区域经济合作

第二次世界大战结束以来，科学技术的进步、生产力的发展、国际分工的不断深化及世界经济相互依赖的加强，客观上要求打破国家边界对资源配置的地理限制，要求在地理上相互邻近、在经济上密切联系的一组国家或地区，实现对资源的跨国配置，以及对客观经济和市场运行规则的联合调控，以促进经济的持续发展。因此，世界上大多数国家和地区，包括发达国家和发展中国家和地区，纷纷建立或正在建立起一些区域性的合作组织。特别是一些发达国家的经济合作组织，无论其生产能力、技术水平、资本总量都达到相当高的规模，对当前的世界经济多元化格局和国际经济的发展都发挥着重大而深远的影响。

第一节　区域经济合作的组织形式及其类型

一、区域经济合作的发展阶段及其组织形式

自 1958 年 1 月欧共体诞生以来，在国际分工和经济国际化发展的基础上，区域经济合作组织大量涌现，进入 90 年代，其发展进程明显加快。目前，几乎所有的国家都是一个或多个区域经济合作组织的成员，区域经济合作成为 20 世纪后半期世界经济最具活力的现象之一。我们可以把区域经济合作定义为：特定区域中的两个或两个以上的国家或地区，为谋求区域内商品和要素流动的自由化，通过达成经济合作的某种承诺或签订条约、协议，在经济上结合起来形成一个区域性经济联合体的过程。它是建立在区域差异和地区优势基础上的一种高层次的经济发展的区际组织。各成员相互协商制定经济政策和措施，力求形成各国或地区经济政策某种程度的统一。

区域经济合作组织的各成员方相互协商制定的经济政策和措施的内容，可以分为内部经济政策和外部经济政策两个方面，即在成员方之间实行统一的经济贸易政策和统一的对非成员方的经济贸易政策。当然，在区域经济合作的实践中，并不是一开始就在这两

方面同时实现统一的。参与合作的国家或地区往往先在成员方之间取消贸易和其他经济活动的障碍，逐步实施统一的内部经济政策，然后实现外部经济政策的统一。这实质上是成员方经济主权一定程度的限制或让渡。这种经济主权限制或让渡的程度的差别，意味着成员方之间经济结合程度的高低，从而可划分出不同层次和水平的区域经济合作。

（一）特惠贸易协定

特惠贸易协定（preferential trade arrangement）是成员方之间通过协定或其他形式，对全部商品或部分商品规定较为优惠的关税，但各成员方保持其独立的对非成员方的关税和其他贸易壁垒，是区域经济合作中最低级的和最松散的组织形式。第二次世界大战前的“英联邦特惠制”和战后的“东南亚国家联盟”就属于这种形式。值得一提的是，特惠贸易协定的成员方之间只是提供关税减让的优惠，还有一定程度的关税存在。

（二）自由贸易区

自由贸易区（free trade area）是指签订自由贸易协定的成员方相互取消关税和数量限定，实行区域内商品自由流通，但各成员方仍保留独立的对非成员方的关税和其他贸易壁垒，以及保持其内外经济政策的独立性。有的自由贸易区只对部分商品实行自由贸易，如“欧洲自由贸易联盟”内的自由贸易商品只限于工业品，故也被称作“工业自由贸易区”。有的自由贸易区则对全部商品实行自由贸易，如“拉丁美洲自由贸易协会”和“北美自由贸易区”。为了防止非成员方利用转口贸易方式在低关税成员方获取额外的收益，自由贸易区实行原产地原则，这是保证区内利益的一个重要性措施。

（三）关税同盟

关税同盟（customs union）是指成员方根据缔结的协定，将各自的关税合并为一个统一的关境，成员方之间取消关税和进口数量限制，对从同盟以外国家进口的货物实行统一的关税税率和数量限制。例如，早期的“欧洲经济共同体关税同盟”和1973年改建的“加勒比海共同市场”就属于典型的关税同盟。

关税同盟使成员方在关税方面形成了合作，它开始具有超国家性质，是实现全面经济合作的基础。因此，建立关税同盟往往是经济合作组织的首要目标之一，其目的在于保护并促进成员方之间的经济和贸易发展，限制从非成员方的商品进口，从而增强同盟的集体竞争实力。

（四）共同市场

共同市场（common market）是指成员方之间除了取消关税和数量限制、对外实行统一的关税政策外，还允许资本、劳动力等生产要素在成员方之间自由流动。例如，欧共体于1992年年底建立了统一的市场，其主要内容是实现商品、人员、劳务、资本等在成员国之间的自由流动。

（五）经济联盟

经济联盟（economic union）是指成员方除了实行商品与资本、劳动力等生产要素的自由流动和对外统一的关税政策外，还要求成员方制定并执行一些共同的经济政策和社会政策，逐步消除各方在政策方面的差异，形成一个庞大的超国家的经济实体。经济联盟将政策的协调机制延伸至成员方国民经济的几乎所有领域，在财政政策、货币政策、对外贸易政策、经济发展和社会福利政策等方面协调一致，并谋求建立基于成员方部分国家主权让渡的超国家协调管理机制。欧洲联盟正在向这种形式过渡。

（六）完全经济一体化

完全经济一体化（complete economic integration）是指成员方在经济联盟的基础上，实行完全统一的经济政策和社会政策，并建立起共同体一级的中央机构和执行机构，以便对所有事务进行控制，使各成员方在经济上形成单一的经济实体。这是经济合作的最高级组织形式，迄今尚未出现此类经济合作组织。欧洲联盟的目标正是完全的经济合作。

综上所述，可以将六种形式的区域经济合作组织的具体内容概括如表 7-1 所示。

表 7-1　区域经济合作组织形式的特征

内容 形式	成员方关税优惠	区域内自由贸易	共同对外关税	生产要素自由流动	经济政策的协调	经济政策完全一体化
特惠贸易协定	√					
自由贸易区	√	√				
关税同盟	√	√	√			
共同市场	√	√	√	√		
经济联盟	√	√	√	√	√	
完全经济一体化	√	√	√	√	√	√

注：打√表示具备该特征

二、区域经济合作的类型

（一）由发达国家组成的北北型区域经济合作组织

北北型区域经济合作组织全体成员方具有较高的生产力发展水平、较为发达的商品和生产要素市场、成熟的经济运行机制和相同或相近的价值观念。其联合的基础主要不是要素禀赋的差异，而是相似的要素密集型生产的产品的差异，是为了协调它们之间的资源配置，以产业内部分工和贸易为主的组织。欧共体就是一个典型。

（二）由发展中国家组成的南南型区域经济合作组织

南南型区域经济合作组织的成员方一般是商品和货币市场很不完善，经济发展水平普遍较低，产业结构相似，以劳动力密集、资源开发型的产业为主，缺乏合理的经济结构，是本着以发展民族工业和与经济发达国家相抗衡的目的建立起来的。其内部结合程度比较松散，比北北型组织具有更多的封闭性和保护性。例如，加勒比共同体和东非经济共同体。

（三）由发达国家与发展中国家组成的南北型区域经济合作组织

南北型区域经济合作组织的成员方经济发展水平差异较大，组织内部矛盾较多，但是它们结合的基础是为了利用生产要素和产业结构的互补性，通过区域内的垂直分工，达到规模经济，以解决发达国家（或地区）资金相对过剩和产品出口问题，有利于发展中国家（或地区）引进外资、先进技术及制度，加速经济发展，从而使发达国家（或地区）与发展中国家（或地区）能够携手共进。例如，北美自由贸易区和亚太经合组织。

南南型区域经济合作组织在20世纪80年代到90年代中期数量增长非常快，占全部数量的75%以上，但在90年代后至今，南南型区域合作组织的份额不断下降，截止到2012年年底，生效的南南型区域贸易组织数目占到了全部类型数量的约35%[①]，造成南南型区域合作组织份额下降的原因主要有三个：一是发展中国家的国内市场狭小，难以吸纳大量其他成员方的商品；二是各成员方难以形成紧密的分工关系；三是由于经济发展水平普遍较低，存在严重的贸易转移效应。90年代以来，许多发展中国家在进行经济结构的调整和经济体制的改革，推行市场经济和开放的方针，加快与国际经济体制的接轨。随着发展中国家在世界经济体系中的地位和作用不断提高，发达国家和发展中国家之间的相互依存关系不断深化和强化，从而促进了南北型区域经济合作的产生与发展，目前生效的南北型区域合作组织已经占到全部类型组织数目的约47%的份额，为三种类型之最。

三、区域经济合作的特点

在世界经济发展中，出现越来越多的区域经济合作组织，它们日益取代国家经济成为世界经济的主体。纵观区域经济合作组织的发展，区域经济合作具有以下几个特点。

（一）开放性与排他性共存

区域经济合作组织内部相互开放，成员国之间实行优惠待遇，减少或消除关税和非关税壁垒等，实现区域内资源的优化配置。但是，它们在加强成员方内部经济联合、对内开放的同时，对非成员方在关税和非关税壁垒方面采取差别对待，从而限制了非成员方商品的进入。因此，区域经济合作组织作为一种区域性的经济组织，必然同时具有开放性和排他性。

---

① 数据源于WTO网站：http://rtais.wto.org/UI/PublicAllRTAList.aspx，由笔者计算得出。

（二）广泛性

20 世纪 90 年代以来，在全球各大洲各地区兴起的区域性或次区域性的经济合作组织可谓雨后春笋，遍布全球。几乎所有的国家或地区都隶属于某一个甚至于几个区域经济合作组织。区域经济合作已成为当今世界经济发展中的一个十分突出的重要趋势。

（三）多层次性

随着区域经济合作的蓬勃发展，经济合作还出现了“跨区域”和“次区域”的发展趋势，即建立两个或两个区域以上的国家或地区参与的大型的经济合作组织和由某几个国家的一部分地区之间展开的“多边合作”（亦称“经济增长三角”）。亚太经合组织和“新柔廖增长三角”[①]（东盟南部增长三角）分别是二者的典型。这种多层次的经济联合和合作的结构使在一个大区域组织内部又存在着若干联系更为紧密的小区域组织。有些国家或地区既处于某一大区域组织中，同时又是其中某一个甚至是某几个次区域组织的成员，形成一种“大圈套小圈、小圈扣小圈”的格局。比如，印度尼西亚、马来西亚既是“东盟南部增长三角”的成员，又是“东盟北部增长三角”和“东盟东部经济增长区”的成员。

（四）不平衡性

不平衡性表现在两个方面。一个方面是内部各成员方之间经济发展的不平衡，另一方面是各个地区、各个层次和不同类型的经济合作组织之间发展的不平衡。有的组织合作水平已达到相当的高度，其组织机构比较健全，运作机制也比较成熟；有的组织才处于联合的初级阶段和较低层次上。

第二节　区域经济合作的发展及其影响因素

一、区域经济合作的两次浪潮

区域经济合作始于 20 世纪 50 年代，迄今出现了两次发展高潮。第一次高潮出现在 20 世纪 60 年代中后期至 70 年代，单单 70 年代就成立了 35 个区域经济合作组织[②]。这其间成立的具有代表性的区域经济合作组织有西欧的欧洲共同体（1967 年生效）、东非经济共同体（1967 年）、东南亚国家联盟（1967 年）等，其中发展最快、对世界经济影响最大的是欧共体。这一时期的特点是数量少、合作程度较低、带有尝试性质。需要注意的是，政治因素是此次区域经济合作掀起高潮的主要原因。

---

① 1990 年，新加坡、马来西亚的柔佛州和印度尼西亚廖内群岛中的巴淡岛组成一个经济合作区，三方共同建设，实现共同繁荣与发展。1992 年 6 月印度尼西亚一方的发展区域范围扩大到廖内省的其他岛屿。该小区域的经济合作区称为“新柔廖增长三角”或“东盟南部增长三角”。

② WTO Secretariat. 1999. Mapping of Regional Trade Agreement：Background Note. 4.

第二次浪潮出现在20世纪80年代中后期至今。随着经济全球化趋势的加强，区域经济合作步伐明显加快。根据WTO的年度报告，截至2012年12月，全世界共有354个生效的区域经济合作组织[①]，其中1995～1998年中期就新建了45个。这一时期，区域经济合作的发展有以下特点。第一，区域经济合作组织的扩大和深化。第二，区域经济合作组织具有更高程度的开放性，这主要体现在两个方面：一方面，在全球经济合作的大背景下，区域经济合作组织不断扩大其影响范围，区域组织间的交流日益增强；另一方面，相当部分国家不仅仅把目标对准区内成员方，同时也成为其他区域经济合作组织的成员。第三，南北联手合作的势头良好。

二、推动区域经济合作的主要因素

区域经济合作的迅猛发展，既反映了参与方经济发展的要求，同时也是世界经济发展规律及其他因素综合作用的结果。

（一）科学技术的飞速发展

第二次世界大战后，原子能、电子计算机和空间技术的发展和应用大大促进了生产力的发展，使生产专业化和国际化得到进一步加强，尤其是20世纪末出现的以信息技术、新材料技术、生物技术、海洋技术的发展为标志的高新技术革命，使得经济国际化达到前所未有的水平，从而极大地加深了各个国家和地区的相互依赖程度；科技的进步促进了劳动力、资本、技术等生产要素的国际流动，为区域经济合作奠定了物质技术基础；而某些高科技产品的研制开发、大规模项目的投入使用已超过单一国家的能力范围，国家间联合研制生产成为必然。但是，由于民族国家的存在，有些国家为了本国的利益设置了各种障碍，而且这种障碍短期内还难以消除。因此，在经济发展的客观要求下，一些地理位置相邻近的国家为了促进经济的共同发展便开始组建区域经济合作组织。一方面排除了一些障碍，促进各国之间的经济协调与合作；另一方面又能保持有关各国的主权平等与经济利益。

（二）大国要在本区域内争取主导地位

20世纪80年代以来，世界经济经历了重大的震荡、调整和改组，许多国家的经济实力出现了新的变化，它们在世界经济舞台上扮演的角色也有了变化。而且一国经济实力的大小决定其政治实力和国际地位。为了促进经济的发展，增加本国经济的实力和竞争力，提高本国的国际地位，各国单干往往又势单力薄，尤其是中小国家。为此，一些国家联合起来组成区域经济合作组织。一方面可以利用各自的优势，使区域内的资源得以更有效的配置，促使各国共同发展；另一方面，可以一个区域性组织的资格争取更大的发言权和更有利的国际地位。而国力强大的西方大国，除了为扩大市场、促进本国经济发展外，还在于争取在本区域内起主导作用，使区域内的其他国家，更多地依附于自

① WTO Annual Report 2013，值得一提的是该统计口径是根据《关贸总协定》第24条及1979年《授权条款》向WTO及其前身GATT通报的一体化组织。

己，形成以自己为核心的势力范围，并以此为依托，向其他地区乃至全球扩张，也积极组建区域经济合作组织。

（三）世界生产的争夺日益加剧

市场对于市场经济国家来说是相当重要的，它是再生产和扩大再生产的必要条件。在一定时期内，世界市场是有限的，从而决定了各国生存与发展空间的有限性。尤其是20世纪80年代以来，世界各国先后进行经济改革、产业结构调整和对外开放。随着国内经济的发展，那些对国外市场有依赖性的国家必然要求扩大市场、贸易自由化和生产要素的国际流动性。但是，世界经济一度不景气，导致世界市场萎缩，国际贸易增长缓慢。各国为了摆脱经济发展的困难，努力扩大内外市场，国家间往往由于争夺市场出现贸易摩擦，贸易保护主义有所抬头。于是，一些国家便组建区域经济合作组织，通过区域合作，以扩大市场，抵消贸易保护主义的不利影响，缓和各国间的经济矛盾，使商品有保障地进入伙伴国市场，同时，也可增强成员方一致对外的实力，增强各成员方争夺市场的能力。

（四）区域经济合作具有示范效应

部分先期成立的区域经济合作组织取得明显成效，其内部贸易比重增加（表7-2），而且规模经济所形成的对外集团竞争力的加强，造成区外国家面临日益狭小的国际市场和日益强烈的国际竞争。面对这种示范效应和压迫效应，许多国家也纷纷仿效，要么谋求加入业已存在的区域组织，要么建立新的合作组织，致使20世纪90年代以来，区域经济合作组织的发展有如多米诺骨牌一发而不可收①，遍及全球。

三、制约区域经济合作的主要因素

基于上述原因，20世纪90年代以来区域经济合作得以迅猛发展。但是，在充分认清这一发展趋势的同时，必须清醒地认识到，区域经济合作的发展过程中难免存在一些起阻碍或制约作用的因素，不利于它的发展。

（一）区域经济合作组织成员方的经济发展不平衡

随着区域经济合作组织的不断扩大，成员方的日益增多，各方之间的经济发展水平差距越来越大。此方面的差异性越大，则各参与方的目的和要求的分歧也就越大，这就使得区域经济合作组织在促进经济合作过程中、在协调各成员国利益时，必须留有充分的回旋余地，尤其是南北型的合作组织。发展中国家参与此类组织中希望加强和扩大与发达国家的商品、资金、技术等多方面的交流和合作，以缩小与发达国家之间的经济、技术差距；发达国家则不愿向发展中国家提供适当的经济技术援助，而是要求发展中国

---

① 瑞士日内瓦国际研究院的理查·鲍德温教授于1993年提出一种"地区主义的多米诺理论"（domino theory of regionalism），对20世纪80年代以来的地区一体化发展做出解释。其基础观点是具有特异性质的地区主义事件引发多重影响从而推倒一系列国家的双边进口壁垒。

家更多地开放市场，放宽对贸易和投资的限制，以进一步扩大其市场份额，提高投资收益。因此，组织内部两类国家往往存在尖锐的意见分歧，这无疑会阻碍区域经济合作组织的顺利发展。

（二）区域经济合作组织成员方之间的政治关系复杂

区内各成员方的政治关系复杂，或由于边界、领土争端或民族、宗教冲突而使国家关系长期恶化，地区安定不能确保，必会影响区域经济合作的发展，甚至会导致一体化组织的解体，比如，南亚区域合作联盟。该联盟于 1985 年正式成立，有孟加拉国、印度、巴基斯坦、尼泊尔、斯里兰卡、不丹、马尔代夫 7 个成员国。虽然其经济合作有所进展，但由于其两个最大的成员国——印度和巴基斯坦之间军备竞赛不断升级，1998 年和 1999 年先后进行核试验和导弹发射，并在克什米尔地区爆发武装冲突，从而严重影响该地区经济合作的正常发展。

（三）区域经济合作组织成员方之间的利益冲突

区域经济合作过程中成员方的利益分歧与竞争是十分复杂的，也是十分激烈的。区域经济合作组织作为历史、文化和发展水平不同的经济一体化组织，不可避免地存在着世俗的现实局限性，几乎在区域合作的所有事务上都存在扩大目标、扩大战略、联盟主导权持有和一体化利益，特别是经济利益分配等方面固有的分歧、争端与阻滞。各成员国在欧盟扩大过程中的目标分歧、战略分歧、主导权争夺和经济利益的分歧与竞争，实质上都是经济利益之争。这种分歧、争端与阻滞，在区域经济合作的过程中，既是成员国利益分配不满足的表现，又是分配趋向现实均衡的妥协方式。成员国之间的利益妥协，核心是经济利益的妥协，其实质是使扩大的经济利益得到平衡安排。所以，区域经济合作组织核心成员方和非核心成员方在联盟中的重要性，或者说区域经济合作组织内部力量结构，是决定成员方投资激励、成员方经济剩余分配的根本原因。如果成员方之间的利益冲突，尤其是经济利益冲突不能得到有效解决，则会危及该区域经济合作组织的发展。

（四）世界或区域经济形势的恶化

通常情况下，当某个或某些地区乃至整个世界经济形势良好，经济增长较快，生产、贸易和投资等都在扩大时，则经济合作会得到加强；相反，当区域或世界经济形势恶化时，各国就会倾向于首先考虑本国的应对策略，贸易保护主义会抬头，对区内经济合作计划的实施产生不利影响，阻碍区域经济合作的发展进程。

除了以上分析的影响因素外，还有历史因素、文化背景和众多的不确定因素影响区域经济合作进程，影响一体化组织发挥其应有的作用。意识到这些影响因素并加以深入研究，使之促进区域经济合作向更高的目标健康发展，最终使一体化组织既有利于区域成员方福利水平的提高，又有利于全世界经济的增长。

第三节　区域经济合作理论

区域经济合作的产生和发展，引起许多经济学家对这一现象的研究和探讨，形成了一些理论。由于关税同盟是区域经济合作的典型形式，因此，许多区域经济合作理论把关税同盟作为基本的研究对象，用来描述区域经济合作对贸易、投资、社会福利等所产生的经济效应。

一、关税同盟理论

关税同盟在成员国之间彼此取消进口关税，对外实行统一的关税。关税同盟理论主要研究关税同盟组织及自由贸易区的成立会对世界贸易、投资和福利产生什么影响。它是由美国普林斯顿大学的经济学家维纳（J. Viner）于1950年在《关税同盟问题》一书中提出的，后来米德（J. E. Meade，《关税同盟理论》，1955年）、利普赛（R. G. Lipsey，《关税同盟理论：概述》，1960年）等对此理论加以发展。

（一）关税同盟理论的静态效应

关税同盟具有贸易创造、贸易转移和贸易扩大效应。

1. 贸易创造效应

贸易创造效应（trade creation effect）是指关税同盟内部取消关税，实行自由贸易，从而使国内生产的产品被其他成员生产成本较低的产品取代，提高了资源配置效率，扩大了生产盈利；同时，由于本国或地区减少了该项产品的消费开支，扩大了社会需求，增加了对外贸易量。贸易创造使关税同盟成员的社会福利水平有所提高，如图7-1。

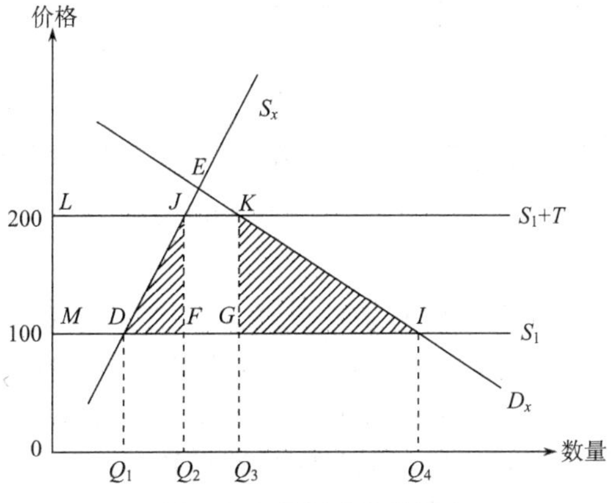

图7-1　贸易创造关税同盟

如图7-1所示，D_x 和 S_x 分别为B国 X 商品的国内需求和供给曲线，S_1 为A国在自由贸易条件下对B国 X 商品的供给曲线，S_1+T 为100%税收下的供给曲线。假设

A、B、C 三国生产 X 商品的成本分别为 100 元、250 元、150 元。若 B 国对 X 商品的进口实行 100%关税，那么，B 国将以 200 元的价格从 A 国进口 Q_2Q_3 单位的 X 商品。若 A、B 两国建立关税同盟，取消相互之间的关税并对外实行统一的 100%的进口关税，则 B 国将以 100 元的价格从 A 国进口 Q_1Q_4 单位的 X 商品。这样，关税同盟的建立使 B 国增加了消费者剩余（⏢$MIKL$），但同时，也使 B 国减少了生产者剩余（⏢$MDJL$）和税收收入（⏢$FGKJ$）。因此，阴影△DFJ 和△GIK 才是 B 国静态的净福利所得。其中，△DFJ 代表从贸易创造中获利的产量部分，△GIK 代表从贸易创造中获利的消费部分。

2. 贸易转移效应

贸易转移效应（trade diversion effect）是指由于关税同盟对内取消关税，对外实行统一的进口关税使原来从同盟外非成员方低成本的生产的产品进口转换为从成员方较高成本的产品进口，从而使贸易转移。单就贸易转移本身来说，是减少福利的，因为它把生产从效率较高的非成员方转移到效率较低的成员方，使国际资源分配恶化，使生产背离了比较优势的原则。对于成员方，贸易转移既能增加也能减少成员国的福利。如图 7-2 所示。

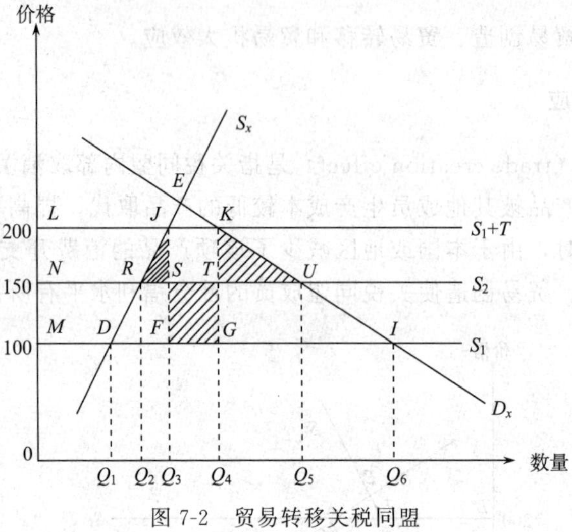

图 7-2 贸易转移关税同盟

图 7-2 中，S_3 为 C 国在自由贸易条件下对 B 国 X 商品的供给曲线。此时，若 B、C 两国建立关税同盟，取消相互之间的关税并对外实行统一的 100%的进口关税，则 B 国将改为以 150 元的价格从 C 国进口 Q_2Q_5 单位的 X 商品而不是以 200 元的价格从 A 国进口 Q_3Q_4 单位的 X 商品，这样，就产生了贸易转移。关税同盟的建立使 B 国增加了消费者剩余（⏢$NUKL$），但同时，也使 B 国减少了生产者剩余（⏢$NRJL$）和税收收入（▭ $FGKJ$）。因此，阴影△RSJ 和△TUK 是 B 国获得的福利所得，阴影□$FGTS$ 是 B 国未计算的税收损失。因此，B 国所获得的福利应视两个阴影三角形之和与阴影四边形的大小而定。

3. 贸易扩大效应

贸易扩大效应（trade expansion effect）是指在成立关税同盟后，在贸易创造和贸易转移的综合影响下，产生贸易扩大的结果。如上两个例子，成立关税同盟后，B国国内的 X 商品的价格均比关税同盟成立前的价格低。只要B国对 X 商品的需求弹性大于1，那么，B国对 X 商品的需求量就会增加，从而导致贸易的扩大。

关税同盟的经济效益取决于贸易创造效应与贸易转移效应相互比较的结果，其大小主要取决于以下几个因素。

（1）建立关税同盟前各方关税税率的差异程度。结盟前的税率越高，建立关税同盟后的经济效应越大。因为产品价格的下降会增加各成员方之间的贸易量。

（2）建立关税同盟前各方经济结构的趋同性和进出口产品的重叠程度。各方经济结构越趋同，进出口产品越类似，竞争越激烈，建立关税同盟所获得的福利水平越高。也就是说，由相互竞争的国家或地区组建的关税同盟所产生的经济效益要比互补性的国家或地区所产生的经济效应更显著。

（3）关税同盟成员方供给和需求弹性越大，贸易创造效应越大。

（4）关税同盟的成员方越多或经济规模越大，贸易转移的可能性就越小，区内资源重新配置的可能性越大，提高区内福利水平的可能性也越大。

（5）一国或地区国民经济中对外贸易的比重越低，参与关税同盟产生的贸易创造效应的可能性越大。

（6）关税同盟共同关税税率越低，发生贸易转移的可能性越小。

（二）关税同盟理论的动态效应

除了静态效应外，关税同盟还可获得动态效应，以推动区域经济合作的发展，促进各成员方更为广泛与紧密的联系。

1. 竞争加强效应

区域经济合作组织的建立，打破了各成员方对市场的保护，使厂商面临空前激烈的竞争，从而促使这些厂商想方设法降低成本，提高劳动生产率，经济资源得以更有效配置，整个区域的经济福利增加了。

2. 规模效应

区域经济合作组织成立后，各成员方有一个比较稳定的扩大了的市场。厂商由此可充分利用其优势，扩大生产规模，从而降低产品的成本，提高经济效率。另外，由于国民经济各部门是紧密关联的，一个部门的发展可能会带动其他部门的发展。

3. 投资刺激效应

随着市场的扩大，区内投资可能会大大增加。投资的增加来源于两方面：一方面是为了提高竞争能力，原有厂商会增加投资，以改进产品品质，或者使产品升级换代；另一方面是由于区域经济合作组织对外设置共同关税，使非成员方商品受到歧视，为了绕过关税壁垒，区外厂商会通过各种方式到区域内投资，进行生产和销售。

二、大市场理论

当经济合作演进到共同市场之后，区内不仅实现了贸易自由化，而且生产要素可以在区内自由流动，从而形成一种超越国界的大市场。一方面使生产要素在共同市场的范围内沿着生产可能性曲线重新组合，从而提高了资源的配置效率；另一方面，区内生产量和贸易量的扩大使生产可能性曲线向外扩张，促进了区内经济的增长和发展。对共同市场的理论分析发展出了大市场理论。有代表性的定义是丁伯根的"消除阻碍最合理运营的各种人为障碍，通过有意识地引入各种有利于调整、统一的最理想因素，创造出最理想的国际经济结构"（陈家勤，1999）。大市场理论是从动态角度来分析区域经济合作所取得的经济效应，其代表人物为西托夫斯基（T. Scitovsky）和德纽（J. F. Deniau）。

西托夫斯基在分析西欧国家高利润率的问题时，认为只有共同市场和贸易自由化条件下的激烈竞争才能够打破西欧国家高利润率、高价格、狭窄的市场和低资本周转率的恶性循环。通过组建共同市场，竞争加剧，而且技术革新的速度加快，使企业转向大批量生产，从而获得规模经济的效益。另外，共同市场建立后，内部市场趋于统一，生产要素趋于自由流动。资本、劳动力等生产要素从边际生产力低的地区流向边际生产力高的地区，使生产要素配置更加合理，要素闲置的可能性降低了。除此之外，还促进了区域内新技术、新观念、新的管理方式的传递，减少成员方之间的歧视性政策和措施。

三、协议性国际分工理论

大市场理论提出的实现规模经济的目标和竞争激化的手段往往会导致以各国为单位的企业集中和垄断，从而不利于区域内部贸易的扩大。为此，日本经济学家小岛清（Kiyoshi Kojima）于20世纪70年代在《对外贸易论》一书中，提出了"协议性分工"理论（小岛清，1987）（voluntary and cooperative specialization or agreed specialization）。

该理论认为为实现规模经济，可以通过国家间政府的协商和调节机制来确定国际分工，发展国际贸易，即可通过经济合作的制度把协议性分工组织化，从而使国家间的分工与贸易保持相对的稳定。协议性国际分工可有效地配置区域内资源，增加区域各成员方的净福利。对此，我们可用图7-3来描述。

如图7-3所示，曲线表示生产可能性曲线。现在，由于A、B两国达成互让市场的贸易协定，A国出让 Y_1 产品市场，完全专业化生产 X 产品并出口该产品，进口 Y 产品；B国出让 X_2 产品市场，完全专业化生产 Y 产品并出口该产品，进口 X 产品。此时，两种产品的生产成本都明显下降（如虚线所示）。当然，这只是假定协议分工其后每种产品的产量相同，如果把随着成本、价格的下降两国需求会跟着增加的情况考虑进去的话，两国的国民福利水平还会更高。

小岛清认为，并不是任何两国间都能够实现协议性国际分工，达成协议国际分工是有下列先决条件的。①达成协议分工的国家的经济实力应接近，且均有能力提供对方所需要的产品；②产品应当具备规模经济条件，协议分工后能够带来生产成本的降低和生

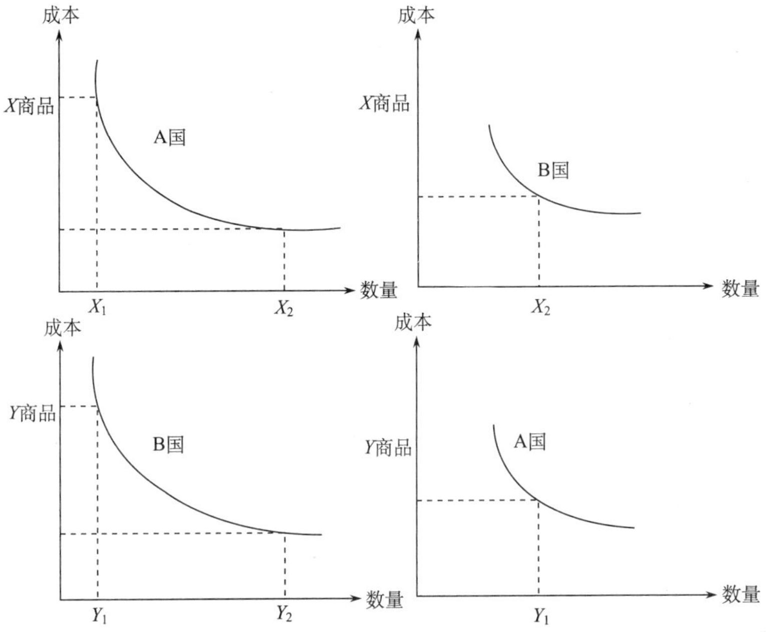

图 7-3　协议性国际分工

产效率的提高；③协议国际分工后，协议国所获得的利益应没有很大差别，提高的程度彼此接近。因此，协议性国际分工能力只能用来作为发达国家间建立经济合作的理论依据，而无法解释发展中国家之间建立合作的事实。

四、相互依赖理论

世界各国经济之间存在着相互依赖的关系。相互依赖是指一国的经济运动对另一国经济运动双向的、相互的作用和影响程度（陈岱孙，1998）。相互依赖是社会生产力发展和国际分工的产物，具有如下特征：①任何国家都存在着相互依赖关系，只是程度有所差别；②依赖是双方面的传递和影响，不是单向的、片面的；③相互依赖程度随着时间的推移、环境的变化而发生变化。

相互依赖理论的主要内容有三项。①确定依赖程度的衡量指标。一般是用出口贸易、资本流动总额占国民生产总值的比重及其变动作为衡量经济相互依赖程度的定量分析指标；②考察相互依赖的内容。这主要是从两国或多国之间的经济结构、经济目标和经济政策诸方面的矛盾及协调加以分析；③探讨相互依赖条件下外生干扰因素的冲击及其传导机制、传递渠道、作用方式及其后果，以趋利避害；④分析相互依赖的利弊。

运用相互依赖理论来分析区域经济合作的理论主要是美国耶鲁大学卡尔·多伊奇提出的。相互依赖的作用是两方面的，既有正向或积极的一面，也有反向或消极的一面。正是由于其正向或积极的作用促使一些国家成立区域经济合作组织，以有利于各成员方经济的发展；而且由于相互依赖的反向或消极的作用，会加剧区域内部的竞争，使各成员方的经济利益发生冲突，所以，需要各成员方之间进行协商，以协调各自的政策，达到更好的结合。

当然，相互依赖理论过于强调各国的相互依赖和相互联系，但从现象上看，似乎比较接近区域经济合作过程中的政策协调，因而也是区域经济合作的一种理论依据。

第四节 区域经济合作组织

区域经济组织的迅猛发展（表 7-2）说明了世界经济一体化是当今世界经济发展的一个重要趋势。

表 7-2 部分区域经济合作组织的内部贸易统计

（内部总出口占一体化组织总出口的比重）

区域经济组织	1985 年	1990 年	1995 年	2000 年	2005 年	2007 年	2008 年	2009 年	2010 年
APEC	67.7	68.3	71.7	73.0	70.8	67.3	65.2	66.3	67.5
EU	59.2	67.3	66.5	67.7	71.6	71.9	71.4	70.4	67.3
CACM	14.4	15.3	21.8	19.6	23.2	23.5	24.8	22.3	22.5
CARICOM	6.3	8.0	12.0	14.4	12.1	13.1	12.9	13.7	15.2
LAIA	8.3	11.6	17.3	13.2	13.6	15.3	16.5	15.5	15.9
MERCOSUR	5.5	8.9	20.3	20.0	12.9	14.7	14.7	15.2	15.7
UDEAC	1.7	1.4	1.6	1.0	—	—	—	—	—
UEMOA	5.2	13.0	10.3	13.1	13.4	14.9	15.9	13.2	14.6
ASEAN	19.8	18.9	24.4	23.0	25.3	25.2	25.5	24.5	25.0
ECO	9.9	3.2	7.9	5.6	6.9	8.0	6.8	7.2	4.7
GCC	4.9	8.0	6.8	4.9	4.4	5.0	4.5	5.1	5.0
SAARC	4.5	3.5	4.5	4.6	6.6	6.6	5.9	5.4	5.8
UMA	1.0	2.9	3.8	2.2	1.9	2.0	2.5	3.1	2.9

注：APEC 为亚太经合组织；EU 为欧洲联盟；CACM 为中美洲共同市场；CARICOM 为加勒比共同市场；LAIA 为拉美一体化协会；MERCOSUR 为南方共同市场；UDEAC 为中非国家经济共同体；UEMOA 为西非国家经济共同体；ASEAN 为东南亚国家联盟；ECO 为经济合作组织；GCC 为海湾合作委员会；SAARC 为南亚地区合作协会；UMA 为阿拉伯马格里布同盟

资料来源：World Bank. 2012. 2012 World Development Indicators

一、欧洲联盟

欧洲联盟简称欧盟，是在欧洲共同体基础上发展而来的，目前为欧洲经济货币联盟。根据 1991 年 12 月签署的《欧洲联盟条约》（又称为《马斯特里赫特条约》），欧盟的宗旨是“通过建立无内部边界的空间，加强经济、社会的协调发展和建立最终实行统一货币的经济货币联盟，促进成员国经济和社会的均衡”[①]。欧盟目前拥有 28 个成员国，人口超过 5 亿人。

（一）欧盟的历史发展进程

欧盟成立以来，在工业、农业、能源、运输、财政、货币等领域取得了重大成就，由最初的关税同盟发展到统一大市场，再到经济与货币联盟，合作程度不断提高，带动欧洲各国经济迅速发展，成为当今世界的重要一极。

1. 关税同盟的建立

1951 年 4 月 18 日，法国、联邦德国、意大利、荷兰、比利时和卢森堡在巴黎签订了“建立欧洲煤钢共同体条约”，1952 年 7 月 25 日生效。欧洲煤钢共同体的成立是建立统一欧洲的第一块基石。1957 年 3 月 25 日，六国又在罗马签署了《欧洲经济共同体条约》和《欧洲原子能共同体条约》（合称《罗马条约》），次年 1 月 1 日正式生效，欧洲经济共同体和欧洲原子能共同体成立。1965 年 4 月 8 日六国又签订《布鲁塞尔条约》，决定将欧洲经济共同体、欧洲原子能共同体和欧洲煤钢共同体的所在机构合并为单一的机构，统称“欧洲共同体”（简称欧共体）。该条约自 1967 年 7 月 1 日生效。但三个共同体仍各自独立存在，有时仍以各自的名义活动，各自具有法人资格。欧共体的目标是推动西欧合作。1968 年 7 月 1 日欧共体实现了关税同盟，使成员国之间的工业制成品贸易不再征收关税，值得一提的是，由于各国农业劳动生产率的巨大差距，一时还无法消除内部贸易的关税。1970 年欧共体实行了共同的对外贸易政策，使欧共体成员国以“一个声音”说话，大大提高了所有成员国的国际地位。关税同盟的形成，有力地促进了欧共体的内部贸易和对外贸易（尤其是出口贸易）的发展。

2. 欧洲统一大市场的建立

关税同盟的建立虽然基本上实现了成员国间的商品自由流通，但与《罗马条约》人员、劳务和资本三方面自由流动的目标相差甚远。1985 年 6 月，欧共体发表了关于完善内部市场的“白皮书”，次年 2 月正式签署了《欧洲单一文件》（又称《欧洲合作文件》），决定于 1992 年底建成欧共体统一大市场。其目标是逐步消除各种非关税壁垒，包括有形障碍（海关关卡、过境手续、卫生检疫标准等）、技术障碍（法规、技术标准）和财政障碍（税制、税率差别）。为此，欧共体最高权力机构——欧共体委员会于 1990 年 4 月提出了实现上述目标的 282 项指标[②]。1993 年 1 月 1 日，欧洲统一大市场如期建成，成员国的商品、资本和劳务基本可以自由流动，但人员尚未完全实现自由流动。

欧共体统一大市场的启动，大大促进了区域内各国的经济合作与发展，使欧共体内部资源重新组合、合理配置，推动内部产业结构的调整、企业重组和生产规模优化，为欧共体经济带来持续稳定的增长。同时，提高了欧共体作为一个团体抗衡美、日的力

① 安国政．1998/99 世界知识年鉴．北京：世界知识出版社，1999.1053.

② 安国政．1998/99 世界知识年鉴．北京：世界知识出版社，1999.1054.

量。欧洲统一大市场是欧洲经济合作的里程碑，为欧盟成立单一货币、向经济联盟递进创造了条件。

3. 欧洲经济和货币联盟的建设

实现经济和货币联盟是欧盟经济合作发展的关键阶段，无论是从欧盟内部充分实现统一大市场的需要，还是对外形成强大实体、振兴欧洲，同美、日抗衡的需要，实现经济和货币联盟都是必经阶段。1950 年欧洲支付同盟的成立是欧洲货币合作的开始。1958 年欧洲经济共同体各国签署了欧洲货币协定以代替欧洲支付同盟，从而促进了西欧国家货币自由兑换的发展。1969 年 3 月 22 日在海牙举行的欧洲经济共同体首脑会议，提出了建立欧洲经济和货币联盟的概念。1971 年 2 月 9 日，共同体六国部长会议通过了关于建立经济与货币联盟的协议，准备从 1971 年至 1980 年的 10 年分三个阶段实现区域内固定汇率、统一货币和统一的中央银行的目标。不幸的是，这个计划由于资本主义世界的国际货币危机和 1974 年的世界经济危机而搁置起来。

1989 年 4 月 17 日，以执委会主席德洛尔为首的委员会提出《关于欧洲共同体经济与货币联盟的报告》（也称“德洛尔报告”）。这份“德洛尔报告”经过欧共体首脑会议的多次讨论，最后在 1991 年 12 月 9～10 日召开的马斯特里赫特首脑会议上得以正式通过，并写进《马斯特里赫特条约》中。欧洲经济与货币联盟分三阶段实行。第一阶段从 1990 年 7 月 1 日开始到 1993 年 12 月 31 日止。这一阶段要求所有成员国货币都要加入欧洲货币体系的汇率机制；取消外汇管制，实现资本的完全自由流通；在制定货币政策和汇率政策方面加强协调。第二阶段从 1994 年 1 月 1 日开始。该阶段建立了欧洲货币局，从技术上和法律上为建成货币联盟做好准备。1996 年 12 月 14 日在都柏林召开的首脑会议，是通往欧元道路上的一个重要里程碑，会议如下内容做了规定：①使用欧元的法律框架；②稳定和增长公约，保证欧元区参加国的预算纪律及程序；③采用新的汇率机制，处理欧元区和非欧元区之间的货币关系等。1999 年 1 月 1 日欧元的启动标志着欧洲经济与货币联盟进入了第三阶段，即建立欧洲中央银行，欧元成为首批成员国[①]（除英国、丹麦、希腊、瑞典的 11 个欧盟成员国）的统一货币。该阶段由欧洲中央银行制定统一的欧洲货币政策，开始实行“泛欧支付清算网络”，将分阶段过渡到 2002 年 1 月 1 日发行“欧元”货币硬币和钞票，各国货币将于同年 7 月 1 日退出流通。

（二）欧盟的扩大

自苏联解体和东欧剧变后，欧盟巨大的经济活力深深吸引了原中东欧社会主义国家，争取加入欧盟一度成为这些国家的主要外交努力。而对于欧盟来说，在条件成熟的时候，吸收中东欧国家加入欧盟，对增强欧盟的经济、政治、外交实力和对抗俄罗斯可

---

① 根据《马约》，进入第三阶段的成员国必须达到经济上的四项“趋同标准”，即①通货膨胀率不得超过通货膨胀率最低三个成员国平均数的 1.5 个百分点；②成员国政府预算赤字不得超过 GDP 的 3%，政府累计债务不得高于 GDP 的 60%；③保持货币汇率稳定，至少在两年内汇率波幅基本保持在欧洲货币体系汇率机制许可的波幅内；④银行长期贷款利率不得超过上述三国平均利率的 2 个百分点。

能的军事干预，无疑是十分必要的。欧盟和中东欧国家的不谋而合，成为欧盟实施东扩计划的基本基础。欧盟为了实施东扩计划，采取了一系列的措施，于1991年和1993年分别与匈牙利、波兰、捷克、斯洛伐克、罗马尼亚和保加利亚签订了被称为“欧洲协定”的联系国协议。随后，波罗的海国家拉脱维亚、爱沙尼亚、立陶宛及斯洛文尼亚也被纳入欧盟合作的计划。1993年6月欧盟在哥本哈根召开的首脑会议上，正式提出了中东欧国家加入欧盟的具体条件。这些条件是：是否建立了民主的政治体制和尊重少数民族；是否推行市场经济体制；是否具有融入统一市场的能力。从1994年1月起，原中东欧国家陆续提出了加入欧盟的申请。1994年6月，欧盟与俄罗斯签订了“伙伴关系和合作协议”，双方同意保证相互间的最惠国待遇，并规定了保护关税的措施。与此同时，欧盟分别与乌克兰、哈萨克斯坦、吉尔吉斯斯坦、摩尔多瓦签订了“伙伴合作协定”，并提出与格鲁吉亚、阿塞拜疆、亚美尼亚三国，吉尔吉斯斯坦、哈萨克斯坦、乌兹别克斯坦、土库曼斯坦、塔吉克斯坦五国确立共同立场的报告。1994年12月10日，欧盟埃森首脑会议通过了“关于吸收中东欧联系国入盟的先期战略”，确定欧盟与中东欧联系国建立定期对话制度，加强在政治、经济、外交和安全等领域的合作，帮助中东欧联系国在市场立法等方面与欧盟接轨。1997年1月20日，欧盟决定对援助中东欧国家的“法尔计划”进行深入改革，帮助中东欧国家更快、更有效地加入欧盟。同年7月16日，欧盟委员会发表了《2000年议程》，提出了欧盟首批东扩名单。2004年5月1日，欧盟实现了它的第五次扩大，一次接纳中东欧10个新成员国（波兰、匈牙利、捷克、斯洛伐克、爱沙尼亚、拉脱维亚、立陶宛、斯洛文尼亚、马耳他和塞浦路斯）入盟，数量超过了前三次扩大之和。现在，欧盟西起大西洋，东与俄罗斯、乌克兰、白俄罗斯接壤，北至波罗的海，南与地中海毗邻，已拥有25个成员国、4.5亿人口和400万平方公里的面积，具有了真正意义的“欧洲”规模。2007年1月1日零时，罗马尼亚和保加利亚正式加入欧盟。这是欧盟历史上第六次扩大。2013年7月1日，克罗地亚正式成为欧盟第28个成员国。

（三）欧盟对区域经济合作的影响

欧盟是成立最早、起点最高、范围最广、程度最深、收益最大的区域经济合作组织，对世界范围内的区域经济合作格局构成影响，并对区域经济合作的发展起到示范作用。目前，世界范围内存在欧盟、北美自由贸易区及亚太经合组织三大区域经济合作组织，这一三足鼎立之势与欧盟的影响是分不开的。就北美而言，第二次世界大战后初期的美国政治、经济力量极强，它不需要与别国结盟便可“主宰”世界。但随着美国政治、经济地位的相对下降及欧共体的不断壮大，美国难以孤军作战，从而导致了1989年《美加自由贸易协定》的生效。在此基础上，1994年1月1日诞生了北美自由贸易区。欧洲的结盟、北美的联合，加快了日本“东亚经济圈”建设的步伐，美国不甘心失去亚洲市场，积极参与那里的活动。于是1989年亚太经合组织正式成立。自1958年欧共体成立以来，世界范围内出现了形形色色的区域经济合作组织。究其原因是多方面的，但显而易见的是它们看到了欧共体的组建及经济合作推行的益处。可见，欧盟对世界范围内的区域经济合作浪潮起到了推波助澜的作用。欧共体一直是区域经济合作的领头羊，其产生、发展反映了区域经济合作发展和变化的过程。区域经济合作是世界经济发展的必然趋势。

（四）欧盟面临的问题

欧盟的成立有力地促进了欧洲经济、政治的发展，提升了欧洲在国际上的政治和经济地位，对世界其他地区的经济合作起到了很好的示范作用，但本次欧债危机也充分暴露了欧盟面临的问题。

（1）统一的货币与分散的财政之间的矛盾。欧盟委员会在成立之初基本机制并不完善，没有设立统一的财政、经济联合管理机构，各国之间也缺乏经济协调机制。欧元区国家丧失了独立的货币政策，使政府无法通过自行调节利率、汇率来更灵活地减小经济波动造成的负面影响，只有独立地运用财政政策来调节经济，应付负面冲击效应。当某国陷入经济衰退，该国会运用本国自主的财政政策刺激经济。在轻微经济衰退时不会产生太大问题，但处于严重的连续经济衰退时，由于其财政政策面临《稳定与增长公约》的束缚，该国会做出两种选择：一是要求货币联盟实行较为宽松的货币政策，以配合其国内经济的恢复，但政策的时效性较差；二是违反《稳定与增长公约》3%的赤字标准，扩大其财政赤字，这会对其他成员国产生负面的溢出效应。不断扩大财政赤字的国家将造成货币区内利率升高，增加其他成员国债务的负担和影响统一的货币政策的执行。

（2）欧盟内部经济结构不平衡。根据各国经济模式的特点，国际上习惯将欧元区主要国家分为两个区域：德国、芬兰和荷兰等称为北方欧洲；希腊、爱尔兰、葡萄牙等称为南方欧洲。由于生产率和竞争力方面的差异，北欧国家与南欧国家之间存在巨额的经常项目失衡，北欧国家一直处于经常项目顺差，而南欧国家的经常账户长期存在着巨额赤字。欧元区统一的货币政策使得这种欧元区内外的结构性矛盾和不平衡无法通过货币贬值等手段来纠正和调节，政府只能采用财政政策来刺激和维持国内经济，加剧了财政赤字和债务风险的产生。

（3）欧元区在设计上没有退出机制。如果某国一旦退出欧元区，该国货币和资产就会急剧贬值，但是以欧元计价的负债没有贬值，不能把欧元负债转化成本国货币负债，这会造成该国银行系统的崩溃。同时，债权国的银行也有可能因为持有该国大量的债券而得不到赔付面临倒闭，进而引起经济和社会的动荡。因此，欧元区没有安排退出机制，也是其制度上的一个缺陷。

二、北美自由贸易区

北美自由贸易区（North American Free Trade Area，NAFTA）是在区域经济合作的浪潮中，为了与欧盟相抗衡而由美国联合加拿大和墨西哥组成的。《北美自由贸易协定》自 1994 年 1 月 1 日正式生效，其宗旨是：逐步取消成员国之间的关税与非关税壁垒，实行商品的自由流通，创造公平竞争的条件，相互开放金融市场，增加投资和就业机会，对知识产权提供适当的保护，建立执行协定和解决争端的有效程序，促进三边的、地区的和多边的合作。

（一）北美自由贸易区的发展历程

关于建立北美自由贸易区的设想，最早出现在1979年美国国会关于“贸易协定”的法案提议中，1980年，美国总统里根在其总统竞选的有关纲领中再次提出。但出于种种原因，该设想一直未受到很大重视，直到1985年才开始起步。

1. 美加自由贸易区的建立

1985年3月，加拿大总理马尔罗尼在与美国总统里根会晤时，首次正式提出美加两国加强经济合作、实行自由贸易的主张。由于两国经济发展水平及文化、生活习俗相近，交通运输便利，经济上的互相依赖程度很高，所以自1986年5月21日开始经过一年多的协商与谈判于1987年10月3日达成了协议，次年1月2日，双方正式签署了《美加自由贸易协定》。经美国国会和加拿大联邦议会批准，该协定于1989年1月1日生效。

《美加自由贸易协定》规定在10年内逐步取消商品进口（包括农产品）关税和非关税壁垒，取消对服务业的关税限制和汽车进出口的管制，开展公平、自由的能源贸易。在投资方面两国将提供国民待遇，并建立一套共同监督的有效程序和解决相互间贸易纠纷的机制。另外，为防止转口逃税，还确定了原产地原则。美加自由贸易区是一个类似于共同市场的区域经济合作组织，标志着北美自由贸易区的萌芽。

2. 北美自由贸易区的成立

由于区域经济合作的蓬勃发展和《美加自由贸易协定》的签署，墨西哥开始把与美国开展自由贸易的问题列上了议事日程。1986年8月两国领导人提出双边的框架协定计划，并于1987年11月签订了一项有关磋商两国间贸易和投资的框架原则和程序的协议。在此基础上，两国进行多次谈判，于1990年7月正式达成了美墨贸易与投资协定（也称“谅解”协议）。同年9月，加拿大宣布将参与谈判，三国于1991年6月12日在加拿大的多伦多举行首轮谈判，经过14个月的磋商，终于于1992年8月12日达成了《北美自由贸易协定》。该协定于1994年1月1日正式生效，北美自由贸易区宣告成立。

（二）北美自由贸易区的特点

北美自由贸易区是典型的南北双方为共同发展与繁荣而组建的区域经济合作组织，南北合作和大国主导是其最显著的特征。

1. 南北合作

北美自由贸易区既有经济实力强大的发达国家（如美国），也有经济发展水平较低的发展中国家，区内成员国的综合国力和市场成熟程度差距很大，经济上的互补性较强。各成员国在发挥各自比较优势的同时，通过自由的贸易和投资，推动区内产业结构的调整，促进区内发展中国家的经济发展，从而缩小与发达国家的差距。

2. 大国主导

北美自由贸易区是以美国为主导的自由贸易区，美国的经济运行在区域内占有主导和支配地位。美国是世界上经济发展水平最高、综合实力最强的国家；加拿大虽是发达国家，但其国民生产总值仅为美国的7.9%（1996年数据），经济实力远不如美国；墨西哥是发展中国家，对美国经济的依赖性很强，因此北美自由贸易区的运行方向与进程在很大程度体现了美国的意愿。

3. 减免关税的不同步性

由于墨西哥与美国、加拿大的经济发展水平差距较大，而且在经济体制、经济结构和国家竞争力等方面存在较大的差别，所以，自《北美自由贸易协定》生效以来，美国对墨西哥的产品进口关税平均下降84%，而墨西哥对美国的产品进口关税只下降了43%；墨西哥在肉、奶制品、玉米等竞争力较弱的产品方面，有较长的过渡期[①]。同时，一些缺乏竞争力的产业部门有10～15年的缓冲期。

4. 战略的过渡性

美国积极倡导建立的北美自由贸易区，实际上只是美国战略构想的一个前奏，其最终目的是在整个美洲建立自由贸易区。美国试图通过北美自由贸易区来主导整个美洲，一来为美国提供巨大的潜在市场，促进其经济的持续增长；二来为美国扩大其在亚太地区的势力，与欧洲争夺世界的主导权。1990年6月27日美国总统布什在国会提出了开创“美洲事业倡议”，随后美国于1994年9月正式提出“美洲自由贸易区计划”，同年12月，在美国迈阿密举行了由北美、南美和加勒比海所有国家（古巴除外）共34个国家参加的“美洲首脑会议”，会议决定于2005年建成美洲自由贸易区。由于在农业补贴、降低关税、市场准入等关键问题上尚未达成实质性的协议，虽然历次首脑会议一再重申2005年建成美洲自由贸易区，但谈判一直停留在议程和框架层面上，无法深入。作为替代模式，目前一些国家纷纷与美国展开了多边、双边自由贸易谈判。

（三）北美自由贸易区对南北关系的影响

北美自由贸易区是世界上第一个由发达国家和发展中国家组成的区域经济合作组织，它的诞生打破了传统的区域经济合作，开创了发达国家和发展中国家共处同一个区域经济合作组织的先例，从而揭开了南北关系的新篇章，使南北关系由以政治舞台和经济舞台的斗争为主转化为以寻求互利互补为主的经济合作。这种合作使南北的相互依赖性进一步加深，南北经济联系更加紧密；加快了世界产业结构的调整；有助于缩小南北经济差距，促进世界经济的稳定发展。

---

① 周圣葵．1998．21世纪与南北经济区域集体化．北京：社会科学文献出版社：182

三、亚太经合组织

亚太经合组织成立于1989年，是亚太地区影响最大的地区合作组织。其宗旨是维护亚太地区的经济发展，增进成员国间的相互了解和经济交往，推进区域内的国际贸易和经济合作。该组织现有21个成员，3个观察员（东盟秘书处、太平洋经济合作理事会和太平洋岛国论坛）是亚太地区重要的政府间区域经济合作组织，是本区域国家和地区加强多边经济联系、交流和合作的重要组织之一。

（一）亚太经合组织的发展进程

1980年9月成立的太平洋经济合作会议（PECC）可以说是亚太经合组织的雏形，它是由亚太地区十几个国家和地区的产业界、学术界代表和以个人身份参加的政府官员组成的，探讨、协商区域经济合作的半官方性质的论坛。虽然该组织为推动区域经济合作做了大量调查研究和协调工作，但随着区域经济合作的进一步发展，其作用越来越有限。为此，1989年1月，澳大利亚前总理霍克在访问韩国时提出“汉城倡议”，建议召开亚太地区各国部长会议，以讨论加强地区经济合作问题。经过磋商，同年11月5～7日，澳大利亚、美国、加拿大、日本、韩国、新西兰与东盟6国在澳大利亚首都堪培拉举行首届亚太经济合作部长级会议，标志着亚太经济合作组织正式成立。

1991年11月，在“一个中国”和“区别主权国家和地区经济”的原则基础上，中国、中华台北和中国香港同时加入亚太经合组织。随后，墨西哥、巴布亚新几内亚与智利分别于1993年和1994年成为成员方。1998年11月，秘鲁、俄罗斯和越南也被吸纳为成员方，从而使亚太经合组织拥有21个成员方。

亚太经合组织成立的大背景，是20世纪80年代末冷战结束、经济全球化和区域一体化迅猛发展。亚太经合组织成员领导人就推进贸易便利化、增强贸易信息透明度等问题先后通过了一系列重要文件，成为亚太经合组织贸易自由化进程中的重要里程碑。1990年7月在新加坡举行的第二届部长级会议首次明确将“贸易自由化”作为亚太经合组织的中心议题；1993年11月在西雅图召开了第5届部长级会议，发表了《贸易与投资框架宣言》，将合作的重心开始定位在推进贸易和投资自由化方面，同时还召开了第一次领导人非正式会议，并决定亚太经合组织每年举行一次成员方首脑非正式会议，使组织级别有了重要的提升；1994年11月，在印度尼西亚的雅加达召开的第六届部长级会议及随后在茂物举行的领导人非正式会议，就实现贸易自由化问题进行磋商，通过了《茂物宣言》，各方领导人对实现贸易和投资自由化的时间表，以及经济技术合作做出了承诺，发达国家（或地区）不晚于2010年、发展中国家（或地区）不晚于2020年实现贸易与投资自由化的目标。可以说，茂物会议是亚太经合组织发展进程中的里程碑，为亚太经合组织确定了合作的方向和长远的目标；1995年11月，大阪会议通过了实施《茂物宣言》的《大阪行动议程》，把茂物会议确立的亚太经合组织蓝图具体化，使合作中的一系列原则得以明确；2001年亚太经合组织第九次领导人非正式会议在中国上海举行。会议通过了《上海共识》，承诺在5年内将交易成本削减5%。2005年在韩国釜山组织的第十三次领导人非正式会议对实现“茂物目标”进行了中期评估，并制订了实现该目标的“釜山路线图”。在通过的“釜山路线图”中，领导人呼吁各成员在对上海目标进行积极评估的基础上，至2010年之前将交易成本再削减5%。2006年亚太经合组织第十四次领导人非正式会议上通过旨在实现“茂物目标”的《河内行动计划》，将“釜山路线图”进一步细化和落实，再次提出到2010年，将亚太经合组织地区的贸易交易成本在现有基础上减少5%，进一步促进投资自由化和便利化等。2008年亚太经合组织第十六次领导人非正式会议上通过《利马宣言》，承诺继续实施区域经济一体化议程，通过推进“茂物目标”促进增长和发展。宣言强调，各成员采取的单边改革措施应与双边、区域及多边自由化相结合，以实现亚太地区自由开放的贸易投资目标。

（二）亚太经合组织的特点

亚太经合组织是一个“跨区域”的经济合作组织，由于地域辽阔和复杂的政治经济情况，其经济合作形式不同于欧盟和北美自由贸易区，具有其独具的特点。

1. 松散性

亚太经合组织是一个松散的、论坛式的协调机构，其各种活动均建立在“相互尊重、平等互利、协商一致、自主自愿”的基础上的，各成员拥有完全的经济和管理的决策权。它是通过成员间的一系列会议，在自愿的基础上协商一致，以声明、宣言的形式做出承诺，推动合作。而且这种承诺，各成员没有义务和责任来履行，因为它不是立法式的或指令性的硬性规定，对成员不具强制性。主要原因是亚太地区地域广大，社会制度不同，经济运行体制相异，经济发展水平参差不平，且相互间还存在着不少历史遗留下来的领土纷争及现实的政治与意识形态分歧，短期内不可能成为类似欧盟和北美自由贸易区那样的相对紧密的经济合作组织。

2. 开放性

亚太地区的大多数国家和地区是通过实行出口导向型战略发展起来的，相对开放的国际贸易体系是它们经济发展的必不可少的外部条件。亚太经合组织自建立开始就始终将“开放的地区主义”奉为行动准则，在注重发展区域经济合作的基础上，尊重各成员的经济利益，力求与国际惯例、国际市场的体制接轨。同时，允许成员与非成员的经济合作。1994年的《茂物宣言》在确定贸易与投资的自由化目标时，还强调应与关贸总协定保持一致，强烈反对建立封闭式的贸易集团。正如《大阪行动议程》所说的“亚太地区贸易与投资自由化的结果将不仅仅是亚太经合组织经济体之间，也将是亚太经合组织经济体与非APEC经济体之间障碍的实际减少”①。

3. 区域内次区域边缘性

亚太经合组织由于覆盖面广，各成员经济发展水平悬殊，政治经济结构复杂，其经济合作多层次，呈现次区域边缘性发展的态势。在一个相对松散的区域经济合作中，区

---

① 张幼文．1999．世界经济学．上海：立信会计出版社：130．

内次区域合作构成了相对紧密的合作关系，如东盟自由贸易区（AFTA）、澳新紧密经济联盟（ANZCERTA）、北美自由贸易区和经济增长三角区等。除了内部成员次区域的重新组合外，亚太经合组织还面临各成员已经建立或正在积极寻求和区外国家或区域组织达成优惠贸易安排的问题。从而使该区域形成了次区域安排交叉的相互依存与合作的态势。

（三）亚太经合组织面临的问题

亚太经合组织自成立以来，在推动区域内的贸易与投资自由化、开展经济技术合作方面不断取得进展，对促进各成员的经济发展起到了重要作用。但是，由于其独具的特点，亚太经济合作面临种种困难和障碍。

1. 主导权的争夺

亚太地区特别是亚洲一直缺乏一个合适的经济“领头羊”来带动和主导区内经济的发展。该区域经济日益发展，美、日争夺亚太地区领导权的斗争日趋激烈，阻碍了亚太经合组织的发展进程。美国随着经济战略西移，构筑了一套“新太平洋共同体”设想，期望在经营北美自由贸易区的同时，又能在亚洲增强军事、政治、经济等方面的影响力，以巩固和加强在亚太地区的主导地位，从而维护其在全球事务中的领导地位。而日本为了保持经济大国的地位，提升其政治势力，急欲以亚太地区为中心，建立自己的势力范围，以实现以其为主导的“太平洋共同体”的目标。可是，由于历史因素，东南亚国家对日本的戒心还很重，一些国家至今仍然不信任日本，不希望日本成为亚洲的代言人，极力反对日本的控制。美、日争夺亚太经济主导权的角逐已经渗透到亚太经济合作的进程中。

2. 对贸易和投资自由化的不同立场

亚太经合组织各成员方经济、政治利益各异，在推进贸易和投资自由化的措施和时间表上存在较大矛盾，政策协调的难度较大。美国等主张实行贸易和投资的全面自由化及尽快加速自由化进程，而一些成员则主张逐步扩大自由化的范围，根据各自的实际情况，以不同的速度实现贸易和投资的自由化。比如农业，美国、澳大利亚等农产品出口国认为应开放农产品市场，而农产品进口国韩国、日本等为了保护本国农业，坚持以缓慢的速度推进农产品的市场开放，尤其是部门提前自由化的失败，使亚太经合组织进程遭受重大挫折。

3. 经济技术合作方面的矛盾

虽然 1996 年亚太经合组织通过了《经济技术合作的原则框架宣言》，但是发达国家成员（或地区）与发展中国家（或地区）成员对经济技术合作的看法不同。美国等发达国家（或地区）成员一味强调贸易和投资自由化是主题，对经济技术合作要求没有兴趣，甚至认为经济技术合作要为贸易和投资自由化服务；而发展中国家（或地区）成员认为贸易和投资自由化的主题必须同经济技术合作结合起来进行，二者是亚太经合组织的两个车轮，希望发达国家（或地区）成员能在技术转让、技术出口、技术人员培训等方面减少限制，否则，发展中国家（或地区）成员难以赶上发达成员，也就无法实现自由化。因此，亚太经合组织的经济技术合作发展进程极为缓慢，这势必影响贸易和投资自由化的进程。

4. 成员间的差别对待

由于亚太经合组织是一个“跨区域”的经济合作组织，在其内部存在不少范围更小的区域经济合作组织。这些区域经济合作组织的存在，人为地造成了亚太经合组织内部成员关系的亲疏远近。它们对亚太经合组织其他成员的差别对待，会动摇亚太经合组织经济协作的根基，并与“开放的地区主义”原则背道而驰。而且这些区域组织正不断扩大和深化（如北美自由贸易区和东盟自由贸易区），这种趋势可能会使亚太经合组织大市场的吸引力减小，对便利化和经济技术合作提供的服务可能渐渐被这些小范围的区域组织取代。因此，如何认识和调整区域之间及它们和亚太经合组织之间的关系，将是亚太经合组织面临的重大问题之一。

虽然亚太经合组织面临着种种困难和障碍，但是其生命力并没有消失，亚太地区成员之间的许多合作还需要依靠它。而且，随着经济全球化进程的不断加深，亚太经合组织还是能够发挥其优势，进一步发展。

四、东亚区域经济合作

（一）东亚区域经济合作的发展进程

东亚区域经济合作的思想由来已久。早在 1990 年，马来西亚总理马哈蒂尔就提出了东亚经济集团（后改为核心论坛）的设想。该倡议带有比较明显的对抗美国霸权的倾向，遭到美国的强烈反对，致使日本和韩国态度暧昧而被束之高阁。1995 年，由于亚欧合作的推动，东亚领导人实现会晤，东亚区域经济合作的种子开始发芽。1997 年的金融危机成为推动东亚区域经济合作的加速器。主要发生在东亚的金融危机迫使有关各国领导人进行会晤，就如何应对危机和防止未来发生新的危机进行讨论与合作。

1997 年东亚金融危机爆发后，东盟国家逐步认识到启动新的合作层次、构筑全方位合作关系的重要性，并决定开展“外向型”经济合作，在 12 月 15 日，东盟、中国、日本、韩国领导人（当时是“9＋3”，柬埔寨加入东盟后改称“10＋3”）非正式会议在马来西亚首都吉隆坡举行。会议就 21 世纪东亚的发展前景、亚洲金融危机、深化地区经济联系等议题达成了许多共识，对加强东亚地区的合作发出了明确的政治信号。于是，东亚区域经济合作开始进入实质启动阶段。随后，东亚领导人会议每年召开一次。1999 年底第三次“10＋3”领导人会晤发表《东亚合作联合声明》，提出根据《联合国宪章》的宗旨和原则、和平共处五次原则，《东南亚友好合作条约》等公认的国际原则处理相互关系；强调要推动东亚国家间的对话与合作，促进相互理解、相互信任和睦邻友好。2007 年 11 月 20 日在新加坡举行的第十一次会议，通过了第二份《东亚合作联合声明》和《2007-2017 年东盟与中日韩合作工作计划》，决定建立 10＋3 合作基金。

2009年在泰国华欣举行的“10+3”第十二次会议上，重点讨论气候变化、灾害管理、粮食和能源安全、公共卫生、经济和金融，以及教育合作，发表了《10+3粮食安全和生物能源开发合作华欣声明》。

2004年，在老挝首都万象举行的第八次“10+3”领导人会议决定，2005年在吉隆坡召开首届东亚峰会。东亚峰会作为东亚地区一个新的合作形式，致力于推动东亚一体化进程、实现东亚共同体目标。峰会为年度领导人会议机制，由当年的东盟轮值主席国主办，峰会议题由所有参与国共同审议。东亚峰会目前有18个参与国，即东盟10国和中国、日本、韩国、印度、澳大利亚、新西兰、美国和俄罗斯8国，因此峰会也被称为“10+8”峰会。首届东亚峰会于2005年12月14日在吉隆坡举行，东盟10国和中国、日本、韩国、印度、澳大利亚、新西兰6国的国家元首或政府首脑与会。与会领导人提出了17项具体领域合作倡议，签署了《东亚峰会吉隆坡宣言》。第二届峰会于2007年1月在菲律宾宿务举行，与会领导人签署了《东亚能源安全宿务宣言》，提出了东亚地区能源合作的具体目标和措施。第三届峰会于同年11月在新加坡举行，与会领导人签署了《气候变化、能源和环境新加坡宣言》。2011年11月17日至19日在印度尼西亚巴厘岛举行，会议通过了东亚峰会关于互惠关系原则与东盟互联互通的两个宣言。其中，互惠关系原则宣言包含基于《联合国宪章》、《东南亚友好合作条约》，以及其他与会国相关法律法规的基本准则和共同原则，将作为推动和维护地区和平、稳定与繁荣的行为指南。

（二）东亚区域经济合作的良好基础

首先，东亚各国（或地区）在历史发展、地理环境、价值观念方面具有极大的相似性。

东亚国家（或地区）间的往来与交流源远流长，各国（或地区）在人文价值理念和道德标准上大都受到了儒家思想的影响，民族文明及文化有一定的共性，在人权等一系列意识形态上有着不同于西方的独立性。同时，东亚大部分国家（或地区）都是第二次世界大战后新独立的发展中国家（或地区），面临着发展自己民族经济的相同任务。战后东亚大部分国家（或地区）在采用共同的“东亚模式”发展经济，实现赶超发达国家和地区目的的过程中，逐渐形成了重视集体、教育及货币储蓄，强调宗教信仰和团队精神的“东亚价值观”，它在鼓舞民心、维护团结和加强国家凝聚力等方面发挥了积极作用。

其次，东亚各国（或地区）之间在资源方面有极强的互补性，存在着明显的阶梯性产业转移，区域内贸易投资增长迅速。

在东亚地区，日本是经济最发达的国家，韩国、新加坡、中国香港、中国台湾经过近几十年的发展，经济实力也迅速上升。相比于东亚其他经济相对落后的发展中国家（或地区），这些经济较发达的国家（或地区）具有很高的科学技术、生产力水平和大量资金，但在自然资源、矿产和劳动力资源方面不占优势，这必然会成为阻碍其进一步发展的瓶颈。而中国内地、印度尼西亚、马来西亚和泰国等，则具有较丰富的自然资源及劳动力资源，尤其在制造业领域具有极低成本的劳动力优势，缺少的正是开发其优势资源的资金和技术。这种互补性很强的产业供需关系，为国家（或地区）间阶梯性产业转移提供了必然而又必需的基础。

近些年东亚各国及地区之间的阶梯产业转移，大体上通过以日本为雁头，“亚洲四小龙”为雁身，东盟及中国为雁翅的“雁形模式”得以实现。以“雁形模式”为鲜明特点的东亚经济发展奇迹，正是利用了东亚各国（或地区）间存在的产业转移优势，从而带动了整个东亚地区经济的腾飞。实质上，“雁形模式”就是资源禀赋不同的东亚先进国家（或地区）与后进国家（或地区）之间的一种动态的产业梯次传递过程，并且这种过程形成了东亚地区特有的区域产业循环：20世纪80年代以来，日本就以外国直接投资的形式向韩国、新加坡及中国台湾转移劳动密集型和技术密集型的制造产业，特别是机电类产品。继而日本、韩国、中国台湾都开始向东盟和中国大陆进行劳动或技术密集型的制造业投资，这使得这些国家（或地区）制造业的附加值比重不断上升。近些年，泰国制造业产值在出口总额中的比重达70%以上，韩国则为80%以上，马来西亚和印尼也都50%以上。同时，日本则开始从技术密集型向资本密集型的服务业转移。通过资金流和物流的交替循环，东亚各个国家（或地区）实现了产业结构的调整，促进了工业化水平的提高。尽管“雁形模式”自身有一定缺陷，如容易导致产业结构趋同和单一化等，但这种模式仍是东亚各国（或地区）短期内调整产业结构比较有效的重要方式。最重要的是，区域内产业转移的存在为东亚国家（或地区）将来的进一步合作提供了深厚的经济基础和背景。

东亚国家或（或地区）间FDI的增加，产业结构的优化和工业化水平的提高，使得该区域内贸易和投资迅速增长。近十年来，东亚国家（或地区）间贸易额的年平均增长率为19.3%。以中国、日本、韩国为例，三国间的贸易额在1990～1997年就一直以19.5%的速度递增，目前，日本已成为中国最大的贸易伙伴，中国则是日本的第二大贸易伙伴，是韩国的第三大贸易伙伴。再以“亚洲四小龙”为例，1996年年底，其相互间投资为80.21亿美元，占其吸收FDI总量的8.5%；对东盟的投资为412.51亿美元，占东盟吸收FDI总量的20.1%；对中国内地的投资占内地吸收FDI总量的75%。1997年后，东亚国家（或地区）间贸易虽因金融危机而下降，但仍占东亚各国外贸总额的50.4%。区域内贸易依存度的不断提高和投资的持续增加，使东亚地区作为一个整体市场的向心力进一步加强。

（三）东亚区域经济合作的推进途径

在区域经济合作的路径模式上，欧洲和北美的合作采取的是由“中心向外扩展”的模式。对于东亚经济合作模式，学者们提出了“一步到位式”（即东盟10国和中国、日本、韩国3国一次组成）、“南北两步式”（中国、日本、韩国先组成自由贸易区，然后再与东盟谈判组成）、“三位一体式”（即先组成三个“10+1”，然后再三合一）等发展模式。然而，由于各种非经济的约束条件和主导权问题的存在，这些发展模式都有相当的困难。“一步到位式”显然不符合东亚地区宗教文化差异较大、地理历史因素复杂、各国对主权转让较为敏感的现实。“南北两步式”和“三位一体式”也由于排除了美国的参与而很难最后实现。在各种现实的约束条件和制约因素下，中国、日本、韩国三国与东盟10国分别谈判和缔结三个“10+1”自由贸易区的“三位并列式”发展模式是东亚区域经济合作在当前阶段的一种相对可行的选择。因为，三位并列式“东盟10+1”模式，并不存在与美国的亚太发展战略形成直接的冲撞效应。按照此模式无论是东盟+中国，还是东盟+日本，或者是东盟+韩国，实际上都不会出现大国主导整个东亚区域经济合作进程的局面，也就并不构成对美国利益的直接威胁。这样，东亚区域经济合作就可以避免美国霸权的干预所造成的政治障碍，以“三位并列式”的迂回方式渐进式地发展。

更为重要的是，在日本和中国对东亚区域经济合作主导权出现相互竞争态势的情况下，要以制度化的方式推进东亚区域经济合作就面临着一个“两难困境”：如果没有日本和中国等大国的积极参与，就不可能出现东亚区域经济合作组织；如果日本和中国积极参与和推动，就不仅可能出现中国与日本之间的主导权之争，而且还可能出现东亚各小国和次强国担心主导国地位被两个区域经济大国夺得将给它们带来消极不利的影响，使他们一直采取的在大国平衡的力量空间中发挥实际的核心作用的外交路线失效，从而导致它们非合作行为的大量产生。这一“两难困境”的存在，大大减小了当前条件下在整个东亚区域范围实现自由贸易区的现实可能性。整个东亚区域范围的经济合作很难在短时期内“一步到位”，“南北两步到位”或让“三位”自然过渡到“一体”，而只能作为一个长远的目标，通过“三位并列”而不急于整合的迂回方式推进。

在“三位并列式”的发展模式下，三个“东盟10+1”次区域自由贸易区在各自的范围内开展具有较高制度化水平的次区域经济合作，而在全区域范围内则保持低度合作的合作形式。在这一合作模式下，东盟10国在自身力量整合的基础上以一个声音说话、以一个相同的立场共进共退，以一个“同盟式的经济实体”身份分别于与中国、日本和韩国谈判和合作，东盟国家的大国平衡外交路线仍然可以保留其作用发挥的空间，而不必担心被其他大国的“合谋行动”剥夺或削弱其集体性的谈判权力而产生对其不利的合作安排，从而有效地维持它们对区域经济合作进程的集体参与意愿。

此外，“三位并列式”的“东盟10+1”次区域自由贸易区发展还将可以为东亚全区域经济合作进程提供进一步的发展动力。随着次区域自由贸易区的建立，各国（或地区）的产品市场将进一步拓展，贸易壁垒将大大减少，区域内投资将进一步增长，区域内货物和商品将可以更加自由地流通。相应地，各国（或地区）进一步推进区域经济合作的经济需求也将更加强烈。这些在次区域自由贸易区发展过程中被不断催生和积聚的经济需求将为次区域自由贸易区的整合、全区域内自由贸易区的最终建立提供新一轮的更加强劲的发展动力。

（四）东亚区域经济合作面临的问题

推进东亚经济合作进程，实现互利共赢、共同繁荣，是东亚地区人民的共同愿望，也是各国（或地区）政府的政治意愿。尽管各国（或地区）间相互依存度在加深，共同利益在不断扩大，但要实现这一目标并不会一帆风顺，制约和影响东亚区域经济合作建设的因素也客观存在。

1. 经济发展水平差距很大

东亚国家（或地区）经济发展水平的差距很大。以人均GDP计量，日本是发达的后工业国家，人均 GDP 达到 3 万多美元，新加坡和韩国也是新兴工业化国家，人均 GDP 在 1 万美元以上。而越南、缅甸和老挝都属于低收入的国家，人均 GDP 少于 1000 美元，其他国家（或地区）则多为处于工业化阶段的中等收入国家。这种巨大的贫富差距及经济体制上的矛盾，不可避免地影响到各成员之间的经济合作关系。由于不同的经济发展水平，各国在当前面临的主要问题不太一样，在国家（或地区）间合作时承担的经济责任与义务也有所不同，所以会对相互间合作以达成一个共同体的目标形成影响，如关税降低的幅度和速度不一样，阻碍了自由贸易区的建立。

2. 历史问题和领土争端问题

东亚地区存在大量的陆地领土、岛屿归属和海洋划界争端。例如，日韩的“独（竹）岛”之争、中日的钓鱼岛之争、日俄北方四岛、马新的百礁岛之争；泰越关于暹罗湾的捕鱼纠纷，柬越的领土纠纷，越、菲、马在中国的南沙群岛主权问题上的矛盾，以及中日和中韩关于领海线或 200 海里专属经济区海洋划界问题等。众多的领土争端将成为东亚地区和平与稳定的隐患。而近年的朝核危机，牵涉到中、日、韩三国，美国又积极插手此类东亚事务，使得东亚政治安全和经济合作存在不稳定的因素。虽然上述问题经调解大多得到冷处理，但并未最终解决。随时有可能重新引发，从而导致国家间关系的恶化，对经济合作进程的负面影响将是致命的。

3. 美国因素

美国对东亚经济合作的发展产生很大的影响。作为唯一的超级大国，美国在东亚的政治、经济、安全方面的利益巨大，目前美国对外贸易总量的 1/3 以上是同东亚地区进行的。为确保自身利益，美国不愿东亚国家在经济上联合，不愿看到一个可以与之竞争的东亚区域经济组织出现。美国等西方大国对东亚经济合作的消极态度，使得马来西亚总理马哈蒂尔十几年前提出的定期举行“东亚经济会议”和 1997 年亚洲金融危机时日本提出建立亚洲货币基金组织的构想，均因美国强烈反对而夭折。而且，东亚许多国家（或地区）因与美国存在经济和贸易依赖关系，因此对美国的态度有所顾虑，在对待东亚区域经济联合问题上犹豫不决。

4. 东亚各国合作的向心力不足

与成立之初的欧盟不同的是，欧盟成立之初就已有了明确的目标，即从关税同盟到实现政治经济的一体化，而在东亚则缺乏这样的目标。一方面，东亚地区各经济体经济发展程度差别很大；另一方面，由于发达国家（或地区）和发展中国家（或地区）对合作的期望不同，导致合作的目标也就呈现出多元化的特征。发达国家（或地区）希望更多的市场准入；发展中国家（或地区）则希望更多的差别待遇、直接投资和技术转移；农业保护国（或地区）则希望在保持现状的同时进入他国（或地区）市场。利益多元化使各国（或地区）对合作采取了实用主义的观点。同时发展中国家（或地区）之间也存在产业竞争的情况，尽管也尝试进行产业调整，但如果不是建立在市场机制之上，则很难成功。

第五节 区域经济合作对世界经济的影响

区域经济合作作为世界经济发展变化的产物，由于其内在的性质和特点，它的形成和发展必然会对整个世界经济的发展产生全面的影响。

一、区域经济合作对国际贸易的影响

由于对内强调贸易自由化，成员方的关税税率大幅度降低，甚至形成了较为一致的对外贸易政策，所以，区域经济合作对国际贸易产生一定的影响。其程度取决于区域经济合作组织形式的高低、组织成立前各成员方的贸易壁垒水平、组织成立后区内贸易自由化的程度与各成员方的供给和需求弹性等。

（一）促进世界贸易的增长

区域经济合作主要从三个方面促进了世界贸易的增长。首先，区域经济合作促进了区内商品与生产要素的自由流动，降低了产品的生产成本，促进了需求的增长，增加了成员方的贸易额，从而使世界贸易总额增加。其次，区域经济合作组织成员方之间进出口贸易额的增长，有力地促进了区域经济的快速增长，扩大了区域内自身的市场容量，从而在一定程度上增加了对区外商品的需求。最后，区域经济合作使成员方的对外贸易得以迅速增长。

（二）改变世界贸易格局

各区域经济合作组织尽管形式不同，但其基本特征都是各成员方之间减少或取消关税和非关税壁垒，打破原有疆土国界的限制，实行超越国家范围的经贸协作，并一致对外，从而实现区内贸易的自由化，推动区内贸易的迅速发展；而区外贸易因存在各种的贸易壁垒，其发展相对缓慢，导致世界贸易格局产生变化。这可以从区域经济集团内部的贸易额在各成员方对外贸易总额中所占的比重看出来。

（三）改变世界贸易竞争关系

由于存在共同对外协调一致的贸易利益，区域经济合作使原本表现为公司间作为直接竞争对手的国与国之间的竞争关系转变成经济合作组织形式的集团间的竞争、集团与国家之间的竞争、国与国之间的竞争等多种形式的贸易竞争关系。

（四）提高国际贸易商品结构水平

区域经济合作组织的建立不仅促进了区域内部分工的不断深化和生产专业化水平的提高，而且为成员方之间联合投资和开发创造了条件，从而使区内产品结构得到调整和升级，使国际贸易的商品结构也随之升级。尤其是发展中国家有机会利用“后发优势”，引进较为先进的技术，建立新兴的工业部门，逐步改变单一的经济结构，改变出口商品的单一性。

（五）影响国际贸易体系的形成

虽然区域经济合作的某些规定在一定程度上不利于贸易的发展，如北美自由贸易协定中对成员方商品的免税待遇实行原产地规则等，导致其贸易具有内向性，并对区域外贸易产生排他性，但它与 WTO 下的全球多边贸易体系的关系越来越多地表现出不是相互对立、截然排斥，而是并行不悖、彼此相容的。首先，各方在积极参与区域经济合作组织的同时，并未因此轻视 WTO 的功能和作用，而且在某些方面区域经济合作组织的自由化程度是 WTO 所不及的。其次，区域经济合作组织的建立和运行，会给成员方创造良好的经济贸易条件，改善产业结构和产业水平，扩大企业规模，最终带动各成员方经济发展水平的提高，增强经济实力，使各方的经济调整和承受力也随之提高，从而为多边贸易体系继续扩大成果创造良好的条件。最后，假使各区域经济合作组织借集体讨价还价能力的增强不放弃贸易保护主义政策或各方的贸易保护不断升级的话，各方就会回到多边贸易谈判的基本出发点，求助于 WTO，限制对方贸易保护主义的发展。

二、区域经济合作对国际直接投资的影响

区域经济合作的发展极大地影响了国际资本的流动，使国际直接投资的流向、投资方式等产生以下的变化。

（一）区域内部直接投资内向化

区域经济合作促进了区域内部的国际分工和生产专业化的发展，扩大了区内贸易，从而扩大了生产规模，使区域内部对资本的需求增加，再加上区域内跨国界投资障碍的减弱与消除，投资风险降低，使得国际资本首先在区域内寻找投资机会。

（二）外部资本流向区域内部

区域经济合作组织对外实行歧视性贸易政策，使区外国家（或地区）的商品进入成员方市场受到阻碍，面对区域经济合作所形成的更多的商业机会和更好的经济增长前景，区外国家（或地区）的厂商为了不至于被日益扩大的统一大市场排斥在外，便采取到区域内直接投资的方式来避开贸易障碍，同时还可享受到区域经济合作组织经济快速增长之利。因此，区域经济合作吸引了大量区外国家（或地区）的资金。

（三）发达国家间的双向流动占多数

过去，发展中国家（地区）在资源、劳动力等方面具有比较优势，吸引了很多的国际资本，从而使国际资本大量流向发展中国家（地区）成为 20 世纪 70～80 年代的一个主要特征。但是，随着区域经济合作的发展，区域经济合作的排他性使得国际资本向发展中国家（地区）倾斜的趋势发生了逆转，国际资本越来越向发达国家（地区）流动，从而更多地表现为发达国家（地区）之间的双向流动。

三、区域经济合作对国际金融的影响

（一）区域货币合作倾向增强

区域经济合作成为世界经济发展的总体趋向后，对现行国际货币金融制度进行改革，乃至重建新的适应于经济全球化潮流下世界经济发展的国际货币金融制度，成为国际金融界的共识。区域货币合作作为区域经济合作特殊规律和金融体制改革的发展趋势，通过对金融资源的合理配置和金融要素的优化，已经成为不可抗拒的历史潮流和发展趋势。从金融角度看，经济合作与货币合作密不可分，区域经济合作必然要求在货币层面上的合作。随着区域内经济整体化的推进和国别间相互贸易的扩大，各国采用共同货币的利益越来越大，世界各国对金融一体化的需求也越来越迫切。在区域内进行货币合作，不但有利于节约交易成本，刺激经济与贸易增长，而且有利于发挥金融联动的助推作用，从而促进地区实体经济的稳定发展和区域经济合作的深化。

（二）带动债券市场发展

区域经济合作的发展带动了区域债券市场的发展。各成员方的经济越来越紧密地融合使得金融风险在区域内具有更强的“传染性”。建立区域性的债券市场，充分动员本地资金用于经济发展，将有助于完善金融体系，防范金融危机，同时也有助于推进区域的经济融合与共同繁荣。这一方面能吸引外地投资者将资金投注到本区域，而另一方面则有助于促进本区域资金逐渐回流，并避开美元下跌所造成的损失。

四、区域经济合作对世界经济格局的影响

（一）成熟的区域经济合作组织作为统一的经济体影响世界经济格局

随着冷战的结束，在现代科技突飞猛进、国际分工深入发展的基础上，各国之间的相互依赖加强，各国之间的竞争，尤其是经济竞争日益激烈，单靠某一国家的实力获取较为长久的优势已显得力不从心，任何一个国家都无力对整个世界经济格局做出决定性影响，因此源于地缘和传统经贸联系组成区域经济合作不失为提高竞争实力的一个重要选择。随着第二次世界大战后地区集团化的发展，尤其进入20世纪90年代后，其发展进程明显加快，不同层次不同形式和不同内容的区域和次区域经济合作组织犹如雨后春笋般不断涌现，遍及五大洲，已经成为一股不可逆转的潮流。

区域经济合作组织的建立，对成员方的经济发展起到了一定的促进作用，区域经济合作使得原来一些经济力量比较薄弱的国家以整个集团的姿态出现在世界经济舞台上。欧洲、北美、亚太三大地区是当今世界最发达或最活跃地区；正在形成中的欧洲、北美、亚太三大区域集团，经济实力雄厚且旗鼓相当，对本地区乃至世界经济产生巨大影响，完全可以构成“极”地位，使世界经济格局从过去以国家为“极”过渡到以区域化经济集团为“极”，世界经济格局在美、欧、日三足鼎立的基础上，形成了以美、欧、日为依托的北美、欧洲和亚太三大区域集团鼎足而立和彼此相抗衡的新格局，这将是当代世界经济格局的主体格局，以及世界经济格局演变的基本趋势和新的特征。

（二）促进成员方的经济发展和稳定

区域经济合作组织成立后，通过减免关税、取消数量限制、削减非关税壁垒，形成区域性的统一市场，加强了区域内商品、劳务、资本和技术等生产要素的自由流动；同时，区域经济合作促进了区域内分工的深化和技术合作的加强，加速了产业结构的优化组合，集团内分工向纵深发展，加深了成员方在经济上的相互依赖程度，使区域内成员方的贸易迅速增长，集团内部贸易额在成员方对外贸易总额中所占的比重显著提高。

（三）国家间的竞争在一定程度上转化为区域经济合作组织间的竞争

20 世纪 80 年代中期之前，全球经济呈现为美、日、欧三足鼎立的格局。随后，美国与欧洲国家之间的竞争演变为双方所基于的区载经济合作组织之间的竞争。当 1986 年欧共体决定与欧洲自由贸易区合并建立欧洲统一大市场时，美国随之与加拿大签署了自由贸易区协定；当欧盟 1992 年签署《欧洲统一法》时，美加自由贸易区进一步扩展为北美自由贸易区；欧盟在积极开展东扩的同时，美国也在致力于美洲自由贸易区的建设；2004 年，欧盟东扩完成接纳首批 10 个新成员国之际，也是美洲自由贸易区正式谈判结束之时。

除了各自完成上述扩张外，美欧在世界其他地区的争夺也不断加剧。欧盟已经与土耳其签署了关税同盟条约，与地中海国家、中东欧国家、南非、墨西哥、智利缔结了自由贸易区协定，与南方共同市场、新加坡的谈判也在进行之中；通过 2000 年的“科托努协定”（Cotonou Agreements），欧盟将用自由贸易区协定替代原有的“洛美协定”。而美国与以色列、约旦、新加坡、澳大利亚、巴林、新西兰、东盟、非洲国家与地区之间已经或正在商谈缔结自由贸易区协议。

进入 21 世纪后，日本开始加快参与区域经济合作的步伐。2002 年与新加坡签署了第一个自由贸易区协定，不久又和智利就签署自由贸易区协定完全成谈判，而与东盟、墨西哥、澳大利亚、韩国、印度之间的谈判也在进行之中。

（四）对非成员方的经济发展产生一定的不利影响

首先，区域经济合作加强了对区内国家（地区）的保护。扩大内部贸易是以牺牲与集团外国家（地区）的部分贸易为代价的，使得区外国家（地区）本可以进入区内的商品和劳务受到严厉的保护主义的打击，这反映了其固有的排他性和歧视性。随着经济全球化的深化和扩大，世界范围的贸易保护主义将随之加强。这就恶化了国际贸易环境，尤其是使区外发展中国家（地区）的贸易环境雪上加霜，特别是对出口商品结构还比较落后的发展中国家（地区），向西欧和北美出口较以前更为困难。

其次，区域经济合作组织改变了国际直接投资的地区流向。由于贸易转移的影响，原来以出口方式进入市场的外国跨国公司，因受到歧视而改为以直接投资取代出口，在区域内部直接生产。这样可以绕过进口国（或地区）的关税与非关税壁垒，以保护通过出口所占领的市场。这是因为，虽然区域经济合作并没有提高对非成员方商品的关税率，但成员方内部之间取消关税，会使非成员方的跨国公司与成员方的跨国公司相比处于竞争劣势。只有投资于区域经济合作组织内部以享有国民待遇，才能使非成员方的跨国公司的劣势得以消除，进而保护其传统市场。流入的国际直接投资是从世界其他地区潜在的投资转移来的，所以，区域经济合作组织内国际直接投资的增加，意味着区域外投资的相应减少。

五、区域经济合作对经济全球化的影响

经济全球化与区域经济合作是既相互联系又相互区别的两个范畴。区域经济合作所表达的是各方经济在机制上的统一，而经济全球化所表达的是世界经济在范围上的扩大；区域经济合作所指的是成员方经济高度融合的状态，而经济全球化则反映了各个相对独立的国民经济之间的联系越来越密切并逐渐走向统一的过程。因此，这种全球经济纵向深化与横向扩张的过程，既表现为区域经济合作与经济全球化在某些方面高度的一致性，同时二者也存在一些差异。

（一）区域经济合作是经济全球化的必要阶段

经济全球化首先是以大量的区域性实践为形式，但其根本方向仍是全球范围内的经济活动融合。区域经济合作意味着国家主权的某种让渡，一种超国家经济组织或规则在一定区域内的存在。经济全球化在部分让渡国家主权方面还不如区域经济合作，而更多地表现在非让渡主权的形式上，如更深刻的国际分工、更广泛的国际交换、更具体的经济形式、更密切的相互依存、更成熟的运行机制等，都呈现出经济全球化的高度发展。因此，区域经济合作与经济全球化的区别在于，在组织化程度上，区域经济合作强于经济全球化；在一体化的内容上，经济全球化更具有机制上的联合意义。经济全球化是一种趋势，是一种动态的过程。区域经济合作的结果是世界经济的区域化，遍布于五大洲的区域或次区域合作，构成了一幅全球范围的区域经济合作的画面。从表面上看，它似乎导致了世界“分裂”，而不是“整合”。但事实上，区域经济合作是世界经济走向经济全球化的必要阶段。在世界各地区、各民族国家经济差距悬殊的情况下，经济全球化是难以一步到位的，而区域经济合作将推进区域经济的发展，从而可能在区域内部采取较小差距的合作形式。同时，区域经济合作一旦形成，又能不断吸收新的成员国来扩大它的规模和范围。

区域经济合作的结果是世界经济主体及其格局的变化。在当今世界中，不仅民族国家作为经济主体，而且各种形式的自由贸易区、共同市场等也作为经济主体参与世界经济活动。如欧盟是作为一个经济主体来参与许多国际谈判的。它已成为实现全球合作的典范，同时也表明了区域经济合作对经济全球化的积极作用。又如，亚太地区的经济合作是经济全球化趋势的反映，大大增强了各国的利益纽带。

当代区域经济合作的主要特征是内部商品与要素流动障碍的降低，而不是对外障碍的提高。区域经济合作会产生贸易转移效应，但不等于是贸易保护。具有更高自由化程度的区域经济合作不能被看做是目前相对较低自由化程度的经济全球化的阻力。恰恰相反，随着区域经济合作的加深，区域经济合作组织形成一个利益共同体，会减少经济全球化谈判的困难。在区域经济合作发展的同时，经济全球化也在发展。区域经济合作比

经济全球化发展更快，而不是以区域经济合作取代经济全球化。

（二）区域经济合作对经济全球化有一定的负面影响

尽管区域经济合作和经济全球化的承接关系得到了广泛的确认，但是区域经济合作所伴随的对外歧视等负面影响，也引起了现实的担忧，需要有适当的约束，使之对经济全球化的损害得到控制。

WTO秘书处专门跟踪区域经济合作的发展情况，其基本判断是认为区域经济合作进程和多边一体化进程在追求更加开放的贸易方面是互补，而不是相互替代的。区域经济合作可以使成员国获利，但同时，在某些情况下，区域经济合作会损害其他国家的利益。关贸总协定条款第24条就规定，这些区域贸易安排应该帮助贸易在集团内国家间自由流动，不增加对集团外国家的贸易壁垒。如果一自由贸易区或关税同盟成立，集团间几乎所有贸易部门的关税和其他贸易壁垒都应被削减或取消。非集团成员与该集团的贸易不能比集团成立前受到更高的限制多。1996年2月，WTO总理事会成立了区域贸易协定委员会，目的就是审议区域集团的情况，并对其是否符合WTO规则做出评估。委员会还审议区域安排将如何影响多边贸易体制，以及区域安排和多边安排的关系将会如何等等问题。

就目前最为主要的贸易层次的区域经济合作来看，应要求这些安排必须与全球贸易体系的非歧视原则相一致。应对措施主要有以下几条：①进一步推进多边贸易自由化，缩小与地区性优惠安排的差异。②调整世界贸易组织中有关地区性贸易协定的条款，使其成员方承诺在某一段时间之后取消优惠性的市场准入安排。③通过谈判，为主要的地区性贸易协定拟定“样板性准入条款”。这种条款包含非成员成为成员所必须满足的一系列条件。一旦满足这些条件，加入地区性的协定的谈判就自动开始。这些条款还可以确保在地区性贸易协定建立或新成员加入协定之后，非成员方面临的贸易壁垒不会上升。

➢本章小结

区域经济合作是特定区域中的两个或两个以上的国家（地区）在经济上结合起来形成一个区域性经济联合体的过程。它是建立在区域差异和地区优势基础上的一种高层次的经济发展的区际组织。本章论述了推动区域经济合作发展的因素及制约区域经济合作发展的因素。

对区域经济合作的产生有多种理论解释，它们从不同角度阐述了建立区域经济合作组织所取得的经济效应。科学技术的飞速发展，一国（地区）经济实力的决定作用，实际生产争夺的日益加剧和欧盟的示范作用促进了区域经济合作的发展。

区域经济合作的发展对世界经济产生很大的影响。它促进了世界贸易的增长，提高了国际贸易商品结构水平，改变了国际直接投资的流向，促进了国际金融领域的货币合作，使当前的世界经济格局呈现多极化趋势。

本章还对欧洲联盟、北美自由贸易区、亚太经合组织和东亚等主要区域经济合作组织进行了较为详细的阐述。

➢关键词

区域经济合作　自由贸易区　关税同盟　经济联盟　欧洲联盟　北美自由贸易区　亚太经合组织　贸易创造　贸易转移　贸易扩大

➢思考题

1. 如何理解区域经济合作?
2. 比较区域经济合作各种组织形式之间的区别。
3. 什么叫“贸易创造”和“贸易转移”?
4. 区域经济合作对国际贸易有哪些影响?
5. 欧盟是如何扩大与深化的?
6. 亚太经合组织有何特点?
7. 东亚区域经济合作面临什么问题?

参考文献

陈岱孙. 1998. 市场经济百科全书. 北京：中国大百科全书出版社.
陈家勤. 1999. 国际贸易论. 北京：经济科学出版社.
陈家勤. 1999. 国际贸易论. 北京：经济科学出版社.
陈廷根. 2006. 区域经济一体化发展的动因探究. 经济师，(6)：65-66.
宫占奎. 2013. 亚太区域经济合作发展报告. 北京：高等教育出版社.
李富有. 2004. 区域货币合作：理论、实践与亚洲的选择. 北京：中国金融出版社.
李莉莉. 2005. 从欧共体到欧盟——欧洲一体化的发展过程剖析：前景与问题. 中国科技信息，(18)：191-192.
李晓，丁一兵. 2006. 亚洲的超越：构建东亚区域货币体系与“人民币亚洲化”. 北京：当代中国出版社.
刘宏松. 2006. 东亚经济一体化的约束条件与当前模式选择. 亚太经济，(3)：10-13.
刘家骥. 1986. 世界经济区域化浪潮. 上海：立信会计出版社.
刘玉贵，张雯. 2006. 全球区域经济一体化浪潮的特点及动因探析. 特区经济，(3)：275-277.
刘振林. 2006. 东亚货币合作与人民币汇率制度选择研究. 北京：中国经济出版社.
邵惟楠. 2004. 东亚区域经济一体化：前景与问题. 国际经济合作，(6)：10-15.
宋晓平. 2001. 西半球区域经济一体化研究. 北京：世界知识出版社.
王勤. 2005. 亚洲区域经济一体化与中国. 国际问题研究，(4)：55-59.
王瑛. 2005. 区域经济一体化发展的驱动机制分析. 企业经济，(4)：144，145.
吴晓霞. 2004. 区域经济一体化与经济全球化的互动. 东北亚论坛，(9)：94-97.
伍贻康，周建平. 1994. 区域性国际经济一体化的比较. 北京：经济科学出版社.
小岛清. 1987. 对外贸易论. 天津：南开大学出版社.
杨国昌. 1997. 当代世界经济概论. 北京：北京师范大学出版社.
殷红霞. 1999. 区域经济一体化对世界经济格局的影响. 统计与信息论坛，(1)：44-47.
张斌. 2004. 东亚区域汇率合作：中国视角. 世界经济，(10)：22-31.
张胜军. 2004. 东亚经济一体化与中国的国家利益. 东南亚研究，(6)：4-8.

张曙霄，吴丹. 2005. 世界经济概论. 北京：经济科学出版社.

张幼文，屠启豪. 2001. 世界经济概论. 北京：高等教育出版社.

张蕴岭. 2004. 世界区域化的发展与模式. 北京：世界知识出版社.

张志前，喇绍华. 2012. 欧债危机. 北京：社会科学文献出版社.

钟懿辉. 2005. 区域经济一体化对外商直接投资的影响. 国际商务——对外经济贸易大学学报，(2)：75-79.

朱彤，蒋玲媛. 2005. 区域经济一体化的新浪潮特点和动因. 国际问题研究，(4)：42-48.

Franke J A. 1998. The Regionalization of the World Economy. Chicago：University of Chicago Press .

Jilberto A F，Mommen A. 1998. Regionalization and Globalization in the Modern World Economy：Perspectives on the Third World and Transitional Economies. New York：Routledge.

Jovanovic M N. 1998. International Economic Integration：Limits and Prospects（2nd Edition）. London：Routledge

Salvatore D. 1995. International Economics（5th Edition）. Prentice Hall Inc.

第八章

经济全球化

随着世界经济、科技日新月异的发展和世界政治格局的变化，经济全球化已成为现代经济发展的一种必然趋势。经济全球化带来了国际分工的发展和产业的转移，资本和技术等生产要素的国际流动及合理配置。尤其是近几年来，经济全球化得到了进一步的发展，产生了深刻的影响，国际经济交往日益频繁，国际上的相互依赖关系增强，国际经济协调机制已基本形成。

第一节　经济全球化概述

一、经济全球化的形成

所谓经济全球化，就本质来说是生产力的迅速发展，使国际分工达到前所未有的新阶段，人类经济活动开始大规模地突破国家、民族界限，各国经济逐渐融为一体的历史过程。经济国际化是指各民族国家随着相互之间贸易的发展，各种生产要素诸如资本、劳动力日益跨越国界流动的一种状态。经济全球化与经济国际化、世界经济一体化是三个既有联系又有区别的不同概念。经济国际化是经济全球化的基础，全球化是国际化发展和延伸到全球范围。从经济、金融活动和经济联系的广度、深度、影响上看，全球化是比国际化更高的发展阶段。而经济全球化和世界经济一体化的区别主要在于。两个方面。①经济全球化主要是指经济活动全球化，而世界经济一体化主要是指经济规则的全球化；②在经济全球化的长期进程中，民族国家是存在的，国家有权制定自己的经济政策，选择自己的发展的模式，发展自己的民族工业，对国际性经济组织经济主权让渡是有限的。但进入世界经济一体化后，民族国家的经济主权完全让渡于全球性经济组织，整个世界形成统一的经济规则，经济意义上的民族国家已经不存在了。

（一）经济全球化是各国的生产力提高和市场经济发展的必然要求

生产力是推动社会经济发展的主要力量，可以说经济全球化是生产力高度发展的必然产物。企业家和资本家在经济发展实践中认识到，无论国内生产过剩的具体原因是什么，必须开拓国际市场才能克服国内狭小市场的约束。第二次世界大战之后出现的关贸总协定、欧共体和跨国公司实实在在地扩大了市场空间，推动了各国市场的对外开放，促进了国际贸易和国际投资的自由化，一直发展到现在的经济全球化。同时也推动了资本主义国家经济管理体制、国际经济秩序和国际经济格局的调整，从而为各国经济带来了进一步发展的机遇和空间。无论发达国家的“产业空洞化现象”，还是发展中国家的“外在工业化现象”，或是发达国家之间的“经济主权互换现象”或是“经济国境和政治国境的分离”，确实是经济全球化的必然结果，根本原因是人类生产力高度发达的客观经济要求。

市场经济是经济全球化的发展条件，市场化是所有参与全球化国家的起点。经济全球化要求世界各国企业必须是真正的自由体，它可以不受政府的限制，根据自身经营和发展的需要，按最有利的市场条件，在最有利的地方销售。显然，这必然要求世界各国实行市场经济体制，尽量避免国家对经济活动的行政干预。20 世纪 80 年代末至 90 年代初，苏联解体、东欧剧变，这些国家都无一例外地向市场经济转化，走向了私有化、自由化和国际化的道路。另外，以中国为代表的其他社会主义国家，也在坚持社会主义基本制度不变的前提下，向市场经济转变。所以，20 世纪 90 年代以来，传统计划经济逐渐消失，市场经济一统天下，两个平行市场统一成为以市场经济为基础的整体，这种全球化市场经济的发展，要求突破一国的狭隘的疆界，使商品、资本、技术及其他生产要素在全球领域内优化组合，极大地促进了各国经济的融合与全球化的发展。

（二）经济全球化是经济自由化的必然结果

20 世纪 70 年代后期，西方发达国家经济普遍出现滞胀现象，新自由主义兴起。它们为了摆脱经济衰退和扩大世界市场，采取减少国家干预、放松经济管制的自由化政策，掀起了贸易自由化和资本自由流动的浪潮。发展中国家，尤其是新兴工业化国家也纷纷调整经济发展战略，实行市场经济体制，从而进入经济振兴时期，为世界经济注入了巨大的活力。无疑，各国国内市场化改革，以及对贸易投资领域管制的解除或放松，促进了商品、服务和生产要素在世界范围的流动，从而在很大程度上加速了经济全球化的进程。

（三）微观经济主体的趋利动机是经济全球化的重要推动力量

商品与要素的价格在世界的不同地区是不可能完全相等的，这种地区性差价的存在被人们称为“区位优势”。区位优势为企业提供了进行全球性套利的空间，于是便有了对外投资、技术转让，以及企业生产过程的分解与全球配置。在这种微观主体世界范围内的套利活动中，跨国公司逐渐成为主角。这是因为跨国公司本身具有“所有权优势”和“内部化优势”。所有权优势使得跨国公司凭借其独有的知识产权、技术诀窍、管理战略及资金实力，既可以利用发展中国家低成本的生产要素将产品销售到价格更高的市场上进行商品套利，又可以将巨额剩余资本转向资本稀缺、投资回报率高的发展中国家进行资本套利。而内部化优势又使得跨国公司能够将生产和销售活动按照最有利的区位分布配置于世界各地，并将每一个分支机构及其所联系的企业在职能专门化的情况下组成一个一体化的网络，通过在世界各地的生产、销售及R&D等活动而服务于母公司的发展战略。这样做的结果是，国际范围的分工与协作实际上就变成了跨国公司内部的分工与协作，借助于这样的分工与协作机制，跨国公司不仅省去了利用市场的交易费用，而且也消除了市场壁垒对套利过程的干扰。当跨国公司利用其“企业优势”和“内部化优势”而大举进行全球性套利活动的时候，其客观的效应便是推动了经济的全球化发展。

（四）交通运输和信息技术的迅速发展为经济全球化提供了重要的物质条件

交通运输的发展是经济全球化的物质基础。①交通运输培育了全球化的经济因素。跨国公司是经济全球化最积极最有力的推动者。交通运输和通信为跨国公司的跨国经营提供了最重要的工具和最重要的保证。例如，先进发达的交通系统缩短了原料供应地与工厂的距离，也缩短了产品供应地与销售点之间的距离，通信和交通工具又为公司管理阶层和企业主有效进行跨地域、跨国经营和管理提供了条件。②交通运输的发展推动了国际分工的形成。15～16世纪，一些西欧航海家探寻到通往非洲、美洲、亚洲的海上航线，使得殖民者在殖民地建立种植园、开采矿山，开国际专业化生产之先河。在工业革命中，机械化交通工具诞生并得到广泛运用，又为资本主义国家的跨国公司的形成，尤其是使殖民地国家变为殖民主义国家大机器生产的原材料供应地，提供物质基础。西方强国凭借坚船利炮，强行将亚非拉国家一个一个地卷入国际分工的漩涡之中，把世界上少数国家变为工业国，而把大多数国家变为农业国或矿业国，使落后国家成为世界市场生产原料的供应国和产品消费国，完成最初的国际分工。从19世纪后期到第二次世界大战前，随着全球航空交通、铁路交通和全球通信网络的最新发展，资本主义国家通过资本输出，建成国际分工的经济格局，并使各个国家在国际分工下结合为一个复杂的整体。③世界市场的形成是以交通为条件的。在19世纪中期，尽管国际市场已有发展，但各国外贸往来仍受许多限制，原因是各国和各大陆间的货物运输仅靠海上帆船运输，运费相当昂贵，国际贸易限于少数产品，工业品不能出口，原料、燃料、肉类、水果无法从国外运回国。但自从19世纪中后期以来，先进的、新型的、大型的交通工具发明之后，统一的世界市场真正形成。交通每前进一步都扩大了世界市场的范围，尤其是航空和公路交通的发展使之能把商品送到世界的每个角落，真正形成了统一的世界市场。④交通促进国际贸易发展。交通运输使世界上所有的物品都被纳入国际贸易范围，20世纪中期以来，不仅小麦、谷物、棉花等一切农产品，而且矿石、煤、石油等矿产品，甚至劳务都成为国际贸易的对象。交通运输使国际贸易的货物运输速度和运输效率大为提高，而且在国际范围实现了“门到门”的运输，节省了时间，保证了货物品质，提高了服务质量，促使国际贸易量的扩大。此外，交通系统还有力地促进了国际金融市场的形成和国际投资、多国经济合作等经济领域的全球化，从而卓有成效地推进经济全球化。

信息技术进步降低了企业远距离控制的成本。企业的活动半径是与其所有权控制的成本负相关的。远距离控制成本低，企业的活动半径就大，从而经济全球化的程度就高，反之也如此。远距离控制的成本主要是信息成本，然而在信息经济时代的今天，多媒体技术的发展与互联网的诞生，使得这种成本大幅度下降，从理论上来讲，对于任何一家有能力进行全球扩张的企业来说，它的活动范围都可以达到世界的任何地方。信息技术在降低企业远距离控制成本的同时，也为信息、商品与要素的全球快速流动提供了技术上的支持。正是在这样的意义上，可以说，信息技术的发展为经济全球化提供了最为坚实的物质基础。

二、经济全球化的发展阶段

（一）第一阶段：19世纪中期萌芽

19世纪中叶，以电力发展和广泛应用为标志的第二次科技革命不仅促进了已有工业的生产能力，而且推动了化工、汽车、航空等一系列新兴产业的诞生。新兴工业的不断涌现，使国际分工进一步深化，从而引起国际技术合作、资金合作和劳务合作的增强。适应这种分工格局，世界性的生产组织——跨国公司应运而生。跨国公司在世界范围内进行专业化生产和投资，加强了生产和资本的国际化趋势。与此同时，铁路运输和无线电通信的出现，使各国相互独立的区域性市场逐渐连接成统一的世界市场，从而形成了19世纪末到20世纪中期的第一次全球化高潮。

（二）第二阶段：第二次世界大战结束后初步发展

第二次世界大战结束后，殖民地体系的瓦解、民族国家的兴起、国际分工体系的拓展，以电子技术、信息技术、新材料技术和核能技术等技术群的出现和发展为特征的第三次科技革命的推动对经济和社会生活在广度和深度上产生重大影响，使世界经济迎来了20年的黄金时代。以电子计算机为本质特征的这次革命开辟了机器代替人的部分脑力劳动的新时代，工业劳动生产率成倍增长，新部门、新行业、新产品不断涌现，国际交换不断增加，跨国公司迅猛发展，世界市场迅速扩大。不仅如此，依靠这次科技革命的伟大成就和对传统工业的技术革新，一些国家一跃成为工业发达国家，不少发展中国家也迎头赶上，形成了今天的世界政治、经济和军事格局，以及由以自然资源为基础的世界范围的工业和农业的分工转变为以现代科技为基础的工业分工的国际分工新格局。在它的带动下，全球化也经历了第二次高潮。

（三）第三阶段：20世纪90年代以来迅速发展

冷战结束以后，国家间、国家集团之间关系明显缓和，各国都把注意力集中在经济发展和综合国力的提升上，这为生产要素的国际流动创造了良好的条件。以信息产业为主要内容的技术革命，为资本的大规模越出国界、加速国际资本的循环运动和金融服务的全球化创造了便利条件，大大缩短了世界各国在时间和空间上的距离，为世界市场的整合和全球化提供了物质保障。世界经济信息化、市场全球化和世界贸易组织成立三大重要因素，推动着经济全球化进入了20世纪90年代以来的加速发展时期，并使这次经济全球化成为具有新的技术内涵和时代特征、范围更广、程度更深的全球化浪潮。至今，经济全球化已经发展成为以科技革命和信息技术为先导，涵盖生产、贸易、金融和投资领域，囊括世界经济和与之相关的各个方面的庞大体系。

三、经济全球化的主要特征

（一）贸易便利化

经济全球化首先表现为贸易的自由化。贸易便利化的程度通过贸易总量和贸易金额的迅猛增长、贸易种类的增加、贸易范围的不断扩大、贸易手段的日益先进和国际贸易制度的进一步规范表现出来。①20 世纪 80 年代末以来，世界贸易飞速发展，正以世界生产 1～3.5 倍的速度增长（表 8-1）。2012 年全世界贸易出口总额达 226 700 亿美元，若按现价计算，比 1950 年增加了约 340 倍。2012 年的世界贸易占该年世界 GDP 总额 712 893 亿美元的 31.8%。[①] ②随着国际贸易的发展，世界贸易的商品品种越来越多。在世界贸易中，出口占 1%以上的货物种类在 1980～1981 年为 11 种，1993～1994 年为 21 种，到 2000～2001 年，达到 60 种。[①] ③WTO 的成立使世界贸易在更大范围内实现自由化。WTO 所覆盖的不仅是一般的商品贸易，还包括农产品、纺织品、服务贸易、知识产权和与贸易有关的投资措施等。例如，服务贸易在 1950 年还可忽略不计，但在 2012 年其贸易额达到 43 450 亿美元，占世界贸易总额的 19.2%。[①] ④当前，电子化贸易手段普遍使用，电子数据交换（EDI）、电子商务（EC）、电子贸易撮合（ETM）和电子资金转账（ETF）等使国际贸易趋同化。⑤1995 年 WTO 的成立标志着在世界范围内以贸易便利化为中心的多边贸易体制框架的建立，同时推动国际贸易体系进一步法制化和规范化。在 WTO 的约束和指导下，世界贸易将得到更高水平的发展。

表 8-1 世界货物出口及 GDP 总值增长 （单位：%）

项目	2005 年	2006 年	2007 年	2008 年	2009 年	2010 年	2011 年	2012 年
世界货物出口额	6.5	8.5	6.5	2.5	−12.0	14.0	5.0	2.0
世界 GDP	3.5	4.0	4.0	1.5	−2.5	4.0	2.5	2.0

资料来源：根据 WTO《2013 年国际贸易统计》编制

（二）生产国际化

生产国际化是经济全球化的深刻表现。由于科学技术飞速进步，国际市场更加开放，企业竞争成为真正意义上的全球竞争。为此，企业把自己生存发展空间放入全球经济总体发展中去考虑，制定全球化经营战略，到世界各地投资办厂，销售商品，进行全方位的经济技术合作。另外，产品结构更趋复杂。生产的专业化、系列化、标准化程度更高，使不同部门之间、地区之间、国家之间经济上的分工协作更加精细，不同经济主体之间的相互依赖、相互制约也更为加强，从而形成当今世界范围内生产相互协作。

---

① WTO. 2013 World Trade Report.

生产国际化最直接的体现就是跨国公司的国际化生产向纵深推进，跨国公司的分支机构在数量和地域覆盖上极大地扩展，在组织安排和管理体制上无国界规划。跨国公司依靠其雄厚的经济实力，以全球战略目标将生产、技术开发、销售在世界范围内进行总体规划和布局，通过内部控制体制将不同国家的经济活动进行分工，并有机地结合起来。据联合国的统计，2012年国际直接投资存量增长了9%，达到23万亿美元。跨国公司的外国子公司创造的销售额达26万亿美元（其中7.5万亿为出口额），较2011年增长了7.4%。2012年，跨国公司外国子公司贡献的附加值达6.6万亿美元，增长了5.5%，高于全球GDP 2.3%的增幅。①

（三）金融自由化

金融自由化是经济全球化的重要组成部分，是世界经济和金融发展的必然趋势。20世纪80年代以来金融自由化、信息技术、融资证券化和金融创新等促进了金融的国际化。通过计算机和卫星通信技术，把遍布在世界各地的金融市场和金融机构紧密联系在一起，全球性的资金调拨可以在瞬间完成，遍及全球的金融市场和金融机构正在形成一个全天候、全方位的一体化国际金融市场，使得资金的调拨和融通变得空前便捷，从而大大提高了资金流动的效率。

金融自由化主要包括四项内容。①资本流动国际化。在布雷顿森林体系下，国际资本流动受到严格管制。布雷顿森林体系瓦解后，西方发达国家纷纷采取放松管制措施，解除对资本的管制，放松或取消外汇管制，实施利率、汇率市场化等。从20世纪80年代末起，许多发展中国家也开始开放其资本账户及相应的资本市场，从而便利了资本在国际上自由流动。2012年全球资本市场上流动的股票、债券、银行资产的规模约为268.6万亿美元。② ②金融市场国际化。国内金融市场与国际金融市场接轨，成为国际金融市场的一个组成部分，使银行吸收的资金在世界范围内融通。纽约、伦敦、苏黎世、香港、东京这些金融市场构成了一个从西到东几乎24小时都可以进行交易的国际金融中心体系。③金融机构国际化。近年来，随着全球竞争的加剧和金融风险的增加，国际上许多大银行都把扩大规模、扩展业务以提高效益和增强抗风险的能力作为发展战略，所以出现了全球性银行业合并和兼并的浪潮，使得超巨型跨国商业银行和投资银行不断涌现。例如，1998年10月1日日本第一劝业银行宣布与美国摩根银行联手；1999年年底德国最大的商业银行德意志银行收购美国第八大银行信孚银行，其资产高达8300亿美元。③ 2007年10月以苏格兰皇家银行为首的三家欧洲财团成功完成对荷兰银行价值约1000亿美元的收购，成为当年全球银行业最大的并购案。④ ④金融协调和监管的国际化。在金融自由化和科技创新的背景下，金融衍生产品不断增加，对它的监管已超越一个国家金融当局的能力范围而需要国际合作。众所周知的国际货币基金组织是

① 联合国贸易和发展会议，2013年《世界投资报告》。

② 国际清算银行，83rd BIS Annual Report 2012/2013.

③ 银行兼并情况参见《中国证券报》1999年12月22日第15版和27日第5版。

④ 银行兼并情况参加《上海证券报》2007年10月12日第8版。

典型的国际金融协调机构。《巴塞尔协议》及《有效银行监管的核心原则》，为越来越多的国家所接受，标志着全球统一的金融监管标准趋于形成。

（四）经济信息化

科学技术是第一生产力。当代科学技术日新月异的发展和进步奠定了经济全球化的基础。以微电子技术迅速发展为中心的科技革命大发展，一方面使发达国家的物质生产增长速度、规模和数量达到了一个新高度，使生产力的无限扩大和市场相对狭小的矛盾更加尖锐，从而扩展国外市场的要求更加迫切，国际竞争更加激烈。另一方面，科技革命使运输和通信手段发生了革命性的变化。喷气机、大型远洋货轮、集装箱运输的发展，卫星、光缆、传真技术的更新，“信息高速公路”的兴建，形成全球性的交通运输和信息网络。正如美国未来学家约翰·奈斯比特在他的著作《全球杂谈》中说的，跨国界的计算机网络和信息高速公路的建立，使电视、电话、计算机联为一体，将整个世界变成了“地球村”。这一切使全球经济活动的速度越来越快，规模越来越大。

（五）国际经济组织和全球经济规则力量凸显

国际货币基金组织、世界银行和世界贸易组织等作为协调和监督世界经济运行的国际性组织，其权威性和作用越来越明显。经济全球化要求消除阻碍商品在国家间流通的贸易和非贸易壁垒，健全国际贸易的市场规则，推动世界贸易自由化进程。1995 年 1 月 1 日成立的世界贸易组织承担了此项重任。世界贸易组织的诞生标志着世界贸易进一步走向规范化，标志着一个以贸易自由化为中心，囊括当今世界贸易诸多领域的多边贸易体制大框架已经构筑起来，标志着全球管理贸易（有序的自由贸易）的新时期已经开始。世界贸易组织的规定对所有成员都有严格的法律约束，各成员必须进行相应的法规和政策调整，以适应世界贸易组织管理全球贸易的要求。这意味着世界贸易自由化将在互相妥协、互相监督、尽量有序的管理贸易的基础上进行。

第二节　经济全球化中的主要问题

一、经济全球化与国家主权

作为国际关系中的主要行为者国家，其最本质的属性就是国家拥有主权，而且这一权力神圣不可侵犯。国家主权是一个国家在不违反国际法的条件下，独立享有的对内对外、不受外来侵犯的最高决策权力[①]，是国家存在和发展的基本保证，是国家利益的主要内容，也是一个国家独有的权力。但是，随着经济全球化的发展，国家主权的排他性与经济全球化的开放性、渗透性发生了碰撞，传统的国家主权受到了挑战，主权国家在国际舞台所扮演角色的地位、性质和能力发生了深刻的变化。

---

① 刘胜湘．1999．经济全球化进程中国际政治的演变．世界经济与政治，（12）：22．

（一）经济全球化向国家主权提出了挑战

在经济全球化过程中，各种商品和生产要素在世界范围内更加快捷地流动，世界各国政治经济的相互依存性不断加强，这就要求各国实行开放的经济政策，将自己的经济融入世界经济的大潮中。同时，为了保障世界经济的良性运行和调解国际经济冲突，各国的经济活动越来越多地遵循国际惯例和条约来运作。于是，在国家存在的情况下，出现了把传统上为一国独享的一部分主权让渡出去，为其他国家所共享，制定和遵守共同的规范。国家主权在一定程度上受到削弱，具体表现在两个方面。

1. 主权国家的实有权力受到限制

随着经济全球化的加强，国际组织、国际法和国际体制在调节国际关系中的作用越来越大，它们要求国家减少干预，甚至要求交出部分经济决策权，由它们来行使。例如，1997 年 12 月 31 日世界贸易组织 70 多个成员国所达成的全球金融服务贸易协议，该协议要求允许外国在国内建立金融服务公司并按竞争原则运行；外国公司享有国内公司同等的进入国内市场的权利；取消跨边界服务的限制；允许外国资本在投资项目中的比例超过 50％。经济全球化对主权的挑战除了针对经济主权外，还涉及政治主权。同时，它还在文化、观念上对国家主权构成侵蚀。经济全球化不仅带来了外国的商品，而且带来了大量的异质文化，它与原有的主体文化相冲突。[①] 例如，西方价值观念和生活方式给非西方世界带来的巨大冲击。

2. 国家在国际体系中的能力、作用发生变化

当前，贸易便利化、生产国际化、金融自由化使一国经济与世界经济日益高度融合，而各国的宏观经济政策却难以超越国界。跨越国界的无国界经济已开始使单一国家难以对付自己及其他国家所引起的世界波冲击。例如，席卷东亚的金融危机就是单个国家在国际金融市场旋涡面前无能为力的显著表现。而且，国家在处理全球性问题时日显无力，需要国际组织的仲裁与协调。这些全球性的政治、经济、文化乃至环境、资源等问题，在解决过程中，需要各国通过国际组织进行相互协商，在互利的基础上予以解决，以促进共同发展。

（二）国家主权仍具有重要作用

经济全球化对国家主权构成了挑战，但并不意味着主权国家已丧失了主权，主权平等和尊重仍是国家行事的最高目标，主权国家面对经济全球化的挑战，其应对的基本出发点与归宿仍是国家利益。这是因为：第一，经济全球化仍然是在国家始终是国际政治经济关系中的主要行为者的国际体系下产生的经济现象，拥有独立主权的国家仍然是经济全球化的参与者。第二，在国际社会中，任何国家都要维护自己的国家利益。经济的全球化发展并不能掩盖形形色色的国家利益的存在，相反，国家利益日益成为各国考虑

---

① 陈春燕，梁海波．1999．经济全球化挑战国家主权．当代世界，（3）：34．

问题的出发点。任何国家都不可能牺牲自己国家和民族的利益，去迁就或帮助其他国家。因此，国家利益始终是国与国之间关系的着眼点。而且，经济全球化归根到底还是世界上各主权国家更大限度地追求国家利益的产物。第三，国际组织的建立和国际法的“硬化”对国家主权形成了一定的制约，但在国家利益需要的时候，主权原则仍然起决定作用[①]。事实上，每一个国际组织的建立，首先都是从发起国的国家利益出发的，是否加入这一组织，也是各国从国家利益考虑之后决定的。而且，大部分国际组织所做出的决定对其成员国只具有建议的性质，而不具有强制性。如果国际干预损害了某国的主权，这个国家会丢弃义务而维护国家主权的尊严。第四，虽然按照国际法的规则，各国无论大小强弱，在国际社会中都是平等的成员。但是，受自然资源、人口、地理条件、历史因素和经济发展水平等方面的影响，实际上，各国在国际社会中的地位是有所不同的。而且经济全球化主要是在发达国家的国际制度安排下展开的，参与经济全球化的发展中国家必须遵守已有的国际条约。这样，发展中国家的经济往往很容易受到外部的渗透与干预，面对大国和强国，它们有强烈的维护国家主权的愿望。国家主权对于发展中国家来说，不仅具有政治上的意义，而且具有经济意义。

因此，在现在和可预见的未来，民族国家仍然握有重大的基本权力，拥有支持其存在的社会基础。经济全球化和国家主权之间存在的矛盾与冲突，只有通过各方的协调与让步，才能实现共同的或更大的利益，从而既维护了国家主权，又推动了经济全球化的发展。

二、经济全球化与国家经济安全

目前迅速发展的经济全球化趋势使世界经济联成一体。贸易便利化、生产国际化、金融自由化和经济信息化正在成为超国家的经济力量，它们在给各国经济提供发展机会的同时，也迫使各国实行更为开放的经济政策，从而使国家不可能像从前那样保护本国经济。经济全球化已经并且正在对国家经济安全产生巨大的影响。

（一）国家经济安全的内涵

国家经济安全即国家安全的经济化，通常指一个国家的经济生存和发展所面临的国内国际环境、参加国际经济竞争的能力及其带来的相应的国际政治地位和能力。[②] 一国提高国家经济安全的主要目的是不断增强自己的经济实力并保持在一个相对领先的地位，从而提高其在经济全球化中的生存技能；同时以经济实力为手段来获取政治、军事安全。

冷战结束后，国际安全形势发生了根本的变化，经济安全的地位空前突出。两极格局解体后，各国政府将经济发展和提高经济实力放在首位，有关安全的概念有了明显的扩展和延伸，经济安全被大大加强，从而突破了传统的以军事内容为主的安全概念。经济实力成为决定各国国际地位的主要因素。因此，各国在决策时优先考虑的是经济利

① 刘雪莲．1998．全球化与国家主权．东北亚论坛，（1）：25.

② 樊莹．1998．经济全球化与国家经济安全．世界经济与政治，（5）：11.

益，政治利益及外交、情报等也都要更多地为经济利益服务，维护经济安全的斗争已成为国际竞争的主要内容。当今的国家战略，归根到底是国家的经济发展战略，经济安全已经成为国家安全的决定性因素，能否在世界经济中占有一席之地直接决定着国家的命运和民族的前途。无论是发达国家之间、发达国家与发展中国家之间、区域组织及组织内部各成员之间，矛盾几乎均以经济为中心而展开，经济利益的最大化成为各国对外战略的根本选择。经济安全已构成当今国际关系安全内涵的重要内容。

国家经济安全包括金融市场安全、国内产业和市场安全、战略物资和能源安全、信息网络安全等几个方面。

（二）经济全球化对国家经济安全的影响

经济全球化对国家经济安全来说是一把“双刃剑”。在经济全球化过程中，机遇与挑战同在，收益与风险并存。

1. 经济全球化为提高国家经济安全系数提供了机遇

首先，经济全球化的趋势使国际格局发生了深刻的变化，朝着多极化的方向发展，和平与发展成为时代的潮流。世界保持一个较长的和平时期，有利于各国特别是发展中国家的经济建设，扩展自己的生存空间和发展空间。其次，经济全球化给世界经济带来了活力，使世界经济进入持续增长时期。再次，经济全球化使越来越多的国家转向市场经济，各国积极参与全球经济活动，充分利用国际分工所提供的历史机遇，发挥自己的比较优势，努力使本国经济与世界经济接轨，最终达到使本国经济更安全的目的。最后，经济全球化使世界经济联系日趋加深，形成了“你中有我，我中有你”的局面。不仅发达国家之间的经济高度融合，而且发达国家与发展中国家之间的经济利益错综交织，对方的发展乃自身发展的必要条件，世界各国的国际经济协调大大加强。

2. 经济全球化使各国尤其是发展中国家的经济安全面临风险与挑战

高度发展并日益深化的相互依存把各国连在一起并纳入全球化的体系，这使各国的经济安全，尤其是经济财富必须依赖于其他国家，使得一国要做的事情在一定程度上依赖别国的行动和政策，从而加重了一国经济的对外敏感性和脆弱性。由于发展中国家对外依赖性更强，所以其经济安全面临更大的风险与挑战。

经济安全的直接威胁来自各种国际经济渠道，如贸易、投资、金融等。国际贸易方面，经济安全问题产生于过度进口对民族工业的威胁，国际投资领域的安全问题主要牵涉到一国经济的长期独立地位。而金融自由化的发展，增强了金融强国和以它们为主的国际金融组织的权力，削弱了金融弱国的国家主权，使发展中国家货币政策的调控难度加大；使本来就不强的发展中国家的金融机构面临更强有力的竞争；使发展中国家的金融市场更容易受到国际游资的冲击。

（三）保障国家经济安全的对策

在相互依存程度日益加深的趋势下，发展中国家既要积极参与经济全球化，又要维护国家经济利益，回避经济风险，实现经济安全。应在享受相互依存带来利益的同时，尽力摆脱发达国家强加于自身的限制，致力于增强自身的实力，在平等的基础上达到互惠互利以确保本国经济的安全运行。

（1）保持政治的稳定，尽可能减少政府政策的失误，增加政府政策的透明度，使世人对本国的政策和经济充满信心。

（2）实施国家经济安全战略，建立一套强有力的决策机制和组织协调制度。具体内容包括：确立一个负责国家经济安全的部门，建立国家经济安全联席会议制度，建立经济安全预警指标体系，建立必要的储备和保障体系，制定国家经济安全法规。

（3）关键是发展国内经济实力，提高国民经济素质和国际竞争力，增强本国经济抗御风险的能力。为此，应大力发展科技，充分发挥后发优势，缩小与发达国家的技术差距；充分发挥国家的宏观调控作用，进行经济结构调整；保护资源，实施可持续发展等。

（4）正确处理对外开放与自力更生的关系，根据国家经济发展的实际情况确定开放度。在利用外资时必须注意经济结构本身的健康，防止结构性问题；加强对外资的管理；保持汇率政策的稳定灵活；加强对国际金融市场的监管，防范金融风险；加强国际经济合作，更大地融入国际市场和世界经济，特别是参与国际经济和金融决策；以国际规则来规范各国经济行为，造就一个较为安全的国际经济环境。

三、经济全球化与经济发展不平衡

（一）经济全球化导致经济发展不平衡的表现

20 世纪 80 年代末，经济全球化加速发展，新兴工业化国家的崛起使得世界经济格局中南北收入差距在缩小，南北差距呈现一些新的特点。发展中国家的贫困化问题依然严峻，国内贫富差距也在扩大。

1. 南北差距总体上在缩小，但最富裕国家和最穷国家的差距仍在不断扩大，南北经济结构和质量的差距在扩大

首先，无论是从 GDP 总额还是从人均 GDP 来看，南北差距都在缩小。如表 8-2 所示，发达国家和发展中国家的人均 GDP 比值在 1990 年达到最大值，之后开始下降。发达国家和发展中国家的 GDP 总额比值在 1995 年达到最大值，之后也开始下降。鉴于发展中国家人口增长速度较快，发展中国家和发达国家在人均 GDP 上的差距要大于在 GDP 总额上的差距。

其次，最富裕国家和最穷国家的差距一直在不断扩大。据国际货币基金组织《2013 年 4 月世界经济展望数据库》及世界银行《2000/2001 年世界发展报告》，全世界 20 个最富裕国家的平均人均收入是 20 个最穷国家平均人均收入的 119 倍，而 12 年前仅为

37 倍，52 年前仅为 18 倍。

最后，南北经济结构与质量的差距在扩大。发达国家经济在 20 世纪 90 年代相继走向知识化、信息化，逐渐建立知识经济、信息经济，产业结构和经济增长质量又上了一个新台阶。而许多发展中国家还未实现工业化，绝大多数发展中国家仍然处在工业化的起步阶段。发展中国家的主要任务还只是工业化，重视发展速度，而且程度不同地存在着体制不顺、结构失衡、技术落后、基础脆弱、债务沉重、资金短缺、两极分化、人口膨胀、环境恶化等问题。这就决定了发达国家处于一种优势地位，发展中国家处于劣势，对发达国家的依赖更大。南北工业化差距尚未抚平，目前又遭遇“数字鸿沟”。

表 8-2　发达国家和发展中国家的 GDP 比值

项目	1980 年	1985 年	1990 年	1995 年	2000 年	2005 年	2010 年	2011 年	2012 年
GDP 总额	3.54	4.10	4.36	4.93	4.33	3.55	2.14	1.98	1.86
人均 GDP	8.66	9.28	10.11	8.81	8.82	7.72	6.14	5.91	5.75

数据来源：根据 IMF *World Economic Outlook Database* GDP 数据计算得到

2. 发展中国家的贫困化问题

发展中国家的贫困化问题依然严峻，这主要体现在以下两个方面。

首先，发展中国家的贫困人口增加，发展中国家摆脱贫困更加困难。2000 年 9 月，联合国首脑会议上 189 个国家签署《联合国千年宣言》，目标是将全球贫困水平在 2015 年之前降低一半（以 1990 年的水平为标准）。但截至目前，全球化口号震天响，而世界性贫困问题却依然严重，对某些发展中国家人民来说更是雪上加霜，其前景令人忧虑。一方面，在发展中国家的贫困人口规模方面，从 1981 年到 2010 年，尽管世界贫困人口减少了 7.2 亿人（中国贫困人口减少 3400 万，对全球贫困人口的减少做出较大贡献）[①]，世界各国贫困人口的比例也都有所下降，但是低收入国家的贫困人口却增加了 1.0 亿人[②]。联合国开发计划署在 2013 年的《联合国开发计划署与减少贫困》报告中同样提到，尽管 2000 年联合国首脑会议上签署的千年发展目标（Millennium Development Goals，MDGs）取得一定成效，但一些国家的贫困问题依然严峻。报告指出，在过去 30 年，世界贫困人口减少了 6.5 亿人，但至今仍有 10 亿以上的人口生活在极度贫困中。在全球化快速发展的同时，贫困问题依然广泛存在。另一方面，在发展中国家摆脱贫困方面，对于总贫困差距（Aggregate Poverty Gap，APG）[③] 这一指标而言，1981～2010 年其他国家都是下降的，但低收入国家的 APG 指标却从 1981 年的 460 亿美元增加到 2010 年的 610 亿美元，占世界 APG 总和的比重从 13%增加到 36%。在世界绝对贫困人口总体不断下降的情况下，发展中国家特别是低收入国家的贫困情况却

---

① 这里的贫困人口是指：按照 2005 年的购买力平价，每天生活费用低于 1.25 美元。

② 世界银行 . The State of the Poor. http://web.worldbank.org/WBSITE/EXTERNAL/TOPICS/EXTPOVERTY/0, contentMDK：23003423～pagePK：210058～piPK：210062～theSitePK：336992，00.html.

③ 总贫困差距是指：使得发展中国家摆脱贫困（人均收入每天高于 1.25 美元）所需要的总的额外年度收入。

变得更加严重。[①]

其次，发展中国家内部的贫富差距增加。许多发展中国家在整体贫困的同时，国家内部的收入分配差距也在拉大。比如南非 1993 年的基尼系数为 0.59，2009 年增加到 0.63。赞比亚 1993 年的基尼系数为 0.53，2010 年增加到 0.58。[②]

（二）经济全球化导致经济发展不平衡的原因

经济全球化导致不同发展程度的国家经济发展不平衡的主要原因有四个方面。第一，发展中国家在国际竞争中处于不平等的地位。虽然经济全球化通过资本流入和技术转移给发展中国家带来机遇，但是，多数发展中国家在国际竞争中由于受国内自身条件的约束而处于不平等的地位。而且，一国经济的发展，除资本、技术和劳动力之外，还取决于其他因素。因为，经济全球化虽然能够给发展中国家快速地带来其欠缺的资本和技术，却不能快速地带来良好的制度、管理经验和知识。因此，发展中国家往往疲于应付经济全球化所带来的挑战和风险。第二，国际“游戏规则”不利于发展中国家。这些国际规则基本上是由发达国家主导并制定的，是按照发达国家的市场体系建立起来的，反映了发达国家的经济利益。随着经济全球化的发展和加深，许多发展中国家自觉或不自觉地卷入了经济全球化的浪潮中，发达国家处于制高点上，居高临下，在国际经济交往中所获得的利益必然多于发展中国家。第三，经济全球化使发展中国家在高新技术产业和科技进步方面与发达国家的差距更大。随着产业结构在国际范围内的调整，特别是发达国家利用产品生产的技术梯度差异，把过时的技术和产品生产转移到发展中国家，造成发展中国家对发达国家的技术依赖。同时，为了保持技术优势，发达国家对高、精、尖技术采取严格的保密措施，使发展中国家无法获得高新技术。特别是网络技术快速发展，由于发展中国家的财力和能力有限，更是拉大了二者之间的距离。第四，经济全球化使一些最不发达的国家越来越“边缘化”，难以在经济全球化进程中找到自己的位置，无法在经济全球化中得到利益。

四、经济全球化与国家利益

任何国家和民族都有自己的价值观、传统、文化和理想，都有自己的生存、发展等基本利益，都必须依据一定的客观条件实现自己的理想、价值和国家战略目标。因此，国家利益是满足一个国家全体人民物质需要和精神需要的一切条件和要素，主要由政治利益、经济利益和安全利益构成。它是国家对外行为的基本动因和根本出发点，一国对外行为，归根到底是为了实现国家利益的最大化。

（一）经济全球化对国家利益的影响

1. 国家利益中经济因素地位上升，经济利益成为国家利益的核心

经济利益是政治利益的基础，政治利益是经济利益的集中体现，而安全利益则是二

① 世界银行，The State of the Poor. http://web.worldbank.org/WBSITE/EXTERNAL/TOPICS/EXTPOVERTY/0，contentMDK：23003423～pagePK：210058～piPK：210062～theSitePK：336992，00.html.

② 世界银行，http://data.worldbank.org/indicator/SI.POV.GINI.

者在国家关系中的延伸。作为安全利益集中表现的国家安全既是国家利益的重要组成部分，也决定着国家利益的实现，是国家利益实现的前提和保障。在经济全球化的发展过程中，国家利益中经济因素地位的上升是必然的。市场力量正在取代国家权力特别是政治、军事权力而成为维护国家利益的主要手段。经济力量成为评价一国综合实力的主要因素，一国的强弱不再取决于它到底拥有多大的领土、资源、人口和军事力量，而是取决于其经济在市场上占有的份额和在国际分工与协作中所处的地位。经济的繁荣可以大大加强国家的综合实力，充分保障国家安全和社会制度。

2. 各国所获得的利益不均等

在经济全球化的进程中，各国获得的利益是不平衡的，发达国家是经济全球化的主要推动者，也是最大的受益者。虽然各种国际规则建立起来以后是一视同仁、机会均等，但是，这种形式上的平等掩盖了实际上的不平等。因为，这些国际规则基本上是由发达国家主导并制定的，是按照发达国家的市场体系建立起来的，反映了发达国家的经济利益。而发展中国家由于先天不足，却要与发达国家用同一个规则去进行竞争和赛跑，自然处于劣势，无法获得均等的利益。例如，发达国家往往利用知识产权等措施和法律手段来制约发展中国家，使广大发展中国家由于对经济全球化的制度安排的不适应和本身制度的不完善而屡屡违规操作受到惩罚。

3. 国家利益面临更多的挑战

随着经济全球化趋势的增强，影响国家利益的因素增加了。“除了传统的政治军事力量、技术水平、人口、自然资源、地理因素、政府形式、政治领导等因素外，国际社会的发展趋势、主要国家内政外交的变化、众多的国际条约与协定、某一地区的政治争端或经济风波、国际经济分工与产业结构的调整、新资源新产品新市场的发现、新技术的发明与产业化、资本的国际流向、跨国公司的动向等外部因素成为国际利益中的重大变数。”①

（二）在国际事务中追求国家利益的方式

国家行为的最高准则是追求本国的国家利益。由于各国经济日趋融合，你中有我，我中有你，无论在安全还是在发展问题上，一国的发展不再以与之交往的他国的落后为前提而是以双方的共同发展为基础。任何国家在追求本国利益的同时必须注意他国的利益，应承认他国也有合法的国家利益，不能以损害他国的利益为代价。甚至在某些情况下为了双方共同的和更大的利益而放弃自我的一些利益，甚至部分主权，以努力造就国际经济关系中的“双赢”。只有把维护本国利益和尊重对方利益结合起来，才能更好地实现自己的国家利益。不顾国际关系的准则，肆意侵害他国利益，最终只能使自己的国家利益受损。

在世界经济日益全球化的今天，各国间相互依存的程度日益加深，国内经济政策的

---

① 丁志刚．1998．全球化背景下国家利益的认证与维护．世界经济与政治，（8）：8.

制定越来越离不开国际因素的制约，尤其在全球性问题上各国日益达成共识。各国逐渐认识到，环境污染、核武器扩散、资源匮乏、南北矛盾等全球性问题，不是一国或少数国家所能解决的，必须加强国际间的合作来共同应对。国际社会越来越成为一个不可分割的整体，任何一个国家都不能离开这个整体而独立生存和发展，全人类的共同利益正在变得日益重要。

五、经济全球化与国内产业结构

经济全球化在全球范围内配置生产要素，各国按照生产要素数量的多少和质量的优劣进行优化组合，形成多层次的国际分工格局。发达国家在发展高科技产业等知识和技术密集型产业的同时，将劳动密集型产业和部分资本密集型产业向发展中国家转移。发展中国家则通过吸引直接投资获得更多的短缺资金和技术，有助于弥补本国资本形成方面的先天不足，加快产业结构升级和工业化过程，从而使整个世界的产业结构得到进一步完善和提高。

（一）各国在产业结构上的相互依赖进一步加深

各个国家的产业结构，在国际市场竞争的催化和比较利益的诱导下，正在变成为世界产业结构的一个密不可分的组成部分。许多国家的政府在制定产业政策时，不仅考虑本国的国情，而且也充分考虑世界各国产业结构的调整情况，以便能及时抓住机遇，更好地参加到世界分工的行列中，以获取比较利益。

各国在产业结构上的相互补充和依赖具体表现在两个方面。一方面，产业形态的区域性转移把各国更紧密地连为一体。一个国家随着经济实力的提高，本国的产业结构便会向高技术性产业形态倾斜。这样，随着时间的推移，产业形态就会在世界范围内和地区范围内出现跨国转移，由高度发达国家向中等程度的发达国家和欠发达国家次第转移。所转移的主要是一些传统产业形态，包括劳动密集型产业、资本密集型产业和一些普通技术密集型产业。例如，日本经过 20 世纪 60 年代的高速发展后，国家经济实力迅速增强，工人的工资收入也增加很快，这使日本失去了生产劳动密集型产品的竞争优势。于是，在 20 世纪 70 年代，日本利用国际直接投资和扩大进口劳动密集型产品等形式将这一产业向外转移。亚洲“四小龙”抓住了这次国际产业结构调整的机遇，利用落后国家和地区的特有优势，大力发展劳动密集型产品的生产和出口，使自己的经济由此迅速增长了起来。进入 20 世纪 80 年代后，亚洲“四小龙”也渐渐失去了在劳动密集型产品生产上的竞争优势，并开始将这一产业向东南亚各国转移。于是，在这一区域内便出现了产业形态上的跨国分工与合作。日本主要生产和出口高新技术密集型产品；“四小龙”主要生产和出口普通技术密集型产品；东南亚国家则主要生产和出口劳动密集型产品。这种国家（地区）间的产业转移和分工将这些国家（地区）的经济紧紧地连成了一体。

各国在产业结构上相互补充和依赖还表现在另一方面，即地区性经济集团内部的产业分工合作日趋明显。各种地区性的经济集团在创建初期主要是为了统一关税政策，以增加集团内国家间的经贸交往。但从当前的发展趋势看，地区性经济集团内部的产业分工趋势越来越强。例如，在欧盟内部，传统产业多集中在希腊、葡萄牙等较落后的国家，而英国、法国等则更多地发展新兴产业。北美自由贸易区虽然建立时间不长，但美国已提出了多项集团内部的产业结构调整计划，准备把美国的一部分传统产业，如纺织、钢铁、石油化工等转移给墨西哥。可以看出，世界上已建立和正准备建立的地区性经济集团，都在努力从产业形态的分工与合作上加强各国的联系，以求达到相互促进和共同发展的目的。

（二）外向型产业结构的优势进一步显露

外向型产业结构是指一国政府从制定产业政策的开始阶段，到产业政策的具体落实和进一步调整，都是面向世界的，考虑到了本国经济在世界经济中的位置，并通过开放性的经济政策，使本国的外贸总值在国民生产总值中占有较大的比重。这种外向型产业结构对一国经济的发展具有较强的促进作用，这点已被很多国家的经济发展史证实。外向型产业结构之所以能对国民经济产生较强的促进作用，主要是因为它能充分利用国际分工的好处，使本国产业结构的安排能最大限度地获取国际比较利益。并且，积极地参加国际市场竞争，大量引进外国资本和先进技术，能使本国各类产业的生产效率都得到迅猛提高。

有些发展中国家曾长期推行较为内向型的产业政策，结果经济增长十分缓慢，而一旦转为外向型结构，经济便快速增长起来。以泰国为例，20 世纪 80 年代中期以前，泰国政府实行较为保守和内向的产业政策，其经济一直增长缓慢。比如，1983 年泰国的人均 GNP 为 810 美元，4 年后的 1987 年仅增长到 879 美元。此后，泰国政府把握住了 80 年代中后期世界产业结构调整中出现的一次机遇，及时调整了产业结构，使其从内向型向外向型转变，把从亚洲“四小龙”等国家和地区转移出来的部分劳动密集型产品的生产接了过去，大力发展各类出口产业，使出口增长很快。1987～1991 年，泰国出口产品总值的增长年均保持在 30%以上，1991～1995 年的 4 年中，泰国的出口额又翻了一番多，到 2003 年时，泰国的货物出口总额达到了 803 亿美元。出口产业的发展，带动了国内各行各业的兴旺，使泰国经济持续快速增长，1987 年人均 GNP 为 879 美元，1991 年猛增到 1680 美元，仅用 4 年时间就翻了将近一番。1996 年进一步增长到 2930 美元。从 1991～2003 年，泰国的 GDP 年均增长率达到 4.5%。通过分析泰国经济的增长过程可以看出，随着经济全球化程度的加深，产业结构外向化的优势还将会进一步显露出来。

（三）技术密集型产业进一步向发展中国家转移

产业结构的全球化，在第二次世界大战后主要表现为发达国家将劳动密集型产业向发展中国家（地区）转移。然而，进入 20 世纪 80 年代以来，产业形态的国际性转移出现了一种新的动向，即越来越多的技术密集型产业开始从发达国家向发展中国家（地区）转移。例如，1991 年，发达国家对中国台湾制造业的投资，劳动密集型项目的比重由 1981 年的 58.5%下降到 30%，而技术和资本密集型项目的比重则由 41.5%上升到 70%。1976 年，韩国从发达国家引进的技术密集型投资项目只有 100 项，到 1987 年则达到 1637 项。在 2002 年，韩国 GDP 中的 55.1%来自第三产业。

技术密集型产业之所以能加快向发展中国家（地区）转移，首先是发达国家自身的需要。发达国家具有技术方面的优势，但技术发展都有其周期性。随着技术的不断推陈出新，各种技术都会逐渐老化。为了保持技术的竞争力和获利性，一些发达国家的企业便会通过到发展中国家（地区）直接投资的方式，或通过出口技术许可证的方式，向发展中国家（地区）转移各种技术。其次，技术密集型产业向发展中国家（地区）的转移也是发展中国家（地区）经济发展的需要。尤其是那些经济发展较快的国家（地区），如亚洲"四小龙"等，它们对国外技术性项目的引进尤为迫切。因为这些国家（地区），已经历过一段经济高速增长时期，由于本国（地区）劳动力成本的上升和货币的升值，使劳动密集型产业的发展已渐渐失去了竞争优势。它们要想保持经济的持续发展，要想在竞争激烈的国际市场上站住脚，就必须把发展的重点转向技术密集型产品。于是，它们建立各种高新技术开发区，既努力挖掘自己的技术潜力，又利用各种优惠政策和措施积极吸引国外的技术性投资。近些年，科技水平以加速度向前发展，使技术的更新周期日益缩短，从而技术向发展中国家（地区）的转移速度也在加快。由劳动密集型产业的国际性转移发展到技术密集型产业的国际性转移，把产业结构的全球化趋势大大地向前推进了一步。

第三节　经济全球化的发展趋势

一、经济全球化对世界经济的影响

（一）产业结构调整加快

经济全球化与全球产业结构的调整是相互联系、相互促进的发展过程，它们都是生产力发展的必然结果。经济全球化使得产业结构的调整越来越多地突破当地资源禀赋的限制。从一定角度来看，经济全球化的过程就是全球产业结构大整合的过程。当前，由于全球性的一般加工工业生产能力过剩，全球一次性能源的产量一直大于消费，一些重要的原材料产量呈下降趋势。比如，美国投资银行摩根斯坦利近期的一份研究报告指出，2013 年全球钢铁业的过剩产能已经达到 3.3 亿吨。在这种情况下，进行产业结构调整已成为世界性趋势。过去，产业结构调整大多是在一个国家内部进行的，这种调整一般经历的时间长、代价大，运作空间有限。而在全球化的大背景下进行产业结构调整，摩擦小，挥洒的空间广阔。

全球化进程中的产业结构调整既体现为一些产业的整体性转移，又体现为同一产业中一部分生产环节的转移，还体现为不同产业的相互整合。这次世界范围内的产业结构调整，大体上采取三种形式，一是发达国家之间通过交叉投资、企业并购，在更大的经济规模基础上配置资源，开拓市场，更新技术，实现产业结构的升级。例如，欧元启动后，欧盟加快了经济一体化进程，试图通过建立欧洲统一大市场来推动产业结构的变化。二是发达国家把劳动和资源密集型产业向发展中国家转移，特别是把这些产业包括高技术产业的劳动密集型生产环节向发展中国家转移。三是通过高新技术改造传统产业或进行产业组织的网络化整合，实现结构调整。20世纪90年代以来，出现了十分明显的产业整合现象。例如，计算机网络业同传统媒体相互融合，并使数字化技术向通信业、娱乐业渗透，给产业性质带来了革命性的变化。

(1) 高新技术产业化与产业结构高级化，将是全球产业结构调整的主要发展方向。21世纪是发展知识产业的世纪，技术密集型和知识密集产业得到蓬勃发展，劳动密集型产业所占比重趋于下降，柔性生产逐渐替代批量生产，信息、生物和纳米技术将成为影响未来科技进步与产业升级的核心技术。

(2) 第三产业在国民经济中的比重趋增，产业结构软件化，将是世界产业结构调整的最终目标。知识型服务业，包括金融、信息、咨询服务等在国民经济中的比重将增加，在经济社会发展中的作用将越来越重要。第一产业与第二产业在国内生产总值比重下降，第三产业比重上升，是多数国家产业结构调整的基本脉络。服务业迅猛发展很大程度上得益于信息服务业的长足发展。继硬件、软件、网络业后，作为信息产业的第三产业，信息服务正成为信息业的基础行业。据中国科学技术信息研究所统计，全球信息服务业产值在2011年达到4620亿美元。

(3) 以高新技术改造后的传统产业将赢得新的发展空间。高新技术，尤其是信息技术在三个产业的广泛应用，使趋于衰退的传统产业——农业与制造业发生逆向回归。用高新技术改造传统工业，不但使已失去竞争优势的劳动密集型产业，如纺织业、服务业、建筑业正在转变为资本和技术密集型产业。用信息技术改造传统服务业，可使其日趋信息化与知识化。

（二）世界经济格局改变

世界经济格局是指在世界经济中充当主角的国家和集团在一定历史时期内相互依存、相互作用所形成的一种结构、态势和局面。要充当世界经济格局主角必须具备强大的经济力、科技力、资源力；必须具有较强的国际竞争力；必须具有对世界经济剧变事件进行调整和适应的能力。只有这样，才能充当世界经济的主角，影响和左右世界经济事务的发展。雅尔塔体系瓦解之后，世界经济格局呈现多极化趋势，随着世界经济的不平衡发展，多极化将呈现出一定的阶段性并将延续相当长的一段时间。随着经济全球化的发展，大国总是希望确立有利于自身的世界经济秩序，因此，经济霸权的构建将伴随着世界经济的深化而发展，权力再分配过程将依“科技—市场—经济实力”为核心来重构国际体系。发达国家的经济竞争加剧，美国极力维持其全球霸主的地位；欧盟在不断放大“同心圆”扩张计划，试图建立一个横跨欧亚非的“经济大厦”；日本也不甘落后，积极扩大在东亚的经济势力。发展中国家由于经济实力与发展水平的巨大差异将产生强烈的分化：一些新兴工业化国家有机会逐步赶超发达国家，加入发达国家行列；而最不发达国家随着世界市场的边缘化发展，经济发展环境日趋恶化，将逐渐步入“发展的陷阱”。

（三）世界经济的相互依赖性日益增强

世界经济中的相互依赖起源于资本主义生产方式的确立和世界市场的形成。“资产阶级，由于开拓了世界市场，使一切国家的生产和消费都变成了世界性的了。”[①] 资本主义扩大再生产和不间断地到世界各地追求剩余价值的渴望必然导致生产和消费的国际化。这是创造新世界和更高级社会形态必需的特质基础。客观上是进步的。

世界经济的相互依赖是由商品的本性所决定的。商品生产者不是为自己而生产，而是为其他的消费者而生产。商品生产者从商品交换中实现其价值，然后才能从其他商品生产者那里换取自己需要的商品来消费。这就造成了商品生产者和消费者的相互依赖。当一个国家范围内的商品生产要素——土地、资源、资本、劳动力和技术水平满足不了商品生产和消费的更高级、更多样性、更物美价廉的要求时，就产生了世界范围内的相互交换和相互依赖。随着商品经济的发展，这种相互依赖性不仅表现为生产和消费的依赖，而且表现为生产过程的垂直或水平的分工和依赖。一个国家通过对外经济贸易往来，可以带来使用价值的多样化，而且更重要的是通过国际交换实现价值的增值。

在经济全球化中，国与国之间的经济依赖是双向的，但相互依赖的双方并不一定是对等的。发达资本主义国家之间的相互依赖大体上是均等的；发展中国家之间的相互依赖是低水平的对等，相互间在资本、技术、服务和人才方面的贸易机会较少；而发达资本主义国家与发展中国家间的相互依赖，受历史上帝国主义与殖民地、半殖民地附属国之间关系和发展起点差距的影响，两者之间的主从关系和中心、外围的关系十分明显，发展中国家在经济发展的许多方面更多地依赖于发达资本主义国家并受其控制和剥削。这种状况并没有因为经济全球化的发展而改变，相反，许多国家的情况变得更加严重。

（四）各国间的经济竞争加剧

各国为防止本国利益完全湮没于全球化浪潮中，则千方百计地增长竞争力，最大限度地增加本国公民的福利。世界资源的有限性和国际社会的“无政府”状态使各国在合作中必然伴随冲突，各国都试图通过增强自身实力而增加他国对自己的依赖性从而最大限度地减少成本支出，因而不可避免地出现经济全球化同经济民族主义的对立和冲突。维护国家利益是经济竞争的基本动因，虽然国家利益这一概念是相当含糊不清的，国家利益仍然是各国交往的最后的语言。无论经济关系的出发点和归宿，相互依存的加深并非自然而然地使各国经济利益趋同，反而会隐含着冲突的因子。冷战以后，人类社会充满竞争的一页正在打开，一场争夺资源、市场、科技优势和世界经济主导权的“没有硝烟的战争”将所有国家都卷入其中。1993 年，美国国会通过《国家竞争力法案》，旨在加强美国在国际市场上的竞争力。2006 年，美国政府出台了《美国竞争力计划》，其目标主要是通过强化美国的 STEM（科学、技术、工程和数学）教育，提高美国的学术竞争力。这些都反映了美国对国家利益的重视程度。经济竞争的手段也是多种多样，有

① 中共中央马克思恩格斯列宁斯大林著作编译局．1979．马克思恩格斯选集．第 1 卷．北京：人民出版社：254，255．

经济援助、经济渗透、经济禁运、经济制裁、贸易战、关税战等，各国贸易保护主义也愈演愈烈。在国际关系中，经济政治化现象也比较突出，霸权主义仍然支配着国际经济秩序。一些国家在竞争中，往往把经济问题上升到政治利害关系加以考虑，表面的经济纠纷往往成为暗地里的政治较量，借全球化浪潮对他国进行干涉。

（五）国际经济政策的协调与合作日显重要

随着经济全球化的发展，发达资本主义国家经济的外向性越来越突出。这使得凯恩斯主义的国家干预经济的政策越来越不能适应新经济发展的要求，而必须加强国家垄断资本主义国际经济政策的协调与合作，否则资本主义国家单靠自身的力量已经很难保持其经济的稳定和正常运转，而且资本主义国家之间以邻为壑、盲目竞争的无政府主义和各自为政的贸易保护主义必定会阻碍资本主义经济的发展。

第二次世界大战后建立和发展起来的关税与贸易总协定（即现在的世界贸易组织）、国际货币基金组织、世界银行，以及一些区域合作组织如欧洲联盟、北美自由贸易区等都是国际经济政策的协调机构。这些机构正在把越来越多的国家（地区）纳入其中，从而更加有效地促进多边合作。

国际经济政策协调合作的另一种重要方式是，西方发达国家的领导人为使全球经济顺利发展，进行定期或不定的会谈以磋商和协调政策和立场。自 1975 年开始，西方七国集团首脑会议每年举行一次，确定了最高层次定期协调机制。1998 年的伯明翰峰会上俄罗斯正式加入，形成了八国集团。除此之外，还有西方发达国家财政部长和中央银行行长的频繁会晤机制。通常是首脑会议对国际经济政策的协调确定基本原则和方向，由各部长会议落实对世界经济的调控和对国际市场的联合干预。

在经济全球化条件下，国际经济相互依存日益加深，谁也离不开谁，但同时各国的经济贸易争端和摩擦也接连不断，国际经济政策的互相协调也越来越重要。任何一个国家，无论有多么强大都不能各行其是、我行我素，更不能把自己的意志强加于人。只有在尊重各方各国利益和要求的基础上，互相做出妥协让步，不让矛盾激化，才能达到双赢的效果。

（六）世界经济的动荡风险变大

经济全球化使各个国家和地区的生产、贸易、金融、科技、人才等方面日益紧密地联系在一起，市场经济成为占统治地位的经济模式。同时，国际经济的无政府状态加剧，国家的主权、地位和作用受到削弱，资本主义私有制与社会化、全球化大生产之间的矛盾日益突出，使世界经济表现出严重的动荡和风险。

自资本主义确立其统治地位和世界市场形成之始，资本主义的经济危机就始终困扰着资本主义经济的发展和社会的稳定，而且随着经济全球化的深入发展，这种动荡和风险影响的范围越来越广，程度也越来越严重。市场经济是在价值规律这只“看不见的手”的控制之下运行的。市场经济在创造出大量社会财富的同时，其局限性也十分明显，因市场失灵而引发的经济危机频繁发生。为了对付经济危机，从 20 世纪 30 年代起，一些资本主义国家运用凯恩斯主义理论，由政府对本国的市场经济进行宏观调控，尽管不能完全解决市场失灵问题，但还是起了很大的作用，缓解了危机的发生，国家的宏观调控只能在一定程度上对付市场失灵问题和经济危机，但对世界市场则无能为力。经济全球化把世界市场与国内市场日益紧密地联系在一起，但却没有相应市场调控的有效机制，必然加剧全球经济的动荡、风险和危机的爆发。全球性、地区性，以及发达国家、发展中国家的国际经济合作组织在一定程度上能够解决一些矛盾和纠纷，但不可能根本解决国家利益和全球利益的矛盾，更不可能解决资本主义的基本矛盾。1992 年的欧洲金融危机、1994 年 12 月发生的墨西哥金融危机、1997 年 7 月爆发的亚洲金融危机、2008 年的国际金融危机都对地区和全球经济造成了严重的损失，充分证明了经济全球化存在难以避免的负面影响。

二、经济全球化的发展趋势

（一）经济全球化的推动力量和反全球化浪潮

经济全球化的影响和作用具有双重性。经济全球化加速了全球范围内生产要素的自由流动和资源的优化配置。从长远看在很大程度上是一个对人类的整体发展有巨大益处的历史进程。经济全球化是当代世界最根本的特征，是人类无法回避的客观事实，是科学技术和生产力发展的必然结果，不同社会制度、不同价值观念、不同历史文化传统、不同发展水平的国家都不由自主地被纳入统一的不可分割的全球经济体系中，促进了世界的多样性发展的融合。冷战结束后，全球化的口号风靡世界。以美国为首的西方国家极力促进以放松政府管制为核心的自由市场经济，要求发展中国家开放市场，参与全球经济。全球化不再仅仅是一个纯经济运动，它同时也是一个通过经济的扩张而推行西方的社会制度、意识形态和价值观念的过程。随着全球化的深入，在发达国家出现了贫困化和边缘化群体；跨国公司为增强竞争力而将投资转移至海外，原有的“福利国家”制度运行日益艰难；在第三世界国家出现了大批富可敌国的新贵，进入了所谓的全球经济体系，而一些穷人、弱势群体与土著居民仍然在饥饿线上徘徊。各种跨国公司、非政府组织和国际组织的影响力日益上升，主权国家的内部事务越来越多地受到外部干预，环境、人口、能源、粮食、毒品等问题越来越成为影响人类生存和发展的大问题。

在这种背景下，关于全球化的利弊、善恶和目标的论争便在世界范围内展开了。反对者认为，全球化加剧了利益分化，带来了社会动荡，应该放慢、停止或逆转。反全球化的目标与口号包括反经济自由化、反全球竞争与失业、反全球资本主义、反全球经济、反自由贸易、反环境污染、反美国化等。西方的主流媒体把那些质疑和反对全球化意识形态与政策的行为都称为反全球化。

近年来，随着全球化进程的不断加快，反全球化的抗议浪潮也一浪高过一浪。1998 年 5 月，日内瓦举行的关贸总协定 50 周年纪念活动，受到大规模反全球化抗议活动的严重干扰。2000 年，达沃斯世界经济论坛、布拉格世界银行和国际货币基金组织年会、悉尼奥运会及欧盟的尼斯首脑会议等重要国际活动均受到反全球化浪潮的冲击。2001 年新年伊始，除达沃斯世界经济论坛继续受冲击外，上万名反全球化运动的代表在巴西阿里格雷港举行“世界社会论坛”会议，进一步明确了反全球化的斗争目标和策略，并决定以后每年举行一次反全球化的“世界社会论坛”会议。2007年，第33届八国集团首脑会议在海利根达姆举行，数以百计的无政府主义与反全球化示威者在海利根达姆举行抗议活动。反全球化运动的参与者来自不同的社会阶层，有传统的工人阶级，有工会活动分子，有和平主义者、生态主义者、女权主义者，有第三世界的最不发达国家的人士，反对各国政府与国际组织的无政府主义者，发达国家的农产品保护主义者，抵制新经济自由主义与资本主义世界体系的左翼力量，以及那些担心全球化将导致全球资本主义的社会主义人士，也有许多失业人士、另类青年和其他边缘化人群。他们的组织形式是形形色色的非政府组织与抗议联盟。反全球化是对全球化的抵制，是对全球化负面影响的批判，是对全球化进程带来的各种政治、经济、文化、社会和环境问题的担心，是对全球化时代的资本主义即全球垄断资本主义的一种批判，属于当代的反世界体系运动。反全球化人士其实并不是真正地反对全球化，他们是在反对同他们本身信念、价值观相背离的全球化。反全球化运动实际上是要为全球化“纠偏”，减少其负面效应，这对呼吁国际社会关注弱势群体利益、推动国际关系主体多元化和促进经济全球化健康发展具有一定的积极意义。但当前的反全球化运动也有无政府主义倾向，对全球化和社会秩序可能带来一定的干扰和冲击。

尽管全球化发展对世界经济运行带来了一些不良影响，但是，全球化趋势是社会生产力高度发展的必然结果，它将在不断的“纠偏”中持续发展下去。

（二）经济全球化的程度将不断提高

经济全球化作为一种不断深入的进程，其总体趋势已不能逆转。纵观世界经济形势，当前，经济全球化趋势越来越明显，并呈不断加强之势。主要表现在三个方面。

1. 贸易自由化的范围正在迅速扩大

贸易自由化已经从传统的商品贸易扩大到技术、金融等服务贸易领域。2012年世界商品与服务贸易额合计已达到23万亿美元。[①]

当然，经济全球化毕竟是一个过程，真正意义上的经济全球化还需要漫长的发展过程。在这一过程中，它还会遇到现实世界体制的种种阻碍，这是不可避免的。这就要求加强对世界经济的国际调控，各国之间加强协调与合作。尤其是发达国家与发展中国家及转轨国家，须在国际经济合作和竞争中不断消除利益矛盾，加强经济联合，把利益共享和相互协调与合作作为不同类型国家之间处理对外经济贸易关系的基础，共同解决经济一体化进程中所面对的问题，以实现世界经济的协调发展和共同繁荣，促进经济全球化的发展。为此，必须把众多民族、国家的利益有机地融合协调起来，使经济一体化的所有参与者享受均等的机会和权利，改变世界贫富不均的面貌，改变不合理的国际政治经济规则。

---

① WTO，2013 World Trade Report.

2. 生产网络化的体系正在逐步形成

当前，传统的国际分工正在演变成为世界性的分工，一个以跨国公司为核心的国际生产体系正在逐步形成。跨国公司内部的产品调拨和资金流动，在世界贸易和国际资金流动中所占的比重越来越大，其跨国界的经营已成为经济全球化的重要特征之一，“以世界为工厂，以各国为车间”进行生产，使国际分工无论从内容、形式，还是形成机制上都发生了明显的变化。而且，随着各国及世界有关规则的建立和健全，这种趋势正加速形成。此外，根据 2013 年《世界投资报告》，2012 年全球 FDI 共计 1.35 万亿美元，同比下降 18%。FDI 大幅下降，与其他全球重要经济指标，如 GDP、国际贸易与就业的积极增长，形成鲜明的对比。脆弱的宏观经济形势及政策的不确定性，是许多重要经济体显露的问题。在这种形势下，国际投资面临较大风险。在投资政策方面，大部分政府积极吸引和促进对外投资，使其成为本国经济发展的推动力。与此同时，许多政府正在加强对国际投资的控制，更多地利用战略性产业政策，加强监管程序，审查跨国并购，其中有些举措有保护主义的倾向，这引致了很多投资争端。国际投资需要向更加规范化方向调整，加强投资主体间的协调，完善投资争端解决机制。

3. 金融国际化的进程正明显加快

随着金融国际化进程的进一步推进，国与国金融相关性将会进一步增强。除了金融大国政策对世界其他国家的影响外，发展中国家的货币金融政策在将来可能通过区域货币合作安排，在一个地区甚至对整个世界产生传递和冲击效应，从而使货币金融政策的相关性越来越向双向的影响方面发展。而且，随着金融的深化，发展中国家的金融结构将进一步缩小与发达国家的差距，使金融结构国际差异进一步缩小。1997 年 12 月，全球 102 个国家正式通过了《全球金融服务自由化》协议。该协议的实施将促成全球 95%的金融市场一体化。

➢本章小结

经济国际化是指各民族国家随着相互之间贸易的发展，各种生产要素诸如资本、劳动力的日益跨越国界流动的一种状态。经济全球化与经济国际化、经济全球化是不同的概念。经济全球化的主要表现为贸易便利化、生产国际化、金融自由化和经济信息化。在经济全球化发展的过程中，我们不难发现经济全球化具有以下特点，即以市场经济为特征的经济运行规则在世界范围内建立、发达国家起主导作用和跨国公司是经济全球化的主体力量。

各国的劳动生产力的提高和市场经济的发展、微观经济主体的趋利动机、交通运输和信息技术的迅速发展促进了经济全球化，从而使生产要素在国际范围内得以较为合理的配置，国家间的相互依赖性增强。

当然，在经济全球化的发展过程中，难免会出现一些问题与矛盾。国家主权的排他性与经济一体化的开放性发生了碰撞，传统的国家主权受到挑战，主权国家在国际舞台上的地位、性质和能力发生了深刻的变化。经济全球化对一国经济安全产生巨大的影响，扩大了世界经济发展的不平衡，使经济利益成为国家利益的核心，各国所获得的利益不平等，影响国家利益的要素增加，并且改变了各国在国际事务中追求国家利益的方式和方法。经济全球化还对各国国内产业结构产生影响，使其发生调整。

经济全球化是一把双刃剑，在促进世界发展的同时也对世界经济的发展造成了一定的负面影响，导致了反全球化的呼声出现，但是，经济全球化这一趋势在不断增强。

➢关键词

经济全球化　贸易便利化　金融自由化　生产国际化　跨国公司　国家主权　经济安全　国家利益

➢思考题

1. 经济全球化的内涵。
2. 经济全球化发展的原因。
3. 经济全球化的主要特征。
4. 如何看待经济全球化与国家主权？
5. 如何看待经济全球化与国家经济安全？
6. 如何看待经济全球化与国家利益？
7. 如何看待经济全球化与经济发展不平衡？
8. 经济全球化的前景如何？

参考文献

蔡长华. 2001. 经济全球化的动因和特征分析. 宏观经济研究，(2)：59-64.
曹文振. 2003. 经济全球化问题与应对. 青岛：中国海洋大学出版社.
陈九龙. 2001. 经济全球化的动因、利弊分析及其对策研究. 宏观经济研究，(2)：57-59.
范爱军. 2002. 经济全球化利益风险论. 北京：经济科学出版社.
侯若石. 2000. 福兮祸兮？——经济全球化与大众福祉. 天津：人民出版社.
胡元梓，薛晓源. 1998. 全球化与中国. 北京：中央编译出版社.
华民，孙烽. 2000. 经济全球化的成因、特征、效应与中国的应对. 复旦学报（社会科学版），(5)：1-5.
姜春明，佟家栋. 2009. 世界经济概论. 天津：天津人民出版社.
李琮. 2004. 经济全球化的波动和前景. 世界经济与政治论坛，(5)：1-4.
李琮. 2005. 经济全球化新论. 北京：中国社会科学出版社.
李文溥，陈永杰. 2003. 经济全球化利益分配不均及其理论根源探究. 经济学家，(1)：50-56.
刘力，章彰. 1999. 经济全球化：福兮？祸兮. 北京：中国社会出版社.
《世界经济概论》编写组. 2011. 世界经济概论. 北京：高等教育出版社、人民出版社.
王河山. 2005. 经济全球化：成因、影响与对策. 求实，(7)：48-50.
张碧琼. 1999. 经济全球化：风险与控制. 北京：中国社会出版社.
张汉林，刘光溪. 1999. 经济全球化世贸组织与中国. 北京：北京大学出版社.
张幼文，李刚. 世界经济概论. 2010. 北京：高等教育出版社.
庄起善. 2008. 世界经济新论. 上海：复旦大学出版社.

Chen L，De Lombaerde P. 2013. Testing the relationships between globalization，regionalization and the regional hubness of the BRICs. Journal of Policy Modeling，(1)：142-153.

Ezcurra R，Rodríguez-Pose A. 2013. Does economic globalization affect regional inequality? a cross-country analysis. World Development，(52)：92-103.

OECD. 2007. Staying competitive in the global economy：moving up the value Chain. OECD，Paris.

Sassen S. 1999. Globalization and Its Discontents：Essays on the New Mobility of People and Money. New York：The New Press.

第三篇

世界经济的可持续发展

第九章

世界经济发展中的全球性问题

资源、环境、人口及贫困化问题是影响世界经济可持续发展的全球性问题。世界经济发展失衡是近期世界经济出现的新问题。在世界经济的发展过程中，世界经济增长与世界经济危机交替发生。世界经济是世界政治的基础，世界政治是世界经济的集中反映，世界政治是影响世界经济发展的重要因素。

第一节　全球性资源与环境问题

一、全球性资源问题

资源是人类存在和发展的物质基础，也是世界经济发展的物质基础，资源的丰度和组合状况，在很大程度上决定着一个国家的产业结构和经济优势，特别是在经济技术发展水平不高，主要以劳动密集型产业和资源密集型产业为主的情况下，资源状况对一国国民经济和社会发展的影响就更加突出。

（一）资源问题的重要性

1. 资源的概念

从广义上讲，资源既包括土地、矿产、水、森林和草地，也包括资金、市场、信息和劳动力等。从狭义上讲，资源仅指自然资源。所谓的全球性资源问题讲的主要是全球性自然资源问题。自然资源是反映自然界中所有能够为人类利用的物质和能量。

2. 资源的特点

（1）有用性和稀缺性。这是资源的本质属性。资源的有用性主要是指其可以产生经济价值的特性。不论这种经济价值是历史的还是现实的或是潜在的，它已经或正在或将会提高人类的福利。资源的有用性是构成一个国家经济实力的主要因素，也是反映人类文明的重要条件。正是资源的有用性刺激人类为改善物质生活、创造物质文明，而不断地开发和利用自然资源，发现和挖掘新的资源。在资源的有用性的驱使下，人类对资源的利用从地表扩展到地下，使人类从农业文明走向工业文明；今天，资源的利用已经延伸到了空中和海洋，从而使人类文明达到了更高的程度。资源的稀缺性是资源量的有限性。它有以下几种表现：一是不可更新的耗竭性资源，如地下矿产等往往表现为储量的有限性；二是可重复利用的非耗竭性资源，如太阳能、风能、水能、潮汐能等则表现为容量的有限性；三是可再生的耗竭性资源，如土地资源、生物资源等又总是表现为自然再生能力的有限性。资源的稀缺性迫使人类不断地发掘新的资源，寻求替代资源，探索资源高效利用的途径。随着经济的发展及其对资源需求的扩展，资源的稀缺性日益表现为资源不足的问题，换句话说，就是资源的供应不能满足全球经济发展和人类生活水平提高的要求。资源稀缺性问题可以表现为储量不足、自然再生力不足或容量不足。

（2）可利用潜力的无限性和资源的有限性。资源可利用潜力的无限性是指随着人类认识能力的逐步提高和科学技术的不断进步，可以利用的自然资源的范围和深度将不断增加。以能源来说，就从开始时利用人力、畜力，利用木材等生物能，发展到利用水能，利用煤、石油、天然气等化石燃料，进而发展到利用核能、太阳能、地热能、潮汐能等新能源。可以预期，人类利用自然的能力还将继续提高，一些过去未被认识或已了解但受到技术能力的限制难以利用的资源将得到开发；已经得到利用的某些资源，将会发现新的用途。但是，另一方面，资源又具有有限性。任何一种自然资源，其绝对量或是人类所能利用的部分都是受到一定限制的。从这个意义上说，资源又是有限的，它不能取之不尽，用之不竭。全球资源性问题主要是指资源的稀缺性和有限性问题。

（3）自然资源的财富性。自然资源是人类经济发展不可缺少的基础，也是社会财富的来源，其本身就是一个国家的重要财富。1995 年，世界银行在评估世界各国的财富时，把自然资源作为一项重要指标计算在内，改变了以前单纯以 GNP 来衡量的做法，代之以从四个方面来综合计算国家的财富，即自然资本、产出资本、人力资本和社会资本。根据这种计算方法，排在第一、第二位的不是美国、日本和北欧国家，而是资源比较丰富、人口相对较少的澳大利亚和加拿大，其人均财富分别达到 83.5 万美元和 70.4 万美元。从其财富的来源看，澳大利亚和加拿大来自自然资本的财富分别占到了 71% 和 69%，而来自人力资源和产出资本的财富分别只占 28% 和 31%。① 中国内地人均财富为 6600 美元，在 192 个国家和地区中排名 162 位，低于 1994 年按人均 GNP 的世界排名位次（143 位）。在中国内地的财富中，自然资本仅占 8%，产出资本只占 15%，而人力资本却占了 77%。所以，资源问题不仅影响了一国的财富，而且也影响着一国的人均财富。

---

① 注：世界银行此次统计时未考虑社会资本。

（二）主要的全球性资源问题

1. 森林衰退问题

森林是覆盖于地球表面的重要植被，是地球生物圈中有巨大能动性的生态系统。森林是社会经济发展和人类生活中不可缺少的可再生自然资源，同时又有巨大而无可替代的环境功能，是人类生存和发展所必需的条件。保护森林和发展森林，是保护环境、实现社会可持续发展的重要条件。

但是，近半个世纪的世界森林形势一直非常严重。据估计，全球森林总面积曾达70多亿公顷，世界陆地面积有2/3被森林覆盖，但是由于人口增长、农牧业特别是工业的发展，森林被过度砍伐与消耗，到2005年森林总面积减少到36.9亿公顷。森林资源的损失不仅表现为面积、数量上的减少，而且表现为质量上的降低，如林木的密度、森林组成和森林生产力的变化等。

森林的衰退有重要的多方面的社会原因。直接的原因在于，发展中国家为了摆脱贫困和发展经济，不得不出卖森林资源和允许发达国家的掠夺式开采。同时，由于这些国家无力开发和购买其他资源和能源，其居民不得不砍伐林木作为燃料和材料。另外，森林管理不善和环境保护的宣传教育不到位，也是十分重要的原因。

2. 土壤退化问题

土壤是适合农业种植和生物生长的场所，是人类在地球上生存和繁衍的基础。土壤资源的退化就是人类生存和繁衍基础的被破坏。近半个世纪以来，由于人口的迅速增长和环境污染的日益严重，土壤资源也发生了迅速的退化。据估算，主要由于农业垦耕、森林毁坏和草原的过度放牧，已使全球大约相当于中国和印度国土面积总和的土地发生了中等到极强度的退化。土壤的退化将导致世界人均耕地面积的减少。据美国国务院环境质量委员会估计，世界人均耕地面积将从1970年的0.38公顷减少为2000年的0.23公顷。土壤退化的类型主要有水蚀、风蚀、化学损蚀和物理损蚀四类。目前，土地资源退化的突出问题是主要受人类活动影响而导致的土地沙漠化问题，它已经成为影响全球环境的重大问题。土地沙漠化是自然因素和人为因素二者共同作用的，但人为因素是主导因素。自然因素主要是干旱，干旱为沙漠化的发展和扩展提供条件，又扩大沙漠化的影响。但是20世纪70年代以来联合国专门召开的世界沙漠化会议认为，沙漠化是不发达的一种标志，是社会因素、经济因素和自然因素共同作用的结果。特别是贫穷、资源的不适当开发、滥用土地和耕作方法不当，以及放牧过度，是沙漠化的主要原因。

3. 淡水不足问题

水是支持生命存在的基本物质，是一种多功能的不可或缺的资源。地球表面约71%被水覆盖，地球水的总体积达14.1亿立方千米，但其中将近98%是咸而苦的海水，储量不足3%的淡水中，又有87%为冰所覆盖或为冰川所束缚，或者存在于大气、土壤和深层地下。因此，实际上可供利用的淡水资源，仅占地球水量的0.003%，大约为37500立方千米。淡水资源如此有限及其在地球上时空分布的极不均衡，导致了世界上不同地区，或者水贵如油，或者洪水泛滥，或者二者兼有、交替发生。

从全球看，水资源的短缺和水污染，已成为当代世界最严重和最重大的资源环境问题之一，也是未来人类将面临的一个最为严峻的挑战之一。据估算，全世界大约有20亿人口居住在缺水的地区，占全球陆地面积的60%。在2000年，全球有17个地区缺水，40个地区出现地下水危机。缺水达到危机程度的是中东和北非地区，水资源的争夺已成为这两个地区国际政治斗争的一个焦点。水资源缺乏的原因，首先是用水量的急增，1900～1975年，世界农业用水量增加了7倍，工业用水量增加了20倍。其次是水污染的加重，据联合国统计，全世界河流稳定流量的40%左右已被污染。再次是全球气候的恶化，气候变干，降雨少，必将使地上的淡水得不到足够的补充。目前世界上至少有80个干旱和半干旱国家，占世界40%的人口，受到周期性干旱的影响。此外，森林被破坏，导致土地涵养水源的能力降低，在洪水泛滥地区水土一起流失，也是淡水短缺的重要原因。

4. 能源问题

目前，人类可利用的能源主要是不可再生能源，如石油、天然气、煤炭和裂变核燃料，据2011年《BP世界能源统计》报告，在经济复苏的推动下，2010年全球一次能源消费总量增长了5.6%，超过了2008年经济衰退前的峰值，达到了1973年以来的最高水平。这些化石燃料的生产和使用影响了全球气候变化，造成了环境污染和生态破坏。能源产品在其燃烧过程中产生的粉尘、有害气体和其中的微量重金属都将最终影响到人体的健康。燃煤发电和核能发电排放的冷却水和高温烟气，是水体热污染和空气温度升高的重要原因。

由于已经探明和易于开采的能源资源的数量正在减少，而日益增长的能源消费需求又迫使人们去寻找新的资源如天然气与页岩气等，这些新能源在某种程度上可以满足人类的能源需求，但能源资源的勘探和开采难度也越来越大，随着环境要求的提高，人类将投入更多的人力和资金来减轻能源的开发和利用对环境造成的污染，必然导致能源成本越来越高。

二、全球性环境问题

人类的发展与环境的保护是矛盾的两个方面。人类的发展既可造成环境的污染和生态的破坏，又可极大提高保护环境和生态的能力；优美适宜的生态和环境可为人类的发展和进步提供有力的保障，而生态的破坏和环境的污染则会制约甚至动摇发展的基础。因此，环境和生态保护是实现人类可持续发展的前提。

（一）环境问题的产生

所谓环境问题就是由人类社会生活和生产活动所引起的周围环境结构和状态发生的变化，这些变化反过来对人的生存和发展条件产生影响。由于环境问题影响着全人类的生存和发展，所以环境问题又是全球性问题。环境问题主要包括环境污染和生态破坏等方面。从20世纪后半期起，环境问题随着经济的全球化而日益突出并迅速全球化，与资源、人口等问题一起成为经济全球化进一步发展过程中的障碍。

由于人口剧增，需求不断膨胀，各国加快了实施工业化的步伐，大力发展煤炭、冶金、石油化工、汽车、核能等工矿企业和交通运输业，片面而狂热地追求经济增长，这些产业的发展促进了世界经济的快速增长，但由于这些产业是环境污染和破坏的“主凶”，形成了从陆地到海洋、从大气到河流、从城市到乡村的全方位的全球化的环境公害。20世纪30～60年代，工业化国家先后发生了比利时马斯河谷毒气污染事件等著名的“八大公害事件”，20世纪70～80年代又发生了美国三里岛核电站放射性污染等“10大公害”事件，以及2011年3月11日日本福岛核泄漏，这些公害事件的发生使发达国家开始调整产业结构，把一些污染的工业生产逐步向发展中国家和地区转移，这就使区域性的环境问题逐渐演变为全球性的环境问题。目前环境问题已经成为世界经济可持续发展必须着力解决的最重要的问题之一。

（二）主要的全球性环境问题

1. 温室效应

温室效应是环境科学中关于全球气候变化趋势的“变暖”说的观点，这种观点目前占主导地位。这种观点认为，所谓温室效应是指由大气中存在的一些气体能够吸收地球表面因接受太阳光照而产生的红外线辐射，从而使大气被“加热”的现象。自然温室效应对保持地球气温、维持丰富多彩的生命世界，是必不可少的和极其重要的条件。如果缺乏这种效应，地球温度就会比现在低40℃左右，整个地球表面将完全被冰雪覆盖。人类工业生产和生活活动规模的空前扩大，向大气排放了大量的温室气体，如二氧化碳、甲烷、氧化碳、对流层臭氧、氯氟烷烃等，导致大气中这类微量成分气体的迅速积聚，大大超过正常含量标准，从而引起温室效应增强，造成气温上升和全球气候的变暖，成为举世关注的环境问题。根据“变暖”说的观点，温室效应的增强将引发一系列的大气变化，如气候变暖、海平面上升、水分失衡和生态变化和热带气旋北移等。

2. 酸雨问题

酸雨是指pH在5.6以下的酸性大气降水，包括雨、雪、雹。酸雨是二次污染物，硫氧化物和氮氧化物是形成酸雨的主要前体物，当人为排放的这些酸性污染物进入大气，经光化学过程或成云过程生成硫酸、硝酸等，逐渐将环境缓冲量（碱性物）逐渐消耗殆尽时形成酸性降水。核爆炸后光辐射引起城市、森林火灾，石油化工制品燃烧释放的硫氧化物、氮氧化物，在大气中也能引起酸雨。酸雨是以化石燃料为能源的工业化的产物，是空气污染物积累性作用的结果。

酸雨的存在，造成土壤、水体的酸化，森林枯减，污染海洋，引发海洋赤潮等一系列破坏生态系统的严重后果。从目前全球酸化物排放量增加的速度、酸雨区扩展的速度，从酸雨和人口、经济增长的相关程度以及其本身发展趋势来看，在21世纪，酸雨会像二氧化碳的增加和气候变化那样，发展成为全球普遍存在、影响广泛的全球性环境问题。从目前情况和发展趋势来看，酸雨最集中的欧洲和北美的情况可能不会进一步严重，但是经济发展将更多地依赖高能耗重污染的传统产业的发展中国家和地区，将可能因酸化物排放的剧增，而受到酸雨更多更严重的侵袭。

3. 化学品污染与废弃物越境转移问题

今天的世界充斥着化学品，每年都有数以万计的新化学品问世。化学品既丰富了人类的生活，维持着人类文明，但也带来了环境污染。企业在生产各种可用化学原料和化学制品的同时，排放出了大量的废气、废水和废渣；许多化学品的使用直接污染环境，如农药和化肥；更多的化学品是在使用后被抛弃到环境中形成了垃圾。化学污染不仅毒化环境，而且毒化人类自身，如化学添加剂、污染的食物、饮料，有毒的药品和用品等。当代所谓的防治环境污染，主要是指防治化学污染。在各种各样的化学污染中，那些能在生物体内积聚甚至引起遗传损害的物质，可能对人类长远发展具有最重要的潜在危害。目前，世界上最关注的是有毒有害废物（国际统称“危险废物”）的安全处理和防止扩散问题，特别是这类废物越境转移造成的扩散，并将其列为全球性环境问题之一。

现在，全世界每年消费化石燃料近 100 万吨，消费钢铁 7 亿吨，铝 1300 万吨等，伴随着资源的开采、加工和使用，世界废物的排出量也与日俱增。全世界每年新增垃圾约 100 亿吨，其中 5 亿吨为有毒垃圾。自 20 世纪 70 年代以来，发达国家颁布了各种限制有毒有害废物排放的法规，要求对有毒有害废物进行无害化或安全处理，而且要求处理的标准越来越高。这使得废物处理的成本大幅度上升，为了降低成本，一些发达国家的企业开始将有毒有害废物转移到既无有效监测手段，又无有效的安全处理措施的发展中国家，从而造成了污染物质的扩散和更为严重的污染。化学物质越境转移的另一种方法是发达国家将有污染的产业转移到发展中国家。这是世界经济发展不平等的产物。发达国家继输出商品和输出资本对发展中国家进行盘剥后，现在又开始输出自己的垃圾和污染。1984 年美国联合碳化物公司设在印度的博帕尔农药厂的剧毒化学品甲基异氰酸酯泄漏事件，就是这方面的一个典型。在那次事故中，有一二十万人受害，6000 人以上死亡，受害面积达 40 千米^2，成为 20 世纪最大的化学污染事件之一。

4. 生物多样性受到严重破坏

生物多样性是指“所有来源的形形色色的生物体，这些来源包括陆地、海洋和其他水生生态系统及其所构成的生态综合体；它包括物种内部、物种之间和生态系统的多样性”。

在漫长的生物进化过程中会产生一些新的物种，同时，随着生态环境条件的变化，也会使一些物种消失。所以说，生物多样性是在不断变化的。但近百年来，人口的急剧增加、资源的不合理开发和环境污染等诸多因素使全球生物多样性受到了很大的损害。

物种丰富度的变化可以作为衡量地球生态状况的重要内容之一。目前，主要是通过世界自然基金会定期发布的“地球生命力指数”，即通过对分布在不同系统和地区的哺乳动物、鸟类、爬行类、两栖类及鱼类 2688 个物种中的 9014 个种群的规模变化趋势来衡量物种丰富度的变化。据《2012 年地球生命力报告》，2008 年地球生命力指数比 1970 年减少 28%。

第二节　全球性人口与贫困化问题

一、世界经济增长与人口问题

（一）全球性人口问题概论

当代的人口问题主要表现在人口数量增长过快而发生的人口与自然资源利用及经济发展的不协调问题。人口问题已成为一个严重的全球性问题，它不仅加重了前述的资源与环境问题，而且与资源和环境问题交织在一起，对世界经济的发展产生巨大的影响。人类必须正确对待自身的再生产问题，抑制人口过快增长，才能保证世界经济的可持续发展。

1. 全球人口的增长

人口的增长虽然取决于人口的自然增长率的上升，但主要取决于社会生产力的发展。从天地初开之日算起，世界人口一直呈缓慢增长趋势，世界人口每翻一番大约需要 3 万年，到 1850 年世界人口发展到 10 亿人大约经历了 50 万年的漫长岁月。但是 19 世纪中叶以后，世界人口的发展步伐日益加快，也日益不可控制。第二个 10 亿人口，1850～1931 年仅用了 80 年时间；第三个 10 亿人口，1931～1960 年，只用了近 30 年时间；第四个 10 亿人口，1961～1975 年仅用了 14 年时间；第五个 10 亿人口，1975～1987 年用了 12 年时间；第六个 10 亿人口，1987～1999 年也用了 12 年时间。在 20 世纪的 100 年内，全球人口增加了 50 亿人；据预测，21 世纪头 50 年末，世界人口将达到 100 亿人。

2. 全球人口增长的严重性

在全球性资源、环境和人口问题中，人口问题是根本。全球人口的超速增长，产生了一系列难以克服的资源和环境问题。为了维持庞大的世界人口，不得不大量砍伐森林，开垦草原，无限度地掠夺所有可资利用的自然资源以满足人类的各项基本需求，由此导致了全球性的生态破坏、环境污染和资源短缺等严重问题。即使如此，目前世界上还有 4.5 亿人口得不到温饱，在发展中国家每年有 1500 万～2000 万人直接死于营养不良，其中 3/4 是儿童。同时，由于人口急剧膨胀，还形成了人口拥挤、交通堵塞、住房紧张等严重的“大城市病”。人口向城市高度集中是一个难以遏制的趋势。1960 年，世界城市人口占总人口的比重为 33.6%；1985 年这一比重上升到 41.6%；到 2000 年，全球有 50%以上的居民（约 32 亿人）生活于城市，其中 2/5 将生活在百万以上人口的大城市。城市人口的膨胀，城区的不断扩大，需要占用大量的土地资源，从而造成耕地的日益缩小，影响到粮食的生产和供给，使人口与粮食的矛盾更加尖锐。

（二）全球性人口问题与经济的可持续发展

人口问题的实质是人口快速增长与经济增长之间的关系问题。当代的人口问题主要表现在由人口数量增长过快而导致的人口增长与自然资源利用和经济发展的不协调和不平衡。

人口增长与经济增长的关系是复杂的，经济增长决定人口增长，但人口增长的快慢对经济发展有极大促进或阻碍作用。适度的人口增长可以促进经济增长，但人口的过度增长可能会导致资源的短缺和环境的恶化，从而阻碍经济的增长，削弱人类生存与发展的物质基础。如过人们不能很好地协调人口增长与经济增长之间的关系，就会妨碍世界的繁荣和社会的进步。近来备受关注的全球性问题，如能源问题、环境问题、生态问题及粮食问题等，都可以说源自人口增长与经济发展关系的不协调。

人口增长趋势对世界经济的发展有着非常重要的影响，尤其对发展中国家的经济增长的影响更加显著。由于人口增长过快，发展中国家用于扩大再生产的资金普遍不足，造成投资的减少，所以许多重要行业难以进行设备更新和技术改造，经济增长乏力，严重阻碍了工业化的进程。由于人口增长快于经济增长，发展中国家不得不花费大量外汇进口粮食或其他消费品，以满足不断增长的人口的需要。人口增长过快将进一步困扰广大发展中国家经济的发展，世界人口增长的不平衡也将进一步拉大南北经济差距。如果人口问题不解决，世界经济就难以实现可持续发展。

二、欠发达国家的贫困化与南北差距扩大

当今世界是一个复杂的系统，其所存在的矛盾是复杂多样的。其中最引人关注、最令人感到切肤之痛的是贫困化及贫富悬殊问题。贫困化问题已引起国际社会的普遍重视，并认为贫困化是当代世界的重大危机之一。

一般而言，贫困指的是一种落后与缺乏的状况，它体现在经济、社会和文化等方面，是由低收入造成的基本物质、基本服务相对缺乏或绝对缺乏，以及缺少发展机会和手段的一种状况（林闽钢，1994）。而对于整个世界来说，贫困化主要指的是发展中国家与发达国家间的贫富差异，指的是发展中国家陷入贫穷落后的恶性循环之中。

世界银行1996年度《世界发展报告》指出，少数发展中国家富起来，但100个以上的发展中国家比15年以前更穷了。1971年联合国把25个发展中国家定为“最不发达国家”，20多年后此类国家不仅没有减少，反而增加到了48个。联合国发表的1997年世界社会情况的报告说，就世界一些主要地区看，非洲、拉丁美洲和亚洲西部地区国家人均收入水平低于20世纪80年代。世界上低收入国家人口占世界人口的35％，其国民生产总值仅占世界国民生产总值的2.4％，而高收入国家人口仅占世界人口的15.9％，其国民生产总值却占世界国民生产总值的79.5％。全世界最富有的1/5人口占世界国民生产总值的86％、出口的82％、外国直接投资的72％。占世界总人口1/5的富人现在消费着全世界的86％的商品和服务、38％的能源、80％的纸张和45％的鱼和肉、87％的汽车、85％的木材、75％的金属加工总量。占世界人口1/5的穷人仅消费全球货物的1.3％、鱼和肉的5％。由此可见，目前世界依然处在一个不平等、不合理、

不公正的状态之中，欠发达国家的贫困化问题依然十分严峻。

（一）欠发达国家贫困化的原因

造成欠发达国家的贫困化问题的原因，概括起来大致有以下三个方面。

（1）历史上殖民统治野蛮而残酷的压榨和掠夺，以及由此而带来的经济和技术地位的不平等，是造成发展中国家贫困化的一个不容忽视的原因。正是这一原因使广大发展中国家虽然获得了政治上的独立，但由于经济和技术基础薄弱，社会经济发展的机制不健全，人口素质差，经济体系残缺且依赖性强，加之其所面临的又是一个由发达国家所控制操纵的不平等的国际经贸体系，所以发展中国家仍重复着殖民统治时期的故事，即继续遭受掠夺和剥削。政治上的独立仅是发展中国家争取自我解放所走出的第一步，而最为关键和重要的一步是发展中国家经济上的独立。

（2）人口增长的不平衡性亦是造成世界贫富差异的重要原因之一。从人口发展的历史来看，发达国家人口增长缓慢，有些发达国家，如法国、德国等甚至出现人口的零增长或负增长；而发展中国家的人口却增长迅速，出现人口过剩，一个最为基本的人口经济学原理是：出生率高和人口增多必然导致社会消费和开支的增加。这样，穷国创造的财富往往被新增人口吃掉，减少了生产性投资，无法用来进行扩大再生产。这也就是说，在一定的生产方式下，过多的人口是一种压力，其阻碍经济的发展。这正如法国学者吉尔贝·夏尔所指出的那样："富国出生率低，第三世界人口爆炸，这个失衡只能加剧全球财富不均的分配。在未来的年代，鸿沟不断地拓宽。一方面是富有的、老年化的、人少的国家；另一方面是贫穷的、年青的和人口增殖的国家。这后一类国家显然更受威胁。"发展中国家人口发展过快造成这样的一种经济发展局面：其生产总值增长率大于发达国家，而人均产值年增长率却提高不快。正是人口压力这一因素的存在，而使发展中国家在经济发展上虽取得了很大的成就，做出了很大的努力，但在人均产值上和发达国家之间的差距不是在逐步缩小，反而继续扩大。

（3）发展中国家政策失误与管理不当、政局的混乱亦是造成其贫困化的一个重要原因。发展中国家在人口政策、经济发展模式与战略的选择上出现的失误使其经济发展受挫，直接造成社会阶层的分化和贫困化。此外，战乱和政局的动荡也是发展中国家长期存在的一个严重问题，其破坏了社会的稳定，扰乱了经济发展的秩序。所以，目前世界上最贫困的国家往往集中在非洲、拉丁美洲等争端纷起、政局不稳的地区。

（二）贫困化与南北差距扩大

欠发达国家贫困化状况的加剧，必然导致一系列的严重后果，使南北经济差距越拉越大，引发激烈的南北冲突，特别是在经济全球化浪潮推动世界经济飞速发展的背景下，经济发展的不平衡使南北差距进一步扩大，并且这种差距不仅体现在财富的占有上，还体现在信息拥有和科学技术等方面。

（1）财富占有上的差距。世界银行公布的资料显示，1967 年，南北人均 GNP 之比为 1∶14.9，在 1987 年，这一比例扩大到 1∶20.3，而到了 1998 年，又进一步增加到

1∶20.4。若从人均GNP相差的绝对量来看，南北差距更在不断扩大。例如，1980年，南北人均GNP分别为810美元和10 450美元，双方相差9640美元；1990年，南北人均GNP分别为930美元和19 960美元，差距扩大到19 030美元；而到了1998年，这一差距进一步扩大到24 260美元。对于一些最不发达的国家来说，这种状况更为显著，比如撒哈拉南部非洲地区的人均GNP与发达国家人均GNP的比例由1980年的1∶16.3扩大到1998年的1∶53.3，增大了近37倍，令人震惊。

（2）信息占有上的差距。伴随世界信息技术革命的突飞猛进，南北差距出现了一个新的表现——数字鸿沟，即南北双方在信息技术的应用及发展上的差异，它是信息时代南北差距出现的一个新问题。总体而言，北方发达国家处于信息潮流的中心，而南方发展中国家则处于边缘地带。全世界的计算机、互联网用户、信息产业及电子商务大都集中在北方发达国家。例如，根据联合国公布的数字，1999年，全球1.3亿互联网用户中，北方发达国家占92.2%，南方发展中国家仅占7.8%。21世纪是知识经济时代。在此背景下，发展中国家的经济发展与信息技术的应用有着直接的关系，只有具备了较强的参与信息社会的能力，才可能充分利用信息时代下的贸易、金融、投资、教育等各方面的机遇，实现经济的可持续发展。因此，21世纪南北差距不再仅仅是经济指标上的差别，更主要体现在参与信息社会的能力上。正如南非总统姆贝基在2000年瑞士达沃斯世界经济论坛上所指出的："因特网带来的信息革命使发展中国家与发达国家之间的差距进一步扩大。"（李铃铃和刘启静，2003）

（3）高新技术与知识上的差距。南北双方在技术、知识上的差距越来越大是南北差距的又一个主要表现。据世界银行数据库，2010年在R&D投入方面，世界各国对科技的投资平均占到本国GDP的2.2%，高收入国家大都超过了2%（约占2.5%），而中低收入国家对R&D的投入尚不足其GDP的1.2%。在高新技术产业的产出方面，也具有不小的差距。以2011年为例，世界总产出为1 778 319百万美元，其中高收入国家产出占比为65.1%，中低收入国家占比却只有28.2%，在技术创新方面的差距就更为明显，目前几乎所有的技术创新都来自发达国家和极少数新兴工业化国家和地区，并且专利申请和技术合作也大都集中在发达国家。在教育方面，发达国家普遍加大了对教育的财政投入，有完备的高等教育体系。而发展中国家普遍对教育投入较少，许多国家连小学教育都未能普及。

（4）生态、环境上的差距。贫困化加剧了环境问题，使发展中国家环境日趋退化。对于发展中国家而言，一方面，贫困化加速了其环境开发的速度，但又没有雄厚的经济实力进行环境保护工作；另一方面，发达国家向发展中国家转移污染重、用料费、耗能多的行业，将生态和环境问题转嫁给发展中国家。这两者共同造成了发展中国家生态环境的恶化与资源的耗竭，阻碍了发展中国家实现经济、社会、资源、环境相协调发展的可持续发展，使其陷入人口越多，经济物质越落后，环境问题越恶化的恶性循环之中。

以上情况说明，第二次世界大战后世界经济确实发展很快，科技革命确实日新月异，但并没有因此使南北差距缩小，反而不断扩大。希望这种状况在今后能有所改变，通过南北协调与合作，在一个和平的环境中，促进共同发展和共同繁荣，不能任由这种南北差距继续扩大下去。因为贫困化问题越严重、南北差距越大，只能引起世界的不稳定，不利于世界的和平与发展。

（三）国际债务危机

发展中国家的债务问题是与发展中国家的贫困化状况加剧和南北差距扩大紧密相连的。南北经济差距的不断扩大，使广大发展中国家的经济增长很难满足人们生活和发展国民经济的需要，对外借款是解决该问题的一条途径。外国资金的流入在一定程度上缓解了发展中国家资金短缺的困境，有效地提高了发展中国家的投资水平。但在这一进程中，一些国家因债务不堪重负，经济陷入混乱，损害了其满足公民需求、维持经济增长的能力，导致了发展中国家的债务危机。债务危机不仅严重困扰着发展中国家的经济增长，同时也对世界经济的发展造成严重的阻碍。

1. 拉美债务危机

20 世纪 60 年代，拉美国家的债务问题并不突出。1970 年，拉美外债总额只有 212 亿美元。但从 1973 年石油危机之后，拉美的外债便急剧增长，1982 年外债总额达到 3135 亿美元，增长了近 15 倍。拉美国家虽尽全力还债，但债务总额仍然不断增长。到 1987 年年底，该地区外债总额高达 4105 亿美元，约占发展中国家外债总额的 34.5%。

在债务总量迅速攀升的同时，拉美外债结构也在不断恶化，主要表现在两个方面。①外债总额中来自私人银行方面的贷款的比重不断提升。1960～1970 年，外国银行贷款只占拉美外债的 1/3，但在 1979 年就已达到 3/4，1985 年之后一直超过 80%的比例。在 1987 年，私人方面的债务占外债总额的比重为 82%，其中巴西为 85%，阿根廷为 88%，墨西哥为 89%，委内瑞拉为 99.3%。私人银行贷款条件苛刻，且期限较短、利率高，加大了拉美国家的债务负担。②债务地区分布日益集中。拉美国家的外债主要集中在少数几个国家，其中以巴西、阿根廷、墨西哥为最。1982 年，这三国占当年拉美外债总额的 68.2%，占发展中国家外债总额的 45%。1987 年，这三国仍占拉美外债总额的 65%。其中，巴西为 1145 亿美元，墨西哥为 1050 亿美元，阿根廷为 494 亿美元。

同时，一些外部因素也使拉美债务问题日趋恶化。一方面，在 1979 年，为了抑制通货膨胀，美国采取了高利率政策，导致国际金融市场上的银行借贷利率上调，加重了拉美国家还债的负担。另一方面，需要偿还的短期债务日益集中。1979～1985 年，拉美外债的平均还款期从 14.3 年缩短至 10.7 年，这表明拉美国家缓解债务问题的回旋余地在不断缩小，这也在一定程度上加重了拉美债务问题。

债务负担日益加重的同时，拉美国家的经济增长在这段时期陷入停滞。20 世纪 80 年代以后，拉美国家的经济增长速度骤然下降。在 1982 年与 1983 年，甚至出现了负增长。经济衰退与外债增加，使拉美国家的债务问题显得更加突出，这可以通过偿债率与负债率这两个指标反映。[①] 以偿债率为例，拉美国家的平均偿债率在 1980 年为 23.8%，1987 上升到 29%，远远超过了 20%的债务安全线。再看负债率，以 1980 年美元价格

---

① 偿债率为还本付息总额与货物与服务出口总额的比例；负债率为外债总额与 GDP 的比例。

计算，1960～1970年，拉美国家平均负债率为12%，1980年为38.2%，1982年为45%，1987年竟高达75%。其中智利、哥斯达黎加、玻利维亚这三个国家竟超过了100%。于是在20世纪80年代，拉美地区爆发了严重的债务危机。1982年8月，墨西哥政府宣布无力偿还到期的外债；1984年6月，玻利维亚、厄瓜多尔等国相继宣布无力偿还债务；1987年2月，巴西因外汇短缺，宣布停止偿还外债利息；1989年1月，委内瑞拉宣布停止偿还拖欠外国私人银行的公共债务。

2. 当前发展中国家的债务形势

20世纪80年代的债务危机，使许多发展中国家的经济和社会发展遭受到了巨大困难。20世纪90年代，随着世界经济的复苏，发展中国家的经济出现了迅速增长的势头，发展中国家外债规模也不断扩大，具体情况见表9-1。

表9-1 部分发展中国家的债务规模 （单位：10亿美元）

地区	2005年	2006年	2007年	2008年	2009年	2010年	2011年	2012年
亚洲发展中经济体	808.7	896.0	1022.7	1082.0	1178.2	1429.2	1696.8	1986.8
拉美与加勒比	755.5	759.1	858.8	903.6	914.6	1076.0	1225.4	1382.1
中东、北非、阿富汗与巴基斯坦	457.6	530.2	686.9	728.6	746.9	771.7	799.6	843.8
撒哈拉以南非洲	215.1	182.4	205.0	217.4	230.8	256.7	279.9	299.0

资料来源：http://www.imf.org/external/pubs/ft/weo

尽管发展中国家外债规模不断扩大，但由于20世纪90年代以来发展中国家广泛推行结构性改革和加快对外开放步伐，带来了长达8年的经济快速增长。加之外部资本流入大幅增长，外汇储备逐年增加，以及外债结构的改善，债务压力得以减轻，债务问题的严峻性有了较大程度的缓解，短期内不大可能发生全球性债务危机。发展中国家债务问题对世界经济产生重大冲击的可能性减小。与此同时，也应清醒地看到，发展中国家外债总体规模还十分庞大，经济增长和结构调整还面临着种种困难，经常项目逆差持续扩大，不同地区和国别的债务问题存在巨大差异，外债还严重困扰着重债务国的经济与社会发展。特别是1997年亚洲金融危机的爆发，使发展中国家，特别是亚洲发展中国家债务问题有所恶化，其影响短期内难以消除。由于前几年大量国际资本流入，拉美发展中国家外债又处于高水平。一旦国际资本流入锐减，爆发债务危机风险增大。因此，需要通过各方的共同努力，尽可能地避免债务危机的再次爆发，保证世界经济的平稳增长。

第三节 世界经济发展失衡问题

均衡问题是宏观经济分析中的一个基本问题。各国政府进行各种宏观调控的最终目标就是要实现国民经济的均衡发展。世界经济作为最高层次的宏观经济，也同样存在一个均衡问题。世界经济均衡是指全球大部分国家和地区同时实现内部均衡和外部均衡的一种状态，即各国对内实现充分就业、较低通货膨胀和较高经济增长，对外实现国际收支的基本平衡和汇率的基本稳定（张幼文和屠启豪，2001）。世界经济均衡，对于优化世界资源配置，保证世界经济稳定增长，提高全球福利水平有着重要意义。

一、世界经济发展失衡的表现

从 20 世纪开始，全球经济持续失衡。一些主要国家和地区的经济增长差异很大，经常账户逆差或顺差已经达到历史最高水平，预计庞大的数字还会维持一段时间，甚至会出现增加。经常账户恢复到正常水平可能需要大幅度的汇率调整，在经济全球化的背景之下，这可能会对全球金融市场和经济活动造成破坏性影响。

总体来说，世界经济发展失衡主要体现在以下几个方面。

（一）世界经济增长的失衡

世界经济发展水平失衡是指世界各国经济增长和实力发展的不平衡，主要表现在发达国家和发展中国家之间的不平衡。由于大部分发展中国家，还处于工业社会阶段，经济规模较小，增长的基数也不高，相比已经完成工业化的发达国家，经济增长的空间较大。自 20 世纪 60 年代以来，发展中国家的经济增长速度往往高于发达国家，特别是进入 21 世纪，增速更加明显。例如，2005～2012 年，发展中国家 GDP 的年均增长率为 6.5%，比发达国家的 1.4%高出 5.1 个百分点。

世界经济增长的主动力本身就存在严重的结构性失衡。历史背景的差异、经济基础的悬殊、国际环境的影响，造成了发达国家与发展中国家经济发展水平的巨大反差，这种反差在在结构性失衡的作用下将长期存在，发达国家仍将在未来的世界经济中继续保持主导地位，并获取世界经济发展的大部分好处。

（二）实体经济与其金融市场价值表现的失衡

金融全球化的发展速度远远快于经济全球化的发展速度，金融全球化主导着经济全球化的发展进程。在过去的近 20 年中，世界 GDP 的平均增长速度为 3.58%，世界贸易的平均增长速度为 6.58%，而世界国际资本流动的平均增长速度为 13.67%。贸易的增长速度为世界产出增长速度的两倍，而资本流动的增长速度是贸易增长速度的两倍，是世界生产增长速度的四倍。同时，资本的流动越来越脱离实体经济的运行，世界经济的虚拟化程度越来越高。2003～2012 年，美国股票交易总额占 GDP 的比重最高时达到 450.2%，最低也为 136.3%，中国这十年比重均值也为 98.7%。

随着全球资本流动数额在不断扩大，资金运作的主体也在发生变化。商业公司取代政府成为全球资金运作的主体。20 世纪 90 年代初，政府主导的国际融资还占据了世界资本流动总额的 60%。而 2012 年，私人公司所主导的商业性的资本流动则占据了世界资本流动的 85.3%以上。在全球新兴市场的资本流入中，政府资金在 20 年内几乎没有变化，而私人资本流入则成倍地增加，政府融资的比重从 29%降到 9%。

金融主导的经济全球化使世界经济的运行逐渐脱离实体经济，世界经济愈发虚拟化，这也暗示着世界金融风险可能性在不断增大。

（三）全球性的国际收支失衡

当前，全球性国际收支失衡主要体现在美国长期居高不下的经常账户逆差与部分亚洲国家存在大量的贸易顺差。2005～2012年，美国的经常账户赤字占GDP比重最高为2006年的6.0%，最低为2009年的2.7%，而同期全体发达国家占比仅为1.2%和0.1%。与此同时，部分亚洲国家则实现了大量的贸易盈余，特别是对美国存在巨额的贸易顺差，外汇储备迅速积累。在这一失衡格局中，美国通过发行美元和日益增加的债券“免费”获得了外国的商品，从而获得了大量的利益。因此，国际上要求美国调整经常账户逆差的呼声一直很高。而亚洲国家在这一格局中则处于非常尴尬的地位。一方面，大量的贸易顺差和外汇储备的迅速增加表明亚洲国家存在货币低估现象。因此，这些国家常常被指责通过操纵汇率向外倾销商品，因而时常面临来自国外要求其货币升值的压力。另一方面，这些亚洲国家为了维持汇率的稳定，避免出口受到影响，用外汇储备购买了大量的美国债券。

美国巨额的经常账户逆差和迅速积累的净对外债务迟早都要调整。事实上，美元汇率也已经开始变动，并继续处于不稳定状态。国际货币体系也似乎需要新一轮的变革来适应或改变目前全球收支不平衡的局面。因此，如何看待这一失衡状况及其变革是当前世界经济中的一个十分重大问题。

（四）美元的超级金融霸权地位

在美元统治世界货币体系半个多世纪后，尤其是金融危机爆发后，美元的世界中心储备货币地位受到一定程度的冲击，但短期内美元难以被取代，其超级金融霸权地位依然会保持下去。美元作为国际市场上基本的标价和结算单位，通过美国政治、经济、军事等行为在全球创造美元需求，已成为大部分国家的储备货币，因此对于已处于“美元陷阱”的各国对美元的需求并不会迅速减少，尽管欧元的出现在一定程度上改变了单一美元的状况，但美国的金融实力仍远远超过它的经济实力。美国之所以能够维持大规模的借贷消费增长模式，是因为美国经常账户的巨大赤字被资本账户同样大的盈余所抵消。每天都有大量兑换美元的资金流入美国。外国资本之所以愿意购买美国的债券和股票，其根本原因在于美元在国际货币体系中的主导地位。

由于美元在国际货币体系中的主导地位，美国在国际金融、汇率政策上能够实现单边政策自主，维护自身利益。美国为了维护自己的经济利益，经常单方面要求个别国家提高其币值。这也是美元霸权的一个重要体现。

二、世界经济发展失衡的原因

世界经济发展失衡作为新近出现的一个全球性问题，其产生和发展将会对世界经济的未来走势产生重要的影响。因此，有必要对导致失衡状况的原因进行分析，从而针对失衡状况进行相应的调整。

（一）科学技术发展及其应用的不平衡

20 世纪 90 年代以来，以信息技术为先导的高技术及其产业，在当今世界形成一场新的科技革命浪潮，孕育和推动了信息经济、知识经济和新经济的发展，但科技革命对各国的影响程度有着较大的差异。

目前，几乎所有的信息技术创新都集中在西方国家。少数发达国家，特别是美国搭上了信息革命的头班车，在“知识权力”集中过程中，通过技术创新、产业重组和全球垄断获取先行优势，牢牢占据了信息革命和知识经济的制高点，在信息产业方面具有绝对优势。信息技术革命不仅促进了发达国家经济的发展。并且其利用信息优势，强化了对信息化弱国的掌控能力。

信息技术革命极大地改变了原有的国际分工体系，全球网络化生产格局正在逐步形成。国际分工体系的变革使世界贸易结构与国际收支体系也产生相应的变化，美国的贸易收支与资本项目收支同时发生逆转，美国由贸易顺差变为贸易逆差。同时，充满活力的美国经济又同时吸引了国外大量资金的流入，从而保证了这种失衡状况的可维持性。经常账户的平衡已不能很好地真实反映一国经济的世纪运行状况。

（二）国际经济秩序的实际不平等

国际经济秩序的实际不平等也是造成全球经济失衡的一个重要原因。以美国为代表的发达国家是这种失衡状况的最大获益者。亚洲出口国最具有生产力的部门大部分上是由外商操纵并使其获利的。亚洲国家接受了大量的国际直接投资，那却是以提供优惠税收待遇及其他对跨国公司的优惠政策作为交换的。这些被外国跨国公司所控制的企业不仅向发达国家出口廉价的商品，而且还出口其利润，跨国公司通过操纵公司内部的交易价格而隐藏其利润。同时这些亚洲国家又给美国等发达国家提供了一个成熟的、规模巨大的高附加值商品市场。亚洲《华尔街日报》的专栏编辑许戈·瑞斯曾针对这种状况写道：“事实上，中国和美国的经济利益非常相近，这是因为两国的经济具有互补性。中国的货币如此紧密地钉住美元，美国公司将中国作为其低成本制造基地。”

（三）国家发展模式及政策的影响

各国经济体制、战略和政策的不同是造成世界经济发展失衡的主要因素之一。20 世纪 90 年代前，日本经济的高速增长得益于日本强有力的产业政策。但近年来，美国经济增长超过日本，国际竞争能力大大增强，其中的一个重要原因是美国在冷战结束后调整了产业政策，大力发展信息产业，其信息技术和其他高新技术产业的发展领先于其他发达国家。

发展中国家的经济体制、发展模式及政策措施对其经济发展具有重大影响。第二次世界大战后，发展中国家实行了不同的发展战略。但事实证明出口导向型发展战略更能促进发展中国家的经济增长，东亚也因此而成为世界经济增长最快的地区。当代，发展中国家纷纷实行经济体制改革和对外开放政策，建立市场经济体制、积极参与全球化进程，这也在客观上促成了全球经济失衡的局面。

（四）国际市场资源价格的波动

2003年以来，国际石油市场价格总体水平呈现出在波动中不断攀高的态势。由最初的28.89美元/桶不断上升，最高突破100美元/桶（2012年达到105.00美元/桶），目前小幅回落，但仍在100美元/桶之上。国际石油价格的不断上升，给世界经济的复苏带来一定的消极影响。美国作为世界上最大的石油消费国与进口国，在石油方面的支出占其GDP的3%左右。国际石油价格的大幅上涨给美国的国际收支带来比较严重的影响，是造成美国存在大量经常账户逆差的原因之一。另一方面，国际石油价格的持续上涨，也使石油出口国的外汇储备大幅增加。鉴于美国经济近年来的良好表现与美元的坚挺，这些石油出口国将石油收入的很大一部分用于购买美国国债和公司债券，导致国外资金源源不断地流入美国资本市场，造成美国存在资本项目上的巨额顺差，从而保证了全球性国际收支失衡的可持续性。

（五）国际金融、国际贸易的传导效应

当前的世界经济失衡的基本格局是美国经济的借贷消费性失衡与中国经济的高投资和出口性失衡并存，而这两种失衡又通过国际贸易和国际金融进行扩展，逐渐形成全球性的经济失衡。

首先，美国快速增长的消费超过了其国内实际生产能力，造成美国大规模地进口。同时，美国国内储蓄水平过低，由此形成的巨额贸易赤字只能依靠大规模地吸收国外资本来弥补。所以美国是通过美元的特殊地位和美国强大的金融市场向其他国家借债来支持其高消费和高增长。其次，中国等亚洲国家则积累了大量的资金，将其转化为投资，变成大规模的制造业生产，然后出口到美国和欧洲，换回美元并用其重新购买美国的债券。在这个过程中，美国得到了消费和增长，而中国等亚洲国家则得到了高投资、高生产、高就业。所以从本质上来说，世界经济失衡状态能够长期维持，正是国际贸易和国际金融在一定程度上平衡了这种失衡结构。

三、世界经济发展失衡的影响

（一）需求波动与大宗商品价格上升

经过2007年美国“次贷危机”的波动冲击，全球通胀压力在随后两年里有所减轻，但随着全球经济的逐步复苏，当前大宗商品价格上涨受到了多方面因素的联合提振，一方面全球市场货币环境依然较为宽松，除了美联储继续执行定量宽松货币政策外，日本在地震后亦放松了相关政策；而另一方面，主要经济体的复苏也带动市场需求的上升，加上部分品种在金融危机期间投资放缓导致供应趋紧效应逐渐显现，推动了大宗商品价格轮动走高，尤其是在美联储宣布实施第二轮量化宽松政策后，流动性泛滥对大宗商品价格的推涨已逐渐成为了最主要的角色。

（二）经济泡沫与经济风险性提高

世界经济发展失衡使世界经济未来的发展趋势不容乐观，世界经济增幅存在着可能回落的风险。总体来看，风险主要体现在以下几个方面。

（1）金融全球化的发展速度过快，世界经济的虚拟化程度不断提高，金融风险性不断上升。例如，全球外汇交易量每天约 2 万亿美元，但其中约 98.5%是没有任何交易背景和生产背景的，纯粹是为了资金的交易，为了赢利和规避风险而进行的。大规模的资金流动，加之资金运作主体越发变为私人公司，这就加大了全球金融监管的难度，爆发金融危机的可能性时刻存在。

（2）石油及初级产品价格上涨所导致通货膨胀压力趋升和全球利率上扬。数据显示，许多国家的核心通货膨胀率明显上升，特别是英国、爱尔兰和西班牙等许多国家房价过高，加大了通货膨胀的压力，迫使各国央行提高利率，以平抑市场价格水平。但是，加息可能引发房价大幅回落，经济将会遭受更严重的冲击，对内需产生很大的负面影响。而且，高利率可能使新兴市场国家的外部融资条件进一步恶化，引发债务危机的可能性在提高。

（3）各国经济依然脆弱，特别是财政状况不容乐观。美国财政赤字不断扩大；欧元区人口老龄化问题日趋严重，急需进行养老金和医疗制度改革；新兴市场国家外债规模偏高且结构不甚合理。这表明各国的经济基础仍然较薄弱，如果处理不好，将会严重影响各国经济的增长。

（4）全球经常账户失衡的调整所导致的风险。美国存在大量经常账户逆差的状况不可能一直持续下去，但调整的难度很大，也很复杂。历史经验表明，经常账户的调整往往伴随着美国经济的减速，相应会带来很大的风险，特别是在近年来美国经济在支撑全球经济增长中的作用越发重要的情况下，这种调整对世界经济可能造成的不利影响是可想而知的。

（三）国际收支失衡与贸易摩擦

全球性经常账户失衡表明，各国经济存在严重的外部不平衡。为了实现开放条件下的宏观经济整体均衡，各国有必要针对严重的外部不平衡状况进行相应的调整。但这种结构性调整往往伴随着经济中各种矛盾和问题的集中爆发，引发各国间激烈的利益冲突与摩擦。总体来说，全球多边贸易-投资体系的制度调整滞后于世界经济的发展变化。在这种条件下，各国对外经济政策中的不确定性和不和谐因素就会不断激化，并演变成现实的贸易摩擦和纠纷，并且贸易摩擦将会成为今后国际贸易发展的常态。

1995～2004 年，全球发起反倾销案 2648 起、反补贴案 174 起、安全保障措施 104 起。其中，反倾销案件占 GATT/WTO 批准的 3 种临时保护措施总案件的 89.1%，反倾销已成为当前国际贸易摩擦的主要形式。尤其进入 21 世纪以来，随着世界经济发展失衡及全球经常账户失衡状况的加剧，以反倾销为代表的各国间贸易摩擦呈逐年上升的趋势。2000～2003 年，反倾销立案 1138 起，年均 285 起。其中 2001 年的反倾销立案数达到创纪录的 366 件，几乎是 WTO 创立初期的 2.5 倍。

贸易摩擦发生的频率在不断提高。同时，贸易摩擦发生的范围也在不但扩大。起初，反倾销诉讼主要由美国、欧盟、日本等发达国家所提出，贸易摩擦也主要集中于这些发达国家之间。但是，进入21世纪以来，贸易摩擦在全球范围内迅速扩散，发展中国家也加入反倾销的阵营中，贸易摩擦频繁发生于发达国家与发展中国家之间。

（四）美元贬值与全球汇率波动

美国目前占GDP比重5%的经常账户赤字不可能持续。但要调整如此之大的赤字，如果没有美元的大幅贬值，则是几乎不可能实现的。按照美国的历史经验，美元贬值10%，美国经常账户赤字下降1个百分点，要把目前约5个百分点的贸易赤字调整到2～3个百分点，就必须在今后美元贬值20%～25%。

汇率不是政策变量，在浮动汇率体系下其取决于外汇市场的变化。美元的大幅贬值必定会导致其他国家的货币大幅升值，造成全球汇率的波动。2002～2013年，欧元对美元开始升值，由最初的1欧元兑0.83美元上升到1欧元兑1.37美元，升值65%。日元汇率的波动也比较大，1995年美元对日元汇率为1美元兑81日元，1998年跌到147日元，2004又调整为110日元左右，目前仍在110日元上下徘徊。从整体上来看，由于欧元区经济增长疲软，日本央行减少了对外汇市场的干预，预计欧元会小幅升值，而日元会继续随美元走软而升值。同时，由于亚洲国家的贸易额在全球贸易当中的比重迅速上升，及其对美国存在大量贸易顺差，亚洲国家的货币，特别是人民币会受到越来越大的升值压力。

第四节　世界经济增长与危机

自工业革命以来，从整体上看，世界经济保持着增长趋势，尤其是第二次世界大战结束到1973年石油危机爆发为止，世界经济出现了高速增长的势头，西方发达国家进入了经济繁荣的黄金时代；进入20世纪90年代，世界经济又出现新的增长。但是，从世界经济的发展历史来看，增长与危机是交错出现的。

一、世界经济增长的历史回顾

世界经济的年平均增长速度，18世纪为0.5%，19世纪为1%，20世纪前半期为2%。第二次世界大战以后，由于科技的重大进步，生产力的空前发展，从50年代到70年代初全球经济增长速度年均超过4%，其中1965～1973年高达5.3%。石油危机爆发之后，虽然占世界总产出约一半的西方七个主要发达国家不同程度地遭受影响，但由于这些国家较为及时地进行了政策性和结构性调整，同时许多发展中国家和地区特别是亚洲发展中国家和地区出现经济高速增长，所以，其后的10年间世界经济仍保持3%的年增长水平。而1986年以后，世界经济一直保持在2%左右的中速增长水平。

进入20世纪90年代后，世界经济增长又具有新的特点。

（一）各种类型国家的经济增长特点各异

(1) 发达国家 20 世纪 90 年代以来经济发展的一个突出特点是，低经济增长率和低通货膨胀率。根据 IMF 的资料，发达国家 1995 年和 1996 年经济增长率均为 2.5%，而通货膨胀率分别为 2.6%和 2.4% 。1997 年，由于经济增长率上升，其通货膨胀率也有所上升，二者分别为 3.1%和 3%左右。2000 年之后，发达国家经济增长率有所下降，但从 2004 开始又略有回升，2005 的增长率为 2.6%，预计 2006 为 3%。一般来说，在经济发展中，完全消除通货膨胀是不可能的，但是，经济要想健康、稳定增长，通货膨胀率应该低于经济增长率，否则储蓄和投资就会困难。从整体情况来看，发达国家基本达到了这种要求。

(2) 大多数发展中国家的特点是，高通货膨胀率与较高经济增长率并存，通货膨胀率大大高于经济增长率。例如，根据亚洲开发银行《1998 年亚洲发展展望》的资料，亚洲发展中国家 1995 年 GDP 增长率为 8.2%，通胀率为 9.4%；1996 年 GDP 增长率为 7.5%，通胀率为 6.7%；1997 年 GDP 增长率为 6.1%，通胀率为 4.3%。1997～2005 年，发展中国家保持了较快的增长速度，同时通货膨胀率有所下降，年均增长率为 5.3%，通货膨胀率为 7.4%。

(3) 经济转轨国家的突出特点是，经济增长十分不稳定。这些国家的通货膨胀在经济转轨的最初两年曾高达 100%左右，1996 年降为 40.4%，1997 年进一步降到 30%左右，俄罗斯则降到 12%以下；在上述各期，其经济增长率分别为－10%、－0.8%、0.1%和 3%，俄罗斯为 0.4%。但在经济体制改革基本完成的 1997 年之后，这些国家基本实现了经济的稳定增长。同时，通货膨胀率大幅下降。1997～2005 年，其年均经济增长率为 4%左右，通货膨胀率约为 18%。

（二）世界经济发展不平衡具有的新特点

(1) 美国在发达国家经济增长中占据新优势。第二次世界大战后到 20 世纪 80 年代，发达国家经济发展不平衡主要表现为，美国经济实力和地位相对下降，而日本和西欧国家的经济实力与地位明显上升，从而逐渐形成了美、日、欧三足鼎立的趋向。但自 90 年代以来，这种趋势出现了某种逆转迹象（表 9-2）。

表 9-2 先进经济体实际 GDP 增长率对比 （单位:%）

项目	2005 年	2006 年	2007 年	2008 年	2009 年	2010 年	2011 年	2012 年
先进经济体	2.6	3.0	2.8	0.1	−3.5	3.0	1.6	1.2
美国	3.1	2.7	1.9	−0.3	−3.1	2.4	1.8	2.2
日本	1.3	1.7	2.2	−1.0	−5.5	4.7	−0.6	2.0
德国	0.8	3.9	3.4	0.8	−5.1	4.0	3.1	0.9
法国	1.8	2.5	2.3	−0.1	−3.1	1.7	1.7	0.0
意大利	0.9	2.2	1.7	−1.2	−5.5	1.7	0.4	−2.4
英国	2.8	2.6	3.6	−1.0	−4.0	1.8	0.9	0.2
加拿大	3.1	2.7	2.1	1.1	−2.8	3.2	2.6	1.8

资料来源：国际货币基金组织.2013. 世界经济展望

(2) 发展中国家经济增长仍比发达国家快得多，但二者速度差距有所缩小。自20世纪80年代以来，发展中国家的经济增长率一直高于发达国家，在90年代以前高近一倍，90年代以来则高达2～3倍（表9-3）。由于发展中国家经济发展快，它们在世界经济中的比重不断提高。根据IMF的资料，20世纪80年代初，按购买力平价计算，发展中国家占世界GDP总量的比重只为20%稍强，1996年这一比重已上升到39.2%，而发达国家的比重则从65%以上下降为56.6%。据估计，到2020年，发展中国家在世界经济总量中的比重可能超过发达国家。

表9-3 两类国家实际GDP增长率比较 （单位：%）

项目	2005年	2006年	2007年	2008年	2009年	2010年	2011年	2012年
全球	4.6	5.3	5.4	2.8	−0.6	5.2	4.0	3.2
先进经济体	2.6	3.0	2.8	0.1	−3.5	3.0	1.6	1.2
新兴市场与发展中经济体	7.3	8.3	8.8	6.1	2.7	7.6	6.4	5.1

资料来源：国际货币基金组织.2013. 世界经济展望

(3) 亚洲国家的经济增长仍处于领先水平，但与其他地区的增长速度差距趋于缩小。发展中国家的高增长率主要是亚洲国家特别是东亚和东南亚国家经济高速增长的结果。近20年来，特别是近10年来，东亚和东南亚地区的经济增长明显快于其他地区，特别是快于西欧和中东地区。东亚和东南亚地区先后出现了“四小龙奇迹”、“东盟国家奇迹”、“中国奇迹”。这些国家和地区的经济增长速度比发展中国家平均速度快一倍多，比世界平均增长速度快数倍，比整个欧洲快近10倍。据世界银行的统计资料，1990～1994年，世界经济平均增长率为1.8%，而中国内地为12.9%、越南为8%、印尼为7.6%、马来西亚为8.4%、韩国为6.6%、中国香港为5.7%，整个东亚（不包括日本）和东南亚地区为9%以上。1995年和1996年，这些国家和地区的经济持续高速增长。1997年，受金融震荡的影响，东盟国家的经济增长率低于1996年，中东国家和韩国经济增长率略低于1996年，但南亚国家的经济增长率则高于1996年。这样，整个亚洲（不包括中亚国家）的经济增长率高达7%左右，虽然低于1996年的水平，但仍高于世界其他地区。在这之后，亚洲发展中经济体仍保持了较快的增长速度（表9-4）。

表9-4 世界部分地区经济增长率比较 （单位：%）

项目	2005年	2006年	2007年	2008年	2009年	2010年	2011年	2012年
中东欧	5.9	6.4	5.4	3.1	−3.6	4.6	5.2	1.6
独联体	6.7	8.8	8.9	5.3	−6.4	4.9	4.8	3.4
亚洲发展中经济体	9.5	10.4	11.6	7.9	6.9	9.9	8.1	6.6
拉美与加勒比	4.7	5.7	5.8	4.2	−1.5	6.1	4.6	3.0
中东、北非、阿富汗与巴基斯坦	5.8	6.8	6.2	5.2	3.0	5.5	4.0	4.8
撒哈拉以南非洲	6.2	6.4	7.0	5.6	2.7	5.4	5.3	2.8

资料来源：国际货币基金组织.2013. 世界经济展望

二、第二次世界大战以后世界经济增长的原因

1950年以后，世界经济开始进入一个高速增长的阶段，这个阶段一直持续到20世纪70年代初，其持续时间之长，范围之广，增长速度之快，都是世界经济史上前所未有的，从而被经济学家们称为世界经济增长的“黄金时代”。经过20世纪70年代和80年代的调整之后，世界经济又进入一个相对高速的增长时期。总的来看，世界经济增长有如下几方面的原因。

（一）科技革命是世界经济增长的源泉

1. 科技革命使世界各国劳动生产率普遍提高，从而大大促进了生产力的发展

20世纪50～60年代世界各国工业生产的增长中，劳动生产率提高的因素占60%～80%，而劳动生产率的提高主要是依靠科技进步。据统计，在20世纪初，西方资本主义国家国民生产总值的增长有5%～20%是靠科技进步实现的，到70年代上升到60%，80年代后达到80%以上。正因为如此，在第二次世界大战后科技革命的推动下，世界各国特别是西方发达国家的劳动生产率大大提高，并导致经济迅速发展。

2. 新科技革命促进了整个世界经济结构的调整和部门内部结构的变化

科学技术的发展，不仅使传统部门进行调整和改造，而且开创了许多新兴工业部门，使整个产业结构发生了重大变化，第一、第二产业的产值和就业人数，在整个国民经济中的比重相对下降，而金融、商业、运输业、电信、科研、教育、文化等第三产业的产值和就业人数迅速上升。到20世纪70年代后期，一些发达国家非物质生产部门在国民经济所占比重已经超过物质生产部门所占比重。

科技革命不仅带动和引起了产业结构的变化，而且促进了工业部门内部结构的变化，从而导致一大批知识密集型、技术密集型的新型工业部门迅速崛起。随着科学技术的发展和工业化进程的深入，知识和技术在投入中的地位日益增加，科学技术逐渐成为推动经济发展的重要力量，这不仅表现为一大批高新技术产业的出现，还表现为高新技术对传统产业的武装和渗透。第三次科技革命的一个重要结果是信息产业或信息经济的形成。据统计，20世纪80年代中后期，信息部门的产值占国民生产总值的比重，发达国家为45%～65%，发展中国家为15%～30%。20世纪90年代以来，世界各国之间的技术贸易更是日趋活跃，参与的国家日益增多，技术贸易额逐年增加，技术贸易已成为世界经济发展的重要部分。据统计，目前全世界整个高新技术产业的产值已超过1.8万亿美元，国际贸易额接近7000亿美元。技术贸易在一个更高更深的层次上加强了各国经济之间的相互依存和相互联系，从而推动了世界经济的增长。

3. 新科技革命推动国际分工的深化，促进国际贸易和国际资本的流动，从而推动世界经济的增长

历史地看，国际分工本身是随着社会生产力的发展、科技的进步而不断演进和深化的。科学技术的巨大进步及其在现代工业生产中的广泛运用，使得世界市场的形成成为

一个客观需要，这时世界各国之间就开始建立起了一种以商品交换为中心的国际分工体系，世界各国经济由统一的世界市场为纽带而联结成为相互影响相互依存的整体，因此这一阶段又可称为商品的国际化阶段。当资本主义由自由竞争的资本主义向垄断资本主义的过度完成之后，由于资本的相对积聚和集中同时要求资本突破本国范围向外寻求更高的投资利润，所以资本输出就成为一种客观趋势，国际投资活动取代国际商品贸易活动而占据了国与国之间经济交往的主导地位，资本的国际化成为国际分工层次加深的一个主要标志。贸易和资本的国际化推动了世界经济的增长。

第三次科技革命在促进各国传统产业部门进行结构调整的同时，推动了一批高度知识密集与技术密集产业的产生和发展，而这些又使得世界各国在经济上的相互依赖性大大增强。任何一个国家，无论其资源多么丰富，资金多么雄厚，技术多么先进及市场多么大，都不可能在一国独立地进行现代生产和完成产品的销售。同时，现代科技的发展，为经济国际化的发展提供了交往工具。交通、通信技术的发达使产品、信息的传递速度大大加快，成本大大降低，这就为生产国际化创造了很好的条件。另外，产品及其零部件的国际性专业化，协作化的生产，使不少产品逐渐成为世界性商品，更重要的是，它使得不断加深的经济国际化过程进入生产一体化这样一个更高的层次。生产一体化为世界经济的增长提供了客观条件。

（二）国际贸易的发展极大地推动了世界经济增长

(1) 第二次世界大战后国际贸易得到了迅速发展。历史地看，国际贸易是随着资本主义生产方式的发展而发展的。第一次世界大战前夕，国际贸易在许多国家的经济中已占到非常重要的地位。但两次世界大战加上20世纪30年代的资本主义大危机使得国际贸易的扩张受到严重影响，国际贸易量一度出现绝对下降趋势。国际贸易的真正发展是在第二次世界大战以后，在战后的几十年中，无论就贸易量来说，还是就贸易结构或参与国际贸易的国别范围来说，都有了迅速的发展。第二次世界大战前的1913～1938年，世界出口平均年增长率仅0.7%，而第二次世界大战后的1950～1984年，平均年增长率高达6.7%。20世纪70年代中期以前，国际贸易的增长速度呈加速提高的趋势，这与同期的世界经济总体高速增长趋势是完全吻合的。20世纪70年代中期到80年代初，尽管增长速度比20世纪70年代以前低，但仍高于第二次世界大战后其他时期的增长速度，只是20世纪80年代中期国际贸易的增长速度才慢下来，然而，这种增长放慢的趋势到80年代后期得到了扭转，国际贸易又出现了新的发展势头。

(2) 第二次世界大战后国际贸易的增长基本快于世界经济的增长（表9-5、表9-6）。

表9-5 对外贸易在世界经济中的地位

项目	1950年	1960年	1975年	1982年	1990年	2000年	2008年	2012年
世界GDP/10亿美元	751.9	1423.5	5953.4	11015.2	21676	31508	61364	71707
世界出口总额/10亿美元	82.1	132.6	891.7	1890	3493.5	6446	19887	22413
世界出口总额占世界GDP比重/%	8.3	9.3	15	17.2	16.1	20.4	32.4	31.3

资料来源：1985年《国际贸易和发展统计手册》，2013年《世界经济展望》

表 9-6　2005 年以来国际贸易与世界经济增长率比较　（单位：%）

项目	2005 年	2006 年	2007 年	2008 年	2009 年	2010 年	2011 年	2012 年
世界贸易	7.7	9.2	8.0	3.1	−10.6	12.5	6.0	2.5
世界 GDP	4.6	5.3	5.4	2.8	−0.6	5.2	4.0	3.2

资料来源：2013 年《世界经济展望》

第二次世界大战后国际贸易的增长快于整个经济的增长速度，这实际上已表明国际贸易已成为世界经济增长的重要动力。第二次世界大战前，国际贸易的增长速度一般来说是慢于世界生产的增长速度，如 1870～1900 年，国际贸易年平均增长 3.2%，生产增长率为 3.7%；1900～1913 年国际贸易增长率为 3.8%，生产增长率为 4.2%；1913～1929 年国际贸易增长率为 1.8%，生产增长率为 2.7%。这种情况第二次世界大战后发生了逆转。从整个世界范围来看，1950～1960 年，世界 GDP 年平均增长率为 6.6%，而进出口平均增长率为 8.8%；1960～1970 年，前者为 7.9%，后者为 9.4%；1970～1980 年，前者为 11.3%，后者为 19.1%。在 20 世纪 80 年代之后，国际贸易的增长速度一直快于世界国内生产总值的增长速度。

（3）第二次世界大战后，主要国家的对外贸易增长速度超过了同期的经济增长速度（表 9-7）。

表 9-7　主要国家出口与经济增长速度比较　（单位：%）

2012 年	1970～1975 年		1975～1983 年		1987～1986 年		2005～2012 年	
	GDP	出口	GDP	出口	GDP	出口	GDP	出口
美国	2.9	23.4	2.5	10.7	2.9	9.1	1.3	5.4
日本	5	26	4.6	13.5	3.2	4.2	0.6	3.2
德国	2.5	24.6	2.2	9.2	2.5	4	1.5	5.5
法国	4.2	25.9	2.3	8.8	2	5.6	0.8	1.9
英国	2.5	18.7	3.8	8.6	2.4	5.2	0.9	2.8
意大利	3.1	22.7	2.4	11.1	1.9	6.2	−0.3	2.2

资料来源：1985 年《国际贸易和发展统计手册》；国际货币基金组织，1998 年 5 月、10 月，2005 年 4 月，2013 年 4 月《世界经济展望》；经济合作与发展组织，1998 年 6 月第 63 期《经济展望》；亚洲开发银行，1998 年《亚洲发展报告》

从表 9-7 可见，主要贸易国家的对外贸易从 20 世纪 60 年代后基本上都超过同期经济增长速度。对于亚洲和南美新兴的工业化国家和地区而言，国际贸易的高速发展已成为带动整个经济增长的强大动力。在经济高速增长的年代，出口增长速度则数倍于整个经济增长速度。

（三）国际投资极大地推动了世界经济的增长

19 世纪末 20 世纪初，随着第二次科技革命所带来的生产力的巨大发展，以及资本主义从自由竞争向垄断竞争过渡的完成，发达资本主义国家开始向外输出资本。在较长时期里，发达国家的对外投资对保持世界经济的增长和繁荣做出了重大贡献。20 世纪 70 年代以后，特别是到了 20 世纪 80 年代以后，发展中国家尤其是新兴工业化国家和地区的迅速崛起，发展中国家开始成为重要的国际投资主体。当然，在国际投资格局中，发达国家仍然占有主导地位。1990 年全球国际直接投资总额中，美、日、西欧占 80%，其中美、日、英、法、德五国占 70%。总的来说，从第二次世界大战以后，国际投资一直呈现出不断活跃和加强的趋势，到 1998 年全球对外直接投资总额至少达 6440 亿美元，1999 年估计达 8000 亿美元，世界经济的发展起到了巨大的推动作用。

国际直接投资自 20 世纪 80 年代中后期以来，经历了一个先升后降的过程，但总额仍在不断扩大。据统计，1985～1989 年国际直接投资年平均增长率为 21.06%，其中 1985 年和 1988 年分别高达 30.81%和 30.5%。这主要是由于发达国家国际直接投资速度加快所致。据 WTO 统计，1986～1995 年 10 年，全球对外投资增长了 4.25 倍，年均增长率达 18%，比国际贸易增长率高 1 倍多，比世界 GDP 增长率高 3 倍多。在这些对外投资中，来源于发达国家的资本占 90%以上，其中约 80%来自这些国家的跨国公司，近 50%流入发展中国家。1997 年仅国际直接投资已达 3900 亿美元，比 1996 年增长了近 10%。1998 年，由于投资者更加注重目标市场的规模与增长速度等长期因素，国际投资仍呈上升趋势。70 年代至 80 年代初期，许多国家对外直接投资的动机是为了跨越关税壁垒的障碍。90 年代以来，则因为运输及通信成本下降，科技不断进步，世界经济朝区域一体化方向发展，国际上资本流动与外国投资限制逐渐放宽，国际竞争日益激烈，发展中国家公营事业民营化，以及跨国公司多角化经营战略盛行等因素，全球对外直接投资金额大幅增长。1973～1995 年，国际直接投资的流出量增长 12.6 倍（从 250 亿美元增至 3390 亿美元），而在同一期间，世界贸易则只增长了 7.5 倍（从 575 亿美元增至 4900 亿美元）。其存量也由 1988 年的 1.2 万亿美元，上升至 1995 年的 2.8 万亿美元，1996 年更高达 3.2 万亿美元。在这之后，国际直接投资仍然保持了较快的增（表 9-8）。

表 9-8　对外直接投资流量与存量

项目	金额/10 亿美元		增长率/%		
	2011 年	2012 年	1986～1990 年	1991～1996 年	2012 年
国际直接投资流入量	1652	1351	24.4	17.1	−18.2
国际直接投资流出量	1678	1391	27	11.8	−17.1
内向国际直接投资存量	20873	22813	18.7	11.7	9.3
外向国际直接投资存量	21442	23593	19 .8	11.1	10

资料来源：UNCTAD. 2013. World Investment Report

三、世界经济增长中的周期问题

（一）长波理论

1925 年，康德拉季耶夫在《经济生活中的长期波动》一文中正式提出在西方经济发展中存在着平均长约50年的长期波动这一结论，即所谓的“长波理论”。

康德拉季耶夫认为，在资本主义经济运行中，不仅存在着马克思等经济学家所发现的以7～11年为一个长度的商业周期，而且存在着以50～60年为一个长度的长周期。每一个长周期又分为上升和下降两个时期，各持续20～30年。一般说来，长周期的上升期繁荣年份较多，而在下降期则是萧条年份居多。根据统计，康德拉季耶夫认为，1790～1920年已出现过两个半长波。

第一次长波：1790～1845年，高峰期是1810～1817年。

第二次长波：1845～1895年，高峰期是1870～1875年。

第三次长波；约从1895年开始，高峰期是1914～1920年。

除此之外，康德拉季耶夫还发现了长期波动中存在着一些不同于其他经济周期的特点。

(1) 在长期波动的衰退期，农业通常出现显著的和长期的萧条。

(2) 在长期波动的衰退期，生产和交通运输会出现大量的重要发现和发明创造，但是，这些发现和发明要在下一个长期高潮开始时才能得到大规模的应用。

(3) 在一次长期高潮开始时，通常黄金产量会增长并且由于新国家的参与，世界商品市场一般会有所扩大。

（二）从长波理论看世界经济发展趋势

按照长波理论推算，第四个长波的下降期应于1995年左右或2000年左右结束。20世纪90年代发生的历次金融危机表明了第四长波下降期的存在，但是1999年世界经济统计指标反映，世界经济于1999年已开始逐步复苏，2000年将全面恢复，表明第四个长波有望于2000年结束，同时进入第五个长波的上升期。20世纪90年代以来，美国“新经济”的强劲势头，90年代末世界各国信息产业的发展、经济结构的调整和经济体制的改革，都有利于第四个长波的结束和第五个长波的开始。

同时，伴随经济全球化的飞速发展，世界经济周期也逐渐显现出以下特征：①多国的产出总量和产出增长具有很强的正相关性；②多国的索洛剩余具有正相关性，但其相关程度比产出低；③多国的消费具有正相关性，但略低于产出的跨国相关程度；④多国的投资和就业具有正相关性；⑤工业化国家的衰退程度在20世纪90年代比七八十年代要轻，复苏的持续时间和前期衰退的持续时间及严重程度并没有显著的相关性，重复衰退和深度衰退已经减少；⑥布雷顿森林体系解体后，国家间消费和产出的相关性增强，国家间的同步衰退变得更为普遍，而20世纪90年代的世界经济衰退显示出差异，不同国家特别是经济发达国家进入衰退的时间明显不同；⑦与19世纪末期相比，近几十年所有的衰退伴随着私人固定投资的收缩，国家间的投资同步收缩，影响力更大；⑧投资的收缩对世界经济衰退有重要作用，在世界经济的衰退和复苏中，存货的作用正在逐渐减弱；⑨国家间证券价格波动的波峰通常领先于产出的波峰，而波谷大致同步，国家间证券价格衰退的同步性比国家间经济衰退的同步性要强；⑩国家间利率波动的波峰通常领先于产出的波峰或紧随产出波峰之后，利率达到峰值前的持续上涨和经济的持续衰退有很强的正相关性。[①]

四、世界经济危机

（一）世界经济危机的发展和概况

1. 第二次世界大战前资本主义经济危机的历史演变

世界经济危机是指大体在同一时期发生在世界主要国家的周期性生产过剩危机。自1825年英国首次爆发生产过剩危机到20世纪初，英国先后发生了1836年、1847年、1857年、1866年、1873年、1882年、1890年和1900年8次经济危机，差不多每隔10年发生一次经济危机。

世界经济危机的形成是随着资本主义生产方式在世界范围内的发展而形成的。18世纪产业革命以后，资本主义在英国得以迅速发展。19世纪20年代，机器大工业已在英国经济生活中起着主导作用，随着资本主义基本矛盾的发展，英国爆发生产过剩危机的条件基本成熟。1825年资本主义发展史上第一次普遍生产过剩危机终于在英国爆发，1836年生产过剩危机再次发生，出现了再生产危机的周期性质。但是，由于该时期其他国家尚未进入机器大工业阶段，危机仅仅是英国的危机，并不具备世界性。

19世纪40年代，随着产业革命在世界各国的陆续开展及兴建铁路浪潮在世界各国的出现，美国和法国也初步具备了发生经济危机的条件，同时，该时期国际上商品交换关系和商业信用关系日益密切了。在这种背景下，爆发了1847年经济危机。但法国的危机进程受到1848年社会革命的影响，美国则由于一些特殊原因危机的程度很轻，所以，1847年危机虽然具有国际性质，但主要还是英国的危机。虽然如此，世界经济危机的雏形已经出现。

19世纪50年代，资本主义生产关系在欧美大陆的不断生长和巩固，国际贸易的较大幅度增长，国际分工体系、统一的资本主义市场及世界经济的初步形成，把资本主义世界各主要国家的经济更加紧密地联结在一起，包括德国在内的一些主要资本主义国家已经具备了发生危机的成熟条件。1857年爆发了历史上首次真正具有世界性的资本主义经济危机。拥有世界上4/5的机器大工业的英国、法国、美国和德国四国都陷入了生产过剩的经济危机，危机的波及范围是空前的，从此形成了统一的世界性资本再生产周期和世界性的经济危机。

进入20世纪，世界经济危机日益严重，危害日益增大。其中最严重的是1929～1932年世界经济危机。

2. 第二次世界大战后世界经济危机概况

第二次世界大战后资本主义世界经济危机的次数，我国理论界有不同的看法，本书主要介绍公认的4次世界性经济危机的概况，即1957～1958年，1974～1975年，

---

① 宋玉华，徐前春．2004，世界经济周期理论的文献述评．世界经济，(6)：66.

1979～1982年，1989～1993年并简要介绍2008～2009经济危机。

（1）1957～1958年经济危机。危机于1957年3月于美国开始，随后，日本和英国于同年7月，联邦德国于1958年1月，法国于1958年3月相继爆发危机。资本主义各主要国家进入危机的时间不超过一年，因而是一次周期性经济危机。从这次危机的程度看，美国工业生产下降幅度为13.7%，危机持续了14个月；英国工业生产下降幅度为3.6%，持续了13个月；法国工业生产下降幅度为4.6%，危机持续了11个月；联邦德国工业生产下降幅度为3.1%，危机持续了3个月；日本工业生产下降幅度为10%，危机持续了11个月。

（2）1973～1975年经济危机。危机于1973年1～11月首先从英国、美国、日本等国爆发，随后波及与这些国家相联系的其他中小资本主义国家。危机期间，英国工业生产下降11.6%，危机持续22个月；美国工业生产者下降13.8%，危机持续17个月；日本工业生产下降20.8%，危机持续15个月。1974年4～12月，加拿大、意大利和联邦德国、法国也先后进入危机。从时间上看，此次危机具有同期性特点。从1975年下半年开始，各主要资本主义国家相继走出危机，经济开始回升，但是，各国并没有出现以前危机后所出现的经济高涨阶段，而是出现了经济长期萧条和通货膨胀并存的现象。因此，此次危机成为战后资本主义国家经济发展的转折点，它标志着战后资本主义世界经济发展的"黄金时代"的结束和"停滞膨胀"局面的开始。

（3）1979～1982年经济危机。危机于1979年7月从英国开始。1979年10月爆发于加拿大，1980年2月爆发于美国，同年3月爆发于日本，同年4～5月联邦德国、法国、意大利相继产生危机。这次危机的危害大、时间长、范围广。在持续时间上，美国为45个月，西欧为35个月，日本为33个月。在工业生产上，美国1982年11月的工业生产指数比最高点下降了12%，英国下降了15%。在失业率上，1982年11月，美国官方公布的数字为10.8%，欧洲共同体10国也超过了10%。在范围上这次危机使世界贸易出现了严重的萎缩，与70年代世界贸易年平均增长5.5%相比，1982年的世界贸易总额比1981年下降了2.5%。

（4）1989～1993年经济危机。危机于1989年首先从美国开始，然后涉及加拿大、澳大利亚、欧洲国家和日本。这次危机对西方工业化国家的危害体现在以下几个方面：延续时间最长，大约为5年，而危机给日本等国的影响则更长，整个90年代经济基本上都处于低迷状态；经济增长率下降幅度较大，1991年的谷底增长率为0.6%，比1984年的4.7%下降了4.1个百分点；失业率较高，1993年的失业率高达8.2%，比70年代的平均值4.2%高出近一倍；出口增长率大幅度下降，1993年的出口增长率为0.4%，比1988年的8.4%下降8个百分点；整个危机期间出口增长率的平均值为3.9%，不到1988年的一半。

（5）2008～2009年经济危机。此次危机由美国"次贷危机"引发，蔓延世界各类经济体，导致全球经济增长速度的全面下降。2009年，全球经济增长率为－0.6%，其中美国为－2.6%，欧元区整体为－4.1%。世界各地的经济受到金融危机和经济活动疲软的严重影响，从2008年8月到2009年3月世界贸易总值大约萎缩了31%，全球投资也急剧缩减。先进经济体的实际GDP在2008年第四季度经历了前所未有的7.5%的下降速度，并且在2009年第一季度以几乎同样快的速度下滑。这些损害通过金融和贸易渠道，使得严重依赖制造业出口的东亚国家和依靠资本大量流入推动经济增长的新兴欧洲和独联体经济体遭受沉重打击。

在全球活动迅速降温的同时，通货膨胀压力迅速消退。商品价格从2008年年中的高水平上急剧下跌，使中东和独联体经济体，以及拉丁美洲和非洲的许多其他商品出口国的收入遭受极大损失。与此同时，经济日趋疲软抑制了工资增长并侵蚀了利润。其结果是，先进经济体的12个月总体通货膨胀在2009年2月下降到低于1%，尽管核心通货膨胀仍处在1%～2%的范围内（但日本是显著的例外）。新兴经济体的通货膨胀率也显著下降，尽管在某些情况下汇率贬值抑制了下降势头。

（二）第二次世界大战后世界经济危机的特点和原因

1. 世界统一的再生产周期运动规律仍然起作用，但经济周期的同期性和阶段性差别不甚明显

1857年第一次世界性经济危机的爆发表明，世界统一的再生产周期运动过程业已形成。从1857年到第二次世界大战前的近100年时间里，西方各国经济危机的同期性特点非常明显，危机往往都发生在同一年份，基本上没有隔年发生的情况。但战后的历次经济危机中，真正具有同期性特点的世界性经济危机实际上只有3次，即1957～1958年、1973～1975年和1979～1982年经济危机，其他的经济危机的同期性都不甚明显，或者就不存在同期现象，前后有时要相差3～4年，甚至更长。

第二次世界大战后世界再生产周期运动的情况比战前复杂的原因是下面两个方面的现象综合作用的结果。

(1) 第二次世界大战后出现了一些因素干扰了世界统一的再生产周期，从而使再生产过程各个阶段特别是萧条和复苏阶段更难明确划分，造成各国的经济危机在时间上的不一致。其原因如下。①第二次世界大战对西方各主要国家经济的影响不一致。一些国家没有受到战争的破坏并且发了战争财，战后经济实力大增；一些国家经济被战争所削弱；另一些国家则沦为战败国，经济濒于崩溃。战后初期西方国家经济实力的差异，使这些国家出现生产过剩的时间参差不齐，再生产周期运动的统一性被破坏，危机爆发的同期性也就不明显。②西方国家对经济周期的干预和调节活动不一致。战后西方主要国家积极运用宏观经济政策反危机或刺激经济增长，但由于政策措施的运用在时间、力度和效果上的不一致，对各国再生产周期的影响也就不一样，从而削弱了西方国家再生产运动的同期性和阶段性。③科技革命的影响。战后科学技术革命对西方国家的生产技术设备和经济结构带来了巨大的变革，但科技革命的变革在西方各国存在着时间、规模和程度上的差异，从而导致了各国生产周期运动的不一致。④战争对经济危机产生了较大影响。例如，美国侵朝和侵越战争，使美国的军费开支猛增，财政预算加大，从而扩大了政府对商品和劳务的需求，带动了总需求的扩大，延长了再生产周期，影响了经济危机爆发的时间和程度。

(2) 第二次世界大战后西方国家生产国际化和资本国际化有了很大发展，各国间的

经济联系比战前更加密切，这使世界再生产周期运动又存在不断一致的趋势。主要体现在三个方面。①世界贸易的规模超过战前。贸易额年增长超过了工业生产的年增长率，商品品种超过了战前，特别是技术贸易和服务贸易有了长足发展。世界贸易在世界经济中的地位的上升，促进了世界再生产周期的一致性趋势。②资本输出规模超过了战前。战后西方国家的资本输出在规模上超过了战前；在流向上发达国家间相互投资超过了发达国家对发展中国家的投资。同时，跨国公司在战后的迅速发展成为推进资本输出的最主要的主体。生产的国际化、资本的国际化和跨国公司的影响力的增强，更加强了世界再生产周期的一致性趋势。③区域性经济组织的出现和发展。战后涌现出了欧洲经济共同体等区域性经济一体化组织，这些组织使得区域内的国家经济日益成为一个整体，从而日益增强区域内国家再生产周期的一致性趋势。

2. 第二次世界大战后经济危机不如战前严重

第二次世界大战后基本上没有出现20世纪二三十年代那么严重的经济危机。以美国为例，从工业生产下降幅度来看，1920～1921年危机中工业生产下降22.7％，1929～1933年危机中工业生产下降46.2％，1937～1938年危机中工业生产下降21.7％，而战后经济危机中美国的工业生产下降都未超过20％，下降幅度最大的1973～1975年也只有15.3％。从失业率来看，1920～1921年危机中失业率为11.9％，1929～1933年为24.9％，1937～1938年为19％，而第二次世界大战后一般在4％～8％，失业率最高的1979～1982年也只有10.8％。从持续时间上看，美国在二次世界大战之间爆发的3次经济危机的持续时间平均为22个月，而第二次世界大战后6次经济危机的持续时间平均为13个月。

第二次世界大战后经济危机的危害程度轻于战前的主要原因有以下三个方面。①第二次世界大战后西方各国政府调节和干预经济作用的加强，垄断企业经营管理水平的不断提高，以及各种服务业的迅速发展和扩大，使得生产与市场的矛盾在一定程度和一定时间内得到缓和。②随着高新科技的不断出现和广泛运用，以及生产设备的不断更新，不仅加快了再生产周期的进程，而且还产生了许多新兴工业部门和新产品，这些新兴工业部门和新产品在危机期间受周期变动的影响较小，而且在危机期间往往仍能扩大生产和出口，对整个经济的下降起着一定的抑制作用。③危机期间固定资本投资下降幅度较小也在一定程度上减缓了危机的进程，减轻了危机的危害。第二次世界大战后，一方面西方国家政府利用财政金融政策大力支持企业进行投资，维持了一定的固定资产投资水平；另一方面，政府还通过政府采购等措施维持或增加企业的生产能力，使企业的过剩生产能力不至于被破坏。同时，由于世界竞争的加剧，企业技术更新和设备更新的周期缩短。这些因素的综合作用，便出现了第二次世界大战后经济危机中生产下降幅度趋小的现象。

3. 第二次世界大战后经济危机期间物价上涨成为普遍现象

经济危机期间物价下降是战前经济危机的主要现象，但第二次世界大战后除第一次世界经济危机中物价有所下降外，其他历次危机物价上涨是个普遍现象。特别是战后

20 世纪 60 年代末和 70 年代初，出现了与以往经济周期不同的新现象，即“停滞膨胀”现象。这种现象包括两个方面：一方面是生产增长迟缓，经济发展停滞，失业率较高；另一方面，通货膨胀期长，物价持续上涨。这两种现象交织并发，贯穿于西方再生产周期的各个阶段，为所有西方发达国家所共有。1989～1993 年危机的前期也存在着物价上涨的现象。

战后危机期间物价上涨的根源在于西方各国政府长期推行的扩张性经济政策。战后较长时期里，西方发达国家普遍推行凯恩斯的需求管理经济政策，大量运用扩张性的财政货币政策，以增加有效需求，刺激经济增长。其结果是货币供应量的增长大大超过实际生产发展的需要，通货膨胀率不断攀升，由 20 世纪 50 年代和 60 年代的“爬行式通货膨胀”演变为 70 年代的“野马奔腾式通货膨胀”，通货膨胀率都在两位数以上。由于通货膨胀的长期存在和日益恶化，使得危机期间通货膨胀对物价上涨的拉力大大超过经济危机对物价下降的拉力，这是 20 世纪 60 年代以后历次危机中物价不降反升的主要原因。

4. 周期性生产过剩危机与结构性危机相互交结，彼此影响

结构性危机是指由国民经济结构和部门结构的急剧变动而引起的某些部门生产与消费、供给与需求之间长期的严重的比例失调，导致这些部门的生产过剩或生产不足。结构性危机的直接原因是经济部门的激烈变动和消费需求结构的急剧变化。20 世纪50～60 年代，由于西方经济处于“黄金时期”，结构性危机并不明显。进入 70 年代后，结构性危机日益显现，并与周期性危机交结并存。例如，1973～1975 年和 1979～1982 年这两次周期性危机中，钢铁、造船、纺织等“夕阳工业”部门，在危机中产值下降的幅度和受危机影响的时间都超过其他部门，在周期性危机和结构性危机的双重打击下，这些部门长期处于萎缩状态。以钢铁生产为例，1973～1983 年 10 年，美国钢产量从创纪录的 13 600 万吨下降到 7650 万吨，80 年代的钢铁工业开工率也只有生产能力的 44%左右。同期，日本钢铁产量从 11 932 万吨下降到 10 020 万吨。在双重危机之下，“夕阳工业”部门的失业率特别高。例如，1981 年危机期间，美国的失业率为 7.4%，制造业的失业率为 13.8%，而汽车工业和钢铁工业的失业率则分别高达 20.8%和 45%。尽管西方发达国家在 20 世纪 70 年代后普遍进行了产业结构调整，但结构性危机仍是经济发展的一大障碍。

第五节　世界经济发展中的政治问题

一、当代政治格局

（一）两极格局的形成

1. 世界政治格局的涵义和变化规律

世界政治格局是指国际上各种国际政治力量在一定时期内相互联系、相互作用而形成的一种相对稳定的结构和态势。各个主权国家在国际关系中是平等的，但由于各种因素的制约，其作用是不同的，有的扮演主要角色，处于主导地位。世界政治格局就是由充当主要作用的国家或国家集团所组成，起这种作用的国家或国家集团被称为中心力量。充当中心力量的国家或国家集团必须具备相当的实力、奉行独立的外交政策、对全局有一定的影响力和对一些非中心力量有一定的吸引力。几个起中心力量作用的国家或国家集团之间的相互联系和相互作用，构成了世界政治的基本特色和概貌。

力量对比的变化是世界政治格局变化的基本动因。第二次世界大战以前，力量对比的变化往往会导致战争，并在战后调整各国的利益分配形成相对稳定的力量均衡而形成新格局，国际格局的变化通过战争的调整而实现。第二次世界大战以后，因新技术革命的作用，国与国之间的竞争主要是以经济技术为核心的综合国力的竞争，经济技术成为力量对比变化的主要因素，世界政治格局的变化不再诉诸武力来实现。

长期以来，西欧列强支配着世界政治格局。第一次世界大战以前基本上是英、法、俄、德等国充当世界政治的中心力量，欧洲列强之间的争斗、妥协、对抗、结盟、力量消长决定着世界局势的变化。第一次世界大战使俄、德、奥、土四国瓦解，英、法受到削弱，长期由欧洲列强支配的世界格局开始动摇，代之以凡尔赛-华盛顿体系，美、日成为两个新的中心力量，与英、法共同支配世界格局。30 年代，德、意、日法西斯上台，大力扩军备战，要摆脱凡尔赛-华盛顿体系的束缚，导致第二次世界大战。英、法在战争中再次受到严重削弱，美国成为当时世界上最强大的国家，取代西欧在帝国主义世界中的领导地位，以欧洲为中心的世界政治格局结束。苏联经受住了战争的考验，变得更加强大，成为唯一与美国抗衡的国家，世界政治格局发生巨大变化。

2. 雅尔塔体制——两极格局的形成

第二次世界战后出现的世界政治格局，主要是通过 1945 年 2 月的雅尔塔会议确定的，故称为“雅尔塔体制”。

1945 年 2 月 4～11 日，美、英、苏三国首脑罗斯福、丘吉尔、斯大林在苏联克里米亚半岛雅尔塔举行会议，共同商讨对战后世界的安排问题，在一系列重大问题上达成了协议。对德战争结束后，三国首脑杜鲁门、丘吉尔、斯大林又在波茨坦会议上进一步讨论有关问题，成为雅尔塔协定的补充，构成了雅尔塔体制的基本内容。

第一，欧洲被一分为二，西欧归西方，东欧为苏联的势力范围。

第二，德国被一分为二，民主德国为苏联的势力范围，联邦德国为西方的势力范围。会议决定由苏、美、英、法四国分区占领德国和柏林，并解除德国武装，肃清纳粹分子，建立民主政治，在经济上消灭其作战能力。

第三，调整欧洲国家领土。对波德边界、波苏边界、苏芬边界、苏罗边界做出新划定，使苏联在战后新扩张的土地达 72 万平方千米，其中大部分在欧洲地区。

第四，确认巴尔干半岛势力范围。会议确认 1944 年 10 月英国首相丘吉尔和斯大林达成的巴尔干“百分比”协议，即苏联在罗马尼亚占 90%，在保加利亚占 75%，英国在希腊占 90%，在南斯拉夫和匈牙利双方各占 50%。

第五，在远东地区划分势力范围。中国、日本、韩国是美国的势力范围，中国东北地区是苏联的势力范围。会议确认蒙古独立，苏联占领千岛群岛，苏联同意对德战争结束后 3 个月内对日宣战。

第六，建立联合国问题。会议对筹组联合国的基本原则与 5 大国的地位问题达成了一致协议，确认了美、英、法、苏、中 5 大常任理事国拥有否决权。

雅尔塔体制奠定了战后两极世界政治格局的基础，也为后来的美、苏两个超级大国争夺世界霸权做了准备。

（二）两大阵营的形成

1947 年，美国提出“杜鲁门主义”，反苏反共，美苏关系由盟友变为敌人，标志着美国对苏联实行遏制战略和冷战政策的开始。随后美国又提出“马歇尔计划”，加强了对西欧国家的控制，为建立统一的西方军事政治集团奠定了基础。1949 年成立了北大西洋公约组织，这标志着以美国为首的西方资本主义阵营的形成。面对美国咄咄逼人的攻势，以苏联为首的社会主义国家针锋相对，采取相应措施，在政治、经济和军事各方面加强了联系，签订了双边、多边和共同的协定和条约。1947 年组成了欧洲九国共产党和工人党情报局，1949 年成立了经济互助委员会，1950 年中苏签订友好同盟互助条约，1955 年又建立了华沙条约组织，社会主义阵营得以形成。

（三）两极格局向多极化格局的转换

1. 两大阵营的分化

第二次世界大战战后初期，社会主义各国团结合作、互相帮助，并形成了社会主义阵营，共同对付帝国主义的冷战政策。但由于苏联不尊重别国的主权和民族历史特点，把自己的政治经济模式强加于人，并推行大国沙文主义和民族利己主义政策，企图控制社会主义各国，把它们纳入自己的战略轨道，违背了处理社会主义国家之间关系的平等原则，致使社会主义国家之间的关系逐渐出现了不正常现象，发生了一起起严重的事件，如苏南矛盾、波兹南事件、匈牙利事件和中苏关系恶化与破裂等，最后使社会主义阵营解体。

在帝国主义阵营方面，也在发生着不断的变化。战后初期，西欧、日本需要美国的经济援助和军事保护，对美国百依百顺。但是，随着经济的恢复和起飞，西欧、日本要求在国际上享有更大的发言权，摆脱受美国控制的局面，独立自主倾向日益强烈，特别是中东战争、法国宣布退出北约“军事一体化”机构、欧共体的发展、日美“平等的伙伴关系”的形成等，促进帝国主义阵营逐渐瓦解。

2. 美苏争霸局面的出现

两大阵营分化瓦解以后，世界上出现了美、苏两个超级大国争霸称雄的局面，取代了战后初期两大阵营之间的对抗。

战后初期，虽然苏联是仅次于美国的一个强国，是唯一能够和美国抗衡的国家，但就实力而言，尚构不成与美国争夺世界霸权之势，因此，在美苏对抗中，如两次柏林危机、古巴导弹危机，均以苏联的退让而告终。20 世纪 60 年代末至 70 年代初，美苏实力对比发生了很大的变化，苏联一跃而成为第二个超级大国。经济上美、苏两国差距大为缩小。1970 年，苏联的国民收入相当于美国的 65%，工业总产值相当于美国的 80% 以上。军事方面，到 70 年代初，苏联的战略核武器基本上达到与美国平起平坐的水平。实力对比的变化，使苏联加紧向外扩张，同美国展开激烈的争夺，走上了称霸世界的道路。而美国则因实力的相对削弱，尤其是经过越南战争而元气大伤，不敢轻易发动新的扩张攻势。美、苏战略态势变为苏攻美守。1981 年里根就任美国总统，放弃了 70 年代以缓和来钳制苏联的政策，而采取全面施压促使苏联让步的政策，要把苏联从 70 年代扩张的地区推回去。美国加强了在关键地区的军事存在，在一些热点地区，开始转守为攻。而苏联进入 80 年代后，因国内经济增长率大幅下降，军费开支增长速率放慢，放慢了扩张势头。因此，美、苏争霸态势形成僵持对峙、互有攻守的局面。1985 年，戈尔巴乔夫上台执政，强调要同美国对话。美苏关系转入既对抗又对话的阶段。之后，苏联在一系列国际问题上逐渐退让，退出了 70 年代扩张的地区，并对东欧各国放任自流，国际格局发生剧变。

3. 两极格局向多极格局的转换

经过 20 世纪 60 年代的大动荡、大分化和大改组，战后初期形成的两大阵营的局面面目全非，到 70 年代初，各种政治力量基本定型。在资本主义世界，西欧、日本虽然同美国在共同立场、共同利益基础上结成联盟关系，需要联合美国抗衡苏联，但是，它们同美国之间也存在着控制与反控制的斗争和贸易之间的矛盾。它们害怕被卷入美苏争霸的漩涡之中，不希望美苏争霸升级，主张美苏减缓军备竞赛，缓和东西方关系。因此，西欧、日本成为一支维护世界和平的重要力量。在社会主义世界方面，中苏分裂后，中国坚定地反对两个超级大国的霸权主义，1971 年联合国恢复了中国的合法席位后，更增添了中国在维护世界和平中的力量。随着国际形势的发展，世界政治的多极化格局越来越明显，主要表现在：美国实力相对下降；苏联的发展速度减慢；而西欧、日本的实力相对上升；中国的经济建设取得巨大成就，特别是 1978 年以后，实行改革开放政策，综合国力不断提高，在国际上日益发挥着重要作用。

20 世纪 50～70 年代，美国经济增长速度一直低于日本和大多数西欧国家，在世界经济中所占有的比重趋于下降。1973～1975 年，美国发生了战后最严重的一次经济危机。此后，美国的通货膨胀加剧，劳动生产率增长缓慢，能源危机爆发，美元地位衰落，“滞胀”情况严重。1979～1982 年，美国发生了战后第七次经济危机。1985 年美国沦为世界上最大的债务国。美国在资本主义世界中的经济优势受到严重削弱。

20 世纪 70 年代后期，苏联的粗放型经济发展到了极限，由于未能及时转入集约化的轨道，增长速度显著下降。第 10 个五年计划（1976～1980 年）预定的工业年平均 6.2%～6.6%的增长率没有实现，实际只增长 4.4%。1985 年戈尔巴乔夫上台后，提出“加速社会经济发展战略”，要对僵化的苏联政治经济体制实行彻底的改革。实际上，戈尔巴乔夫的经济体制改革未能有效进行，苏联经济条件日益恶化，最终导致国内各种矛盾的总爆发。1991 年苏联解体，分裂为 15 个国家。

1973 年，英国、丹麦、爱尔兰 3 国加入欧共体，80 年代，希腊、葡萄牙和西班牙也先后加入，使欧共体由原来的 6 国扩大到 12 个国家。1979 年，欧共体的国民生产总值达 23 938 亿美元，首次超过美国，对外贸易总额 11 821 亿美元，3 倍于美国，9 倍于苏联，黄金外汇储备 1080 亿美元，占世界首位。在政治上，欧共体内部加强合作。80 年代，欧共体的政治联合趋势进一步加强，西欧国家把政治联合列为当务之急。西欧政治联合的长远目标是建立欧洲政治联盟，实行共同的外交和安全政策，在未来的国际格局中扮演更重要的角色。

二、冷战后的世界地缘政治形势

地缘政治作为近现代国际关系的重要理论，是指以地缘关系为基本出发点和立足点，制定一国的国家战略和外交政策，以获取较大的国家利益。地缘政治理论产生于 19 世纪末 20 世纪初，盛行于 20 世纪三四十年代。冷战时期，地缘政治理论是美苏制定全球争霸战略的重要依据。冷战结束后，地缘政治以崭新的时代内涵和多维的现实视角，开始呈现新的理论生机，国际关系中的地缘政治战略开始了历史性的重组。因此，在把握地缘政治理论发展的历史轨迹的基础上，研究当代地缘政治的新的特征就显得非常重要。

（一）演进中的世界多极化格局

20 世纪 90 年代初，伴随冷战结束和苏联解体，苏美争霸的两极格局土崩瓦解，苏美对峙前沿的主轴线归隐田园，世界地缘政治的边缘线若隐若现，世界各主要政治力量开始了新的分化组合，世界地缘政治形势进入了新的变动时期。

冷战结束后，在全球政治舞台上，以大国关系为轴线，世界地缘政治体开始了新一轮的分化重组。欧亚大陆地缘政治力量的变化与重组是同步进行的，大国关系的调整、变化、重组，是构建世界多极格局过程中的主线。

1. 北约战略调整与欧洲地缘政治格局重组

冷战后的欧盟和北约，瞄准了苏联解体后在东欧地区留下的政治真空，加紧了东扩步伐。在 20 世纪 90 年代，北约组织为适应变化后的世界形势，进行了重大的战略调整。①1990 年在伦敦召开的北约首脑会议上，做出了将北约职能由军事政治组织向政治军事组织转变的决定，强化该组织的政治功能。②1991 年罗马首脑会议上提出北约“全方位防御战略”的主要任务是“预防冲突和处理危机”。③1999 年 4 月华盛顿首脑会议上提出了北约的“新战略概念”，其实质和核心是要把所谓“人道主义干预”合法化，为美国和西方用武力插手他国事务披上合法外衣。

与冷战后世界形势的发展相背离，北约扩大和强化了其冷战时期的功能。壮大后的欧盟与东扩后的北约是现在欧亚大陆上最突出的地缘政治体，冷战时期的欧洲地缘政治格局已经彻底改变。苏联解体后，欧洲自强、自主意识进一步苏醒，欧洲要建立独立防卫的步伐明显加快，这不仅大大削弱了美欧同盟的政治和战略基础，加大了欧美的离心倾向，同时也为俄欧美关系的接近提供了新契机。美、欧、俄三角关系在欧洲处于新的变化调整中。

2. 中俄战略协作伙伴关系的确立与世界多极化格局

北约东扩对俄罗斯战略空间的挤压，逼迫俄罗斯对国家战略进行新的反思。首先，建立周边睦邻关系，巩固独联体，稳固大后方，是俄外交的重中之重。其次，在亚太地区同中国建立战略协作关系，对俄罗斯欧洲核心地区的安全，显得愈益重要。中国经过20余年的改革开放，经济得到飞速发展，综合国力不断增强。中国的和平崛起，是冷战后具有全球意义的一个突出的地缘政治现象。但是中国的发展，受到了西方的遏制，为了化解西方的遏制压力，需要我们密切同俄罗斯的协作关系，在共同对付西方遏制战略方面，中俄两国存有共同的战略利益。

中俄战略协作伙伴关系，对欧亚大陆的地缘政治结构的变化与格局的形成产生深刻影响。鉴于中俄两国的政治、经济和军事实力，两国间战略协作伙伴关系对稳定世界局势、促进多极格局的形成起到十分重要的作用。

3. 相对独立的伊斯兰政治板块

伊斯兰板块矗立在欧亚大陆的南部和北非地区，介于欧洲、亚洲和非洲之间，东起中国新疆，西到地中海，北起高加索、乌拉尔，南到印度洋这样一个广阔的地域空间。由于宗教文化和意识形态的特殊性，伊斯兰板块同欧亚大陆其他地缘政治体之间存在界线分明的差异，表现相对独立。伊斯兰板块地缘政治的相对独立性，并非得益于其军事、经济实力，而主要来源于宗教文化的特殊性所表现出的政治力。美国发动的针对阿富汗和伊拉克的战争，使伊斯兰世界的反美情绪极度高涨，对西方国家的恐怖袭击活动层出不穷，这将对世界政治形势的发展产生重要影响。

（二）全球化与世界地缘政治格局的全球性

由于现代交通、通信、信息技术的高度发展，地球日益缩小，全球化正在成为事实，全球已在政治、经济、文化等方面不断融合。原先的边缘、落后地区将同中心国家一样被纳入全球地缘政治格局之中，成为全球地缘政治格局中不可分割的一部分。在新时期的世界地缘政治格局调整中，原先的边缘地区将不再被忽视、遗忘，世界地缘政治格局将具有真正的全球性。

世界地缘政治格局的全球性主要体现在以下两个方面。

（1）参与主体的全球化。国际关系的参与主体决定于世界战略力量对比关系，受制于民族国家和国际组织的发展状况。在冷战时期，由于两极对峙和美苏争霸的压抑，国际关系的核心主体是国家，起决定作用的是美苏两国。反映在地缘政治上，必然呈现出参与主体的区域化和极权化。冷战结束后，不仅隶属两极体系的中间力量获得了新生，而且独立于两极体系之外的政治力量迅速崛起。不仅发达国家继续强化地缘政治战略，而且广大发展中国家也积极制定地缘政治战略。

（2）战略范围的全球化。当今的地缘政治战略，再也不可能只通过地区性的相邻关系来谋取政治优势，必须从全球视野思考地缘政治，制定面向全球的地缘政治战略。美国在继续加强欧洲战略重点的同时，更多地关注亚太地区，形成了立足北美、面向两洋（大西洋、太平洋）、联结拉美、扩展非洲的全球战略。俄罗斯一改20世纪90年代初期“向西方一边倒”的外交政策，制定了既重视西方、又面向亚太的全方位的“双头鹰”战略。日本在加强日美战略同盟关系的同时，制定了“欧亚大陆外交”的全新战略。处于发展中的拉美和非洲国家也更多地谋求洲际间国家关系的发展。

（三）世界地缘政治格局呈现板块化特征

为迎接全球化浪潮，世界上正在形成以区域为单位的国家间合作潮，各国不分大小、贫富、强弱，甚至民族、文化和意识形态差异，开始按相对独立的地理单元进行区域整合，地域性板块意识逐渐成为国际地缘政治的新现象。世界正在形成一系列以欧盟为代表的地区性国家组织，这进一步扩大了地缘政治的空间活动范围，模糊了中心区与边缘区的界限，这是对冷战时期的两极政治或大国政治的进一步否定。伴随区域整合加快、加深，全球地缘政治布局将会呈现出显著的板块化特征。今后，区域集团竞争也将会取代国家竞争成为世界竞争的新的形式。

三、地缘政治格局的变化对世界经济的影响

（一）地缘政治格局与金融风险

在经济全球化时代，世界地缘政治形势的变化对国际金融的影响越来越大。眼下，中东地区硝烟不断，巴以和平前景扑朔迷离，伊朗核问题更是一波三折。应对中东地区混乱局势承担主要责任的美国非但没有检讨的意思，而是变本加厉，执意要推行所谓“泛中东计划”和其他既定政策，强行在该地区推行美国的价值标准。因此，许多伊斯兰国家的投资者对美国怀有很强的抵触情绪，政治原因使得他们不断抛售美元，将资金转向态度比较温和的欧洲。从2002年开始，中东投资者一直在断断续续地抛售美元，购进欧元。2004年，在连续一周的时间里，中东投资者大约抛售了70亿美元，其中以沙特货币当局的抛售力度最为明显。这使得备受贬值困扰的美元面临更大的压力。同时，由于世界恐怖主义的蔓延，美国、英国等西方国家加大了对国际金融市场上的资金的审查力度。一经怀疑某笔资金与恐怖主义有关联，就会马上将其冻结。这加剧了投资者的恐慌，造成国际资金流向的频繁变动。

地缘政治形势的变化将有可能改变国际资本市场上的资金流向，资金流向的频繁变动将会提高国际金融市场的不确定性与不可预知性，给国际金融监管增大难度，使国际金融市场原有的均衡状态给打破，造成金融市场的混乱，增大全球金融风险爆发的可能性。

（二）地缘政治格局与能源危机

随着世界政治经济形势的发展和变化，在不同历史阶段形成了不同的世界能源中心。而由于能源特别是石油具有的特殊战略价值，世界能源中心同时也成为各种政治力量争夺的焦点。

今后，如何获得和维护对本国经济发展和国家安全至关重要的稀缺资源，就成为维护国家安全的首要任务。伊拉克战争后，世界能源地缘政治格局和世界石油市场格局正在发生重大而深远的变化，对世界经济的影响也会越来越大。目前，世界各主要国家的外交政策很大程度上都取决于本国的能源安全需求。如何保证本国的未来能源供应，保持能源运输的畅通，保障能源安全，已经成为迫切需要解决的问题。由于能源战略的特殊重要性，世界各国都在积极研究世界能源地缘政治格局的新变化，并加快制定适应本国战略目标的能源战略。美国政府已经将能源安全放在美国对外贸易和对外政策的首位。由时任副总统切尼领衔的布什政府国家能源政策研究小组提出的《国家能源政策报告》，其核心问题就是石油问题。

资源分布的不均衡性，以及石油产地和消费市场相距遥远，需要通过管道和油轮相连，更加大了地缘政治的紧张局势，并造成突发事件的可能性。世界主要产油国的政治形势的恶化，特别是以美国推行的单边主义、独霸世界、控制石油资源的构想，往往会造成国际石油市场高度紧张，从而推动石油价格急剧冲高，对建立有效、公平、安全的国际石油市场体系构成不利影响。这些问题如果长期不能得到解决，原本已经使石油价格中掺入了高风险成分，一旦矛盾激化、突发，就加大了不确定的程度。因此，许多世界主要石油消费国将石油进口来源多元化作为其能源安全战略的重要目标之一。

（三）地缘政治格局与区域经济合作

冷战时期的地缘政治关系，更多的是以政治军事划分为主的结盟关系，经济因素虽对国家综合国力产生决定性影响，但对地缘政治影响较小。冷战结束后，经济科技的迅猛发展彻底改变着世界政治的面貌，经济安全正成为国家安全乃至国际安全的主导因素，谋求有利的国际环境和周边环境，全力发展经济科技，力争在21世纪初国际战略新格局中处于有利地位，是世界各国外交战略的核心内容和追求的基本目标，这无不给当今的地缘政治战略打下了深深的经济烙印。

当今地缘政治战略的制定和组成，已不再从军事与意识形态角度来考虑，而是以经济地理和经济利益为基础的。国家和集团特定的经济利益、对外经济关系和经济区域网络，已经成为决定地缘政治的基本要素。在此背景下，国家间地缘政治关系出现了新的特点。①地缘政治关系的平等化。国家无论大小、贫富、强弱，都积极谋求以平等的地位参与国际关系，主体化与民主化趋势明显加强。②地缘政治关系机制化，即以建立高层化、制度化的政治对话为主要渠道，以首脑外交为主要推动力，以确立共同接受的交往规则为准绳，形成一种相互制衡的有效机制。③地缘政治关系的互利化。当今的地缘政治并非是一种敌我分明、非此即彼、你死我活、唯我独尊的关系格局。要想求得本国的发展，必须支持他国的发展；要想争得本国的地位，必须尊重他国的地位，已经成为国际政治的交往规则。利益相融、命运相连的地缘政治关系不是零和游戏，更不是生死较量，而是利益共享、风险同担、双赢和多赢的关系格局。国家间地缘政治关系的改善在很大程度上促进了区域性经济合作的发展，导致了以欧盟、东盟为代表的地区性经济合作组织的建立。

➢本章小结

森林衰退、土壤退化、淡水不足和能源问题是主要的全球性资源破坏问题。而全球性环境问题主要是指全球性的环境污染和生态破坏等问题，包括温室效应、酸雨、化学品污染和废弃物的越境转移等。人口问题和贫困化问题是全球性问题的核心。在经济全球化时代，南北差距有不断扩大的趋势，这将导致国际债务危机等严重后果。世界经济发展失衡将会对世界经济带来很大影响，引发国际市场需求、利率、汇率、资金流向和流量的剧烈变动。当代世界政治格局经历了两极格局的形成到两大阵营的形成、对抗与分化，美苏争霸，两极格局向多极格局转换的过程。国际政治格局的变动导致世界地缘政治格局的重组，并给世界经济带来非常大的影响。世界经济总体上保持着增长趋势，但是世界经济发展的历史也是增长与危机交错并存的历史。

➢关键词

资源　环境　人口　温室效应　贫困化　南北差距　债务危机　世界经济发展失衡　世界经济增长　世界经济危机　结构性危机　世界政治格局

➢思考题

1. 全球性资源破坏的成因是什么？
2. 全球性环境问题的成因和危害是什么？
3. 全球性人口问题的严重性体现在什么地方？
4. 当前南北差距扩大主要体现在哪些方面？
5. 当前世界经济发展失衡主要体现在哪些方面？
6. 简述造成世界经济发展失衡的原因及影响。
7. 20 世纪 90 年代世界经济增长的特点是什么？
8. 第二次世界大战后世界经济增长的原因有哪些？
9. 简述战后世界经济危机的概况。
10. 简述世界地缘政治形势的变化对世界经济的影响。

参考文献

国际货币基金组织. 2013. 世界经济展望：希望、现实、风险.
国家统计局国际统计信息中心. 2004. 2004—2005 中国与世界：经济回顾与展望. 北京：中国统计出版社.
韩世隆. 1992. 世界经济简明教程. 成都：四川大学出版社.
胡焕庸，张善余. 1982. 世界人口地理. 上海：华东师范大学出版社.
吉尔贝・夏尔. 1989. 人口过剩：穷人的增长. 编译参考，(10)：43.
李铃铃，刘启静. 2003. 高新技术产业的南北差距及对策. 世界地理研究，(9)：25.
林闽钢. 1994. 中国农村贫困标准的界定. 管理现代化，(2)：25.
卢进勇，朱希彦. 1997. 国际经济合作与投资理论和实务. 北京：中国审计出版社.
马中. 1999. 环境与资源经济学概论. 北京：高等教育出版社.

石景云. 1997. 经济增长与波动. 北京：商务印书馆.
陶继侃，等. 1995. 世界经济概论. 天津：天津人民出版社.
王生有. 1995. 世界经济概论. 成都：西南财经大学出版社.
邬沧萍. 1983. 世界人口. 北京：中国人民大学出版社.
杨国昌. 1997. 当代世界经济. 北京：北京师范大学出版社.
张幼文，屠启豪. 2001. 世界经济概论. 北京：高等教育出版社.
赵莉. 1998. 世界经济概论. 北京：中国经济出版社.
庄起善. 2008. 世界经济新论. 上海：复旦大学出版社.

第十章

国际经济协调

国际经济协调是宏观经济政策国际协调的简称，是指在国际分工高度发达的基础上，世界各国为了解决涉及彼此间在国际经济利益中的矛盾与问题，保障世界经济以较正常的秩序运行，由各国政府出面通过一定的形式，以各个国家或地区的政府或国际经济组织为主体，在承认世界经济相互依存的条件下，就汇率政策、贸易政策、货币政策和财政政策等宏观经济政策在有关国家或地区之间进行协商和调整，或者对国际活动采取联合干预、管理和调节的行为。国际经济协调既是经济全球化过程中国家间交往日益密切的必然，也是在经济全球化过程中克服各种矛盾、冲突的需要。国际经济协调的广度和深度是与经济全球化的广度和深度相一致的。

第一节　国际经济协调的基础

一、第二次世界大战以后国际经济协调的发展

（一）第二次世界大战以后国际经济协调的背景

国际经济协调主要产生于世界经济的动荡和危机。第二次世界大战后，经过了世界经济的“黄金时代”之后，从20世纪70年代开始出现了频繁的动荡和危机。先是70年代爆发了多次美元危机，导致战后维持了20多年的布雷顿森林体系的崩溃。1973～1975年爆发了战后最严重的经济危机，导致了战后最严重的经济衰退。1973年和1979年两次石油危机的冲击给世界经济造成了重大影响。1979～1980年世界范围内的通货膨胀加剧，标志着战后高速发展的资本主义经济已深陷“滞胀”的泥潭。到20世纪80年代，世界经济仍处于动荡不安之中。1979～1982年的资本主义世界的经济危机引发了一场严重的世界性经济衰退。1982年8月，爆发了一场严重威胁国际金融秩序的全球性债务危机。1987年11月美国纽约股票交易所道·琼斯工业指数的狂跌，触发了一场震撼世界的股市危机。而整个80年代，国际金融市场利率变动不已，汇价剧烈波动；

同时贸易保护主义盛行，贸易摩擦加剧。20 世纪 90 年代世界经济仍是危机不断，但危机主要发生于金融领域。1994 年爆发了墨西哥金融危机，1995 年爆发了巴西金融危机，1997 年爆发了东南亚金融危机，1998 年又爆发了俄罗斯金融危机。而 2008 年爆发的全球性金融危机影响更是深远，对世界经济的负面影响至今还未完全消除。

（二）第二次世界大战以后国际经济协调的发展

第二次世界大战以后，随着经济国际化和全球化进程的加快，随着世界经济动荡和危机的加深，国际经济协调已从部分领域发展到全方位，从少数国际经济组织的协调发展到多层次、多方式的协调。国际经济协调有广义和狭义之分，狭义的国际经济协调主要指涉及全球性重大经济问题的协调；广义的国际经济协调除协调重大的国际经济问题外，还包括区域性的多边经济协调。第二次世界大战以后到布雷顿森林体系崩溃以前，国际经济协调主要由一些超国家的国际经济组织进行，如国际货币基金组织、关贸总协定和世界银行等。但是由于当时的国际经济秩序基本上是以布雷顿森林体系为框架，以关贸总协定为基础，以美国为核心的机制，因此，国际经济协调基本上是由美国操纵的。该阶段协调的范围主要是国际贸易和国际金融领域，范围有限，作用也有限，是比较初步的协调，是依赖少数国家和少数国际经济组织的协调。

进入 20 世纪 70 年代初以后，国际经济协调朝全方面和多层次、多方式方向发展，该阶段的国际经济协调不仅表现为国际机构、多边协议框架下或区域经济合作过程中的协调，还表现为西方主要发达国家的政府领导人就重大经济问题进行政策方面的协调。1973 年布雷顿森林体系崩溃后，牙买加体系确定了浮动汇率体制的合法地位，从此，浮动汇率制盛行。在浮动汇率体制下，汇率、利率、股市和物价动荡不安，国际收支经常失衡，贸易保护主义此起彼伏，国际金融领域充满着混乱和动荡。同时，随着西欧和日本崛起，美国地位下降，失去了昔日的霸主地位，世界经济出现了一定程度的多极化和多元化趋势，国际经济协调的方式和范围日益扩大，并初步形成体系。协调方式除了有国际经济组织，如国际货币基金组织、关贸总协定和世界银行等多边协议外，重要的协调方式还有西方七国首脑会议、七国财长会议和中央银行行长会议等。这些会议基本上每年或每两年举行一次，主要是就当前重大的经济问题进行协调。协调的程序基本是，首脑会议确定国际经济协调的方向和原则，财长会议和中央银行行长会议通过政策协调具体推动和落实重大经济问题的解决，或者对国际货币金融市场进行联合干预，以实现既定的协调目标。重要的协调方式还包括区域性的多边经济协调，如欧共体和各种自由贸易区。区域性的多边经济协调包括五个方面。①自由贸易区：区内消除贸易障碍，区外仍可实行各自的关税政策，如欧洲贸易区、美加墨自由贸易区等。②关税同盟：对内消除关税，对外实行统一的关税政策。③共同市场：对内生产要素实现自由流动，对外实行统一的关税政策。④经济联盟：联盟成立一个专门机构，协调成员国之间的宏观经济政策。⑤经济政治一体化：基本上是一个区域性的超国家的政府主权。

二、国际经济协调的基础

（一）国际经济协调的理论基础

1. 国际经济相互依存理论

国际经济相互依存理论能够说明国际经济协调产生的背景和必要性。国际经济协调是在世界经济动荡和危机不断爆发过程中产生和发展起来的。实质上，国际经济协调是第二次世界大战后经济全球化进程中各国经济相互依赖性不断加深的必然产物。据此，西方经济学家研究国际经济相互依赖问题，由此形成了国际经济相互依存理论。美国学者理查德·库珀（Richard N. Copper）做出了较权威的研究。早在20世纪50年代末60年代初，他就开始研究欧洲经济的一体化进程。并于1968年发表了专著《相互依存经济学：大西洋共同体的经济政策》（*The Economic of Interdependence：Economic Policy in the Atlantic Community*）。随着经济全球化的逐步推进，国际贸易的飞速发展，国际上金融联系的日益密切，跨国公司生产国际化的不断扩大，世界经济相互依存的特点日益突出，各主权国家的政府通过国内宏观经济政策的调整实现其内外部经济平衡的难度日益增大，因为任何一国或地区的经济政策在很大程度上都受到其他国家的影响，一国或地区的经济波动都有可能在短时期内传递到其他国家或地区，甚至酿成世界性经济危机。第二次世界大战后到20世纪70年代初，美国的经济盛衰在很大程度上直接影响到整个世界经济的盛衰。20世纪70年代以后，随着西欧和日本的崛起，其政策行为也开始对美国和其他国家或地区构成影响。进入20世纪80年代以后，发展中国家的经济波动也开始对世界经济产生巨大影响，甚至造成世界性的经济波动，如东南亚金融危机的影响。

国际经济协调理论是根据宏观经济政策的“传递”和“溢出”效应而提出的。国际宏观经济政策并不是一国对外经济政策简单的延伸，而是从全球角度考虑对各国经济政策进行协调。一国的宏观经济政策不限于国内，通货膨胀、通货紧缩、失业等通过“传递”和“溢出”会成为世界性的。一国的经济波动主要通过资本流动条件下的国际贸易收支和汇率两条途径进行国际“传递”和“溢出”。在这种情况下，单靠一国实行内外均衡政策，不足以解决全球性问题。其原因在于三个方面。一是政策工具不足。财政、货币政策基本上是解决国内均衡的，即使在浮动汇率制度下，一国也很难单独使用汇率政策解决内外均衡。二是政策目标不协调。例如，由于各国的政策优先目标不一样，对通货膨胀和失业问题，有的国家重视通货膨胀问题，有的国家则重视失业问题。三是政策不协调致使政策工具的效率降低。通过国际协调，不仅可以使全球性问题得到解决，而且可以防止一国经济政策的消极效应向别国“传递”和“溢出”。1975年以来，西方七国首脑会议协同解决世界经济问题，以及欧洲货币体系的建立，在很大程度上都是对国际经济协调理论的运用。

2. 博弈论

博弈论能够提示国际经济协调的结果和可能性。博弈论（The theory of game）又称对策论，是由匈牙利著名数学家约翰·冯·诺伊曼（John Von Neumann）创立的，是一门关于博弈的理性行为的理论。该理论最初只是运用于棋弈、桥牌和战争中的策略制定和选择。1944年，冯·诺伊曼与奥斯卡·摩根斯顿（Oskar Morgenstern）合著的《博弈论与经济行为》，开创性地将博弈论运用于经济领域。1994年，美国加利福尼亚大学伯克利分校的约翰·海萨尼（John Charles Harsanyi）、美国普林斯顿大学的约翰·纳什（John Nash）及德国波恩大学的莱茵哈德·泽尔滕（Reinhard Selten）三位经济学家，因扩展和深化了博弈论在经济行为分析中的运用而获得了当年的诺贝尔经济学奖。

博弈论在经济学中的运用最先集中于微观领域，而博弈论在微观经济学中的成功运用对宏观领域和国际经济协调与合作富有启示意义。西托夫斯基和哈里·约翰逊则是西方经济学家中最先将博弈论引入宏观决策分析和国际经济协调理论的经济学家。他们分别于1942年和1953年较早地从博弈论角度对国际贸易冲突进行了探索性的分析。而理查德·库珀1968年对欧共体的经济政策协调进行了策略性的分析。日本经济学家滨田宏一（Koichi Hamada）于20世纪70年代末对货币领域的国际协调特别是对国际货币体制选择进行了策略性分析。

一般来说，每一个国家都有一个包括就业、产出和物价水平的社会经济福利函数，而政府管理经济的目标就是要合理地确定特定的政策工具及其量值，以使社会经济福利极大化，或者使各种损失的组合极小化。但是，由于世界经济相互依赖性的不断增强，一国的政策行为会影响到别国的社会福利函数。结果，各国的宏观经济政策制定或选择过程就像一局博弈。博弈论所揭示的，就是局中人在各种状态下结盟或非结盟，如何做出决策来尽可能地使自身利益或结盟整体的利益达到最大化。虽然博弈论在宏观经济分析中的应用有助于人们理解国际经济相互依存条件下各种利益冲突格局所包含的利弊得失结构，并能为各国间的宏观经济政策协调设计一个更好的博弈规则提供坚实的理论基础。但是，博弈论在宏观经济决策行为分析中的运用并不能消除或解决国际经济交往中所产生的各种矛盾或利害纷争，也不能帮助各国形成一个最优的经济发展战略。

（二）国际经济协调的现实基础

（1）随着第二次世界大战后各国经济的国际化，世界经济相互依存的程度不断加深，需要进行国际范围内的经济协调。第二次世界大战后，随着生产的国际化、资本的国际化和国际贸易的进一步发展，加上各国金融自由化和金融国际化步伐的加快，金融市场全球一体化程度不断提高，使世界经济相互依赖、相互影响的特点更加明显。一国的宏观经济政策很难单独发生作用，各国国内宏观经济政策常常“传递”和“溢出”到其他国家，从而使一国的经济政策或经济波动国际化或全球化了。例如，1974～1975年的经济衰退，20世纪70年代的滞胀，1979～1980年的经济衰退，1997年开始的东南亚金融危机、2008年爆发的全球性金融危机等都是世界性的，都是国内经济政策或经济波动的“传递”和“溢出”效应所致。因此，世界经济越发展、越全球化，客观上越需要国际经济协调。

（2）第二次世界大战后世界经济发展的失衡所产生的危机和波动，客观上需要国际经济协调。这表现在以下几个方面。①战后经济周期性危机的同步性特点有加快的趋势。由于各国经济国际化，各国经济相互依存程度日益密切，一国经济危机或波动会同步“传递”和“溢出”到其他国家和地区，在此情况下各个国家单靠自己解决危机和波动往往难以奏效，需要国际协调。自1975年朗布依埃首脑会议以来，每遇周期性经济危机就要召开国际会议协调解决。②除周期性危机外，一些危机，如石油危机、债务危机、金融危机等使世界经济动荡不安。这些危机给世界经济的稳定造成了巨大影响，西方首脑会议和国际经济组织对这些危机的协调，往往能够使危机得到一定的缓解或初步解决。③20世纪70年代的滞胀和汇率的剧烈波动，使世界经济失衡加剧。20世纪70年代各国推行凯恩斯赤字财政政策导致严重的滞胀。由于布雷顿森林体系的崩溃，浮动汇率盛行，汇率和利率波动加剧，国际金融市场动荡频繁，贸易保护主义日益严重，国际经济领域的矛盾、冲突和动荡加剧。这客观上需要七国首脑会议、国际经济协调组织和区域性经济组织进行协调，事实上这些国际性协调对世界经济的稳定、健康发展发挥了作用。

（3）世界经济发展不平衡形成的多极化格局及国际竞争的加剧，客观上也需要国际经济协调。20世纪70年代以来，美国由于出现了严重的贸易逆差、财政赤字及美元危机，使美国在世界经济中的经济地位下降。西欧、日本经济的崛起使其在世界经济中的地位上升，并在贸易、投资及金融等领域对美国构成极大威胁，日元、马克成为重要的世界货币。同时，一些新兴工业化国家和地区，如亚洲“四小龙”和拉美的阿根廷、墨西哥、巴西等也积极参与世界经济竞争。世界经济多极化和国际货币多元化格局加剧了世界金融、贸易、投资等领域的矛盾和冲突，这客观上需要国际经济协调。

三、国际经济传递机制

国际经济传递机制是指由于经济全球化加深了各国经济相互依存相互影响的程度，一国经济会通过一些渠道传递或溢出到其他国家，由此形成的相关经济变量的一系列变动过程。

（一）国际贸易的传递机制

国际贸易传递机制主要是通过世界价格和国际收支两条渠道来引起相关经济变量变动的。

（1）世界市场价格的传递。一国经济可分为开放部门和封闭部门。开放部门直接受到世界市场的影响，而封闭部门则间接受到世界市场的影响。世界市场价格对一国经济变量的影响过程是：世界市场的价格首先引起一国开放部门的价格相应的变动，开放部门的价格变动又会引起封闭部门的价格变动，从而导致整个国内市场价格水平的变动，最终引起国内产量和就业水平的变动。在这种传递过程中，如果一国的开放部门在该国经济中所占的比重越大，一国的外贸总额在世界贸易总额中所占的份额越大，或者一国的某类商品在世界的总供给或总需求中所占比重越大，则世界市场价格对该国传递的效果就越大，世界市场价格的变动对国内经济的影响也就越大。

（2）国际贸易收支的传递。在国际资本自由流动条件下，一国贸易发生逆差，会传递到其他国家，使这些国家发生贸易顺差。顺差国的资金会流向逆差国并为其融资。以欧洲和美国为例，假定美欧之间资本自由流动，两地的利率通过套利可以趋于相等。假设美国发行公债，公债的发行促使美国利率上升，引致大量外资流入美国，导致美元汇率升值，致使美国商品出口困难，从而恶化了美国的国际收支。美元的升值使欧洲货币贬值，使欧洲商品出口容易，欧洲的国际收支得到改善，增加了对欧洲商品的需求，也增加了欧洲对美国的投资。1982～1983年的情况就是例证。当时美国的高利率吸引欧、日资本大量流向美国，导致美元持续升值，美国的国际收支不断恶化；而美国从欧、日大量进口则改善了欧、日的国际收支，增加了对欧、日商品的需求，有助于欧、日经济走出衰退。相反，当美国增加货币发行量时，美国利率下降，大量资本外流，美元贬值，美国的对外贸易条件改善，欧洲的国际收支恶化。

（二）国际金融的传递机制

国际金融的传递机制是通过比较多的渠道来进行的，一般来说包括以下几个方面。

（1）汇率的传递。一国汇率的变动不仅会影响其他国家的进出口价格，而且会影响别国的货币、工资、产量和就业等。以美国和日本为例，先从需求方面看，如果美国实行扩张性的财政政策，美国利率上升，日元会流入美国，使美元升值，而日元贬值，日本对美国的出口增加，从美国的进口减少，导致日本的贸易顺差，并使日本的产量和就业上升。从供给方面看，假定石油以美元定价，如果日元对美元贬值，就会增加日本进口石油的成本，引致日本物价和工资上升。如果日本商品的价格赶不上工资等成本的上升，企业就会减少产量。

（2）利率的传递。当一国的利率低于或高于国际金融市场利率时，就会导致国际资本的流入或流出，进而影响其他国家的资本供给和利率，从而导致各国的通货膨胀率与世界通货膨胀率一起浮动。由于世界各国的利率差是客观存在的，又由于国际游资数额巨大，利率传递对国际经济的影响越来越大。

（3）货币政策的传递。当一国通货膨胀率高于世界其他国家的通货膨胀率时，国内货币供给过多，信用较松，资本外流，会引致国际收支逆差。当该国采取紧缩政策后，通货膨胀率下跌，但本国的通货膨胀已随着资本外流传递到了国外。当世界其他国家的通货膨胀率高于国内时，资本流入该国，导致国际收支顺差。为了避免外资过多的流入，该国实行扩张性的货币政策，使国内通货膨胀率与世界趋于一致，于是世界通货膨胀就传递到了国内。

（4）信贷的传递。当世界其他国家经济衰退时，一国的短期信贷被抽回，该国的政府或企业、银行就可能发生信用或支付危机，甚至金融和经济危机。如果一国因经济衰退而拖欠债务时，就会引起债权国或债权银行经济困难。在国际信贷关系日益密切的当代，信贷的传递所引起的各种全球性经济问题已越来越严重。需要注意的是，国际金融传递效应的大小取决于一国金融或经济的自由化和国际化程度。如果在本国的外资数量和本国在国外的资本数量较大，包括本国银行中国外存款比重较大，短期存款较多，本国拥有的外国有价证券和外币的数额较大并且短期资本比重较大，以及本国与其他国家政府对资本流出入持宽松政策，本国利率与国际货币市场利率存在着一定差异，本国汇率贬值幅度较大等，那么国际金融传递对本国所产生的负面效应就较大。如果一国外资数量较少，或者外资数量较多但构成较合理，或者对资本流出入管制严格，国内金融市场发育又较落后，那么该国受国际金融传递的负面影响就较少。

（三）国际直接投资的传递机制

国际直接投资的传递机制主要通过以下几个渠道来体现。

（1）资金的传递。对于东道国来说，大量外商直接投资的流入，表明有大量的国外资本进入本国。这有利于缓解东道国资金短缺的局面，提高东道国的投资与就业水平，加速东道国的经济增长。对于国际直接投资的母国来说，国际直接投资可能会造成大量资金的外流，造成本国投资资金的短缺，导致国际直接投资母国的投资水平与就业水平的下降，引发“产业空洞化”现象，对其经济增长造成负面影响。

（2）技术的传递。国际直接投资不仅仅是资金的国际流动，其本质是资金、技术、管理经验等生产要素的一揽子投资协议。跨国公司通过国际直接投资，以内部化方式进行技术转移，不仅降低了交易成本，而且提高了技术转移的有效性。对于东道国来说，国际直接投资不仅能带来先进的生产设备、新发明与新创造等硬技术，还能带来包括市场经验和知识、品牌与营销技能、组织和管理方法等软技术。这对提升东道国的技术水平，培育其自身的技术创新能力有重要意义。对技术输出国来说，一方面，技术转移可能会削弱其科技与经济实力；另一方面，其通过国际直接投资进行技术转移则有利于其利用技术优势和市场优势，在许多产业获得国际竞争的主动权。所以，国家间合理的技术流动，有利于受让双方。

（3）劳动力的国际流动传递。国际直接投资还会造成劳动力的国际流动。例如，一项投资项目，跨国公司可能会派其本国的技术人员与管理人员到东道国进行实际的操作与经营。劳动力国际流动的传递机制是比较复杂的问题。由于劳动力的国际流动是最困难的，而且其流动是多种因素作用的结果，所以在分析劳动力国际流动的传递机制时主要是从理论上分析的。总的来说，劳动力国际传递是通过工人的工资水平的传递和失业人数的转移而发生的。假定世界上只有两个国家，一个是劳动力输出国印度，一个是劳动力输入国美国。如果劳动力可以在两国间自由流动，劳动力从印度流入美国会引起两国劳动力市场上劳力供求的变动，从而使劳动力价格或工资发生变动。如果印度劳动力流入美国刚好是美国对劳动力的需求，那么劳动力流入对美国的就业和工资水平不会产生影响；如果印度劳动力过剩，工资下降，失业增加，劳动力流入使美国劳动力市场供大于求，就会导致美国失业增加和工资水平下降，从而使失业从印度传递到美国。

四、国际经济协调的经济效果

（一）第二次世界大战后国际经济协调对世界经济的稳定、健康增长做出了一定贡献，取得了积极的经济效果

第二次世界大战后国际经济协调对世界经济的增长起到了积极的推动作用。这表现在以下几个方面。

（1）国际经济协调组织的建立促进了经济的自由化。第二次世界大战后，国际货币基金组织、关贸总协定和西欧经济共同体等组织的建立，促进了贸易和资本的自由流动。通过国际货币基金组织的协调，战后初期西欧国家逐步取消了外汇管制，促进了货币的自由兑换和资本的自由流动。通过西方七国首脑会议的协调，各国进一步放松了对资本流动的管制，从而促进全球金融一体化和 24 小时开放的全球金融市场的形成，这些都极大地便利了国际资本的流动。关贸总协定通过多次减少关税的谈判使成员国关税由战后初期的 40%下降到 5%，乌拉圭协定更减少到 3%，世界贸易组织又进一步降低了成员的各种关税。

（2）第二次世界大战后的国际经济协调促进了世界经济的增长。例如，1983 年以后为适应各国经济复苏的需要降低了利率；1985 年以后为解决国际贸易收支不平衡而使美元贬值、日元升值；降低了 20 世纪 80 年代初大幅上涨的石油价格；1987 年的股市危机未引起全球经济大震荡；面对 20 世纪 90 年代初出现的世界经济衰退，各国为减轻损失在贸易、金融、利率、汇率及就业等方面采取协调干预政策，取得了较好效果；在世界各国和国际性经济协调组织的共同努力下，1997 年爆发的东南亚金融危机的危害被减少到了最低；而 2008 年的全球金融危机国际社会共同采取财政、金融和贸易等协调机制，共同抑制了危机的进一步恶化和扩散。国际经济协调在一定程度上促进了世界经济的增长。如 1960～1980 年，世界贸易总额增长 4 倍，工业生产总值增长两倍多。1980～1990 年世界贸易额又上升 50%，1990～2000 年，世界贸易出口额从 4.28 万亿美元增长到 7.98 万亿美元，增长了 86%。到 2005 年，世界贸易出口额高达 13.08 万亿美元，比 2000 年又增长了 64%。虽然经受 2008 年的金融危机的冲击，世界贸易经过 2 年的调整后，到 2011 年世界贸易恢复到金融危机爆发前水平，而到 2012 年，世界贸易出口额已达到 22.8 万亿美元[①]。同时，世界国内生产总值也从 1980 年的 11.7 万亿美元增加到 2005 年的 41.7 万亿美元，25 年间提高了 2.6 倍，而到 2012 年世界 GDP 总值增加到 71.7 万亿美元[②]。

（二）第二次世界大战后国际经济协调也存在着局限性

尽管国际经济协调取得了一定的经济效果，但是国际经济领域内的矛盾、分歧和困难的不可避免，以及协调本身的不完善，导致国际经济协调存在着以下几方面的局限。

（1）缺乏广泛性和代表性。国际经济协调组织在解决重大国际经济问题时，本应该广泛听取有代表性国家的意见，但西方大国出于对本国和本集团利益的考虑，往往排斥异己，把有不同意见的国家拒之门外，致使一些重要的国际经济协调会议越来越难发挥作用，一些本应及时解决的国际经济问题得不到应有的解决。

（2）缺乏彻底性和约束力。各种国际经济协调会议经常召开，但讨论和协调的主要是当时国际经济中出现的重大的、亟待解决的问题，具有头痛医头、脚痛医脚的特点，

---

① 数据来源于 WTO 的“International Trade and Market Access Data”数据，按照出口额计算。其中，世界商品贸易出口额为 18.4 万亿美元，世界商业服务贸易出口额为 4.4 万亿美元。

② 数据来源于国际货币基金组织。

没有对国际经济秩序、国际货币金融制度及国际贸易投资制度等带有全局性、战略性的问题进行改革，以从根本上解决问题，以至于国际经济协调会议成了讨价还价、妥协和避重就轻的会议。同时，国际经济协调会议达成的协议由于缺乏权威性和法律约束力，其效果往往大打折扣。

(3) 缺乏公正性和平等性。在一些国际经济协调中，西方大国处于主导地位并发挥主导作用，它们往往把本国和本集团利益放在首位，对其他国家和集团任意施加影响。例如，20 世纪 80 年代初在解决发展中国家的债务危机问题上，发达国家经过多次讨论和协商，提出了一些解决方案，但在实施过程中由于涉及发达国家的利益而未得到落实。

第二节 国际经济协调的内容

一、国际贸易的协调

(一) 国际贸易的协调以消除贸易保护主义为主要目的

国际贸易协调是国际经济协调的主要内容，它主要通过国家间贸易政策的协调来消除贸易障碍、贸易失衡和贸易摩擦，促进国际贸易的自由化发展，推动世界经济的发展。第二次世界大战以后，发达国家贸易自由化倾向日益增强，但是，贸易保护主义也时时回潮，“贸易战 ”时有发生，贸易障碍仍然较多，贸易失衡经常出现，贸易摩擦不断增多，贸易领域的国际协调日益重要。战后，国际贸易的协调对缓解贸易领域的矛盾和冲突，限制贸易保护主义，推进贸易自由化和经济全球化发挥了非常重要的作用。

(二) 国际贸易的协调以关税削减为主要内容

关税是货物经过一国关境时征收的税收。在欧洲资本主义生产方式形成时期，尤其是欧洲资本原始积累时期（15～17 世纪），重商主义的对外贸易政策在欧洲极为盛行，高关税是该时期贸易政策的主要特征。18 世纪和 19 世纪，亚当·斯密建立并由大卫·李嘉图发展了自由贸易理论，但该理论是建立在英国应当成为农业世界中唯一工业中心的假设上的，当时其他国家并未完全接受自由贸易的倡议，相反，这些国家加强了关税保护并系统地提出了贸易保护理论。美国在贸易保护理论的指导下，1816 年通过了第一个保护性关税法案，对进口棉花、羊毛制品和一些铁制品征收高达 30%～40%的关税，1862～1864 年又将关税的平均税率从 37%提高到 47%；1890 年 10 月通过的《麦金利关税法》全面提高了进口关税，达创纪录的 49%。1929 年 4 月国会议员斯摩特、霍利提出的关税法对进口品课税平均高达 53%，提高税率的商品有 890 种。1930 年此法案经胡佛总统签署为法律。美国的高关税引起了当时欧洲大陆各国的抵制，其他国家也通过限制性关税对美国进行报复，停付对美国的战争欠款，引起了激烈的“关税战”。大危机加上《斯摩特-霍利关税法》的通过，犹如雪上加霜，使世界经济陷入严重困境。第二次世界大战后期，美国及其他国家的国际政治学家和经济学家认为，20 世纪 30 年代的以邻为壑的贸易政策导致了各国经济和政治上的损失，两次世界大战间的贸易保护主义不仅导致了经济灾难，也带来了国际性战争。国家间必须进行国际合作和政策协调，建立一个开放的国际贸易体系。关贸总协定（1948 年 1 月～1995 年 12 月）就是在此背景下诞生的。关贸总协定自诞生之后就以削减关税为主要内容和任务，经过关贸总协定主持的 8 轮多边贸易谈判，使其缔约方之间的关税水平大幅度下降，发达国家和发展中国家平均降税 1/3，发达国家工业制成品平均关税水平降为 3.6%左右。WTO（1995 年 1 月 1 日成立）的目标是建立一个更具活力、更持久的多边贸易体系，其实现目标的途径首先是大幅度削减关税，而关税减让表则是。WTO 的有机组成部分。WTO 成员在加入时或通过多边贸易协调达成的关税减让，主要是采用约束税率的形式来表现，这种约束税率载于各国的关税减让表中。对于大多数发达国家来说，关税减让表中约束关税占全部税目的比例接近 99%，并且约束关税率位于或接近实际征收的税率水平。在 WTO 成立以前，大多数发展中国家约束关税的产品范围很小，有的甚至不受约束，发展中国家平均约 22%的税目受约束，WTO 成立以后提高到了 72%，约束税率下的进口产品总额所占比例从 WTO 前的 14%上升到 59%；转型经济国家约束关税比例从 73%上升到 98%。

（三）国际贸易的协调以消除非关税壁垒为重要内容

国际贸易的协调除削减关税的内容外，还包括消除贸易壁垒，取消数量限制和外汇管制，解散导致贸易歧视待遇的经济贸易集团，在最惠国待遇和国民待遇基础上建立多边贸易体系等。关贸总协定经过 8 轮多边贸易协调特别是第 6、第 7 两轮多边贸易协调，使其缔约方之间的非关税水平大幅度下降。关贸总协定第 6 轮谈判是 1967 年结束的“肯尼迪回合”，它第一次涉及非关税措施的谈判，达成了《反倾销协议》。关贸总协定第 7 轮谈判是 1979 年结束的“东京回合”，这轮谈判与前 6 轮谈判将重点放在关税减让上有所不同，而是开始将注意力转向非关税壁垒问题，它达成一系列关于非关税壁垒措施或具体产品的守则。守则涉及：①补贴与反补贴措施；②贸易的技术性壁垒（产品标准）；③政府采购；④海关估价；⑤进口许可证程序；⑥修订肯尼迪回合反倾销守则。WTO 为实现其建立更具活力、更为持久的多边贸易协调体系的目标，也以大幅度削减非关税壁垒为途径，以最惠国待遇、国民待遇、互惠互利、市场准入等为原则，协调各成员间的贸易政策，共同管理全球贸易。

二、国际投资和债务的协调

（一）政府经济援助的国际协调

各国政府及其所属官方机构，都在一定程度上直接参与国际投资活动，这种投资活动一般称为官方发展援助，因此官方发展援助作为一种投资活动也成为国际投资协调的重要内容和对象。以联合国为首的国际组织是国际发展援助的主要协调机构。

1. 联合国对官方发展援助的协调

官方发展援助是指国家官方机构（包括中央、地方政府及其执行机构）为促进发展中国家的经济发展和福利水平的提高，向发展中国家或多边机构提供的赠款，或者赠与成分不低于25%的优惠贷款。赠与成分是衡量贷款优惠程度的指标，凡利率低于市场利率的贷款，都包含着债权人的赠与。赠与成分即指一项贷款的赠与部分占该项贷款的比重。当前开展官方发展援助的主要是发达国家。各发达国家均设有专门对外提供政府贷款的管理机构，如美国的国际开发署、日本的海外经济协力基金、英国的海外开发部、德国的经济合作部等。进入20世纪70年代以后，一些产油发展中国家由于获得了大量的石油美元，也开始进行官方发展援助。

当前对官方发展援助政策进行指导和协调的机构主要是联合国。联合国对发达国家政府援助政策的指导，具体体现在联合国国际发展战略上。它是联合国为了促进发展中国家的经济、社会发展而制订的战略规划。国际发展战略以10年为一个规划期，提出10年内发展中国家应该实现的社会经济发展目标、为实现目标必须采取的措施及国际社会为此应做出的努力。第1个国际发展战略于1960年提出。第2个10年国际发展战略于1970年提出，发达国家从1972年起，最迟至1975年，每年向发展中国家提供至少相当于其各自国民总收入（GNI）1%的资金，其中官方发展援助至少应达到当年GNI0.7%的水平，并放宽援助条件。但是实际执行效果很差，到1980年达到上述指标的仅有瑞士、芬兰、挪威、丹麦4国。1980年通过的第3个10年国际发展战略中，重新要求发达国家应尽力在1985年以前，最迟在80年代后半期将官方援助增加到当年GNI的0.7%，并尽早达到1%的水平。实际上，1985年达到0.7%的只有荷兰、法国、丹麦、挪威、瑞典5国。进入21世纪以来，虽然发达国家官方发展援助金额持续增加，2011年年底已达到1300亿美元，但援助金额与其承诺目标还相差甚远。绝大部分发达国家其援助金额占国民总收入比重一直为0.2%～0.4%，没能实现约定的占国民总收入0.7%的目标[①]。

2. 其他国际组织的多边经济援助协调

对政府经济援助进行协调的另一种形式，是对政府贷款和经济援助进行统一运用和集中管理。其中，OECD发展援助委员会是提供官方发展援助资金最多的多边组织，OECD发展援助委员会对官方发展援助的协调内容主要是：确定援助对象，提高对发展中国家的援助总额和实际援助效果，审查发展援助项目的规模和种类，协调援助政策和各种援助计划等。另外，协调组织还包括多种官方国际金融机构。这些机构主要有国际货币基金组织、世界银行，联合国所属机构，如工业发展组织、开发计划署、粮食及农业组织等、地区性开发银行（如泛美开发银行、非洲开发银行和亚洲开发银行等）。这些机构以股份、份额、借款等方式吸收成员方政府的资金，然后根据成员方政府协议所确定的宗旨、职能和任务，如平衡国际收支、支持成员方的经济发展计划、向成员方提供技术援助、支持成员方经济稳定发展等，确定资金运用原则和贷款政策，包括资金投向、贷款对象和重点、贷款条件等，向成员方提供贷款，并具体负责资金统一运用的管理工作。这些机构不单纯以赢利为目的，具有国际经济合作的性质，贷款条件一般比

① 根据OECD的援助统计数据（Aid Statistics）整理而来。

国际金融市场的商业银行优惠，利率较低，期限和宽限期较长，有的结合技术援助进行。这类贷款在发展中国家的外资来源中占有重要地位。

（二）私人投资及外资政策的国际协调

1. 对跨国公司的投资管理

第二次世界大战后跨国公司的直接投资活动在获得迅速发展的同时，与东道国的利益冲突也在不断加剧。为了加强对国际投资和跨国公司的管理，国际社会于 20 世纪 70 年代开始进行有关政府间的国际协调。协调的主要工作是制定跨公司的行为准则，作为统一管理的依据。

联合国作为国际投资领域的全球性协调机构，为在世界范围内建立统一规范的跨国公司管理规则，先后设立了跨国公司委员会（1974 年）等有关机构，并起草了《联合国国际技术转让行动守则（草案）》（1978 年）和《联合国跨国公司行为守则（草案）》（1982 年）。这些调整国际私人投资的国际法准则，具体规定了国家对自然资源的永久主权、管理外国投资的权利、管理和监督跨国公司活动的权利、实行国有化的权利及赔偿标准、关于国际技术转让等的原则。

联合国跨国公司委员会是联合国负责协调和研究有关跨国公司事务的机构。其宗旨是，加强了解跨国公司的性质，了解跨国公司的活动对母国和东道国的政治、法律、经济和社会的影响，以及对国际关系，特别是南北关系的影响；组织有效的国际安排，以促进跨国公司对各国发展目标和世界经济增长做出贡献，同时控制和消除其消极影响；增强东道国特别是发展中国家同跨国公司打交道的能力。委员会每年举行一次会议。其业务执行机构是跨国公司中心。跨国公司委员会和跨国公司中心自 1975 年开始工作以来，主要开展了以下活动。①根据联合国经社理事会的要求，组织政府间工作组会议，拟定《联合国跨国公司行为守则（草案）》。②由中心提交《世界发展中的跨国公司》的综合报告，介绍有关情况和问题，并在此基础上提出政策性建议，供跨国公司和发展中国家利用外资参考。③建立情报体系，为各国提供有关跨国公司的情报，并帮助一些发展中国家建立有关跨国公司的情报中心。④由中心经常性地举办有关跨国公司问题的讨论会和讲习班，培训有关人员，向各国政府提供咨询服务。

除了联合国外，还有一些区域性的组织对国际投资活动进行协调，如 1972 年太平洋地区经济理事会通过了《关于国际投资的太平洋地区宪章》；1975 年 OECD 建立了国际投资和多国企业委员会，并通过了《关于国际投资及多国公司的宣言》《多国公司指导原则》，作为成员国的共同守则等。

2. 对各国外资政策的协调

第二次世界大战以后特别是 20 世纪 60 年代以后，发达国家和发展中国家吸收外资和对外投资活动都有进一步的发展，从而促进了国际投资规模的迅速扩大。但是，由于各国对外投资采取的经济政策和管理体制存在着很大差异，所以出现了投资纠纷和投资障碍，需要进行国际投资协调。对各国外资政策的协调方式主要有两种：一是多边协调；一是双边协调。

（1）国际投资的多国保护制度是为建立关于投资保护的国际统一法律秩序，创造健康的国际投资环境而缔结的多边国际公约。它包括三方面的内容：国际投资法典、多国间投资保险体制、解决国际投资争议公约。①国际投资法典。联合国在1947年召开的贸易和就业会议上审议并通过了《国际贸易组织宪章》，这是国际社会采用多边条约形式确立国际投资法典的首次尝试。宪章第8～第15条集中规定有关缔约国对外投资的待遇和保护问题，要求东道国避免采取有损于外国投资者利益的一切不合理或不公正的行动，注意避免对外国投资者的差别对待等。1948年5月签订的《波哥大经济协定》中，也列入了关于鼓励和保护国际投资的条文。但是这两个文件都因未得到多数西方国家的支持而未能生效。1962年OECD提出了《保护外国投资公约草案》。在此基础上，1969年又提出了《资本流动自由化法典》，该法典被OECD大多数成员国接受，在发达国家间的国际投资协调中，发挥了一定的作用。另外，一些国家从加强区域合作出发，签订了一些区域性的投资公约。②多国投资保险体制。世界银行于1962年发表了《多国间投资保险——工作人员报告》，试图提出关于政治风险的统一理解，并提出东道国共同分担投资风险的设想。1966年世界银行又进一步提出了更为具体的《国际投资保险机构协定草案》，此后曾多次修订，有20多个国家参加。OECD也曾在1963年提出建立国际投资保证公司的方案。内容重点是统一各国关于政治风险的解释和范围的协定；设想通过国际投资保证公司，在以投资国为主也有东道国参加的较为广泛的范围内共同分担保证责任；在不能履行分担义务时，由投资国基于保证条款承担责任。这些方案都只获得了少数国家的支持。总的说来，多国投资保险体制仍处于发展之中。③解决国际投资争议公约。世界银行于1965年在华盛顿主持签订了《关于解决各国和其他国家国民之间投资争端的公约》(《华盛顿公约》)。该公约经22国批准，于1966年10月生效，到1988年年底已有98个国家签署了该公约。这是建立国际投资多国保护制度的各种方案中唯一得以实施的部分。该公约的核心是建立解决投资争端的国际中心和解决争端的秩序。根据公约规定，世界银行主持成立了解决投资争端国际中心，作为下属的独立官方机构。有了这项协议，外国投资都可以不通过本国政府，直接把争端提交中心进行调解或仲裁。总的来看，国际投资的多边协调制度仍处于发展阶段。

（2）双边投资保护协定是投资国为保护本国海外私人投资的安全和利益，同东道国签订的保护投资的共同准则。第二次世界大战后，各国已签订300多个这类协定，已成为当今国际投资双边协调的主要形式。各国所签双边投资保护协定不尽相同，但一般包括以下内容。①关于外国投资者的待遇标准。一般是通过国民待遇条款和最惠国待遇条款予以规定。根据这两个条款，外国投资者在东道国关于投资财产及投资活动（包括投资范围、经济管理、税收、原材料供应和价格、产品销售、外汇管理等方面）的权益，应与东道国或第三国投资者享受同等待遇。实际上，由于各国经济发展水平、经济政策、经济体制的不同，无法要求实行绝对的国民待遇。因此，投资协定一般实行两种标准，即原则上适用国民待遇，在不允许外国人享受国民待遇的范围内适用最惠国待遇。②关于投资项目和内容。双边协定都明确规定投资的定义、内容和种类。所承认的投资项目，主要根据缔约双方各自国内有关外国投资的立法来规定。③关于政治风险的保证。这是双边协定的主要内容。政治风险是指东道国征用、国有化、外汇管制、革命、内乱等人为的风险。此项保证具体规定了保证条件及补偿办法等。④关于投资争议的解决。投资协定不直接处理投资争议问题，只是针对缔约双方政府围绕协定的解释和适用所产生的争议规定其解决办法和程序。

从历史和目前的发展状况来看，对各国外资政策的协调，主要是通过双边协调来完成的，未来的发展趋势将是通过加强区域性多边调整，向全球性多边协调体制过渡。

（三）国际债务的协调

20 世纪 80 年代以来，产生于发展中国家的国际债务危机，严重影响了国际金融秩序和世界经济的稳定与发展，成为全球性问题，引起了国际社会的重视。对国际债务的协调，成为国际经济协调的一个新的重要领域。

1. 国际债务的协调方式

国际债务的协调主要采取债务重新安排或债务重议的方式，即当一国无力偿还到期外债时，与债权人重新协商，通过修改原订贷款协议，或者延长贷款时间，或者另作分期偿还本息的安排，或者另订新贷款协议，借新债还旧债，或减免部分债务等，对债务进行重新安排，以保证债权国收回贷款和利息。

2. 国际债务的协调方案

一些国家和国际组织为协调解决国际债务问题，提出了一些具体的协调方案。

（1）“贝克计划”。“贝克计划”是指美国财政部原部长詹姆斯·贝克在国际货币基金组织、世界银行第 40 届年会提出的美国关于发展中国家持续增长的计划，旨在通过向主要债务国提供新的资金，支持其经济增长，提高其偿债能力。“贝克计划”提出后，得到其他一些发达国家的支持，西方债权国和世界银行在一定程度上增加了对 15 个主要债务国的新贷款。

（2）“多伦多条件”。1988 年 6 月，西方七国首脑在多伦多举行会议，就低收入国家官方债务的重新安排办法进行协商而提出了一系列具体措施，这些措施就称为“多伦多条件”。根据“多伦多条件”，凡优惠官方债务，除转为赠款部分外，重新安排的条件为：偿还期 25 年，包括 14 年宽限期，延期偿付的利息转为债务重新安排者，利率不应高于原贷款利率。对非优惠性官方贷款，债权人可以从以下方式中任选一种进行重新安排。①免除 1/3 债务，其余部分的偿还期为 14 年，包括 8 年宽限期，延期偿付的利息将按市场条件计息。②按上述优惠性贷款条件重新安排，但延期偿付的利息按市场条件计息。③重新安排债务的偿还期为 14 年，包括 8 年宽限期，延期偿付的利息按低于市场条件的利率计息。

（3）“布雷迪计划”。“布雷迪计划”是 1989 年 3 月美国财政部长尼古拉斯·布雷迪提出的一项减轻发展中国家债务负担的新计划。该计划的主要内容是：利用世界银行和国际货币基金组织的现有财源，设立一个 200 亿～250 亿美元的基金公库，为债务国债务重议后其余外债的还本付息提供担保，同时以日本提供的资金作为补充基金；在自愿的基础上，由债务国以上述基金为担保，与债权银行进行债务转换交易，将债务换成低面值债券，或换成同等面值但利率调低的债券，或换成债务国企业的部分股权。该计划出台后得到了欧、日、拉美一些国家的支持和美国大银行的欢迎。该计划实施后，在一定程度上减轻了债务国的债务负担，该计划实施的10年内，使39个主要债务国的债务本金减少了20%左右，即约700亿美元；利息费用也减少了21%，约200亿美元。

三、国际货币体系与汇率的协调

（一）固定汇率制下的协调

布雷顿森林体系确立了固定汇率的国际货币体系，而国际货币基金组织和世界银行是固定汇率制度下国际货币体系与汇率协调的主要机构。为了使固定汇率制下的国际货币体系能够正常运转，国际货币基金组织必须经常对各成员国的宏观经济进行协调，并通过对逆差国提供贷款，以稳定汇率；而世界银行则向发展中国家提供长期的优惠利率贷款，以弥补这些国家资本的不足。

固定汇率制下国际货币体系和汇率的协调主要是由国际货币基金组织进行的。国际货币基金组织的协调主要有以下几方面。

1. 监督汇率

为确保汇率的稳定，国际货币基金组织要求成员方履行以下义务：努力以自己的经济和金融政策促进有秩序的经济增长目标的实现，既有合理的价格稳定，又适当照顾发展的情况；努力创造有秩序的基本的经济条件和金融条件，并确保不出现混乱的货币制度，促进经济的增长；避免操纵汇率或国际货币制度来妨碍国际收支的有效调整，或者取得对其他成员国不公平的竞争优势。布雷顿森林体系解体后，各国纷纷实行浮动汇率制，这一改变就解除了国际货币基金组织成员国汇率制度的硬约束。1976年牙买加会议对国际货币基金组织协定进行了修订，要求成员国所实行的汇率政策必须与国际货币基金组织协商，并受国际货币基金组织监督。

2. 提供短期信贷

根据国际货币基金组织协定规定，国际货币基金组织在成员方发生国际收支暂时不平衡时，以出售外汇的方式，向成员方提供短期信贷。一方面，帮助成员方缓和国际收支危机；另一方面，通过贷款附加条件，要求成员方采取一定的经济调整政策，使成员方的国际收支能在价格合理、汇率稳定、经济持续增长、实行多边自由支付体系的状态下，在中期内恢复到一个可以支持的水平。

国际货币基金组织的贷款具有显著的特点。①贷款对象仅限于成员方政府。②贷款用途仅限于解决成员方的国际收支失衡，用于贸易和非贸易的经常项目支付。③贷款期限限于短期贷款。④贷款额度与成员方在国际货币基金组织的基金份额联系，实行限制。⑤贷款方式采取成员方以本国货币向国际货币基金组织换购外汇的方式，称为购买；还款时，以黄金或外汇买回本国货币，称为购回。每个成员方每年贷款的最高限额为该成员在国际货币基金组织认缴份额的200%。

国际货币基金组织提供的贷款主要有以下几种。①普通贷款，用于解决成员方一般国际收支逆差的短期资金需要。②出口波动补偿贷款，是向初级产品出口方因出口收入暂时下降而发生国际收支困难时发放的专用贷款。③缓冲库存贷款，用于初级产品出口方为稳定国际市场初级产品价格建立国际缓冲库存的资金需要。④补充贷款，用于弥补普通贷款的不足，在成员方需要比普通贷款更大数额和更长期限的资金以纠正国际收支不平衡时，可申请此项贷款。⑤经济结构调整贷款，用于支持低收入国家（或地区）进行经济结构调整的需要。

3. 开展磋商与协调

这主要是指国际货币基金组织与成员方的磋商与协调，其目的是促进成员方在国际货币领域的合作，加强它们之间经济和财政政策的协调。这种磋商和协调的形式和内容主要包括：①国际货币基金组织每年同各成员方进行一次磋商；②国际货币基金组织每年派出专家小组到成员方搜集未公布的统计资料，听取成员方政府对发展形势的估计；③国际货币基金组织同主要工业国家（或地区）进行特别协商，讨论世界经济问题等。

4. 提供技术援助

国际货币基金组织通过向成员方派出代表、顾问或聘请专家等形式，提供咨询服务，包括财政、货币、国际收支政策、银行业务、统计、会计、汇价和贸易制度等方面的咨询。

应当注意的是，国际货币基金组织在固定汇率下对国际货币体系和汇率的大部分协调内容和方式，在浮动汇率下仍然发挥着重要作用。

（二）浮动汇率制下的协调

自1973年浮动汇率制取代固定汇率制以来，西方主要国家的汇率波动加剧，极大地影响了世界经济的发展。为此，汇率政策的国际协调显得日益重要。由于浮动汇率制的实施，国际货币基金组织的协调作用大大降低，各方在不同层次上选择了灵活多样的协调方式。在各种协调活动中，由于经济实力的差异，发达国家间的国际货币体系和汇率协调占据了主导地位。特别是20世纪80年代中期以后，西方国家为有效控制汇率，经常对外汇市场进行大规模的联合干预。下面以欧共体的协调为例。

1. 实行联合浮动

实行联合浮动是欧共体最初采取的方式。1972年4月10日，为了缩小成员国汇率的波动幅度，稳定各国汇率，欧共体通过了马塞尔协议，决定组成联合浮动集团，实行波动制。具体规定是：成员国货币间汇率可在±1.125%范围内波动，对美元等非成员国货币，汇率波动幅度可达±2.25%。根据这一协定，当某一成员国货币受到冲击，对美元汇率上升或下降时，其他成员国要采取一致行动，使本国货币对美元汇率也大致升降相同幅度，以保护相互间汇率稳定。

欧共体的联合浮动措施确实在一定时期减少了成员国的汇率波动，促进了各国经济的稳定发展。但在1973年秋以后，由于相继发生了石油危机和严重的世界经济危机，欧共体成员国忙于应付自身经济困难，无暇顾及欧洲经济货币计划，货币合作暂时停止。

2. 建立欧洲货币体系

20世纪70年代后期，欧共体的货币合作再度受到重视。1979年3月13日，欧共体9国首脑在巴黎举行的欧共体理事会上正式建立起欧洲货币体系，以增强对成员国间汇率的协调作用，促进西欧国家的联合。欧洲货币体系的建立，对于稳定成员国的国际收支和汇率起到了显著的作用，并促进了欧共体的经济一体化发展。

欧洲货币体系的主要内容有五个方面。

(1) 创设欧洲货币单位（ECU，埃居)。创设欧洲货币单位的目的是，以其代替过去的欧洲记账单位，逐步发挥货币的各种职能作用。埃居是一种篮子货币，由欧共体成员国货币组成。埃居的定值方法是，根据成员国在欧共体内部贸易和国民生产总值中所占的比重，确定各国货币在埃居中的权数，并用加权平均法逐日计算埃居的币值。埃居是一种篮子货币，其构成货币间的汇率波动可以部分地在内部相互抵消，使埃居价值比较稳定，外汇风险小于用单一货币的计价结算，而且不存在国界问题，使用比较方便。因此，埃居自创设以来，使用范围逐步扩大。

(2) 建立双重的中心汇率制。一是平行网体系，即在参加国货币之间，确定中心汇率和汇率波动的上下限。原则上要求各成员国汇率波动幅度不得超过中心汇率的±2.25%；最初由于意大利货币基础不巩固，允许其波动幅度扩大为±6%。如果成员国货币波动达到规定的上、下限，有关国家就有义务在市场上进行干预。二是货币篮子体系，即各成员国货币都要和埃居确定一个中心汇率和差异界限。所谓差异界限是指各国货币对埃居中心汇率上下波动的最大幅度。如果某个国家汇率达到该界限时，其他国家必须进行干预。由于差异界限小于各国货币间的中心汇率波动界限，所以可以对各国汇率失衡预先提出警告。成员国干预汇率的办法，主要是通过各中央银行间的相互贷款干预外汇市场，即抛出强币以减轻对弱币的压力，吸收弱币以加强对弱币的支持；同时，在国内实行适当的货币政策和财政政策。

(3) 建立欧洲货币基金。该基金于1973年4月3日建立。其资金来源是，各成员国把本国的黄金、外汇储备，以及与此等值的本国货币的20%交存于基金。基金建立后，欧洲货币体系的全部信贷业务都归它管理，并担负调整各成员国中央银行间债务的全部结算业务。成员国在发生国际收支困难时，可以利用基金的贷款加以调整。经过欧洲货币基金的实践，欧共体取得了统一管理成员国中央银行货币信贷以及集中使用成员国外汇储备的经验，为协调成员国间的货币政策，直至建立起统一的欧洲中央银行体系，打下了坚实的基础。

(4) 建立欧洲中央银行体系。1998年6月1日，欧洲中央银行体系正式组建并投入运作，它由位于法兰克福的欧洲中央银行和货币联盟各成员国的中央银行共同组成，是欧洲有史以来最大的超国家金融机构。其首要的也是最根本的目标是保持价格稳定，抑制通货膨胀。其职责包括：确定固定汇率，逐步引入单一货币欧元，以及确定和执行单一货币政策与汇率政策，遵循自由竞争的开放性市场经济原则，支持共同体的总体经济政策。其基本任务是：制定和实施欧洲经济货币联盟的货币政策；进行外汇业务操作；拥有和管理成员国的官方外汇储备；促进支付系统的顺利运行。同时，欧洲中央银行体系还要协助各成员国监管金融机构和金融体系。

（5）欧元的启动。1999 年 1 月 1 日，欧元正式启动。欧元的汇率是一种固定的永久性的汇率，是以 1998 年 12 月 31 日欧洲货币单位的最后官方汇率来确定的。欧元与欧元区成员国货币之间的永久性汇率确定之后，就成为欧元与欧元区货币及欧元区成员国货币相互之间唯一的兑换比例。欧元作为新的汇率机制中心取代了欧洲货币体系。以欧元为中心的汇率机制所应遵循的原则和目标是：维护汇率持续稳定的前提是经济基础持久性的相互趋同；必须避免欧元与其他欧盟货币之间的真实汇率失调和名义汇率过渡波动；汇率机制要有助于参加该机制的非欧元区成员国采取物价稳定政策，促进它们的经济趋同，从而有助于它们实现加入欧元的目标；汇率机制不能损害欧洲中央银行和成员国中央银行的基本政策目标——物价稳定；允许存在足够的灵活性，特别是要允许参加汇率机制的非欧元区成员国在趋同程度、趋同进程和趋同策略上的不同安排。新汇率机制的主要特点是：在欧元与参加汇率机制的非欧元区成员国的货币之间建立中心汇率体系。围绕中心汇率制定一标准波动幅度，或者高于 15%，或者低于 15%。原则上当实际波动幅度即将超出标准幅度时，就要自动进行无限制的干预，而且要为干预提供期限非常短的融资。但是当这种干预与欧洲中央银行及其他参与者的基本政策目标相冲突时，它们可以停止这种干预。中心汇率和标准波动幅度，是由欧元区成员国的部长、欧洲中央银行、参加新机制的非欧元区成员的部长在咨询经济与金融委员会之后按照惯用的程序共同决定的。共同协议的所有参与方，包括欧洲中央银行，都有权发起秘密程序以考虑重新制定中心汇率。

四、宏观经济的国际协调

（一）宏观经济国际协调的内容和目标

所谓宏观经济的国际协调，是指在有关国家对宏观经济政策目标选择不一致时，在相互协商的基础上，就财政政策、货币政策等宏观经济政策和主要政策手段进行国际协调，并达成一定的一致行动的官方协议。宏观经济的国际协调对于世界经济的稳定发展来说是一种最必要和最可取的选择和措施，但对于个别国家而言不是最佳的政策选择。宏观经济协调起因于第二次世界大战后国家干预与市场经济间的矛盾。第二次世界大战后，由于社会生产力的高度发达，市场经济的缺陷日益明显，市场失灵现象经常发生，西方国家不得不利用国家干预政策进行经济调节。但是，过分的国家干预也产生了一系列消极作用。例如，在一定程度上抑制了市场机制的发挥，引发了通货膨胀和滞胀。同时，国家调节所要实现的经济增长、充分就业、物价稳定、国际收支平衡四大目标之间本身就存在着矛盾，政府往往顾此失彼，诱发新的矛盾，并引起世界经济动荡，使得宏观经济的国际协调成为必然和必要。宏观经济国际协调的目标在于，通过对各国宏观经济政策的长期而持久的调整，通过经济政策手段的国际合作和政策协调，消除国与国之间在经济结构、发展水平和政策制度等方面的不平衡，使得整个世界经济能够更加持续、稳定、健康地发展。

（二）宏观经济国际协调的历史发展

1. 第二次世界大战后至20世纪60年代宏观经济的国际协调

第二次世界大战后西欧本土破坏严重，失去了许多殖民地，资本流动异常，贸易条件恶化，经贸结构发生了深刻的变化。资本主义发展的过度不平衡，严重地危及资本主义的经济体系。为此，美国决心消除经济民族主义和经济孤立主义，重新建立西方经济开放的运行机制。

1947年6月5日，美国国务卿马歇尔在哈佛大学演说时提出了复兴欧洲的计划，即著名的马歇尔计划。马歇尔计划旨在重建欧洲经济秩序，提高西欧的内部投资，促进其经济与贸易的恢复和增长。马歇尔计划主要从提高劳动生产率、提供资金与物资援助、规范法律等方面来实现其目标。

2. 20世纪70年代宏观经济的国际协调

这一时期协调的主要内容是能源政策和降低通货膨胀问题。

（1）能源政策协调。20世纪70年代的两次石油价格暴涨，给西方经济带来了巨大影响，包括导致西方国家通货膨胀率的大幅度上升，并提前诱发和加深了世界经济危机。在美国的积极推动下，OECD理事会于1974年决定成立由19个成员参加的“国际能源机构”。其主要任务是协调各成员方的能源政策，如拟订石油消费计划，采取共同的节约措施，在发生石油短缺的紧急情况下按应急计划分享石油等。1975年的首脑会议讨论了能源问题的解决措施和开发新能源的问题，并进行了政策协调。1979年在日本东京举行的第5次西方七国首脑会议，制定了1979～1985年的石油进口指标，并要求各方以煤炭、原子能等能源代替石油，还要求加紧开发其他能源。此后的首脑会议还多次对能源问题进行了国际协调。

（2）通货膨胀问题的国际协调。20世纪70年代中期，西方国家通货膨胀严重，成为许多国家的头号公敌。由此，降低通货膨胀成为宏观经济国际协调的重要目标。1978年在波恩召开的七国首脑会议通过激烈的争吵，对控制通货膨胀，促进经济发展达成了一系列具体协议。之后，各有关国家实行了控制货币发行的紧缩政策，调整了产业结构和能源消费结构，同时，这一时期世界初级产品和石油价格大幅下降，使通货膨胀降到了低水平。

3. 20世纪80年代宏观经济的国际协调

这一时期的宏观经济国际协调主要集中在国际贸易和国际金融领域。

（1）国际贸易领域的协调。20世纪80年代初期，美国由于美元急剧升值，进口大增而出口锐减，出现了高汇率、高利率、高赤字、高逆差局面。到1987年逆差高达

1736亿美元。同时，美国的外债也急增，成为了净债务国。而日本、西欧一些国家对美国出口增加，积累了不少顺差。日本的顺差数额尤其巨大，到1987年达到800亿美元，对美国顺差则高达500亿美元，占美国贸易逆差的1/3，同时成为世界上最大的债权国，向美国和世界其他国家投资。西欧诸国特别是联邦德国对美国顺差也高达数百亿美元。于是美国与西欧特别是与日本的贸易摩擦不断加剧。西方首脑会议多次讨论了美国贸易逆差问题，以及美国与日本的贸易摩擦和冲突，要求日本开放市场，扩大内需，美国则减少财政赤字。通过国际协调取得了一定成果。

（2）汇率政策的国际协调。1979～1985年，美元急剧升值，美元对马克升值83%，对法郎升值141%，对英镑和日元升值幅度也较大。美元升值，使西欧、日本资金大量流入美国，使这些国家货币日益短缺，利率不断上升，对这些国家的经济发展带来不利影响。1985年西方七国广场首脑会议达成协议，由各有关国家抛出美元，购进本国货币。经过多次联合干预，1986年7月与1985年9月相比，美元对日元比价由1∶240降为1∶154，取得了阶段性的成果。广场会议以后，美元大幅贬值，日元大幅升值，这给日本经济发展带来不利影响。在1986年的东京七国首脑会议上，日本试图对稳定汇率达成某种协议，但未获成功。1987年卢浮宫会议上，七国财长达成协议，要求美国减少财政赤字，日本与联邦德国扩大内需，以消除汇率的不稳定。同年11月20日，美国政府与国会达成协议，于1988年和1989年两个财政年度共削减760亿美元的预算赤字。

（3）利率政策的国际协调。20世纪70年代末80年代初，为抑制严重的通货膨胀，西方国家推行了紧缩的财政货币政策，导致国际利率的大幅上升，导致了20世纪80年代初的世界经济衰退。1981年的渥太华西方七国首脑会议对降低利率达成协议，但未对调整政策进行协调。1982年世界经济严重衰退，同年召开的凡尔赛会议要求各国降低利率，促使经济回升。在与会各国的联合干预下，国际利率大幅下降。1981～1984年，联邦德国利率由7.5%降为4.5%，意大利由19%降为16.8%，加拿大由14.6%降为10%，日本由5.5%降为5%，美国商业银行的优惠利率由18.9%降为12%，西方各国金融市场的利率也随之大幅下降，利率政策的国际协调初见成效。

（4）发展中国家债务危机的国际协调。1982年发展中国家爆发了严重的债务危机，不但给债务国造成很大的经济困难，也给债权国的资金周转造成阻力。为此，国际性机构和西方发达国家进行了三个阶段的协调。第一阶段（1982～1985年）国际货币基金组织提供了37亿美元的贷款援助计划，但要求债务国实行经济紧缩政策，结果导致整个拉美地区经济急剧恶化，大多数国家在1982年和1983年经济停滞或负增长。第二阶段（1985～1988年）的“贝克计划”决定1986～1988年官方提供90亿美元贷款，商业银行提供60亿～70亿美元新贷款；实施债务资本化计划：债权银行按官方汇率将全部债务折合成债务国货币，购买债务国的股票或直接投资；债务国以回扣的办法，即债务国以一定现金折扣购回所欠债务等。由于该计划会加重债务国经济增长后的还债负担，对债务减免的实际帮助不大，且又缺少具体可行的措施，因而成效甚微。第三阶段（1989年）公布的“布雷迪计划”是一个减债方案。该方案要求国际商业银行以一定的折扣率购买新债券或作为对债务国的直接投资，即通常所谓的债务证券化或债务资本化，使债务国所欠债务总额有所减少；或者通过降低利率或提供新贷款的办法，使还本付息负担有所减轻。同时还要求国际货币基金组织和世界银行提供200亿～250亿美元、日本政府提供100亿美元的资金支持。由于该计划以缓解和部分减免中等收入重债国欠国际私人商业银行巨额债务为其主要目标，拉美债务国绝大部分债务又属于此类债务，因而受到许多拉美债务国的欢迎。经过协调，到20世纪80年代末90年代初，部分拉美国家的债务有所减少，债务形势有所缓和，经济开始出现转机。

4. 20世纪90年代宏观经济的国际协调

该时期宏观经济政策的国际协调以国际金融为主。20世纪90年代以来，国际金融危机频繁发生，如北欧三国（芬兰、挪威、瑞典）银行业危机（1990～1993年）、欧洲货币体系危机（1992～1993年）、墨西哥金融危机（1994～1995年）、东南亚金融危机（1997年7月开始）和俄罗斯金融危机（1998年5月开始）等。金融危机的危害远甚于“经济制裁”“贸易战”“货币战”等传统的国家间经济摩擦。据国际清算银行和美国标准普尔公司估计，墨西哥因金融危机的损失相当于GDP的12%，由此背负的外债需多年才能偿清。东南亚金融危机如剥笋抽茧，不断深化扩展，重创泰国、韩国、马来西亚、菲律宾、印度尼西亚五国，殃及中国香港、新加坡、中国台湾，使日本陷进“黑暗的隧道”，其影响甚至波及拉美、东欧、南亚乃至南非，并间接引发了俄罗斯金融危机。东亚金融危机是“全球性的资本主义危机”，是继1929年“大危机”、1973年“第一次石油危机”之后，世界范围内影响最为“深远”的经济震荡，给受灾国造成的损失难以估量。

（1）墨西哥金融危机的国际协调。1994年12月墨西哥金融危机爆发后，以美国为首的国际社会（包括国际货币基金组织）反应迅速，在得到墨西哥政府承诺实施包括压缩财政预算、加强监管和实行浮动汇率等在内的一系列严厉的宏观经济复苏计划以后，对墨西哥提供了高达400亿美元的银行担保和478亿美元的贷款援助（其中美国为200亿美元，国际货币基金组织为178亿美元，国际清算银行为100亿美元）。由于措施有力，墨西哥经济很快进入稳定状态。墨西哥能够从严重的金融危机中快速恢复，有效的国际援助是一个不能不提的重要原因。

（2）东南亚金融危机的国际协调。①东南亚金融危机中的国际货币基金组织。国际货币基金组织作为最大的国际性金融机构，是国际金融协调体制的核心。对东亚金融危机最早做出反应的就是国际货币基金组织。1997年7月2日泰铢贬值波及印尼盾、菲律宾比索、马来西亚林吉特，7月15日，国际货币基金组织就开始采取应对措施。到1998年年底，国际货币基金组织已经许诺向东亚提供近1200亿美元的紧急援助，这是国际货币基金组织有史以来规模最大的救援行动。作为回报，韩国、印度尼西亚和泰国都同意实行国际货币基金组织为之设计的严厉的一揽子计划，包括调整经济结构，紧缩预算，降低经济增长速度，提高利率等经济政策。②东南亚金融危机中的日本。东南亚金融危机爆发后，以日本为代表的一些亚洲国家考虑建立一个永久性的、独立的亚洲货币基金，以及时、有效地解决东南亚货币危机，但这个建议由于种种因素被搁置起来。③东南亚金融危机中的美国。以美国为首的一些国家认为，亚洲货币基金有可能损害国际货币基金组织向受援方提供援助贷款的同时，以贷款条件督促受援方进行必要的经济调整的能力，使得它们可以在不进行以开放市场等自由化改革的情况下就可以维持货币的稳定，缓解货币危机。1998年11月8日，亚太财政金融官员会议在马尼拉提出了一个加强亚洲金融合作的新框架，以取代日本等国提出建立亚洲基金的计划。如果某成员方的援助需要超过基金组织的限额，各国同意为此提供额外的资金。

五、当代国际经济协调的新进展

20世纪90年代以来，世界经济发展日新月异。在这个发展过程中，世界经济也出现了一些新的现象和问题。为了解决这些新的问题，适应新的发展趋势，国际经济协调也相应出现了一些新的变化。

（一）多边贸易框架下的贸易摩擦协调

1. 多边贸易框架下的贸易摩擦加剧

1995年，WTO取代GATT成为多边贸易谈判与贸易磋商机构。WTO的成立，极大促进了全球贸易自由化的发展。但贸易自由化也引起世界市场竞争的激化，贸易自由化带来的国家利益与要素收入的重新分配，导致各国间贸易关系的紧张。近年来不断加剧的贸易摩擦便是其集中体现。

目前，贸易自由化所面临的一个突出问题是，各国不断在WTO框架内寻找合法的贸易保护手段。反倾销逐渐成为各国采用最频繁的贸易保护手段。随着反倾销在世界范围内的滥用，导致20世纪90年代以来，贸易摩擦不断加剧，国际贸易环境不断恶化。据WTO统计，1958年，全球只有38起反倾销诉讼，而到2001年，全球反倾销诉讼达到372起，从WTO成立的1995年至2012年全球发起的反倾销总数高达4230件①。并且，贸易摩擦的范围也在不断扩大。起初，贸易摩擦主要发生在美国、日本、德国、澳大利亚等发达国家之间。例如，美国与日本之间的“汽车战”，美国与欧盟之间的“钢铁战”。但近段时期以来，贸易摩擦频繁发生于发达国家与发展中国家之间，尤其是中国成为遭受反倾销起诉最多的国家。从贸易摩擦发生的行业来看，贸易摩擦主要集中在劳动密集型与资源密集型产业，而甚少在资本与高新技术密集型产业，这表明发展中国家的贸易环境在不断恶化。

2. 针对贸易摩擦的国际经济协调

面对不断加剧的贸易摩擦，国际社会采取各种方式，通过对话、会谈、协商、谈判、外交及多双边政府首脑会议、建立国际经济组织、制定共同遵守的协议、国际调解、国际仲裁和国际司法等多种方式进行协商和协调，以应对贸易摩擦不断加剧的局面。总体来说，贸易摩擦的国际经济协调主要通过以下三个方面来进行。

（1）政府参与协调和解决纠纷。政府作为国家利益的代表，积极参与贸易摩擦的协

① 数据来源于WTO反倾销数据库，http://www.wto.org/english/tratop_e/adp_e/adp_e.htm.

调，有利于在全球范围内形成缓解与削减贸易摩擦的局面。2005年，中欧贸易摩擦加剧，出现了“纺织品大战”与“皮鞋反倾销之争”。在知识产权领域，双方矛盾更是突出。2006年5月，欧盟贸易委员会曼德尔森在瑞士发表一个关于对华贸易战略的演讲，称欧洲必须把中国视为一个威胁、一个机会和预期的全球伙伴。同时，在多边贸易中，中欧都是对方很重要的贸易伙伴。欧盟已连续两年保持了中国第一大贸易伙伴的地位。正是在这种情形下，近年来中欧高层互访频繁，就中欧贸易问题进行广泛协商。在欧盟总部，欧盟委员会半数以上的委员都已访问过中国。2005年，欧洲议会7个党团中就有5个组团访华。除了首脑会晤外，中欧之间还有13套定期对话机制，随时保持沟通渠道畅通与信息透明。这将非常有助于解决中欧之间的贸易摩擦问题。

(2) 通过多边与双边组织机构进行协调与裁决。鉴于国际贸易摩擦的日益加剧的局面，WTO曾多次进行磋商与协调。乌拉圭回合谈判对反倾销的规则与程序重新进行了修改，新的规则制定了详细的针对倾销事实与损害的认定、夕阳条款及针对反倾销的争端解决机制。目前，外界要求WTO严格倾销与损害的规则以提高反倾销的门槛，并以此降低成员国反倾销的发起数量的呼声很高。WTO也就此进行广泛的商讨。同时，WTO作为裁决贸易争端的权威机构，通过WTO争端解决程序来仲裁贸易摩擦也有利于缓解贸易摩擦日益加剧的局面。另外，通过建立双边组织机构来解决双方的贸易摩擦也是一条行之有效的途径。例如，中国贸促会与美国国际争议预防与解决协会合作成立的“中美商事调解中心”，将提供一个除诉讼和仲裁以外的，更加灵活、迅速和节省费用的商事争议解决平台，有助于解决中美之间的贸易摩擦问题。

(3) 通过调解来消除贸易摩擦。商事调解是与诉讼、仲裁相并列的一种纠纷解决机制，在中立第三方的主持和协助下，当事人通过平等协商、互谅互让，达成和解协议，从而友好地解决纠纷的一种争议解决方式。商事调解具有成本小、程序简便的优点，在贸易摩擦协调方面具有一定的优势，正在被越来越多的国家和企业采用。

(二) 区域货币合作与汇率协调

随着经济全球化的迅速发展和金融全球化趋势的日益加强，区域性货币合作已经成为当今世界经济发展的主要趋势之一。切实加强区域内的货币金融合作，已经成为世界各国的共识。特别是欧洲经济与货币联盟的建立及欧元的成功发行与流通，为世界其他地区的货币合作提供了一个成功的范例，导致世界各地区的区域性货币合作进入了一个新的发展时期。这其中以东亚地区的态度最为积极。

东亚货币合作的提议始于1989年，当时APEC一些附属委员会曾对这个问题进行了探讨。其后一段时间内，东亚各国或地区只是对货币合作议题进行了初步的磋商，并没有实际的进展。东亚货币合作取得实际进展则是在20世纪90年代末。特别是亚洲金融危机的爆发促使东亚各国或地区对传统观念和思想进行了反思，导致东亚各国或地区对货币合作开始真正关注起来。1998年8月，马来西亚向国际货币基金组织提交了对东盟各国在国际清算中使用统一货币的可行性论证申请，国际货币基金组织决定对此进行研究，自此东盟建立统一货币的设想开始进入论证阶段。1999年11月，东盟国家与中、日、韩三国签署了《东亚合作的共同声明》，决定推进东亚货币合作与协调。2000

年，在亚洲开发银行年会之后，各国又针对加强东亚金融合作的议题进行了探讨，各国一致同意加强政策对话和区域合作，包括对资本流动的监管、建立自助和支持机制、促进国际金融改革。

21世纪以来的十多年中，尽管东亚地区内国家或地区对货币合作有着不同的思路和战略，但仍然在维持金融稳定、避免汇率动荡的共同利益基础上，推动了地区货币合作的发展。2000年，东盟与中日韩（“10＋3”）财长会议达成“清迈倡议”，奠定了地区货币合作的基础；2007年，“10＋3”财长会议同意建立和加强金融地区监督机制；经过2008年全球金融危机后，在2012年5月召开的“10＋3”财长会议上，各国同意扩大多边储备规模，以稳定地区金融。东亚货币合作，虽然反映了地区内国家尝试通过建立基于规则和制度化的治理方式来应对全球金融不稳定，但目前的货币合作并未涉及到建立地区货币体系的关键领域。

（三）对能源的竞争与合作

近年来，能源需求的迅速增长、国际油价的大幅度攀升及全球环境问题的日益恶化，使能源安全合作进一步超越消费国和输出国的界线，扩大至全球范围。在这种情况下，以能源独立为目标的传统能源安全观念和保障体系变得越来越不现实。为应对诸多共同的风险与挑战，国际社会越来越需要加强全球能源安全对话与合作，努力推动全球能源安全体系的建立。尽管国际社会对能源安全的理解和各自的目标不尽一致，但随着经济全球化的深入发展和能源相互依赖的加深，全球能源安全对话与合作将成为影响未来世界经济发展的重要因素。

2004年4月，在中国海南召开的博鳌亚洲论坛“能源：挑战与合作”圆桌会议上，与会各方强调了加强区域能源合作对亚洲经济持续快速发展的重要意义。2004年6月，针对国际石油供求矛盾日益突出及石油价格迅速上升的状况，亚太经合组织框架下建立的能源部长会议呼吁亚太经合组织成员方采取灵活应对措施，加强能源安全合作，努力实现长期的能源安全目标。日本也提出了开展地区能源多边合作的倡议，并在财政与技术支持方面做出了努力，包括与中国在建立石油储备和有效利用能源方面进行合作。

在2006年年初成为八国集团轮值主席国后，俄罗斯提出了在八国集团框架内讨论全球能源安全问题的建议，得到了有关各方的积极响应。2006年2月上旬，在莫斯科召开的八国集团财长会议把能源安全问题列为主要议题，呼吁推动能源生产国和消费国之间的对话，以确保国际能源市场的稳定。2006年3月中旬，八国集团能源部长在莫斯科召开能源会议，讨论了全球能源安全面临的政治、技术和生态等风险，以及发展中国家的能源贫困问题，强调国际社会应通过提高市场透明度、运输可靠性，深化各国能源对话，加大能源领域投资等措施，共同制定全球能源安全战略，寻求建立全球能源安全体系。

2006年，中美两国也加强了在能源领域的对话与合作。在杭州举办的第七届中美石油天然气工业论坛上，美国能源部助理部长杰弗里·贾勒特表示，高效、透明的国际油气市场符合所有能源贸易国的最大利益。中美加强能源合作是非常必要的，美国将支持中国在保护、合理开发石油和天然气资源方面所做的努力，并使美国对中国油气领域的投资更加便利化。中美在油气领域探索更大的商业合作和投资机会，将帮助两国共同应对能源挑战，避免在能源方面的恶性竞争。

2006年12月，中国、印度、日本、韩国和美国五国能源部长会议在北京开幕。五国会议后发表的联合声明，指出了合作的大方向及一些具体事项：提议要在能源结构多元化、节能、石油战略储备、信息共享和能源产业等5方面加强合作；并建立透明、高效的能源市场，保障能源设施及运输通道安全，形成高质及时的能源数据库等，其总目标是通过合作来保障各国的能源安全。

此外，国际社会对可再生能源合作尤为重视，近年连续召开五次国际可再生能源大会，分别是2004年的德国波恩国际可再生能源大会、2005年的中国北京国际可再生能源大会（BIREC)、2008年的美国华盛顿国际可再生能源大会（WIREC）及2010年的印度新德里国际可再生能源大会（DIREC)、2013年1月16日在阿联酋首都阿布扎比举行的国际可再生能源大会。第五次大会推出了可再生能源路线图，根据路线图，到2030年，包括太阳能、风能等在内的可再生能源占全球能源的比重将从目前的16%提高至30%。

（四）环境保护的国际经济协调与合作

通过国际社会的共同努力，全球在环境保护领域开展了广泛、有效的国际合作，签署了一系列环境公约及双边、多边协议，国际环境合作取得了长足的进展。迄今为止，国际社会已签署了《南极条约》《保护臭氧层维也纳公约》《生物多样性公约》《联合国气候变化框架公约》等35种国际环境公约。其中，《联合国气候变化框架公约》是参加国最多、影响最广、受国际社会关注程度最高的国际环境公约之一。

20世纪90年代以来，随着世界经济形势与全球生态环境的变化，世界各国在环境保护的国际经济协调方面取得了一些新的进展。

(1）国际环境援助成为发展中国家改善本国生态环境的重要方式。从20世纪90年代以来，环境援助成为双边及多边援助的重要组成部分。一些发达国家增加了对发展中国家保护环境项目的援助。1992年在巴西里约热内卢召开的联合国环境与发展大会上，一些发达国家对环境保护援助做出承诺，日本宣布5年内提供约80亿美元的环保援助，欧共体承诺的金额为40亿美元，美国承诺的金额为10亿美元。国际经济协调组织更是把环境项目作为重点。1994年世界银行发放给发展中国家的环境保护贷款额增加了4亿美元，在其1994年9月20日公布的贷款政策报告中宣称，1993年财政年度共批准了25个环境项目，总金额为24亿美元。2000年地球首脑会议的与会者一致同意：实施《21世纪议程》需要新的额外的资金来源，高收入国家重申了他们的许诺，将提供其国民总收入的0.7%作为海外环境援助。2012年6月20～22日，在全球经济增长放缓、欧美经济下滑、人类发展面临着生态、资源和可持续发展等诸多考验的背景下，联合国可持续发展大会在巴西里约热内卢召开，又称“里约＋20”峰会，是继1992年联合国环境与发展大会及2002年南非约翰内斯堡可持续发展世界首脑会议后，国际环境与可持续发展领域举行的又一次大规模、高级别的会议。该次大会特别强调绿色经济在现代经济中的角色和作用，强调各国要走经济、社会和环境相互协调的可持续发展道路。

(2) 另外，随着全球环境意识的提高和国际贸易中有关环境问题的争端增多，WTO也对国际贸易中的环境保护问题做出了一些政策规定，在一定程度上限制了发达国家将对环境有污染性的产品和企业转移到发展中国家，在客观上把全球环境合作不断推向前进。

(3) 区域性的经济与环境合作逐渐发展。20世纪90年代初，地区的经济发展与地区环境之间的关系日渐密切，因此就有必要进行区域或次区域的经济与环境合作。其中最有代表性的是亚太经合组织，其在成立伊始，就将环境合作纳入区域经济合作的议题中。次区域的合作组织，如南中国成长三角、图们江经济合作区、印度尼西亚-马来西亚-泰国成长三角、大湄公河次区域等也是环境与经济合作的典范。其合作目的是促进区域内贸易与投资的发展，增进资源的有效配置以有利于环境的发展，同时也提供探讨环境可持续利用的合作发展平台。

第三节 国际经济协调组织

一、国际经济协调组织的形成与发展

国际经济协调组织有广义和狭义之分。广义的国际经济协调组织包括主权国家或地区参与的国际经济协调组织和民间的国际经济协调组织；狭义的国际经济协调组织只包括主权国家或地区参与的国际经济协调组织。本书的国际经济协调组织是指狭义的国际经济协调组织，它是由三个以上国家或地区通过条约或协定所组建的国际性经济协调管理机构。国际经济协调组织的成员既是其主体，也是其权力的授予者和让渡者；同时，各成员必须按照条约或协定规定接受国际经济协调组织的管理。世界上最早的官方国际经济协调组织是产生于1815年的欧洲莱茵河委员会。该委员会有法国、日耳曼帝国、瑞士和荷兰参加，具体负责全流域航行管理、征税和处理航行事故的立法和司法协调。国际经济协调组织的发展有三个高潮：第一个高潮出现于19世纪中后期。该时期产生了大量的“国际行政联盟”型的国际经济协调组织，如1875年成立的国际度量衡组织、1883年成立的国际保护工业产权联盟、1886年成立的国际保护艺术作品联盟、1890年成立的国际反奴隶生活联盟和国际铁路货运联盟，以及1899年成立的海牙国际法庭等，到1909年这类国际经济协调组织共有37个。第二个高潮出现于第二次世界大战后到20世纪70年代。该时期不仅产生了大量的民间国际经济协调组织，也产生了大量重要的官方国际经济协调组织，如联合国、国际货币基金组织、世界银行、关税与贸易总协定、欧共体、欧洲自由贸易联盟、西方七国首脑会议、经济互助委员会、OECD等。到20世纪末，广义的国际经济协调组织已经超过3000个，其中官方组织500多个。

二、国际经济协调组织的类型与作用

（一）国际经济协调组织的类型

国际经济协调组织按不同的标准，可划分为全球性的国际经济协调组织和区域性的国际经济协调组织；官方的国际经济协调组织和民间的国际经济协调组织；综合性的国际经济协调组织和专门化的国际经济协调组织。本书根据协调的普遍性和层次高低为标准，将国际经济协调组织划分为四种主要类型，即国际经济协调机构、区域经济一体化集团、国际协定和国际会议。

1. 国际经济协调机构

国际经济协调机构是指政府间的以协商解决经济问题为主的国际组织。这类机构是最高层次也是最完整意义上的国际经济协调组织。它对国际经济的协调包括两个方面。①对某些专门的经济领域进行协调，如以国际贸易为专门协调对象的世界贸易组织、以国际金融和国际信贷为专门协调领域的国际货币基金组织和世界银行。这类以专门经济领域为协调对象的国际机构，其协调活动是经常性的，因而，这类机构具有稳定、经常、持续的特点。②对国际经济关系进行全面协调的综合性机构，如联合国的有关经济机构、贸易和发展会议、工业发展组织等。

2. 区域经济一体化集团

区域经济一体化集团通常是指两个或两个以上的国家或地区在社会再生产的某些方面所实行的经济联合和共同的经济调节，一般是根据国家或地区间的协议而建立的。按照经济联合和共同调节的不同情况和程度，区域经济一体化集团的主要形式包括自由贸易区、关税同盟、共同市场、货币联盟、经济同盟等。

3. 国际协定

国际协定是指两个或两个以上的国家或地区为确定它们之间在经济关系方面的权利和义务而缔结的书面协议。国际协定具有时效性，由签约方政府分别组织实施，设有常设机构进行管理和监督，执行中的矛盾和问题通过各签约国临时协商予以解决。按协定的适用范围，国际协定可划分为全球性协定或地区性的多边协定和双方协定；按协定的领域，国际协定可划分为综合性国际协定和专门性国际协定。例如，有关海洋运输规则的《布鲁塞尔议定书》、有关工业产权国际保护的《保护工业产权巴黎公约》、有关银行监管的《巴塞尔协议》和有关维护人类共同资源的《联合国海洋公约》等。

4. 国际会议

国际会议是指国家或地区间政府代表通过会晤，就相互间经济关系和有关国际经济问题进行协商，进而规定各方权利和义务的协商形式。国际会议往往没有固定的形式，与会方主要就当前紧迫的经济问题交换意见，协调各自的政策立场。会议的结果，有时可能建立起某种协调方式，有时仅就采取的某些共同措施达成原则性协议，或者仅仅表明进行某方面政策协调的意见或意向。与会方承担的责任随国际经济环境的改变而自然解除，或者持续到下一次国际会议的召开。国际会议由于进行国际协调的约束力不强，所以具有临时性和不稳定性，是最低层次的国际经济协调组织。国际会议的形式包括双边和多边国际会议、定期和不定期或临时性国际会议，以及首脑会议、部长级会议等。在众多的国际会议中最有影响力的是西方七国首脑会议、亚欧会议、G20会议、七十七国集团部长级会议、安第斯首脑会议、世界环境与发展大会、世界粮食首脑会议等。

（二）国际经济协调组织的作用

国际经济协调组织是为解决世界经济矛盾，推动世界经济发展而产生并发展起来的，因此，它对世界经济的发展必须发挥着重要的积极作用。具体地讲，国际经济协调组织的作用体现在以下几方面。

（1）促进了国际贸易的发展。通过关贸总协定和自由贸易区、关税同盟等一体化组织的不懈协调，第二次世界大战后各国的关税及非关税壁垒均有大幅度的下降。例如，发达国家的平均税率从1948年的36%降至20世纪90年代末的3%～3.5%，发展中国家的平均税率也降至13%～15%。21世纪初以来，由于中国等一些发展中国家加入世界贸易组织，平均关税水平进一步降低。这大大促进了世界贸易的发展。至2005年，世界贸易总额已达到211 462亿美元，约占世界国内生产总值的50%。

（2）推动了国际资本的流动。在世界银行、国际货币基金组织及其他国际经济组织的协调下，第二次世界大战后世界各国相继实行了金融自由化和金融国际化政策措施，放松了资本流动的管制，促进了国际资本的自由流动，使国际投资的增长速度逐步赶上并超过国际贸易的增长速度，成为拉动世界经济增长的主力军。据统计，1965～1969年国际直接投资总额年均流量为66亿美元，1970～1974年为128亿美元，1975～1979年为256亿美元，1989年则高达1960亿美元，20世纪90年代初则超过2000亿美元。由于国际金融危机的影响，国际投资近年有所下降，但2012年国际直接投资总额依然高达1.35万亿美元。

（3）缓和了世界经济危机。每逢世界经济危机来临，国际货币基金组织、世界贸易组织和世界银行等总会提前要求各国采取措施，协调各国宏观经济政策，运用各种政策手段和有效措施来阻止经济衰退。尤其是20世纪70年代以后，西方七国首脑会议、世界银行对经济危机进行的一系列经济政策的国际协调，在一定程度上维护了世界经济相对稳定发展的局面。

（4）减少了世界经济发展的不稳定因素。国际经济组织通过对国际收支、汇率、利率和能源等问题的国际协调，避免了国际收支的严重失衡、能源价格的上涨和汇率利率的大幅波动对世界经济发展的不利影响。国际经济组织还对环境、资源、人口等全球性问题进行监督管理和协调，特别是1992年以来，联合国已就环境与发展、人口与发展和粮食问题等召开了一系列全球性首脑会议，极大地推动世界经济可持续发展问题的认识和解决。

（5）促进了发展中国家的经济发展。在国际贸易领域，通过关贸总协定、洛美协定、普惠制等，对发展中国家实行各种贸易优惠，给予特殊照顾。在国际金融领域，国际货币基金组织协助解决短期国际收支失衡并积极推动债务问题的解决。在国际投资方面，世界银行、联合国开发计划署等国际经济组织，通过资金和技术投资促进发展中国家的生产和资源开发，在一定程度上推动了发展中国家经济的发展。

三、当代主要的国际经济协调组织

（一）世界贸易组织

世界贸易组织的前身是关贸总协定，关贸总协定于 1947 年 10 月 30 日在日内瓦成立，当时有 23 个国家签订了该协定。从 1948 年 1 月 1 日临时实施到 1995 年 1 月 1 日世界贸易组织成立，关贸总协定共存在了 47 年。47 年里，关贸总协定共主持了 8 轮多边贸易谈判，使其缔约方之间的关税与非关税水平大幅度下降。

1995 年 1 月 1 日，有 104 个成员参加的世界贸易组织正式成立。世界贸易组织与关贸总协定共存一年后，于 1996 年担当起全球经济贸易组织的角色，发挥其积极的作用。

1. 世界贸易组织的宗旨、目标和职能

(1) 世界贸易组织的宗旨。①提高生活水平，保证充分就业，大幅度稳步地提高实际收入和有效需求。②扩大货物、服务的生产和贸易。③坚持走可持续发展之路，各成员应促进对世界资源的最优利用、保护和维护环境，并以符合不同经济发展水平下各成员需要的方式，加强采取各种相应的措施。④积极努力以确保发展中国家，尤其是最不发达国家，在国际贸易增长中获得与其经济发展水平相应的份额和利益。

(2) 世界贸易组织的目标和实现目标的途径。① 世界贸易组织的目标是建立一个完整的包括货物、服务、与贸易有关的投资及知识产权等更具活力、更持久的多边贸易体系，这个体系包括关贸总协定贸易自由化的成果和乌拉圭回合多边贸易谈判的所有成果。② 世界贸易组织实现目标的途径是协调贸易管理。为了有效地实现上述目标和宗旨，世界贸易组织要求各成员应通过达成互惠互利的安排，大幅度削减关税和其他贸易壁垒，在国际经贸竞争中，消除歧视性待遇，坚持非歧视性贸易原则，对发展中国家给予特殊和差别待遇，扩大市场准入程度及提高贸易政策和法规的透明度，以及实施通知与审议等原则，从而协调各成员间的贸易政策，共同管理全球贸易。

(3) 世界贸易组织的管辖范围。世界贸易组织为其成员在处理有关世贸组织协定、协议而产生的贸易关系时，提供一个统一的制度框架。其管辖范围如下：①有关货物贸易的多边协议，具体包括《1994 年关贸总协定》《农业协议》《关于卫生和动植物检疫措施的协议》《纺织品和服装协议》《贸易的技术性壁垒协议》《与贸易有关的投资措施协议》《反倾销协议》《海关估价协议》《装船前检验协议》《原产地协议》《进口许可证协议》《补贴与反补贴协议》等；②《服务贸易总协定》及附件；③《与贸易有关的知识产权协定》；④《贸易争端解决程序与规则的谅解》，即关于贸易争端解决的有关协议及程序；⑤贸易政策审议机制，即负责审议各成员贸易政策法规是否与世界贸易组织有

关协议、条款规定的权利和义务相一致。

（4）世界贸易组织的职能。世界贸易组织的主要职能包括四个方面。①组织实施 世界贸易组织负责管辖的各项贸易协定、协议，积极采取各种措施努力实现各项协定、协议的目标，并对所辖的不属于“一揽子 ”协议下的诸边贸易协议执行管理和运作提供组织保障。②为成员提供处理各协定、协议有关事务的谈判场所，并为世界贸易组织发动多边贸易谈判提供场所、谈判准备和框架草案。解决各成员间发生的贸易争端，负责管理世界贸易组织争端解决协议。③对各成员的贸易政策、法规进行定期审评。④协调与国际货币基金组织和世界银行等国际经济协调组织的关系，以保障全球经济决策的凝聚力和一致性，避免政策冲突。

2. 世界贸易组织的基本原则

非歧视性原则是世界贸易组织的基石，是各成员平等地进行贸易的重要保证，也是避免贸易歧视和贸易摩擦的基础。非歧视性原则主要通过最惠国待遇和国民待遇原则予以体现。世界贸易组织的基本原则包括最惠国待遇原则、国民待遇原则、互惠互利原则、市场准入原则、促进公平竞争与贸易原则、鼓励发展和改革经济原则、贸易政策法规的透明度原则等。

3. 世界贸易组织的组织机构及职能

世界贸易组织的最高权力机构是由所有成员主管外经贸的部长、副部长级官员或其全权代表组成的“部长会议”，部长会议至少每两年举行一次，部长会议具有广泛的权力，包括立法权、准司法权、豁免某个成员在特定情况下的义务、批准非世界贸易组织成员国所提出的取得世界贸易组织观察员资格申请的请求。

在部长会议休会期间由全体成员代表组成的总理事会代行部长会议职能。总理事会可视情况需要随时开会，自行拟订议事规则及议程。总理事会下设货物贸易理事会、服务贸易理事会和知识产权理事会。这些理事会可视情况自行拟订议事规则，经总理事会批准后执行。所有成员均可参加各理事会。部长会议下设专门委员会，以处理特定的贸易及其他有关事宜。已设立的专门委员会有：贸易与发展委员会；国际收支限制委员会，负责审议以国际收支困难为理由而采取的贸易限制措施；预算、财务与行政委员会；贸易与环境委员会等 10 多个专门委员会。

世界贸易组织成立由一位总干事领导的世界贸易组织秘书处。世界贸易组织秘书处设在日内瓦，大约有 500 人。秘书处工作人员由总干事指派，并按部长会议通过的规则决定其职责和服务条件。总干事由部长会议选定，并明确其权力、职责、服务条件及任期。

（二）国际货币基金组织

1946 年 3 月，国际货币基金组织正式成立。国际货币基金组织是最重要的国际金融机构，它已成为各国讨论国际金融合作、维护国际金融秩序的场所。

1. 国际货币基金组织的宗旨和组织结构

（1）国际货币基金组织的宗旨。根据“国际货币基金协定”，国际货币基金组织的宗旨是：①为会员国提供一个机构，以便于就国际货币问题进行商讨与合作；②促进国际贸易的平衡发展、高水平的就业和实际收入、生产能力的提高；③稳定汇率，避免竞争性的货币贬值；④鼓励经常性交易的多边支付和汇兑制度，消除妨碍国际贸易增长的外汇管制；⑤向成员国提供临时贷款，调整会员国的国际收支平衡；⑥努力缩短国际收支不平衡的时间，并减轻其程度。

（2）国际货币基金组织的组织结构。国际货币基金组织的最高决策机构是理事会，由各成员国任命1名理事和1名副理事组成。理事会下设董事会，负责理事会的日常工作，它由总裁和执行董事组成。执行董事现设22名，任期2年，由持有基金最大的美国、英国、德国、法国和日本等5国各任命1名，沙特阿拉伯和中国单独委派1名，其余会员国按国家集团或地区分组推选出15名执行董事。执行董事会推选总裁，任期5年。基金组织内设有“监事委员会”和“联合发展委员会”，前者负责监督国际货币制度和提出改进措施，审定执行董事会关于修订基金组织协定的提案，处理威胁国际货币制度的突出事件；后者是世界银行和基金组织两个理事会向发展中国家转移实际资源的部长级委员会，主要对转移资源提供措施。

2. 国际货币基金组织的主要职能

（1）为成员方的国际收支不平衡融通资金。融通资金的主要方式是提供贷款，贷款的资金来源是成员方缴纳的基金份额及对成员方的借款。这种贷款具有以下特点。①贷款的对象仅限于成员方政府，对私人企业、组织不贷款。②贷款的用途限于弥补因国际收支经常项目收支而发生的国际收支不平衡。③贷款的规模与成员方在国际货币基金组织缴纳的份额成正比。④贷款以成员方用本国货币“购买”外汇的形式出现。贷款不称借款，而称作“购买”或“提存”。成员方还款时，则要以黄金和外汇买回本国货币，称为“购回”。⑤贷款期限一般为短期。⑥贷款利率较一般商业银行低。

（2）监督和指导国际金融秩序。制定国际货币体系规则，监督国际货币体系运行状况和指导成员方国际货币政策是国际货币基金组织的一项重要职能。布雷顿森林体系就是通过国际货币基金组织建立的，基金组织的国际货币协定具体体现了布雷顿森林体系的内容。在布雷顿森林体系下，成员方的货币汇率要发生变动，需要向基金组织提出申请，经基金组织批准同意后方可变动汇价。如果某成员方擅自调整汇价，基金组织要实行制裁措施。后来，国际货币基金组织通过修改其货币协定，建立了牙买加体系。在这一体系下，国际货币基金组织仍然具有管理成员方政府汇率政策的职能。国际货币协定第二修正案指出，国际货币基金组织应对各成员方的汇率政策进行严格的监督，并应在这些汇率政策方面对所有成员国进行具体的指导。

（3）提供咨询服务和技术指导。这主要包括组织培训，派出代表、顾问与考察团以及委派专家等多种形式；对会员国提供财政、货币和国际收支政策，银行和外汇制度，以及统计等方面的技术援助和咨询。

（4）建立、收集和互换国际货币金融情报中心。国际货币基金组织设有地区机构和专业机构，经常对世界经济和国际货币金融问题进行研究，协助会员国执行政策。特别是其研究部和统计局等机构负有特殊的责任。

（三）世界银行

世界银行即国际复兴开发银行，是布雷顿森林会议后与国际货币基金组织同时产生的两个国际金融机构之一，也属于联合国的一个专门机构，于1945年12月正式成立。

1. 世界银行的宗旨、组织机构和职能

（1）世界银行的宗旨。在“国际复兴开发银行协定”中明确了其宗旨。①“对用于生产目的的投资提供方便，以协助成员方的复兴与开发”，“以及鼓励较不发达国家生产与资源的开发”。②“以担保或参加私人投资和私人贷款的方法，促进私人的对外投资”。③“用鼓励国际投资以开发会员国生产资源的方法，促进国际贸易的长期平衡发展，并维持国际收支平衡”。④在提供贷款保证时，“应与其他方面的国际贷款配合”。

（2）世界银行的组织机构。世界银行是按股份制的原则组建的，由成员方按其经济实力认购一定份额的股份。成员方发言权大小也由持有股份的大小来决定。世界银行的最高权力机构是理事会，由每一成员方委派1名理事和1名副理事组成，任期5年。世界银行负责领导并处理日常业务的机构是执行董事会。世界银行行长历任都是美国人。

（3）世界银行的职能。世界银行的主要职能是为促进成员方的开发与发展而提供资金贷款。

2. 世界银行贷款的主要特征

目前世界银行的贷款对象主要是发展中国家，其贷款特征有7个。

（1）贷款对象限于成员方。如贷款对象为非成员方政府时，则该项贷款须由成员方政府、中央银行或世界银行认可的机构进行担保。

（2）申请贷款的国家确实不能以合理的条件从其他方面取得贷款时，世界银行才考虑发放贷款、参与贷款或进行担保。

（3）贷款必须用于一定的工程项目，有助于该国的生产发展与经济增长。贷款的重点项目为基础工程项目。在有些情况下，也发放非项目贷款。

（4）贷款必须专款专用，并接受世界银行的监督。监督不仅在使用款项方面，而且在工程的进度、物资的保管、工程管理等方面进行。

（5）贷款时间一般为7年，最长可达30年。

（6）贷款利率采取浮动利率，随金融市场利率水平的变动作定期调整。世界银行对已订立借款契约而未提取部分，只征收年0.75%的手续费。

（7）贷款程序。世界银行的贷款遵循一定的严密的程序和严格的原则。首先，由成员方提出计划，经世界银行初步审查和实地考察，与申请国研究确立最重要最优先的项目。第二步是专家审查。在项目确定以后，世界银行专家组要对该项目的技术方案、组织管理方案、设备配置方案、资金拨付方案及经济效益等进行全面审查并进行可行性分

析。只有当专家组确认各项方案之后才转入下一步的工作。第三步是审议通过，签订贷款契约。世界银行与申请国举行正式贷款谈判，之后，由世界银行行长提出报告送交董事会审议，审议通过后，即由世界银行和借款国的全权代表正式签订贷款契约。最后阶段称为贷款与监督阶段。世界银行派出代表团定期检查工程项目进度，按工程进度发放贷款，并对贷款的使用进行监督，保证资金的合理使用。

（四）八国集团会议

1975年11月15～17日，美、英、法、德、意、日六国最高领导人在法国的朗布依埃举行了六国首脑会议，奠定了西方七国首脑会议的基本架构。翌年6月，六国领导人在美国的波多黎各再次聚会，加拿大总理特鲁多也出席了此次会议，这标志着西方七国首脑会议的正式诞生，此后西方七国首脑会议每年一次轮流在以上七国举行。1998年俄罗斯正式加入，七国集团发展成了八国集团（即G8)。八国集团所具有的灵活的组织机构和运行机制为其适应复杂多变的国际形势提供了比较有利的条件。成立之初，八国集团除定期举办首脑会议外，没有常设机构，只有一个论坛性质的多边协商组织。经过逐步完善与发展，八国集团的会议机制得到加强。除每年的首脑会议之外，还可以根据需要召开不同层次的预备性会议或紧急会议。同时，八国集团还加强了与联合国、世界贸易组织、国际货币基金组织等组织的联系，以更好地对国际事务发挥影响。

八国集团包括了世界上主要的经济与科技强国，对世界经济、政治、社会等方面的影响日益突出。特别是近年来，随着经济全球化的进一步发展，八国集团的关注点从经济、政治向社会、安全等多个领域和世界热点问题扩展，并达成了一系列的成果。从整体上看，八国集团对国际事务的影响日益显著，对世界经济未来发展的引导作用不容低估。

（五）地区性合作组织的高峰论坛

20世纪90年代以来，地区性经济合作进一步发展，世界上出现了许多区域性经济合作组织。区域性经济合作组织的建立加强了区域内各国的经济协调与合作，促进了地区经济以及世界经济的发展。其中，各地区性合作组织框架下的高峰论坛正在成为开展国际经济协调的一种新的方式。

亚太经合组织作为亚太地区一个重要的经济合作组织，在加强亚太地区的经济政策协调方面起到了非常重要的作用。亚太经合组织的主要运行机制就是各种层次的会议机制。领导人非正式会议是亚太经合组织最高级别的会议。会议就相关经济问题发表见解、交换看法，会议形成的领导人宣言是指导亚太经合组织各项具体工作的纲领性文件。此外，部长级会议也是亚太经合组织决策机制中的一个重要组成部分。亚太经合组织每年召开一次外交和贸易双部长会议，就亚太经合组织进程中的重大问题进行讨论并做出决定，并对领导人非正式会议负责。另外，在 亚太经合组织论坛中还不定期召开一些专业领域的部长级会议，涉及贸易、投资、能源、财政、金融、人力资源开发等部门。这些会议的举办，加强了该地区的经济合作，推动了亚太地区经济政策协调与合作的进程。除亚太经合组织之外，其他地区性经济合作组织下属的各种会议，如东盟10

+3 首脑会议、东盟 10+3 财长会议、上海合作组织首脑会议等，也在促进地区经济合作方面发挥了重要作用。

（六）非政府组织与国际经济协调

非政府组织（Non-governmental Organization，NGO）是各国民间的团体、联盟或个人，为了促进在政治、经济、科学技术、文化、宗教、人道主义及其他人类活动领域的合作而建立的一种非官方的联合体。20 世纪 90 年代，非政府组织得到空前发展，从 6000 多个猛增到 3 万多个。据国际协会联盟提供的数字，2000 年非政府组织的数量已经猛增到 45 647 个。其中比较著名的有国际红十字会、世界基金、核裁军委员会、绿色和平组织等。

非政府组织作为一种新的国际关系行为主体，积极介入国际冲突的调解活动，在国际经济协调与合作中发挥了主权国家和政府间国际组织难以替代的作用。在国际贸易领域，非政府组织不仅是制定国际贸易框架的重要参与者，有时甚至是国际贸易的启动性力量和决定性力量。非政府组织能更多地考虑与贸易相关的非经济利益问题，像贸易与环保及可持续发展问题。例如，作为非政府组织的世界自然基金建立了世界森林保护协会（FSC），对合乎可持续发展标准的林产品给予认证，已在十多个国家推广，有力地保护了森林；非政府组织在对禁止使用破坏臭氧层的制冷设备，削减二氧化碳排放量，限制转基因产品的生产等国际贸易规则等方面也起到了关键作用。此外，在解决国际贸易纠纷方面，非政府组织也发挥了重要的作用。作为非政府组织的国际贸易仲裁机构以仲裁的方式公正、独立地解决各种契约性或非契约性贸易商事纠纷，组织仲裁案件程序管理并提供相应服务已成为各国化解贸易争端的一条重要渠道。同时，非政府组织在全球环境保护、消除贫困、预防灾害、可持续发展等国际协调方面也发挥了非常重要的作用。

➢本章小结

国际经济协调产生于世界经济的动荡与危机。第二次世界大战以后，国际经济协调发展成为多层次、多方式的协调。国际经济相互依存理论和博弈论是国际经济协调的理论基础，第二次世界大战后世界经济格局的变化和世界经济波动的加剧是国际经济协调的现实基础。国际经济协调对世界经济的稳定增长做出了一定贡献，但也有其局限性。国际经济的传递机制主要包括国际贸易、国际金融与国际直接投资等传递机制，国际贸易是通过世界价格和国际收支来传递的，国际金融是通过汇率、利率、货币政策和信贷等来传递的，国际直接投资是通过资金、技术与劳动力的国际流动来传递的。国际经济协调包括国际贸易协调、国际投资和债务协调、国际货币体系和汇率的协调、宏观经济的国际协调。国际贸易协调以消除贸易保护主义为主要目的，以关税削减为主要内容，以消除非关税壁垒为重要内容。国际投资协调包括对政府援助和私人投资及外资政策的国际协调。国际债务协调是国际经济协调的新领域，主要是对 20 世纪 80 年代发展中国家债务危机的协调。国际货币体系和汇率的协调包括固定汇率制和浮动汇率制下的协调，前者主要是由国际货币基金组织进行的，后者是由发达国家的协调占主导地位。宏观经济的国际协调是世界经济稳定发展的最必要和最可取的选择和措施。随着世界经济形势的变化，国际经济协调也有了新的发展。国际经济协调组织有广义和狭义之分，狭义的国际经济协调组织是主权国家或地区参与的，它包括国际经济机构、区域经济一体化集团、国际协定和国际会议四种主要类型，它们对解决世界经济矛盾，推动世界经济发展发挥着积极作用。

➢关键词

国际经济协调　关税减让表　国际经济传递机制　非关税壁垒　官方发展援助　多国投资保护制　欧洲货币体系　国际经济协调组织　世界贸易组织　国际货币基金组织　世界银行　八国集团会议　贝克计划　多伦多条件　布雷迪计划

➢思考题

1. 简述第二次世界大战后国际经济协调的发展。
2. 简述国际经济协调的方式和范围。
3. 简述国际经济协调的理论基础。
4. 简述国际经济协调的现实基础。
5. 简评国际经济协调的经济效果。
6. 简述国际经济的传递机制。
7. 简述国际贸易协调的主要内容。
8. 简述欧洲货币体系的主要内容。
9. 简述当代国际经济协调的新进展。

参考文献

陈健玉. 1998. 国际经济合作教程. 北京：中国人民大学出版社.
陈亚温. 1998. 欧元论——欧盟货币一体化始末. 太原：山西经济出版社.
池元吉，李晓. 2013. 世界经济概论. 第三版. 北京：高等教育出版社.
甘当善. 1999. 欧洲中央银行. 上海：复旦大学出版社.
姜春明，佟家栋. 2009. 世界经济概论. 第六版. 天津：天津人民出版社.
林晨辉. 1998. 危机时刻——200 年来的经济大动荡. 北京：中央文献出版社.
陶继侃，等. 1995. 世界经济概论. 天津：天津人民出版社.
王洛林，等. 2006. 2005～2006 年：世界经济形势与预测. 北京：社会科学文献出版社.
熊性美，陈漓高. 1996. 当代世界经济. 天津：南开大学出版社.
薛荣久. 1997. 世贸组织与中国大经贸发展. 北京：对外经济贸易大学出版社.
张汉林. 1993. 关税与贸易总协定条款研究及运用. 北京：中国石化出版社.
张幼文，金芳. 2012. 世界经济学. 第三版. 上海：立信会计出版社.
郑志海，薛荣久. 1999. 世界贸易知识读本. 北京：中国对外经济贸易出版社.

第十一章

世界经济的可持续发展

世界经济可持续发展的目标是既满足当代人的需要，又满足后代人的需要。这一发展思想的形成是人类认识史上的一次重要飞跃。世界生产要素的合理配置在一定程度上决定着世界经济的可持续发展。建立平等互利的国际经济新秩序是世界经济可持续发展与和谐发展的制度基础，但是这一新秩序的建立还有待世界各国进一步的共同努力。

第一节　世界经济可持续发展概述

一、世界经济可持续发展的基本思想

（一）世界经济可持续发展战略的形成与发展

自 20 世纪 70 年代以来，经济发展战略开始注意到经济与环境之间的相互关系。人们越来越认识到，环境和经济发展的总目标并不冲突；如果不同时保护环境和促进资源的合理利用，就不会有经济的可持续发展或稳定增长。也就是说，除非经济发展战略从制定到实施都保证环境的长期的可持续性，否则就不可能有可持续发展的经济。与此同时，实现世界经济的可持续发展是国际社会的共同责任和使命，广泛和有效的国际合作是实现全球可持续发展的重要机制和必由之路。

1972 年 6 月，联合国在瑞典斯德哥尔摩召开人类环境会议，来自 113 个国家的 1300 多名代表第一次聚集在一起讨论地球的环境问题，大会通过了具有历史意义的《人类环境宣言》。这次会议被认为是人类可持续发展思想史上的第一个重要里程碑，其重要贡献是引起人类对可持续发展问题的全方位思考，产生了可持续发展思想的萌芽，拉开了可持续发展国际合作的序幕。但是，此次会议偏重于讨论由发展引出的环境问题，没有更直接地关注环境与发展之间的相互依赖性。

1983 年 11 月，为了解决当代人类面临的环境与发展问题，联合国成立了世界环境与发展委员会（WCED），由挪威前首相布伦特兰夫人任主席。成员有科学、教育、经

济、文化及政治方面的22位代表，其中14位来自发展中国家，包括中国的马世骏教授。这标志着各国真正意识到可持续发展已成为全球共同的问题和挑战，全球范围内的环境与发展协调机制产生。1987年该委员会把经过900多天研究和充分论证的报告《我们共同的未来》(UN，1987)（*Our Common Future*）提交给联合国大会。该报告对可持续发展的内涵作了明确界定，正式提出了可持续发展的理论。该报告以“共同的问题”“共同的挑战”“共同的努力”三个主题对当前人类在经济发展和环境保护方面存在的问题进行了全面的评价，指出“我们需要一个新的发展方式，一个能持续人类进步的方式，我们寻求的不是在几个地方、在几年内的发展，而是在整个地球遥远将来的发展”。报告提出，所谓可持续发展是“既满足当代人的需要，又不对后代人满足其需要的能力构成威胁和危害的发展”。这一著名论断今天已被广泛引用。

1992年6月，联合国环境与发展大会在巴西里约热内卢召开，有183个国家或地区的代表出席了大会，其中有102位国家元首和政府首脑。这次会议是人类可持续发展思想史上的第二个里程碑，标志着可持续发展原则在全球环境和发展领域内正式确立。与1972年旨在唤醒人们环境意识的斯德哥尔摩人类环境会议相比，此次会议不仅提高了对环境问题的认识的广度和深度，而且把环境问题与经济、社会发展结合起来，树立了环境与发展相互协调的观点，找到了在发展中解决环境问题的正确道路，即被普遍接受的“可持续发展战略”。会议通过了《里约环境与发展宣言》、《21世纪议程》两个纲领性文件（UN，1992a）和《关于森林问题的原则声明》，签署了联合国《气候变化框架公约》和《生物多样性公约》。这些文件都蕴含了可持续发展战略思想，提出了实行可持续发展的途径和方法。其中《21世纪议程》是全人类实施可持续发展战略的行动纲领，它表明联合国环境与发展大会第一次把可持续发展由思想理论付诸行动计划，可持续发展全球行动正式启动。从此，世界各国对如何实现可持续发展的探索逐渐形成一股潮流。

1997年6月，在里约热内卢会议召开5周年之际，联合国在纽约召开有关可持续发展的特别会议，审议了里约热内卢会议以来各国贯彻实施可持续发展战略的情况和存在的问题，提出了今后的发展目标和行动举措。2002年，世界可持续发展首脑会议在南非约翰内斯堡召开，这是世界上第一次以可持续发展为专题的首脑会议，参加人数超过2万人，参与范围包括各国政府、国际组织、私营企业、民间社会团体及学术研究群体。会议在一致认可可持续发展内容的基础上，集中讨论和研究了可持续发展的实施手段和管理方式等具体行动事项。会议最终通过了《约翰内斯堡宣言》，制定了实施可持续发展的具体目标和时间表。2012年，联合国可持续发展大会在里约热内卢召开，是国际可持续发展领域举行的又一次大规模、高级别的会议。会议重申了各国此前对可持续发展的承诺，总结了各国在实施可持续发展过程中的成就与不足，并提出了在新的挑战下实现可持续发展的框架性建议；特别是，会议肯定了绿色经济是实现可持续发展的重要手段之一，建立高级别的政治论坛取代联合国可持续发展委员会，以增强联合国环境规划署的作用（UN，1992b）。

目前，可持续发展战略已得到了世界上不同经济发展水平和不同文化背景的国家的普遍认同，已贯彻到许多国家宏观经济发展战略和国际政治、经济、文化关系的协调上。这表明人类对发展观的反思是深刻的，具有划时代的意义，所形成的可持续发展思想是人类发展史上的一次革命性的进步。

（二）世界经济可持续发展的基本思想

世界经济可持续发展并不仅仅是各国自身的可持续发展，更要体现全球性或世界性。被广泛接受和认可的定义是 1989 年 5 月举行的第 15 届联合国环境规划署理事会在通过的《关于可持续发展的声明》中的定义："可持续发展，系指满足当前需要而又不削弱子孙后代满足其需要之能力的发展，而且绝不包含侵犯国家主权的含义。要实现可持续发展，涉及国内合作和跨国合作。可持续发展意味着走向国家和国际的公平，包括按照发展中国家的国家发展计划的轻重缓急以及发展的目的，向发展中国家提供援助。此外，可持续发展意味着要有一种支持性的国际环境，以促进各国特别是发展中国家持续的经济增长和发展，这对于环境的良好管理也是很重要的。可持续发展还意味着维护、合理使用并且增强自然资源基础，这种基础支撑着生态承受力与经济增长。再者，可持续的发展还意味着在发展计划和政策中纳入对环境的关注与考虑，而不是在援助或发展资助方面的一种新形式的附加条件。该定义既符合全球利益，又体现了发展中国家的合理要求和利益，因而广为接受。

世界经济可持续发展是一个涉及经济、社会、文化、技术与自然环境协调发展的综合概念，其基本思想主要概括为三个方面，这三个方面是可持续发展观与传统发展观的根本区别之一。

（1）发展。可持续发展是指随着时间的推移，人类福利连续不断地增加或保持。可持续发展以经济发展为中心，但可持续发展中的发展内涵并非只是经济发展。发展不仅表现在经济的增长和人民生活水平与质量的提高方面，还表现在文学、艺术、科学的昌盛，社会道德水平的进步，国民素质的提高和生态环境的保护和改善等方面。只有使人们生活的所有方面都得到改善的发展才是真正的发展。

（2）可持续性。《保护地球：可持续生存战略》对可持续性的定义是：可持续性是指一种可以长久维持的过程或状态。人类社会的可持续性由三个互相联系且不可分割的部分组成，即生态可持续性、经济可持续性和社会可持续性。中国学者认为，可持续发展中可持续性的内涵可以从四个方面，即生态可持续性、资源可持续性、经济可持续性和社会可持续性来加以认识。其中，生态与资源可持续性是基础，经济可持续性是条件，社会可持续性是目的。三者相互依存、相互促进，最终目标是保证"自然—经济—社会"复合系统的可持续发展。生态可持续性主要是指生态环境对社会、经济的可持续发展所具有的生态适应性。生态可持续性要求人类在经济、社会可持续发展过程中要注重维护生态系统的良性循环与平衡，以保证经济、社会可持续发展的顺利进行。资源可持续性主要是指自然资源利用的可持续性。资源可持续性要求人类在利用资源时应坚持以下五个原则：①再生资源的利用不应超过资源的再生能力；②对于单一的再生资源的可持续利用所引起的生态系统的不可持续性，应予以调整，以使得整个生态系统的进化过程具有生态可持续性；③人类对某些特定再生资源的利用暂时超过其再生能力的，要采取行动保护资源避免连续的不可持续利用，对已经不可持续利用的部分必须及时地补充替代物，或者至少要用其所产生的效益进行资源补偿；④对濒临灭绝或处于不可持续开发利用状态的特殊再生资源，如野生动植物等，应遵循自然规律或履行有关国际公约、协定及国内法律规定的义务，提倡不使用或非消耗性使用，同时应提供可供选择的方案，使其恢复正常的再生能力；⑤非再生资源的利用不应超过其替代物产生的速率。生态环境和资源是人类生存和发展的基础和条件，生态可持续性的保持和资源的永续利用是人类可持续发展的首要条件。经济可持续性要求经济的发展必须选择走资源节约型和注重科技投入的新道路，将保护环境与社会、经济发展有机地结合起来，转变传统的发展模式和消费方式，建立经济、社会、资源和环境相互协调的可持续发展新模式。社会可持续性是指为了逐步提高全民的生活质量和生活水平，在不对后代人的生存基础和发展能力构成威胁的前提下，实现人口、文化、教育、卫生等社会事业的全面发展。

(3) 公平性。公平性原则是指全体人类有权公平地拥有发展机会和享受发展所带来的福利增加。公平性包含代内公平和代际公平两层含义。①代内公平，即同代人之间的横向公平。当今国际社会的现实是一部人富足，另一部分人——约占世界总人口1/5的人处于贫困状态，占世界总人口26%的发达国家耗用了全球约80%的能源和钢铁。这种贫富悬殊、两极分化的世界，不可能实现可持续发展。因此，要给予世界公平的分配和发展权，就应当把消除贫困作为可持续发展进程中需要特别优先考虑的问题。②代际公平，即世代之间的纵向公平。由于人类赖以生存的自然资源是有限的，本代人不能因为自己的发展需求而损害人类世世代代满足需求的条件——自然资源与环境，要给子孙后代公平利用自然资源的权利。《里约环境与发展宣言》已把公平性原则上升为国家间的主权原则："各国拥有利用本国环境和开发本国自然资源的主权，并负有确保在其管辖范围内或在其控制下的活动不致损害本国管辖范围以外地区的环境的责任。"

二、世界经济可持续发展的主要制约因素

可持续发展是当代人类陷入诸多矛盾中的沉痛反思和摆脱困境的综合措施。从非持续发展向可持续发展的转变，不仅是观念上的转变，更主要的是经济、社会和技术上的一次质的革命，其意义不亚于人类发展史上任何一次重大的社会变革，并且是必须在短时间内完成的历史使命。在这样一个历史性的转变中，将必然会遇到一系列困难、障碍、矛盾和斗争。技术的、经济的、社会的和政治的许多因素，都会制约这一转变过程。

1. 科学技术制约

当代全球环境和生态问题的产生可以说是科学技术发展到一定水平的必然产物。科技水平低，人类生产力也低，自然束缚着人类，不会有污染也不会造成不可修复的生态问题。科技水平较高，人类的生产力水平和认识水平也较高，不仅有能力利用自然，而且有能力保护自然；人类有能力控制甚至消除污染，也能控制人类自身，使之与自然相协调，这就是可持续发展。目前，人类拥有利用自然、征服自然的技术和力量，却不具有全面认识和把握人与自然关系的能力。因此，科技发展不足是世界经济可持续发展的主要制约之一。

科技发展不足对世界经济可持续发展的制约主要体现在两个方面：①对自然规律以及人类社会、经济与自然的复杂关系认识不全面，限制了人类做出正确的决策和确定正确的行动方向，使生产和生活活动处于盲目状态；②由于现有科技主要是只能一次性地利用资源的单程式技术，缺乏循环式的生态化利用技术，从而使整个发展过程处于不可持续发展状态，这不仅增强了资源开发强度，而且增加了污染排放强度。另外，对于可持续发展目前还没有计量的办法，这使得可持续发展战略难以进入经济社会体系中。

2. 经济水平制约

可持续发展的主要方面是实现经济可持续发展，可持续发展是一种较高层次的经济发展方式，它要求以较高的经济发展水平为基础。经济可持续发展需要实现当代人和后代人之间的利益均衡，正确处理当前利益和长远利益的关系，需要在一定范围内牺牲部分当代人的利益或当代人的部分利益，需要将一部分收入用于支付环境和生态破坏的代价。但是，事实上由于很多发展中国家经济落后，连当代人的温饱问题都无法解决，当然就更无能力为后代人的利益做出安排。

3. 经济制度制约

可持续发展要求有完善的世界市场制度。当今世界的经济制度主要是私有制和资本主义市场经济制度，在这种制度下，追逐利润和个人财富是经济活动的主要目的，特别是追求短期效益是经济活动的主要动力。同时，在这种制度下存在着严重的社会不公平，包括国际社会中的发达国家与发展中国家间的不公平和各国内部各阶层间的不公平，受到不公平损害的国家和阶层难以做到可持续发展。因此，现存世界经济制度与可持续发展是不相宜的，不从根本上解决现存世界经济制度与可持续发展间的矛盾，可持续发展就不可能真正实现。

4. 自然环境与资源制约

科学技术推动着世界经济的飞速发展，并由此带来人类社会政治上、经济上的深刻变化。同时，也使得世界经济发展中的全球性问题日益突出，生产力的进步、工业化的进程对人类生存的环境和生态的破坏日益严重，地球对人口增长的承载能力和因大量耗用或污染人类赖以生存的资源而引起的资源匮乏等问题，已成为21世纪制约世界经济可持续发展的主要因素。

三、世界经济可持续发展的战略措施

（一）树立科学发展观

要实现世界经济的可持续发展，必须树立以人为本的科学发展观。科学发展观明确了发展的宗旨是为了满足人的需要，包括人的生理、心理、文化等在内的全面发展的需要，协调好代际发展需要的关系，强调发展的代际公平性、持续性、公正性。科学发展观所倡导的发展途径是在合理利用自然资源的同时，高度重视社会资源，以及科技、教育、人力资源的开发和利用，实现资源的优化配置，进而推动可持续发展；其发展的基本模式为人口、资源、环境、经济、社会、科技互动平衡和协调发展。只有坚持以人为本的科学发展观，才能将非持续发展减少到最低限度。

（二）充分发挥科学技术的作用

实现可持续发展，需要充分重视和发挥科学技术的作用。依靠科技进步，推动经济发展，解决资源危机，改善生态环境，推动社会进步，实现可持续发展。科学技术在可持续发展中的作用主要体现在以下几个方面。①促进经济的可持续发展。科学技术进步是推动经济增长的火车头，是促进社会生产力发展的强大动力。事实上，科学技术不仅能够促进经济增长，而且可以维持经济的可持续发展，这是因为科学技术对社会生产的促进作用是通过突破劳动者、劳动对象和劳动工具对可持续发展的约束来实现的。②缓解资源危机。依靠科技进步采用先进的生产工艺和技术设备，降低资源消耗，减少资源损失，杜绝资源浪费，从而降低单位产品对原料的需求数量，保证资源的有效利用和重复利用；通过研究开发新材料技术和新能源技术，不断发现及发明新型资源和能源，逐步摆脱现有自然资源对可持续发展的束缚。③改善生态环境。目前，全球水土流失、草原退化和生物种类减少的现象日益严重，大气污染、水质恶化和土壤质量下降的问题不容忽视。必须转变传统的发展观念，全面运用生态学原理，充分考虑大自然的承受能力，依靠科学技术创新，实行清洁生产，改变能源消耗结构，采用新能源技术和新材料技术，预防和治理环境污染，努力维持生态系统平衡，坚决抑止生态继续恶化。④实现人类的全面发展。科学技术在提高人口素质、控制人口增长规模及推动社会文化发展等方面都具有举足轻重的作用。

在充分发挥科学技术的同时，还必须根据可持续发展的原则，正确合理地选择科学技术，规范和制衡科学技术的发展，极力发挥科学技术的正面作用，尽可能地降低科学技术对资源与环境的负面作用，最终实现科学技术与可持续发展的良性互动循环。

（三）转变经济发展方式，发展绿色经济

要实现全面的可持续发展，必须拥有坚实的经济基础。如果没有经济可持续发展，环境和社会发展也将是不可持续的。努力发展经济，尽快消除贫困和饥饿，是各国特别是发展中国家可持续发展的前提。因此，各国应当将促进经济增长作为优先目标，不断增加居民收入，提高居民生活水平。要把促进就业放在经济社会发展的优先位置，推动实现更高质量的就业。然而，传统经济发展是以从地球环境大量掠夺自然资源和向环境大量排放废弃物为基础的。继续沿袭这种经济发展方式，必然进一步导致全球性环境退化，破坏人类可持续发展的基础。因此，各国和地区应当尽快调整和改革传统的经济发展模式，努力发展绿色经济。绿色经济是以生态、经济协调发展为核心的可持续发展经济；是以维护人类生存环境、合理保护自然资源、有益于人体健康为特征的经济发展方式，是一种平衡式经济发展模式（《世界经济概论》编写组，2011）。绿色经济要求各国坚持走新型工业化道路，发展循环经济，调整产业结构，积极培育和发展战略性新兴产业，改造升级传统产业，加快发展现代服务业。与此同时，倡导绿色、低碳、节约消费

理念，坚持绿色消费方式，带动产业结构优化。

（四）全面推进社会进步，并改善民生

人的基本生存权和发展权是一切发展的落脚点和最终目标，可持续发展也应全面推进社会可持续发展，坚持以人为本，着力保障所有人均能共享全球发展的成果。从整体上来讲，尽快建立健全社会保障体系，稳步提高社会保障的覆盖范围和保障水平。具体而言，保障每个人受教育的权利，促进教育公平，提高教育质量，实现更高水平的普及教育，这对于极端贫困的最不发达国家尤为重要。加大医疗投入，建立完善的基本医疗保障制度，促进基本医疗卫生服务的公平性和可及性；加强疾病预防与监控系统建设，极力控制传染病的传播；关注和保护弱势群体，促进妇女全面发展和儿童优先发展，不断完善妇女和儿童权益保障体系，促进人口长期均衡发展。确保所有人“住有所居”，努力改善人居环境，提供综合性的基础设施，如绿化水平、环境质量、饮水条件等。

（五）加强生态文明建设，促进资源可持续利用

应树立尊重自然、保护自然的生态文明理念，增强节约意识、环保意识和生态意识。加强环境问题的预防和治理力度，推进和健全环境污染防治的体制机制建设。开展生态保护和修复，保护生物多样性，维护全球生态安全；提高森林覆盖率，合理利用森林资源；加强海洋环境保护，合理利用海洋资源；保障居民饮水安全，合理配置、高效利用水资源，推进水循环利用，不断加大水资源和水生态保护力度，加快形成水资源开发、利用、节约、保护和管理的制度框架；合理开发和利用土地资源，积极防治土地退化；合理开发矿产资源，提高矿产资源的综合利用率，开展矿山环境整治，保障资源、环境和经济的可持续发展；节约能源，提高能源利用效率，调整能源结构，大力开发和利用新能源。

（六）构建新型全球发展伙伴关系

应建立更加平等均衡的全球发展伙伴关系，致力于促进共同繁荣与发展。首先，要充分发挥联合国的核心领导和组织协调作用。世界经济可持续发展的有关磋商进程应在联合国框架内进行，应强化联合国的政策指导和统筹协调职能，协调指导各有关机构、多边机制和条约机制，采取步调一致的措施，推进国际发展合作。其次，坚持“共同但有区别的责任”原则，发挥南北合作的核心作用，同时加强南南合作，将其作为南北合作的有益补充。在南北合作方面，发达国家应尽快兑现其官方发展援助的承诺，切实提供和增加发展援助，加大对发展中国家尤其是非洲地区和最不发达国家的支持力度；应摒弃贸易保护主义原则和做法，尽快消除各种贸易壁垒，加大对发展中国家的市场开放程度，切实推进全球贸易自由化；要建立健全向发展中国家转让发展技术的机制，推动并支持满足发展中国家实际需求的科技研发、传播和转让，加强人力资源开发和机构能力建设，通过培训、经验交流、知识转让、技术援助等多种形式，加强发展中国家的发展能力建设；切实推进对发展中国家的债务减免进程，尤其要避免附加条件的债务减免。在南南合作方面，新兴市场经济国家应该团结互助，共谋发展。一方面，要代表广

大发展中国家加强与发达国家的谈判和博弈，推动形成有利于发展中国家发展的国际环境和国际机制；另一方面，在南南合作框架下加强与其他发展中国家的合作，可以向发展中国家提供力所能及的发展援助和技术援助，积极转让适宜的发展技术，与发展中国家之间共享发展和减贫经验，力求实现合作共赢。最后，广泛凝聚全球、区域、国家、社会层面的所有市场主体，动员一切发展资源，共同推进世界经济可持续发展进程。加快构筑新型的涵盖发达国家、新兴市场国家、民间社会团体、私人部门等各种贡献主体的全面的全球发展伙伴关系，以此扩大资金来源，并确保发展合作的透明、有效。

第二节　世界生产要素配置

世界生产要素配置是世界经济学面对的最基本的问题。但是，目前国际社会还没有统一的认识和有效的解决办法。由于各国经济制度、经济体制和经济发展水平的差异，以及世界上生产要素配置的方式、方法的不尽相同，使世界生产要素配置的合理性大打折扣。全球性问题的解决和世界经济的可持续发展都有赖于重视并促进世界生产要素的合理配置。

一、世界生产要素配置概述

（一）世界生产要素配置的内涵

世界生产要素配置的含义可以从两个层次来理解。从较高层次来看，生产要素配置是指要素如何在不同国家、不同地区、不同部门和不同单位之间进行分配，以生产出不同的产品。这种分配合理与否的标准是它与世界或社会的需求结构之间的适应程度，合理的要素配置使每一种要素能够有效地配置于最适宜的使用方面。从较低的层次来看，要素配置是指在要素分配既定的条件下，一个生产单位、一个地区、一个部门如何组织并利用这些资源。世界生产要素的合理配置需要对两个层次的资源配置进行研究。

较高层次的要素配置是在宏观上对要素进行分配，其目标是通过全世界或全社会范围内的生产要素的组合使每一种资源被用于最合理的方面。较低层次的要素配置是在微观领域进行的，其目标是提高生产单位的产出水平。实现较高层次资源配置的目标，在一个国家内有赖于规范的产权制度安排和宏观经济调节手段的正确运用，在世界范围内有赖于国际经济秩序的合理安排和各国经济的最大程度的国际化以促成生产要素的合理流动。例如，当生产要素从某一国家流向更适宜其发挥作用的另一国家时，不平等的国际经济秩序和非国际化开放型的国内制度会阻碍这种流动。较低层次资源配置目标的实现有赖于技术水平和单位内部组织管理水平的提高。两个层次的目标是相互制约的。较高层次的目标在一定程度上决定了较低层次目标的实现情况，如果要素在宏观上分配不合理，微观层次上部分单位的要素利用效率将会降低。同时，低层次目标的实现有利于宏观上要素配置的优化，因为每个单位要素利用效率的提高，就相当于要素总量的增加，从而缓解了要素的稀缺性，使要素重组的可能性增加。

（二）世界生产要素配置的意义

世界生产要素配置是世界经济的中心问题。三大基本经济问题、重大全球性问题和世界经济的可持续发展问题，实际上都是生产要素配置的问题。

（1）无论在何种国际经济秩序安排下，都面临着三个基本问题：第一，生产什么产品和生产多少，即在众多的可供选择的物品和劳务中，不同的产品在数量上应该怎样组合。第二，如何把这些产品生产出来，即这些不同的产品应该由谁、利用何种要素、采取何种技术生产出来。第三，为谁生产，即生产出来的产品在世界上如何分配，是绝对平均分配给每个成员还是根据其贡献的大小有差异地进行分配；是否应该让大多数人都能过着比较舒适的生活。生产什么、生产多少和如何生产的问题实际上就是生产要素配置的问题。生产什么和生产多少就是宏观上如何把要素分配于不同的使用方面；如何生产是指生产单位在要素分配既定的条件下，利用其要素组织生产的问题。

（2）全球性资源、环境和人口问题的产生和解决都与世界生产要素的配置有直接关系。全球性资源、环境和人口问题在很大程度都是世界生产要素配置不合理的结果，全球性资源、环境和人口问题的解决在很大程度上也依赖世界生产要素的合理配置。

（3）世界经济的可持续发展问题实际就是世界生产要素的合理配置问题。世界经济发展的可持续性与世界生产要素配置的合理性是同一个问题。

（三）世界生产要素配置的制约条件

世界经济学研究的前提是资源稀缺性假设。这是一个真实的前提，在此基础上，经济学家们致力于寻求一种比较完善的机制或体制，以合理地利用资源，提高世界资源的配置效率，增进世界财富，并促进世界财富的公平分配。因此，生产要素配置是在资源稀缺这一限制性条件下进行的，这意味着生产要素配置的选择空间是有限的。

资源的稀缺性是指世界的物质资源和人力资源的数量不是无限丰富的，而是有限的。即使采用最先进的技术，利用这些资源能生产的产品数量也是有限的。因此，生产要素配置是不能随心所欲的。在技术水平既定的条件下，要增加某种产品的数量，就得增加要素的投入，由于资源有限，增加这种产品的投入就必然会减少其他产品生产的投入，使其他产品的数量减少。事实上，生产要素配置就是一种要素分配决策，以决定把资源分配到不同的产品生产者手中。

二、世界市场机制在世界生产要素配置中的作用

（一）世界市场价格机制作用的表现形式

世界市场机制对世界生产要素的配置起到了基础性的作用。世界市场机制主要是世界价格机制。世界价格引导着各国生产者生产什么和生产多少。世界要素价格和世界产品价格是改变世界生产要素配置的一对因素，它们的作用相反。当世界市场上某种产品供不应求时，其价格上涨，意味着从事这种产品的生产可能带来更多的利润，它将引导要素向该生产部门流动；相反，如果供过于求，产品价格下跌，它将引导要素流出这一

部门。流动的结果将使生产结构与需求结构相一致。要素价格从另外一个角度引导要素配置，当某种要素供不应求，价格上涨时，一方面，这种要素的供给量会增加；另一方面，使用这一要素的生产企业，迫于成本上升会减少这一要素的投入，有些效率低的企业甚至不得不放弃这一要素的使用，其结果是要素从低效率的企业流向那些效益较高、能够承担投入成本上升的企业，要素的利用效率提高。当某种要素供过于求价格降低时，生产者将增加这种要素的投入或用它替代某些更为稀缺的要素。

（二）世界市场价格机制运行的条件

世界市场机制对世界生产要素配置基础性作用的发挥，需要一些基本条件。

1. 世界市场体系完善是世界市场机制有效运行的前提

世界市场是世界市场机制运行的载体。世界市场机制及其功能必须依托于相应的市场。例如，世界价格机制依托于世界商品市场，世界利率机制依托于世界资本市场，世界工资机制依托于世界劳动力或劳务市场等。没有完善的世界市场体系，世界市场机制就难以充分发挥其功能。世界市场体系是由多种市场有机组成的。从交易对象来区分，可分为三大市场，即世界商品市场、世界金融市场和世界劳动力市场。世界商品市场又分为世界生产资料市场和世界生活资料市场。世界金融市场又分为世界货币市场、世界资本市场、世界外汇市场、世界黄金市场和世界证券市场等等。世界劳动力市场又分为世界熟练劳动力市场和世界非熟练劳动力市场。从交易方式来划分又可分为世界现货市场、世界期货市场、世界零售市场和世界批发市场。

世界经济在其发展过程中所形成的商品市场、金融市场、劳务市场、现货市场、期货市场、零售市场、批发市场等，共同构成了一个全方位、多功能、综合配套、完整的现代世界市场体系。它们之间相互作用、相互依存，缺乏任何一个市场，都会对世界生产要素的合理配置造成影响。因此，建立发达、完善的世界市场体系是世界市场机制有效运行的前提。

2. 世界市场主体培育是世界市场机制有效运行的基础

市场机制发挥作用是以企业独立决策和自主经营为条件的。只有真正确立企业的市场主体地位，使其产权明确，具有全权支配和处理企业财产的权力，其才能接受市场机制的调节作用。从这个意义上说，自主经营、自负盈亏的企业，是市场机制运行的基础。

市场经济国家的企业是产权明晰的经济实体。以美国为例，美国是较典型的自由私人企业制度国家，只要具备一定的条件，任何人都可以申请开办一家企业。美国的企业在组织规模、资本、经营范围等方面有很大的差异，既有每天营业额不到 200 美元的夫妻店，也有雇佣几十人到几百人的中小企业，更有资本规模上千亿美元、雇员上十万人的大型跨国公司。这些企业在组织形式上可以采取业主独资、合伙经营及股份公司等，但从本质上看，它们都是产权明确的独立经济实体。

3. 合理界定政府经济职能是世界市场机制有效运行的必要补充

在世界经济中，为使世界市场机制正常运行，必须合理界定各国政府的经济职能，在发挥世界市场机制的基础上，发挥各国政府对经济必要的宏观调控作用。因为在当代世界经济中，虽然世界市场机制在生产要素配置中起主导和基础性作用，但它并不是万能的。世界市场机制本身固有的缺陷，在一定条件下，会导致生产要素的不合理分配，或由于垄断等因素，抑制世界市场机制的发挥。这些都需要各国政府对经济加以必要的干预和调控，以弥补市场机制的不足，更好地发挥市场机制的作用。从这个意义上说，国家实行宏观调控是世界市场经济运行中不可缺少的一个重要环节。

4. 法律制度的确立是世界市场机制有效运行的保障

现代世界市场经济，从某种意义上说是一种法制经济。就是说，要使世界市场机制正常地运行，必须有一套健全的、行之有效的法律制度，特别是要有完善的经济立法。这是因为：①世界市场的竞争性需要法律保障。竞争是世界市场经济的灵魂。在激烈的世界竞争中，有一些竞争者为了牟取私利，必然采取不正当行为，干扰和破坏正常的世界经济秩序。因此，必须用法律手段加以制约，以保护合法的公平竞争。目前，最重要的国际经济组织——世界贸易组织就制定了一系列反对不正当国际竞争的规章制度，如《反倾销协议》《补贴与反补贴协议》等。②世界市场主体间的平等性需要法律保障。世界市场经济的健康运行要求各主体间具有相同的权利和义务，歧视性的、不平等的世界市场不利于世界市场机制作用的发挥，也不利于世界生产要素的合理配置。在这方面，世界贸易组织的最惠国待遇原则和国民待遇原则是保障。如世界贸易组织《1994 年关贸总协定》及其他协议在有关条款中规定了成员之间应相互给予货物贸易方面的最惠国待遇和国民待遇，《服务贸易总协定》规定了服务贸易方面的最惠国待遇和国民待遇，《与贸易有关的知识产权协定》规定了与贸易有关的知识产权方面的最惠国待遇和国民待遇等。

5. 各国社会保障制度的建立、健全是世界市场机制有效运行的减震器

世界市场机制作用的有效发挥需要各国建立完善的社会保障制度。事实上，市场经济国家为了缓解在市场机制下形成的企业倒闭、破产、工人失业等造成社会动荡不安的问题，保证市场机制的正常运行，基本上都建立了比较完善和规范的社会保障体系。例如，德国建立了养老、失业、工伤、医疗四大保险制度，以及失业救济、社会救济、私人财富积累、儿童补贴等社会安全保障制度。目前，德国有 90%以上的人都已受到社会保障制度的保护。这种覆盖全社会的多层次保障网络，给社会成员以一定的安全感。除发达国家外，一些新兴工业化国家，如新加坡、智利等国已成功地建立了社会保障体系。

三、政府在世界生产要素配置中的作用

政府在世界生产要素配置中的作用主要是通过宏观调控弥补本国市场机制的缺陷，

更好地发挥市场机制的功能。政府主要是运用计划手段、价格机制和竞争机制来调节生产要素的配置。

在计划手段方面，西方市场经济国家的经济计划本身是一个多中心、多层次的体系，包含了各种独立计划和政府各级部门的计划。这些计划不是指令性的，只是为国民经济各部门和各个经济单位提供经济发展的参考资料，并伴之以税收、信贷和利率等经济杠杆，从而使政府管理和企业行为趋向于一致。在制订计划的过程中，政府一般会预先通过与财界、产业界、学术界、舆论界、工会和消费团体的代表进行协商、酝酿，将各方对市场的需求及偏好纳入计划之中，以减轻经济调控过程中的摩擦。

在价格机制方面，政府对市场价格的调控分为直接形式和间接形式。直接形式有三种。①政府定价，即政府直接参与某些价格和劳务收费的标准制定或调整。直接定价的对象主要是国有企业经营的水、电、煤气、邮电通信和铁路运输等。②幅度调控，即通过规定最低保护价和最高限价的形式，严格控制价格变动的幅度。幅度调控的对象主要是农副产品、部分进出口产品、天然气、石油等易发生价格波动的产品。③物价管制，即政府运用行政手段，实行强制性的价格控制。管制对象是物价总水平和那些易于引起物价总水平全面上涨的商品价格。间接形式有四种。①对价格构成因素的调控，包括两方面的内容：成本控制和利润控制。成本控制重点在于工资控制。利润控制则主要是通过制定和实施反托拉斯法来限制过高的垄断利润。②运用必要的经济和法律手段实行调控。经济手段如日本的蔬菜供给安全基金制度[①]，法律手段方面如日本的《物价统制令》《农产品价格稳定法》等。③用价格保护政策实行调控。如西方国家对农产品的价格保护，主要有收购保护价和最低保护价两种形式。④建立物价监督机构，运用舆论手段，对价格进行社会监控。在竞争机制方面，基本做法包括确立公平的竞争规则，建立维护公平竞争的专门机构，限制垄断、保护竞争，允许企业合理兼并，促使竞争向深度和广度发展等。

四、国际经济组织在世界生产要素配置中的作用

在世界生产要素配置中，国际经济组织发挥了重要作用。在此，主要介绍世界贸易组织和欧共体两个国际经济组织对世界生产要素的配置。

（一）世界贸易组织

世界贸易组织（WTO）实际上就是一个促进世界生产要素合理配置的组织。WTO通过大幅度削减关税和其他贸易壁垒，在国际经贸竞争中，消除歧视性待遇，坚持非歧视贸易原则，以建立一个在更大程度上实现贸易自由化的秩序。这个秩序实际上也就是为世界生产要素的合理配置寻找一个合理的制度安排。WTO对世界生产要素的配置主要体现在其三条主要的基本原则上。

（1）最惠国待遇原则。1978年8月，联合国国际法委员会拟定的《最惠国条款最后草案》第五条将“最惠国待遇”定义为：“给惠国给予受惠国或者与该受惠国有确定

① 当蔬菜价格低于市场平均价格时，从基金中拨出一定的经费，给菜农适当的补贴。

关系的人或物的优惠，不低于该给惠国给予第三国或者与该第三国有同伴关系的人或物的待遇。”（United Nations International Law Commission，1978）《1994年关贸总协定》及其他协议在有关条款中规定了货物方面的最惠国待遇，即一成员国对于原产于或运往其他成员国的产品所给予的利益、优惠、特权或豁免都应当立即无条件地给予原产于或运往所有其他成员国的相同产品。最惠国待遇要求在WTO成员国间进行贸易时彼此不能搞歧视，大小成员国要一律平等，只要其进出口的产品是相同的，则享受的待遇也应相同，不能附加任何条件，并且是永久的。《服务贸易总协定》规定，WTO在服务和服务的提供者方面，各成员国应该立即和无条件地给予任何其他成员国的服务及服务者相同的待遇。《与贸易有关的知识产权协定》规定，某一成员国提供给其他成员国国民的任何利益、优惠、特权或豁免，均应立即无条件地给予WTO其他成员国的国民。可见，WTO最惠国待遇原则，其实是一个促进世界生产要素流动的制度规定。

（2）国民待遇原则。国民待遇是最惠国待遇的有益补充。国民待遇又称平等待遇，具体指一个国家给予在其国境内的外国公民、企业和商船民事权利方面与其国内公民、企业、商船同等的待遇，即专指外国自然人、法人、商船等在民商事方面而非政治方面的待遇。《1994年关贸总协定》国民待遇原则包括四个方面。①一成员国的产品输入到另一成员国时，不能以任何直接或间接的方式对进口产品征收高于对本国相同产品所征收的国内税或其他费用。②给予进口产品的有关国内销售、分销、购买、运输、分配或使用的法令、规章和条例等的待遇，不能低于给予国内相同产品的待遇。③任何成员国不能以直接或间接方法对产品的混合、加工或使用有特定数量或比例的国内数量限制，或强制规定优先使用国内产品。④成员国不得用国内税、其他国内费用或定量规定等方式，从某种意义上为国内工业提供保护。国民待遇原则也是一个有利于世界生产要素合理流动和优化配置的制度安排。

（3）促进公平竞争与贸易。WTO认为，各国发展对外贸易不应该采取不公正的贸易手段进行竞争，尤其是不能以倾销和补贴的方式销售本国的商品。《1994年关贸总协定》规定，某一缔约方以倾销或补贴方式出口本国的产品而给进口国国内工业造成了实质性的损害，或有实质性损害的威胁时，受损害的进口国可以征收反倾销税和反补贴税来对本国工业进行保护。同时，WTO也反对各国滥用反倾销和反补贴以达到贸易保护主义的目的。另外还规定，对货物贸易中可能产生的扭曲竞争行为、造成市场竞争过度的状况，为维护公平竞争，维持国际收支平衡或出于公共健康、国家安全等目的，在WTO授权下，一成员国政府可采取措施维护市场竞争秩序。

（二）欧共体

自1957年《罗马条约》签订以来，欧共体通常也被称为“欧洲共同市场”。1986年2月，欧洲理事会卢森堡会议和海牙会议正式签署了“单一欧洲文件”（也称“单一文件”），决定从1987年7月1日起正式生效。“单一文件”规定了1993年1月1日建成欧洲内部大市场和建立政治联盟的双重目标，使欧共体的发展进入一个新阶段。“单一文件”明确规定要“建成一个没有内部边界的区域，在其中，商品、人员、服务和资本的自由流通受到条约条款的保证”。为此，欧共体自1988年以来采取了一系列促进要素自由流动的措施，包括以下几个方面。

（1）消除各种障碍，保证商品顺畅流通。①消除边界障碍。为了实现商品自由过境，从1988年1月1日起开始使用统一的过境文件，1991年取消内部边界的动物检查，1990～1991年与农产品有关的过境手续也被取消。②消除技术障碍。对通信器材和高技术产品的型号作了强制性规定，并通过有关技术标准。③消除财政障碍。1989年年底各成员国达成协议，决定实行一种过渡性税收制度。协议规定：冻结现有增值税税率差别，1991年12月31日以前确定标准税率；1993年1月1日以前确定某些必需品的低税率，税率差为4%～9%，极少数必需品可降至零税率；1993年1月1日，取消个人用品的过境税。

（2）保证人员自由流动。1968年11月共同体部长理事会通过协议，规定成员国公民可以在共同体内自由流动，在就业、居住、报酬、劳动条件、社会保障、职业教育和工会权利等方面不受歧视。自1984年以来，“申根协议”签字国的公民通过陆路过境时已取消了过境检查。1988年1月1日欧共体内部边境的两侧已撤销“海关”的标志。1990年6月取消了对居住权的限制。欧共体89/48号指令规定，凡在一个成员国受过3年以上高等教育，其毕业文凭和职业资格便在整个共同体范围内通用。该指令已于1991年1月4日生效。

（3）促进服务流动，建立内部统一的服务市场。欧共体明确规定，服务业应毫无保留地向整个共同体提供服务，规定要消除影响服务自由流动的一切障碍。①建立金融服务共同市场。在金融服务的自由化和一体化方面要协调现有的经营规则以及促进成员国之间互相承认对方的经营规则。在信贷部门，规定各成员国要在1992年年底以前取消影响金融服务流动的管理（如不允许跨国界存款、不允许银行参与证券业务等），在整个共同体实行统一营业执照，规定了审查有关账目、自有资金和偿付率的措施。在保险部门，规定投保人可以与共同体任何一家保险公司签订人身保险合同；保险公司可以在共同体范围内自由转让商业保险项目。在股票与证券业务方面，有关信托分支机构可以在共同体范围内活动的指令已于1989年生效。②要求成员国放开运输市场。首先是取消对运输方式（公路、铁路、空运、海运、内河运输）的限制。其次，从1993年起取消共同体确定的或双边协定规定的公路运输数量限额。此外，部长理事会还协调了各成员国规定的运费、燃料税率和养路费。③建立通信、能源服务网络。1987年欧共体执委会公布了关于建立通信服务和通讯设备共同市场的《绿皮书》。1990年6月，欧共体部长理事会要求增加天然气、电力价格的透明度；同年7月执委会通知各成员国，要求它们在通信服务部同时采取促进竞争、加强协调的政策。取消了在电视转播方面的某些立法障碍，制订了促进信息服务业发展的规划，为卫星电视节目、卫星通信制定了共同的技术标准和管理规划。

（4）扩大资本的自由流通。1990年7月1日开始，首先在欧共体九国实行了资本自由流通。1993年欧共体市场一体化后，未挂牌证券、集体信托投资、在国外股票市场上的国家证券和长期贸易信贷均可实行跨国界自由流通。1999年1月1日欧元正式启动后，实现了资本的完全自由流动。

第三节　平等互利的国际经济新秩序

一、国际经济旧秩序及其本质

（一）国际经济旧秩序的形成

15 世纪末，西欧列强以残酷的暴力进行殖民掠夺，成为资本主义原始积累的主要方式。18 世纪后半期，西欧国家进入资本主义制度确立阶段。它们凭借工业革命壮大起来的经济实力，不仅在亚非拉地区进一步攫取了大片的殖民地和势力范围，而且使广大殖民地国家和地区变成其工业品的销售市场和农矿原料的供应地。19 世纪中叶，工业革命基本完成，资本主义各国的国内分工向世界领域扩展。这时，在国际分工、世界市场基础上形成的国际经济关系，已不再是偶然的、个别的，而是普遍的和世界性的了，它标志着资本主义世界经济体系开始形成。19 世纪末 20 世纪初，资本主义发展进入帝国主义阶段，帝国主义瓜分世界领土的斗争，打破了落后民族的闭塞，将包括殖民地、附属国在内的世界广大地区的交换、生产以至整个经济都卷入了世界经济的漩涡，极少数发达国家对世界上大多数居民施行殖民压迫和经济压制的世界体系，即资本主义世界政治、经济体系最终形成。第二次世界大战以后，世界上一系列被压迫国家获得政治独立，帝国主义殖民体系土崩瓦解，世界资本主义体系受到猛烈冲击，但维护这一体系的国际经济旧秩序依然存在，并且增添了一些新的内容，从而使国际经济旧秩序又有了新的发展。

（二）国际经济旧秩序的基本内容和特征

（1）垄断是国际经济旧秩序的本质特征。垄断是帝国主义最深厚的经济基础，也是国际经济旧秩序的本质特征。帝国主义为了实现其对世界上落后国家和地区的控制和掠夺，将其金融、工业、贸易的剥削网渗透到发展中国家的各个经济领域，并通过对国际贸易和金融的垄断，实现对发展中国家经济命脉和对外经济关系的控制，特别是 20 世纪 50 年代末 60 年代初，发达国家跨国公司的迅速发展，日益成为发达国家加强对发展中国家进行剥削、掠夺和控制的重要工具，也是维护国际经济旧秩序的重要卫士。跨国公司通过直接在发展中国家进行投资和开办企业，垄断和控制了发展中国家的许多重要资源和生产部门，乃至对外贸易和金融等各个经济领域。

（2）不合理的国际分工是国际经济旧秩序的重要基础。在第二次世界大战以前，发展中国家对发达国家是殖民或半殖民性质的附属关系，发达国家为世界加工厂，发展中国家则是原材料、燃料供应地和商品销售市场，这种殖民地性质的国际分工成为当时国际经济秩序的核心。第二次世界大战以后，这种不平等的国际分工有所改变，但并未从根本上消失。20 世纪 90 年代尤其是进入 21 世纪以来，随着发展中国家科学技术的日益发展和产业结构的调整，发展中国家旧有的经济依附性正在慢慢改变，国际分工体系正在由垂直分工为主向水平分工为主转变。但是，这种变化主要还只是在发达资本主义国家发生，广大发展中国家能够直接参与和利用国际分工的领域相对较小。当前的发达国家与发展中国家仍旧保持着工业品和初级产品、劳动密集型和技术密集型垂直分工的格局。在全球产业链中，发达国家始终处于国际分工体系的最高层，而发展中国家仍居于最低端。正因如此，不合理的国际分工体系使得发展中国家的经济发展仍然依附于发达国家的市场需求，从而导致双方在国际分工中所获得的利益很不平衡。

（3）第二次世界大战后发达资本主义国家建立的各种国际经济机构和签订的专门协定是维护国际经济旧秩序的重要工具。第二次世界大战前，帝国主义可以直接对其殖民地、附属国进行统治和剥削。第二次世界大战后，由于大多数殖民地和附属国取得了政治独立，发达国家转而采取建立国际经济机构和签订专门协定的方式，力图将发展中国家纳入其控制的政治、经济、军事集团或机构中，使发展中国家在新的形势下继续受垄断资本的影响和控制。如在国际金融领域，它们通过建立国际货币基金组织和实行以美元为中心的国际货币制度来实现；在国际贸易领域，通过建立关税与贸易总协定来实现。这些国际机构在一定程度上促进了发展中国家的经济发展，但是其根本立足点仍然是维护西方发达国家的利益。

因此，国际经济旧秩序的实质是发达国家对发展中国家的垄断统治和经济剥削。发达国家通过国际生产体系、世界贸易体系和国际金融体系继续控制着发展中国家的经济命脉，掠夺发展中国家的资源财富，攫取高额垄断利润，转嫁经济危机和金融危机。

二、国际经济新秩序的主要内容

（一）建立国际经济新秩序的发展历程

第二次世界大战以后，虽然发展中国家在国际舞台上成为一支举足轻重的力量，但是，发展中国家在生产领域、贸易领域和国际金融领域仍然受到不平等的待遇，在国际经济事务中仍然没有发言权和决策权。这种状况阻碍了发展中国家民族经济的发展，因此，战后发展中国家强烈要求改革旧的国际经济旧秩序，积极为建立新的国际经济秩序而斗争。发展中国家建立国际经济新秩序的斗争大体经历了五个阶段。

1. 提出与酝酿阶段（1945～1963 年）

1955 年 4 月亚非（万隆）会议的召开，是具有世界意义的历史事件。在大会通过的经济合作和关于促进世界和平的合作宣言等决议中，明确提出了大小国家一律平等，在互利和相互尊重国家主权的基础上实行经济合作，采取集体行动稳定原料商品价格等原则，并第一次发出了要求改革旧的国际经济关系的呼声。在“万隆精神”的推动下，不结盟运动迅速兴起。1961 年 9 月，第一次不结盟国家首脑会议在贝尔格莱德举行。此次会议已初步涉及反对“旧秩序”问题：要求废除国际贸易中的不等价交换和要求发展中国家在经济领域采取联合行动。

2. 纲领形成阶段（1964～1974 年）

这 10 年是发展中国家从提出建立“新秩序”的口号到逐步形成较为完整的斗争纲

领的阶段。根据第一届不结盟国家首脑会议关于采取“联合行动”的原则，在 1964 年 3 月的联合国第一届贸易与发展会议上，广大发展中国家联合组成了七十七国集团，并发表了《七十七国集团联合宣言》，强调要采取一切可能的办法来增加它们之间的接触和磋商，以便在国际经济合作方面确定共同的目标和制定联合的行动计划。宣言还指出这次贸发会议是走向建立新的、公正的世界经济秩序的一个有意义的步骤。同年 8 月，不结盟国家在开罗召开的第二届首脑会议上，首次提出建立“新秩序”的口号。1967 年 9 月，七十七国集团部长会议又通过了《阿尔及尔宪章》，明确了建立“新秩序”的重要性，并强调发展中国家自身的努力是发展经济的“先决条件”。在 1968 年 2 月召开的联合国第二届贸易与发展会议上，七十七国集团代表根据《阿尔及尔宪章》，要求发达国家改善发展中国家产品进入其市场的条件，拆除关税和非关税壁垒，增加发展援助，并敦促会议就非互惠、非歧视的普遍优惠制达成协议。最后，会议通过了 35 项决议和决定，其中关于普遍优惠制的文件，成为发达国家从 1971 年起陆续实施的普遍优惠和各种安排的基础。

经过发展中国家的共同努力，在 1970 年 9 月卢萨卡召开的第三届不结盟国家首脑会议上，建立“新秩序”的纲领大体形成。之后在 1972 年 4 月召开的联合国第三届贸易与发展会议上，七十七国集团公布了解决国际经济贸易关系的 13 项原则，明确提出改革国际金融和货币制度、打破海运垄断、维护领海主权、防止环境污染和进行技术转让等问题。在同年 8 月不结盟国家外长会议草拟的《乔治敦宣言》中，要求各国家集团加强合作，努力建立更加广泛和更加公正的国际经济关系。

1973 年 9 月，第四届不结盟国家首脑会议通过了《经济宣言》和《经济合作行动纲领》。两个文件拟定了发展中国家对国际经济、贸易问题的一系列指导原则，重申每一个国家都享有对其自然资源和国内经济活动行使国家主权不可剥夺的权利；无条件地支持实行自然资源国有化；制止跨国公司的有害活动。文件指出，在国际合作方面，发展中国家应该采取个别或集体行动，加强在经济、贸易、资金和技术方面的合作；加强与发达国家的合作，争取建立新型的经济贸易关系，以便取得必要的发展条件。同年 10 月，阿拉伯产油国运用“石油武器”冲破了国际石油垄断资本对国际石油价格的控制，收回了石油价格的决定权，开始了向国际经济旧秩序进行冲击的尝试，揭开了改革旧的国际经济关系和建立新的国际经济秩序斗争的序幕。

在上述背景下，1974 年 4 月，在阿尔及利亚国家主席布迈丁的倡导下，召开了联合国第六届特别会议。会上，发展中国家用大量事实揭露了国际经济关系的不平等性，要求改革国际经济旧秩序，建立国际经济新秩序。会议于 5 月 1 日通过了《关于建立国际经济新秩序的宣言》（简称《宣言》）和《关于建立国际经济新秩序的行动纲领》（简称《行动纲领》）。这两个文件确定了建立主权平等、公平互利的国际经济新秩序的基本目标，以及实现这个目标的行动纲领。六届特别联大的召开及其通过的两个文件，标志着发展中国家建立国际经济新秩序的斗争进入了比较有组织、有纲领的新阶段。

3. 蓬勃发展阶段（1974 年～20 世纪 70 年代末）

《宣言》和《行动纲领》通过以后，发展中国家对实施和贯彻新秩序纲领进行了不懈的努力。这一时期，发展中国家掀起的建立国际经济新秩序的运动蓬勃发展，到20世纪70年代末，这一运动已取得了一定的成就。

4. 低潮阶段（20世纪80年代初～20世纪80年代末）

进入20世纪80年代，特别是1981年世界经济危机后，世界形势发生了对发展中国家极其不利的变化。发达国家对以国际经济新秩序为核心内容的南北对话百般阻挠和反对，使“对话”陷入僵局，甚至对南北双方原已达成的某些协定，也以种种借口加以否定。在这种情况下，建立国际经济新秩序的运动陷入了低潮。

5. 新发展阶段（20世纪90年代初至今）

20世纪80年代末90年代初，在雅尔塔体制瓦解后，随着东西方之间的军事、政治对抗的缓和，以经济发展为中心内容的南北关系越来越成为国际社会关注的焦点。重振南北对话，建立国际经济新秩序再次被提上议事日程。特别是海湾战争与东南亚金融危机之后，关于世界格局从两极向多极转化的过程中如何构筑国际经济新秩序又成为国际社会关注的中心问题。可以说，20世纪90年代世界政治格局的巨大变化和世界经济在动荡中的持续发展，为发展中国家建立国际经济新秩序提供了新的历史条件和时机。

（二）国际经济新秩序的基本原则和主要内容

历届不结盟国家首脑会议和历次联合国贸易与发展会议通过的一系列有关建立国际经济新秩序的文件、宣言和纲领，特别是在第六届特别联大通过的《宣言》和《行动纲领》，对建立国际经济新秩序的基本原则和主要内容都作了基本的表述。

1. 国际经济新秩序的基本原则

基本原则是：在主权平等、和平共处的基础上，建立互相合作、平等互利的国际经济关系。主要包括六个方面的内容。

（1）各国主权平等，实行民族自决，维护领土完整，不干涉他国内政，各国有权实行适合自己发展的经济和社会制度。

（2）各国在公平基础上进行最广泛的合作，保证所有发展中国家加速发展，特别注意对最不发达国家的援助。

（3）各国对自己的自然资源和一切经济活动拥有充分的永久主权，发展中国家应集中一切资源从事发展事业，充分利用自己的资源独立自主地发展民族经济，对跨国公司有权控制、监督与管理，直至采取国有化措施。

（4）改善贸易条件，在发展中国家出口原料、初级产品与进口制成品价格之间建立公平合理的关系，在国际经济合作的各个领域内对发展中国家给予特惠的非互惠待遇。

（5）对发展中国家提供积极的援助，不附带任何条件，促进有利于发展中国家的技术转让，减轻债务危机，改革国际货币体系，并为将财政资金转移到发展中国家创造有利的条件。

（6）加强发展中国家之间的经济技术合作，促进生产国联合组织在国际合作范围内所能起的作用，发展区域性经济合作，发扬集体的自力更生精神。

2. 国际经济新秩序的主要内容

发展中国家所推动的建立国际经济新秩序的运动，涉及国际经济的各个领域，其内容主要包括以下几个方面。

1）维护对资源的主权与争取海运权

对资源主权的维护是建立国际经济新秩序的一项重要内容。《宣言》指出："每个国家对自己的自然资源和一切经济活动拥有充分的永久主权。"同年 12 月，大会通过的《各国经济权利和义务宪章》再次确认自然资源永久主权的原则。1975 年 3 月，联合国工业发展组织第二次会议通过的《关于工业发展与合作的利马宣言和行动计划》进一步指出，它国不得采取任何形式的经济、政治或其他强制措施来阻碍一国对其自然资源行使主权。为此，发展中国家采取了维护主权的种种措施。例如，废除外国资本的租借地和永久开采权；通过征用、没收或补偿等方式将外资企业国有化；加强对外资企业的监督、限制和管理等。

海洋问题也是建立国际经济新秩序的一项重要内容。从 1958 年以来，联合国先后召开了三次海洋会议。围绕海洋问题的争执，主要表现在以下三个方面。①200 海里海洋权。20 世纪 50 年代，为了反对大国掠夺，拉丁美洲国家掀起保卫 200 海里海洋权的斗争，得到了亚、非两大洲的响应。因此，第三次国际海洋会议达成协议，同意沿海国家有权管辖的经济海域最大宽度为 200 海里。②海床矿藏权。1970 年联合国大会通过了第 2749 号决议，即"各国管辖范围以外的海床及其底土原则宣言"。宣言明确规定："国际海域的海底及其资源属于全人类的共同继承财产，国家或个人均不得以任何方式据为己有。"③分享海运权。长期以来，国际海运业为发达国家的班轮公会所垄断。发达国家的班轮公会在相当大程度上控制着世界各大主要航线的运输任务，成为掌握大量吨位、操纵运价市场的国际海运垄断势力。20 世纪 60 年代以来，发展中国家反对国际海运垄断的努力不断加强。1974 年 4 月，在日内瓦举行的联合国班轮公会行动守则全权代表会议上，审议了《联合国班轮公会行动守则公约》。虽然美国等少数发达国家投票反对，但会议以压倒多数通过了守则公约。该公约于 1983 年 10 月 6 日正式生效。

2）改善国际贸易与技术转让条件

（1）改善国际贸易条件。发展中国家为打破国际资本对市场的垄断，确保和稳定初级产品的出口价格，从 20 世纪 60 年代初开始纷纷建立原料生产国和输出国组织。1960～1970 年，一些发展中国家先后建立了石油、铜、咖啡、花生、可可、椰子、天然橡胶等原料生产国组织。1973 年 10 月，第四次中东战争期间，阿拉伯产油国与石油输出国组织中的非阿拉伯成员国团结一致，冲破西方石油公司对油价的垄断，夺回石油价格决定权，后来又通过增股、国有化等措施，逐步收回石油开采权。在石油斗争胜利的鼓舞下，20 世纪 70 年代又先后成立了铝土、肉类、香蕉、食糖、木材、磷酸盐、铁矿砂、钨砂、水银、丁香、胡椒等组织。发展中国家为改善贸易条件所进行的另一方面的努力是反对贸易保护主义。第二次世界大战后，随着发展中国家民族经济的发展，一些国家的制造业也取得了不同程度的进展。但是，其制成品在世界制成品贸易中的比重仍然不大。尽管如此，发达国家为了转嫁危机和困难，加紧推行贸易保护主义，设置种种关税和非关税壁垒，限制发展中国家的制成品、半制成品进入发达国家市场。限制范围从纺织、成衣等劳动密集型产品，扩大到钢铁、船舶、高级电器等资本、技术密集型产品，从而给发展中国家的对外贸易和民族工业的发展造成严重障碍。第二次世界大战后，特别是20世纪60年代中期以来，发展中国家为减少关税与非关税障碍，改善在国际制成品贸易中的地位，进行了种种努力。WTO的成立和广大发展中国家相继成为WTO成员，为发展中国家改善贸易条件提供了制度安排和组织保证。

（2）改善技术转让条件。改善技术转让条件，争取发达国家更多地向发展中国家转让技术，是发展中国家建立国际经济新秩序运动的又一重要内容。当前国际上技术输出大部分为美国等少数发达国家所垄断，仅美国就占世界技术输出总额的一半以上。发达国家向发展中国家输出技术，不仅可以避免国有化风险，而且可以带动商品输出和资本输出，加强对后者的经济和市场控制。因此，技术输出与转让实质上已成为国际垄断资本向发展中国家进行扩张、掠夺和占领市场的一种重要手段。发展中国家通过技术贸易与技术转让，虽然可以得到一些先进技术，但是发达国家对世界科技的垄断，则迫使发展中国家付出高昂的代价，接受种种不合理条件，甚至使本国企业失去一些产品的生产、供应和销售方面的自主权，阻碍这些国家经济和科技的独立发展。为了冲破发达国家技术垄断，加速向发展中国家转让技术的进程，发展中国家把改善技术转让条件作为国际经济新秩序的重要目标和内容之一。

3）国际货币金融领域的改革

（1）减免缓债务。债务问题是国际货币金融体制改革的重要组成部分。为了缓解日益沉重的债务负担对发展中国家民族经济发展带来的障碍与困难，发展中国家积极为减免缓债务展开斗争。减免缓债务，包括要求发达国家免除最不发达国家的官方债务，减轻困难较大国家的还本付息负担，延长债务偿还期限，以及反对在资金借贷中附加政治、军事等不合理的条件。而美国等主要债权国长期以来坚持僵硬立场，并把债务问题归因于发展中国家的经济政策，它们只同意在债务问题危及债权人利益时，才对有关债务国的困难予以单独、个别的考虑和解决，反对通过多边谈判总体解决发展中国家的债务问题。为了使减免缓债务的斗争取得积极成果，发展中国家在不放弃原则的前提下，不断协调立场和调整斗争策略。

（2）改革国际货币金融制度。这是发展中国家在国际货币金融领域建立国际经济新秩序的一项重要的斗争内容。第二次世界大战后初期，以美国为首的国际垄断资本，通过建立国际货币基金组织，维护了以美元为中心的资本主义国际货币金融体系。广大发展中国家由于在国际货币基金组织内占有的基金份额少，没有多少表决权，遇到国际支付困难时能够向基金组织借用的外汇数量也十分有限，因此，长期处于无权或少权的地位。为改变这种不合理的状况，发展中国家在国际金融领域和国际货币基金组织中，逐步展开了争取平等权利，争取扩大权益和改革国际货币制度的斗争，特别是东南亚金融危机爆发以来，改革国际货币金融制度的呼声日益高涨。

4）改革世界经济结构

世界经济结构改革是发展中国家建立国际经济新秩序的重要内容，它涉及世界生产、贸易、技术及货币金融体系的根本变革。旧的国际经济秩序是建立在少数先进工业国对广大落后农业国的控制、压迫与剥削的旧的国际分工基础上的。畸形的国际经济结构与被压迫、落后国家经济的畸形发展是国际经济旧秩序的重要基础。20 世纪 60 年代以来，由于发达国家劳动力价格相对昂贵和石油价格的急剧上涨，发达国家逐步将劳动密集型工业和耗能、耗材、经济效益低下的产业向发展中国家转移。正是在这种背景下，20 世纪 70 年代中期以来，钢铁及其他冶金业、炼油、石化、船舶和汽车制造等重化工业，在一些发展中国家和地区迅速发展。尽管如此，先进工业国与落后农矿国的旧式分工体系仍未根本改变。随着建立国际经济新秩序斗争的逐步深入，七十七国集团在酝酿和制定联合国第 3 个十年国际发展战略的过程中，逐步认识到发展中国家经济发展缓慢的重要原因在于其所面临的世界经济结构性问题。为此，1980 年 9 月联合国通过的第 3 个十年国际发展战略中强调了要对世界生产进行广泛的变革；在世界范围内重新调整工业布局；发展中国家必须制定和实施长期的工业化计划，建立农轻重协调发展的国民经济体系。从此，世界经济结构的改革便成为发展中国家建立国际经济新秩序运动的重要内容。

三、国际经济新秩序与和谐世界

（一）经济全球化与国际经济新秩序

当前的经济全球化是一种非均衡的经济全球化，即经济全球化的推进和发展没有整齐划一地扩展到世界的每一个国家或地区，其基本特征是经济全球化在提升世界经济的效益和效率的同时，却未能较好地顾及到公平与公正。正是由于经济全球化的非均衡发展，导致南北差距在经济全球化进程中不断扩大，并且这种差距的扩大不仅仅体现在经济指标上，还更多体现在环境、社会及参与经济全球化的能力等各个方面。尤其是在经济全球化过程中，发展中国家的经济主权不断受到挑战和侵蚀。而经济全球化非均衡发展的根本原因就在于目前不平等的国际经济秩序。经济全球化的顺利发展要求变革陈旧、落后、不平等的国际经济旧秩序，建立国际经济新秩序。一方面，经济全球化的发展不能以牺牲发展中国家的利益为代价，如果经济的全球化规则体系完全向发达国家倾斜，无视发展中国家的利益得失，则经济全球化的规则与秩序就缺乏正义性和普遍合法性。这样的经济全球化只能是一种有严重缺陷的、潜伏着严重危机的经济全球化。因为如果大多数发展中国家长期处于贫困、落后、混乱的局面，世界政治经济体系就会缺乏维护世界和平与繁荣的可靠保障，世界就不可能维持长久的和平与发展，经济全球化的发展自然也不会顺利。事实上，经济全球化的不公正、不平等问题已经在部分发展中国家中引起了强烈的不满，并出现了一些反弹的趋势。例如，一些国家的极端民族主义、国际恐怖主义等势力的产生与蔓延就与经济全球化过程中的不公正、不平等问题有着密切的关联。另一方面，现行的国际经济规则体系严重滞后于经济全球化的发展，难以满足世界经济发展的需要。这也要求打破国际经济旧秩序，建立符合经济全球化发展趋势的新的国际经济规则体系。经济全球化的发展给国际社会带来了许多新的问题，例如经济全球化侵蚀了国家的边界，削弱了民族国家的一些传统主权；一些发展中国家在经济全球化过程中被边缘化。但在这些新问题不断出现的同时，原有的国际经济规则体系以及在其框架下建立起来的国际经济组织都不能很好地妥善解决这些新问题，导致目前国际经济摩擦与纠纷日益增多，世界经济发展处于动荡之中。因此，变革原有的国际经济规则体系，建立国际经济新秩序势在必行。

（二）不同发展水平国家的责任

从整体上看，在经济全球化过程中，世界经济体系可以分为三个层次：发达国家、新兴工业化国家和发展中国家。发达国家占据着世界经济体系的核心地位，其作为经济全球化的最大受益者，是经济全球化发展的主导者。新兴工业化国家从发展中国家中脱颖而出，处于体系的中间层次。经济全球化对它们来说，机遇与挑战并存。经济全球化在一定程度上促进了新兴工业化国家的经济增长，因此，这些国家是经济全球化的受益者。但是其以后的经济发展取决于其以后的发展战略与政策措施是否能够适应经济全球化的发展趋势，并及时、灵活地调整其经济和产业结构，所以，其以后的成功也潜存着巨大的风险。广大发展中国家处于体系的最底层，其经济发展水平较低，科技基础薄弱，经济实力弱小，在国际市场竞争中处于十分不利的地位，作为经济全球化的被动接受者，其在这一过程中非但没能获益，还损失了大量的经济利益，其在经济全球化时代面临的挑战是非常严峻的。

鉴于经济全球化发展的非均衡性，以及不同发展水平国家在经济全球化进程中所处的地位、作用与收益的不同，那么不同发展水平国家在建立国际经济新秩序的过程中所承担的责任也就不同。

1. 发达国家的责任

发达国家作为经济全球化的主要推动者和受益者，对经济全球化过程中出现的不公正、不合理的问题负有主要责任。因此，发达国家在经济全球化条件下，建立国际经济新秩序过程中应承担以下责任：①在新规则中制定相关政策，加大对发展中国家的援助力度，减免发展中国家的外债，改善发展中国家的贸易条件和技术转让条件；②改革WTO、IMF、世界银行等主要的国际经济组织，使其更加关注发展中国家在经济全球化过程中被边缘化的问题，并以其为主导，推动国际经济新秩序的建立；③在化解经济全球化的冲突和矛盾方面承担更多的义务与成本，担负起维护全球生态环境、消除贫困的主要义务；④消除国际经济关系中的歧视性政策与不平等做法，建立民主、平等、互利的国际经济关系。

2. 新兴工业化国家的责任

新兴工业化国家作为处于发达国家与发展中国家之间的一个群体，其在建立国际经济新秩序过程中应承担以下责任：①充分利用经济全球化带来的机遇，加快经济增长，改变世界经济中不同发展水平国家的比重构成，削弱发达国家在世界经济中的主导地位，以利于国际经济新秩序的建立；②作为发展中国家的代言人，在改革国际经济规则体系过程中积极为发展中国家争取合法权益；③加强与发展中国家的经济协作，积极向发展中国家转让适宜的技术。

3. 发展中国家的责任

发展中国家要把握融入经济全球化的“度”，努力发展经济，增强经济实力。广大发展中国家在经济全球化浪潮中处于明显的劣势地位，其唯一的现实选择是根据本国国情迎接挑战，积极成为经济全球化的参与者和新规则的制定者。因此，发展中国家要致力于：①加快完善市场经济体制，这是融入国际经济主流的制度基础；②制定正确的经济发展战略，增强企业、产业、国家的国际竞争力；③积极加入国际和地区性的经济组织，加强国际经济合作；④加强新时期的南南合作。发展中国家应该加强联合和团结，提高在全球化冲击下的整体生存能力，以集体的力量改善自己在南北谈判中的地位。

（三）国际经济新秩序的发展前景与世界经济的和谐发展

2005年9月15日，胡锦涛在联合国成立六十周年首脑会议第二次全会上发表了题为“努力建设持久和平、共同繁荣的和谐世界”的重要讲话，首次正式提出了和谐世界的理念。2005年10月15日，在20国集团财长和央行行长会议开幕式上，胡锦涛再次呼吁世界各国共同推动建立国际经济新秩序，共同促进世界经济平衡有序发展，共同努力建设一个持久和平、共同繁荣的和谐世界。2006年新年即将来临之际，胡锦涛通过中国国际广播电台发表了题为“携手建设持久和平、共同繁荣的和谐世界”的新年贺词。中国所提出的和谐世界的理念受到世界各国领导人和国际社会的普遍欢迎和重视。在经济全球化不断向前推进的形势下，和谐世界理念的提出具有重要的理论与实践意义，是对经济全球化进程深刻反思而取得的结果，是对推动经济全球化向和谐方向发展而做出的努力。和谐世界的本质具体体现在四个方面：①在政治上，实现国际关系的民主与平等；②在经济上，共同发展，合作互利；③在军事上，实现世界的长久和平、稳定；④在文化上，兼收并蓄，求同存异。

构建共同繁荣的和谐世界，要求经济全球化的推进必须朝着均衡、普惠、共赢的和谐方向发展，让尽可能多的人能够切实分享经济全球化的利益，最终实现世界经济的和谐发展，保证世界的长久和平、稳定与发展。要实现世界经济的和谐发展，必须切实做到以下几点：①尽可能给予各个国家或地区足够的机会来使其通过最合适的方式实现自己的发展目标。②让更多的国家或地区能够自主地选择参与经济全球化。③让更多的国家或地区怀有参与经济全球化的愿望以及参与经济全球化的能力。④让尽可能多的国家或地区均衡地分享到经济全球化的收益。⑤加强国际协调与合作，保障世界经济与社会的稳定。

建设和谐世界的构想立足于解决国际旧秩序造成的世界不平等、不公正、不安全、不宽容问题，切中了建立什么样的世界秩序的关键，为世界共同发展指明了方向，为建立国际经济新秩序开创了道路。因此，从本质上来说，建立国际经济新秩序与构建和谐世界，实现世界经济的和谐发展是相辅相成，并行不悖的。

首先，从内容上来看，建立国际经济新秩序是构建和谐世界的主要内容之一。构建和谐世界的基础在于实现世界经济的和谐发展，即一种均衡的、合作的、可持续的发展。在这个发展过程中，各国不分大小、强弱、贫富，都能平等地分享经济全球化与世界经济发展所带来的利益，最终实现共同繁荣。而国际经济旧秩序在本质上体现着资本主义发达国家的意志、利益与要求，因而对整个世界来说是不平等、不合理的。在国际经济旧秩序下是不可能真正实现经济上的平等互利、共同发展的。打破国际经济旧秩序，建立国际经济新秩序是构建和谐世界，实现世界经济和谐发展的基础条件。

其次，从过程上来看，建立国际经济新秩序是构建和谐世界的重要途径。国际经济秩序是多种客观条件综合形成的一种外在的环境和气候，任何事情的发展都离不开这个环境和气候。建立和谐世界也离不开国际经济秩序这一现实土壤。从本质上说，构建和谐世界是一个远大理想，其实现将是一个渐进、漫长、曲折、艰难的过程。从当前的条件和紧迫性来看，要从建立国际经济新秩序入手，迈出构建和谐社会的第一步。建立国际经济新秩序是构建和谐社会的一种制度性保障。没有制度性的保障，和谐世界是建不成的。因为经济上的矛盾、冲突、危机如果不能消除，就不可能真正实现世界经济的和谐发展，和谐社会也就不会存在。因此不妨说建立国际经济新秩序是构建和谐世界，实现世界经济和谐发展的有效途径。

最后，从目标上来看，构建和谐世界，实现世界经济的和谐发展为建立国际经济新秩序指明了目标。和谐世界与国际经济新秩序相比而言，构建和谐世界是一个更高的目标，建立国际经济新秩序是具体的阶段性目标，因为国际经济新秩序本身不是目的，而是条件、工具。国际经济旧秩序对于资本主义发达国家来说，一直就具有工具的性质，其本质是用来维持其利益的。废除国际经济旧秩序，建立国际经济新秩序也是发展中国家实现自身利益与需要的工具，它是为实现整个世界的和谐发展的最终目标而服务的。

虽然目前世界上关于建立国际经济新秩序的构想很多，并做出了很大的努力，但是由于不同国家和集团的不同利益，以及政治、经济、历史和地理等因素的影响，加上南北经济差距的扩大、发展中国家内部的分化、发达国家内部的分化等，建立国际经济新秩序将是一个长期的斗争过程。国际经济新秩序的建立是各国利益和实力较量的曲折渐近过程，联合国的成长壮大也需时日，旧的国际经济秩序的维护者的势力还很强大，短期内不可能做出让步。但是，新的国际经济秩序将不再是发达国家意志的表现，也不可能是发展中国家理想的体现，而将是发达国家和发展中国家在相互依赖与对立中不断斗争与妥协的产物。未来的国际经济秩序将朝着更加公平和更为健全的方向发展，为最终实现世界经济的和谐发展，建立和谐世界提供制度保障与基础。

➢本章小结

世界经济可持续发展包括发展、可持续性和公平性三个方面的基本思想。世界经济可持续发展主要受科技、经济水平、经济制度、自然资源、生态环境等方面的制约，因而其战略措施包括加强科学技术的作用、发展绿色经济、加强生态文明建设等方面。世界生产要素配置是世界经济的中心问题，包括宏观和微观两个层次的要素配置。世界市场机制特别是价格机制对世界生产要素的配置起基础性作用。政府部门和国际经济组织在世界生产要素配置中都发挥了重要的作用。国际经济旧秩序的实质是发达国家对发展中国家的垄断统治和经济剥削，因而国际经济新秩序主要是发展中国家的奋斗目标，其主要内容包括维护对资源的主权、争取海运权、改善国际贸易与技术转让条件、改革国际货币金融制度、改革世界经济结构等内容。国际经济新秩序的建立将是一个漫长的斗争过程，其发展前景直接关系着世界经济的和谐发展与和谐世界的构建。

➢关键词

世界经济可持续发展　世界生产要素配置　世界价格机制　国际经济旧秩序　国际经济新秩序　和谐世界

➢思考题

1. 世界经济可持续发展的基本思想是什么?
2. 世界经济可持续发展的主要制约因素有哪些?
3. 世界经济可持续发展的战略措施有哪些?
4. 简述世界生产要素合理配置的目标。
5. 举例说明国际经济组织在世界生产要素配置中的作用。
6. 试述国际经济旧秩序的内容、特征和本质。
7. 简述国际经济新秩序的基本原则和主要内容。
8. 简述国际经济新秩序与构建和谐世界之间的关系。

参考文献

北京大学中国持续发展研究中心. 1995. 可持续发展之路. 北京：北京大学出版社.
曹利军. 1999. 可持续发展评价理论与方法. 北京：科学出版社.
胡涛，陈同斌. 1995. 中国的可持续发展研究. 北京：中国环境科学出版社.
刘杰. 2000. 秩序重构——经济全球化时代的国际机制. 北京：高等教育出版社.
陆效龙. 1995. 世界贸易组织文件汇编. 北京：中国经济出版社.
毛文水、李世涛. 1994. 中国持续发展战略. 北京：中国科学技术出版社.
《世界经济概论》编写组. 2011. 世界经济概论. 北京：高等教育出版社.
熊性美、陈漓高. 1996. 当代世界经济. 天津：南开大学出版社.
杨泽伟. 1998. 新国际经济秩序研究. 武汉：武汉大学出版社.
喻国华. 1995. 社会主义市场经济学. 北京：中国科学技术出版社.
张汉林. 1993. 关税与贸易总协定条款研究及运用. 北京：中国石化出版社.
UN. 1987. Our Common Future. http://www. un-documents. net/our-common-future. pdf.
UN. 1992a. Report of the United Nations Conference on Environment and Development. Rio de Janeiro.
UN. 1992b. Report of the United Nations Conference on Environment and Development. Rio de Janeiro, (I-III) 3-14.
United Nations International Law Commission. 1978. Draft Articles on Most-Favoured-Nation Clauses. http://legal. un. org/ilc/texts/instruments/english/draft%20articles/1 _ 3 _ 1978. pdf.